普通高等教育国家级规划教材系列
普通高等教育"十一五"国家级规划教材

亲属法

Family Law

| 第五版 |

主　编 | 杨大文

撰稿人 | 杨大文
以撰写章节先后为序 | 陶　毅
陈明侠

法律出版社
始创于1954年

www.lawpress.com.cn
好书,同好老师和好学生分享

出版说明

法律出版社是中国历史最悠久的法律专业出版社，与国际出版同仁论剑，本社之专业出版品牌亦广受肯定。

本社素来注重法学教材出版。从20世纪50年代中国法学教材建设的起步，到20世纪70年代末中国法学教材的复兴，法律出版社均走在前列。1949年以来，我国第一部法理学、宪法、中国法律思想史、外国法制史、刑法、民法、民事诉讼法、国际法、国际私法、国际经济法教材，均出自法律出版社。

从20世纪80年代到90年代，再到21世纪，本社对于法学教材的出版更投入移山心力。而本社与权威法学家合作，渊源有自。作者中有法学宿耋，有中年英士，有青年才俊，均来自杰出法学学府与研究机构。本社教材，正旨在秉继法学先辈之思想财富，与新一代法律人分享。

自我国建设国家级教材以来，本社延揽名家，于此多有收获。从更早的国家级规划教材，到"九五"、"十五"，再到2006年评定的"十一五"国家级规划教材，法律出版社之法学类国家级教材，积累已多，忝居诸社首列。为整体性展现这批品质教材，本社乃以"普通高等教育国家级规划教材系列"为题，统一推出。

"好书，同好老师和好学生分享"，本社愿与法律共同体诸同仁，与中国法学与法律实践的学习者和建设者一起，分享好书，分享智识，分享法治进程中的点点滴滴。

法律出版社

作 者 简 介

杨大文 1956年毕业于中国人民大学法律系，长期在该系和北京大学法律系任教。现任中国人民大学法学院教授，博士研究生导师，婚姻家庭法学研究所所长。兼任中国婚姻家庭研究会副会长，中国法学会婚姻家庭法学研究会常务副会长，历年来曾发表民法学、亲属法学领域的教材、专著，论文多部（篇）；所主编的《婚姻法教程》、《婚姻法学》，曾分别获司法部优秀法学教材奖和国家教委高等学校文科教材一等奖，《婚姻家庭法》被选为教育部推荐教材。

陈明侠 中国社会科学院法学研究所性别与法律研究中心主任，研究员，中国法学会婚姻家庭法学研究会副会长。代表著作有《婚姻法》、《劳动法简论》、《民族间通婚问题的考查》等。

陶 毅 北京航空航天大学教授、原法律系主任兼法学研究所所长，中国法学会婚姻家庭法学研究会常务理事，法学教育研究会理事。代表著作有《中国婚姻家庭制度史》、《新编婚姻家庭法》、《婚姻家庭与继承法学案例教程》等。

编写说明

自“十一五”国家级规划教材《亲属法》（第四版）出版以来，我国的亲属立法获得了新的进展。2011 年 8 月，最高人民法院《关于适用〈中华人民共和国婚姻法〉若干问题的解释（三）》的颁布，是我国亲属法制建设进程中的重要事件。而 2011 年宣布中国特色社会主义法律体系已经形成，必然将我国法律研究和教育工作推向新的高度。本书改版的目的，正是要在原有的基础上进一步反映亲属法领域新的立法成果，以及亲属法学领域新的研究成果。

第四版在第三版的基础上，增加了最高人民法院《关于适用〈中华人民共和国婚姻法〉若干问题的解释（二）》的内容，并根据最新颁布的《婚姻登记条例》对相关内容进行了修正。全书各章分工如下：

杨大文：第一、二、三、四、八、十一、十二章

陶毅：第五、六章

陈明侠：第七、九、十章

第五版在第四版的基础上，增加了最高人民法院《关于适用〈中华人民共和国婚姻法〉若干问题的解释（三）》的内容。作者并对全书及注释作了认真的审校，对某些内容进行了更正、订正和删除。

本次修订由杨大文执笔。

作　者

2012 年 4 月

目　　录

第一章　亲属法概述

第一节　亲属和亲属制度

一、亲属释义

亲属法是调整亲属关系的法律，是一定社会中亲属制度的法律形式。本书以《亲属法》命名；以研究、阐述有关亲属的法律制度、法律关系以及与此相关的其他法律现象为宗旨：开卷伊始，理应先就亲属一词的含义，亲属制度的起源和本质，亲属法在不同法律体系中的地位等问题，作一些必要的探讨。

“亲属”一词由来已久，稽之我国古代典籍，《礼记·大传》中有“亲者，续也”之说；汉儒刘熙在《释名·释亲属》中称：“亲，衬也，言相隐衬也，”“属，续也，恩相连属也。”这些解释，意在说明亲属之间具有不同于常人的、相衬相续的密切关系。这种相衬相续的亲属网络，是以婚姻为基础，以血缘联系为经纬编织而成的。

应当指出的是，在中国古代典籍中“亲”与“属”二字具有不同的含义，故常将其分别使用，两者各有所指，这同后世将“亲属”二字连用，使其意义合一，是大异其趣的；古代言及亲属时是以亲为主，以属为从的。《说文》中释亲为“至也”，释属为“连也”，从中不难看出两者有亲疏远近之别。一般说来，较近之亲均称为亲，较远之亲常称为属（但也有例外，如称无服亲或袒免亲等）。

就法制而言，中国封建时代前期、中期的法律中称亲之处颇多，如期亲、大功亲、小功亲、缌麻亲等；间或也有将亲属二字连用的，如《唐律·户婚》中的“娶所监临女为妾”条。〔1〕疏议中的解释是：“亲属，谓本服缌麻以上亲及大功以上婚姻之家”。及至明清，亲属二字连用滥觞于律例，如“妻与夫亲属相殴”条，“同姓亲属相殴”条，“娶亲属妻妾”条，“亲属相盗”条，“亲属相奸”条，以及“亲属相为容隐”

---

〔1〕 该条指出：“诸监临之官，娶所监临女为妾者，杖一百，若为亲属娶者亦如之……各离之。”

条等。

除“亲属”外,中国古籍中尚有“亲族”、“亲戚”等称谓。“以亲九族”之说,载于《尚书·尧典》。但古人对“九族”有不同解释,一说指父族四,母族三,妻族二;另一说“九族”指上自高祖下至玄孙之亲。如依前说,“亲族”之义几与“亲属”相通;如依后说,则“亲族”之义显较“亲属”为窄。特别需要指出的是,在中国封建时代后期的律例中,“亲族”一词往往是作为“宗亲”的同义语使用的。正因为如此,清代末年在起草民律时,不以亲族为编名,而以亲属为编名。《日本民法典》虽然借用古汉语以亲族法为其第四编,但该法所称之亲族已非中国旧时律例中的原义,它包括姻亲和配偶,其范围是与亲属相当的。

“亲戚”一词,在中国古籍中有时用来泛称族内外的亲属。《礼记·曲礼》孔颖达疏载:“亲指族内,戚言族外”。有时则专指族外,如外戚、姻戚等。以亲字冠于戚前,无非是指戚系因亲而生。中国古代的亲属以宗亲为本,“亲戚”一词在律例中是极为罕见的。

在当代法学中,亲属系指人们基于婚姻、血缘和法律拟制而形成的社会关系。婚姻为亲属之源,血亲为亲属之流,姻亲则是以婚姻为中介而发生的。亲属关系一经法律调整,便在相关的主体之间产生法定的权利和义务。也有一些国家的法律仅以血亲、姻亲为亲属;配偶自为配偶,不称其为亲属,但配偶关系也是由亲属法加以调整的。

二、亲属制度的起源

在人类社会中,亲属制度并不是自始存在、永恒不变的,它是社会发展到一定阶段的产物。从历史上考察,亲属制度的产生和发展与婚姻家庭制度是同步的,反映了当时社会对两性和血缘关系的社会形式的客观要求。

(一)前婚姻时代的血缘团体

在人类社会的始初阶段,生产力异常低下,人们与自然作斗争的能力极为薄弱,为了生存的需要,通常结成规模不大的群体共同劳动,共同生活。这种原始群体是人类最初的生产单位和生活单位,也是当时唯一的社会组织形式。同一群体的男女,在两性关系方面没有任何限制。原始群体虽然是一个血缘团体,但其成员之间的关系是无法用后世的亲属观念来确定的。在一个数以百万年计的漫长时代中,任何意义上的婚姻制度都不存在,也不具有亲属制度赖以形成的社会条件。所谓“其民聚生群处”,“无亲戚、兄弟、夫妇、男女之别,无上下、长幼之道”,[2]以及

---

〔2〕《吕氏春秋·恃君览》。

"未有夫妇妃匹之合，兽处群居，以力相征"[3]等等，大概就是上述情形在我国古代传说中留下的痕迹。

（二）群婚制下亲属制度的萌芽

随着原始社会不断地由低级阶段向高级阶段的发展，从最初的毫无限制的两性关系中，逐渐演变出各种群婚制的两性结合的社会形式。即使对婚姻作最广义解释，人类的婚姻制度也是以群婚制为开端的。在原始社会的不同发展阶段，在不同的地区和种族中，群婚制的形式有很大的差异。对此，恩格斯在《家庭、私有制和国家的起源》一书中，沿用了摩尔根在《古代社会》一书中的提法，认为血缘群婚制和亚血缘群婚制（普那路亚）是群婚制的两种典型形式。

血缘群婚制是群婚制的低级形式。它已经排除了直系血亲之间的两性关系，父母与子女、祖父母与孙子女、外祖父母与外孙子女……之间存在着严格的婚姻禁例。按照这种制度，两性关系是按照世代来划分的，在群体内部形成了若干同行辈的婚姻集团，即一对配偶的子孙中每一代都互为兄弟姊妹，正因为如此，也互为夫妻。关于此点，在我国古代传说中是不乏例证的，相传某些神话人物所生的子女自相匹配，某些神话人物的关系或说是兄妹，或说是夫妻，等等。

亚血缘群婚制是群婚制的高级形式。这种结合仍然是一种同行辈的男女之间的集团婚，但是却在两性关系上排除了姊妹和兄弟（最初排除了同胞的兄弟姊妹，后来又逐步排除了血缘关系较远的兄弟姊妹）。于是，一群姊妹成为她们的共同之夫的共同之妻，但她们的兄弟是除外的；另一方面，一群兄弟成为他们的共同之妻的共同之夫，但他们的姊妹是除外的。兄弟姊妹之间存在着严格的婚姻禁例。这种两性和血缘关系的社会形式必然导致母系氏族的出现。恩格斯曾说："看来，氏族制度，在绝大多数场合下，都是从普那路亚家庭中直接发生的。"[4]母系氏族是一个出于同一女性祖先的、按照母系确定其血缘关系的后裔组成的社会集团。由于兄弟姊妹间不得互为婚姻，因而它必定是实行族外婚制的。婚姻双方分属于不同的氏族，子女只能成为母方系族的成员。根据我国古代文献的记载，某些民族和地区中流行着兄弟共妻、姊妹共夫的习俗，这很可能是亚血缘群婚制的残余表现。《商君书·开塞》载："当此之时，民知其母而不知其父"，一语道出了母系氏族社会的真相。

人类最早的亲属制度正是在群婚制的产生和发展过程中孕育和萌发的。它是人们规范婚姻行为和确定血缘关系的客观需要。群婚制下的婚姻禁例和各种远较

〔3〕《管子·君臣》。文中之"妃"与"配"同义。
〔4〕《马克思恩格斯全集》第21卷，第52页。

后世为简单的亲属称谓等,便是亲属制度的最初内容。摩尔根正是从夏威夷人、易洛魁人传统的亲属称谓和现实的婚姻家庭形态的矛盾中,发现血缘群婚制和亚血缘群婚制的。马克思在《摩尔根〈古代社会〉一书摘要》中,将夏威夷人的最古老的亲属称谓概括为五等二十二种,反映了血缘群婚制下的亲属关系;与我国纳西族《东巴经书》中有关类别制的亲属称谓相比较,两者有惊人的相似之处。根据我国古籍《尔雅·释亲》的记载:男子谓姊妹之子为"出",因为他们必须从本氏族出嫁到与之通婚的对方氏族中去。女子谓兄弟之子为"侄",因为兄弟与对方氏族女子所生之子要嫁回本氏族中来;侄者,至也。"出"之子称"离孙","侄"之子称"归孙",因为前者是出生于外氏族的,后者是出生于本氏族的。只有在亚血缘群婚制出现后,在实行两合氏族外婚制的条件下,才能对上述种种亲属称谓作出合理的解释。

(三)个体婚制、父系家族制的形成和古代型亲属制度的确立

在原始社会崩溃、阶级社会产生的过程中,人类的两性和血缘关系的社会形式经历了许多重要的变化。继群婚制后出现的对偶婚制,从血缘结构上为从母系氏族到父系氏族的过渡、个体婚和个体家庭的问世准备了条件。过去在群婚制下只能判明谁是子女的生母,现在谁是子女的生父一般也是能够判明的了。随着生产力的发展,私有经济的因素在氏族内部不断积累,一部分富有的男子占有了越来越多的财产,结果导致继承制度和氏族组织结构的根本改变。恩格斯指出:"随着财富的增加,它便一方面使丈夫在家庭中占据比妻子更重要的地位;另一方面,又产生了利用这个增强了的地位来改变传统的继承制度使之有利于子女的意图。但是,当世系还是按母权制来确定的时候,这是不可能的。因此,必须废除母权制,而它也就被废除了。"[5]于是,子女由母方氏族的成员变为父方氏族的成员,确立了子女按父方计算世系和承袭父亲遗产的制度。后来,随着私有经济的发展,便在氏族内部出现了以男性为中心的个体婚和与此相适应的父权制的个体家庭。"一夫一妻制是不以自然条件为基础,而以经济条件为基础,即以私有制对原始的自然长成的公有制的胜利为基础的第一个家庭形式。"[6]

上述种种变化,从根本上改变了人们的亲属关系、亲属观念和婚姻家庭领域里的行为规则,一直导致产生于阶级社会之初的古代型的亲属制度的确立。这种亲属制度历经奴隶制时代和封建制时代,随着封建主义婚姻家庭制度崩溃,资本主义婚姻家庭制度的建立和发展,才逐渐为近代型的亲属制度所替代。

---

〔5〕《马克思恩格斯全集》第21卷,第67页。
〔6〕同上注,第77页。

总的说来,从古代型的亲属制度到近、现代型的亲属制度的转变,是沿着从男尊女卑到男女平等,从婚姻不自由到婚姻自由,从重父系轻母系到双系并重,从家族本位到个人本位的方向发展的。在资本主义社会早期的亲属制度中,还保有较多的封建残余,后来才逐步地被破除。在当代世界,既存在着根植于私有制的、与资本主义社会制度、婚姻家庭制度相适应的亲属制度,也存在着根植于公有制的、与社会主义社会制度、婚姻家庭制度相适应的亲属制度。关于这方面的一些具体问题,本书的有关部分还要从法律的角度详加论述,此处从略。

三、亲属制度的本质

亲属是一种以两性结合和血缘联系为自然条件的社会关系,是社会关系的特定形式。一定社会中经济基础对亲属关系的要求,必然会在上层建筑包括意识形态中相应地表现出来,这些要求既表现为有关亲属的意识、观念,即亲属观,又表现为由有关亲属的各种社会规范所构成的制度,即亲属制度。这种用以确认和调整亲属关系的制度,属于上层建筑的范畴,它的性质、内容和作用等,归根结底决定于其经济基础。正因为如此,亲属制度就其本质而言是社会制度的组成部分。

原始社会中处于萌芽状态的亲属制度,是由有关的道德、习惯构成的,主要表现为当时的婚姻禁例和计算世系的规则等。随着古代型亲属制度的确立,调整亲属关系的各种规范由简而繁,在婚姻家庭生活乃至社会生活中起着十分重要的作用。我国古籍中有周公制礼之说。当时的礼,许多都是与亲属制度有关的。应当指出,阶级社会中的亲属制度是国家以法律加以确定或认可的,因而具有一定的法律形式。但是,有关的道德、习惯等也是亲属制度的重要内容。

按照历史唯物主义的观点,任何社会中的亲属制度都不是孤立自在的。为了揭示其本质,必须全面考察它和经济基础以及上层建筑包括意识形态的关系。

(一)亲属制度与经济基础

任何社会制度都是一定的经济基础和上层建筑的统一。在两者的关系中,前者一般表现为主要的、决定的作用。经济基础的性质,决定了包括亲属制度在内的全部上层建筑的性质。有什么样的经济基础,就有什么样的亲属制度,经济基础的变化,必然导致亲属制度的变革,这是不以人们的意志为转移的、社会发展的客观规律。

社会发展和亲属制度的演变过程表明,不同类型的社会都有与经济基础相适应的亲属制度。群婚制、对偶婚制下处于萌芽状态的亲属制度,产生并决定于原始社会中公有制的经济基础。古代型的亲属制度产生并决定于奴隶社会、封建社会中私有制的经济基础。近、现代资本主义社会的亲属制度仍然是以私有制为其经济基础的,由于私有制形式的不同,这种近、现代型的亲属制度具有不同于古代型亲属制度的种种特点。只有在社会主义公有制的经济基础上,才能形成新的、更高类型的现代化的亲属制度。

另一方面,作为上层建筑的亲属制度,对其所由产生的经济基础并不是消极被动的,而是可以能动地反作用于经济基础的,并且会通过经济基础影响生产力的发展。先进的、符合时代需要的亲属制度是推动社会进步的积极因素。腐朽的、落后于时代的亲属制度是阻碍社会进步的消极因素。例如,我国古代的亲属制度在历史上也曾起过进步的作用,对精神文明和物质文明的缔造有着不可磨灭的功绩,到了封建末世却成为人们精神的锁链、社会生活的牢笼、束缚生产力的桎梏。当前,进一步完善社会主义初级阶段的亲属制度是我国精神文明建设的一项重要任务,加强这方面的法制建设和道德建设,对巩固和发展社会主义制度,促进社会主义现代化事业,必将发挥巨大的作用。

(二)亲属制度与上层建筑、意识形态

亲属制度虽然属于上层建筑的范畴,但它并不是上层建筑的一个独立部门。有关亲属的规范和制度,是寓于上层建筑的相关部门之中并受其制约的。意识形态领域中有关的观点、观念,对亲属制度也有着直接或间接的影响。我们既要肯定经济基础对亲属制度的决定作用,又要看到上层建筑包括意识形态对亲属制度的制约和影响。只有这样,才能正确地解释为什么一些具有同一类型经济基础的国家,在亲属制度上会呈现出各自的特色。现将这方面的问题简要地分述于下:

1. 政治与亲属制度

在阶级社会中,政治最集中地反映了经济基础的性质和要求。国家的统治阶级必然会运用政治的力量,干预亲属关系和人们的婚姻家庭生活。奴隶制、封建制的宗法统治和古代型的亲属制度的关系,以“自由”、“平等”、“民主”相标榜的资产阶级政治和近、现代资本主义社会中亲属制度的关系,都说明了各该社会的政治制度、政治思想对亲属制度的制约和影响。在我国,人民民主专政的政治制度以及党和国家的有关政策,对亲属制度的改革,社会主义亲属制度的健全和完善,更是起着极为重要的作用。

2. 法律与亲属制度

法律是统治阶级意志的表现,是由国家制定或认可的、以国家的强制力保证其实施的人们的行为规则。任何国家无不通过法律手段来维护符合其统治阶级根本利益的亲属制度。亲属制度在具有一定的法律形式后,便更加系统化和固定化。有关亲属的立法,在古今中外各国的法律体系中都占有很重要的地位,如古罗马的亲属法,中国历代的户婚律,当代资本主义国家的亲属法或婚姻家庭法等。我国的

《婚姻法》和相关法律大致概括了现行亲属制度的主要内容,还需要通过法制建设使之更加完善。由于法律是以国家的强制力为其后盾的,它在调整亲属关系方面起着其他上层建筑无法替代的作用。

3. 道德与亲属制度

亲属关系具有强烈的伦理性质,一定社会的道德规范体系中总是具有大量的有关亲属和婚姻家庭的内容。与法律不同,道德不是凭借国家的强制力,而是依靠信念、传统、教育和社会舆论等力量,去评断是非、善恶,分别地予以支持或谴责,从而影响人们的意志,约束人们的行为,调整人与人之间、个人与集体、社会之间的关系的。恩格斯在《反杜林论》中指出:"人们自觉地或不自觉地,归根到底总是从他们阶级地位所依据的实际关系中,从他们进行生产和交换的经济关系中,吸取自己的道德观念。""所以道德始终是阶级的道德。"[7]在阶级社会中,统治阶级的亲属道德同亲属立法是一致的,两者是相辅相成,互为补充的。例如,中国古代的伦理纲常在亲属关系、婚姻家庭关系中所起的作用,比起封建法律来是有过之而无不及的。当代西方世界流行的极端个人主义的道德观,是导致亲属关系淡化和婚姻家庭危机的重要原因之一。在我国现实生活中,社会主义道德是构建亲属制度、调整亲属关系、婚姻家庭关系不可缺少的手段。这方面许多为法律所未规定的问题,不言而喻地应当按照社会主义的道德规范加以处理。

4. 宗教与亲属制度

作为意识形态的宗教是自然力量和社会力量在人们思想中的一种虚幻的、歪曲的反映。"在这种反映中,人间的力量采取了超人间力量的形式。"[8]宗教在历史上对亲属制度有着强烈的影响,这种影响在当代的许多国家和民族中仍然不同程度地存在。若干重要的宗教经典,曾作为不同国家古代亲属法的立法依据。有的甚至在实际上起着法典的作用,成为亲属法的法律渊源。《摩奴法典》、《圣经》、《可兰经》等便是极为明显的例证。中国古代的宗教具有自身的特点,除某些少数民族外,宗教力量对亲属制度的影响不像基督教国家、伊斯兰教国家那样强烈,但同样也存在着神权对亲属关系和婚姻家庭的干预。在社会主义制度下,公民有信仰或不信仰宗教的自由,我们禁止利用宗教力量非法干涉亲属关系和婚姻家庭;对这方面的宗教传统、宗教活动则应当依照国家的法律和宗教政策予以保护和尊重。

除上述种种外,文学艺术、风俗习惯等对亲属制度的影响也是不容低估、不可忽视的。

---

〔7〕《马克思恩格斯全集》第20卷,第102页,第103页。

〔8〕同上注,第311页。

上层建筑包括意识形态对亲属制度的作用方式各不相同,各具特点。同时还应当看到,亲属制度本身对其他上层建筑包括意识形态也会产生程度不同的影响,并且同它们一起,共同地反作用于经济基础。只有基于这样的认识,才能正确估量完善亲属制度的重要意义。

第二节　亲属法的历史沿革

作为亲属制度的法律形式,亲属法历史悠久,源远流长,具有极为古老的传统。在人类缔造的法律文明中,亲属法的发达是先于其他法律的。随着氏族制的崩溃和国家的产生,原始社会中有关亲属和婚姻家庭的习惯、禁例等,就被注入了新的、阶级的内容,转化为调整亲属关系的法律。从亲属法在不同时代、不同国家的法律体系中所处的地位来看,大致经历了以下三个主要发展阶段:(一)诸法合体时期的古代型亲属法,即奴隶制、封建制国家的亲属法。(二)近、现代资产阶级国家的亲属法。(三)社会主义国家的亲属法。关于亲属法和其他法律的关系,亲属法规范的编制方法等,在不同时代、不同国家中也有很大的区别。

一、古代型的亲属法

奴隶制、封建制国家的法律,一般都采取诸法合体的形式。调整亲属关系的法律规范是被包括在内容庞杂的统一法典之中的。除法律外,礼俗、习惯、宗教的教义、戒律等也是处理亲属关系的重要准则。有关亲属的立法在内容上不够完备,许多方面都要靠其他社会规范来补充。

(一)中国古代亲属法

在中国奴隶制时代,亲属关系主要是由维护奴隶主贵族的宗法统治的礼,以及为统治阶级所认可的习惯法来调整的。有关亲属制度的礼,实际上起着法的作用。当时的亲属组织和政治组织均以宗法为本。亲属制度和政治制度都是构建在宗法制度之上的。宗法制度就其本质而言,是原始社会末期的父系氏族制度在阶级社会中的转化形态。掌握了国家权力的奴隶主阶级,是利用氏族的血缘纽带来实现其统治的。宗法制度始于夏商,至西周而大备。所谓"别子为祖,继别为宗,继弥为小宗。有百世不迁之宗,有五世则迁之宗。百世不迁者,别子之后也。宗其继别子之所自出者,百世不迁者也。宗其继高祖者,五世则迁者也"。[9] 这就是宗法家族的组织法,也

---

〔9〕《礼记·大传》。

是宗法制国家的组织法。上自天子、诸侯，下至大夫、士，宗族组织和政治组织是合而为一的。奴隶主阶级不仅通过血缘纽带将同姓贵族牢固地联结起来，而且还通过异姓贵族之间的联姻，形成一个更为广泛的亲属网络和政治网络。

有关亲属制度的礼名目繁多，如冠礼、昏礼、丧礼、祭礼等。维护统治阶级的一夫多妻制和包办买卖婚姻的婚礼，家长权、父权、夫权三位一体的家礼，在调整婚姻家庭关系方面起着重要的作用。将“上以事宗庙，下以继后世”[10]作为婚礼的最高宗旨，将“孝”、“悌”作为家礼的核心内容，在亲属关系和婚姻家庭生活中，男女、尊卑、长幼各有其位，上下有序，不得僭越。凡此种种，既是巩固亲属领域中宗法秩序的需要，也是巩固政治领域中宗法秩序的需要，以礼为其表现形式的亲属法规范，在我国古代亲属法中占有极为重要的地位。嫁娶方面的“六礼”程序，婚姻离异方面的“七出”、“三不去”，以及“三从”、“四德”、“宗祧继承”、“服制”等，都是以奴隶制时代的礼为其发端的，后来又为封建社会的礼、律所继受。

在中国封建社会中，调整亲属关系是礼、律并用的。奴隶制的宗法制度为封建宗法制度替代以后，地主阶级及其国家将过去的礼继承下来，并且加以改造、补充，使其成为维护封建宗法统治的重要工具；另一方面，有关亲属制度的立法也有了一定的发展，以户婚律（各朝代的名称不尽相同）为主要代表的亲属法规范，是历代封建法典的重要组成部分。

与亲属有关的成文法的制定和公布始于战国时代。李悝所撰的《法经》以奸淫罪入于“杂律”，《秦简》中已有“家罪”之名，但这些还不是严格意义上的亲属法。汉九章律中有“户律”一章，用以规定婚姻、户籍等事项。三国、两晋、南北朝上承汉制而有所损益。魏律、晋律中均有“户律”。北齐律改称“婚户律”。北周律则分列“婚姻”、“户禁”两篇。南朝各代基本上沿用晋律。隋开皇律将婚、户两篇合而为一，大业律中又再次分为“户律”和“婚律”。唐代的亲属立法在中国封建社会中起着承上启下的作用。现存的永徽律以“户婚”为第四篇，它不仅是后世的封建王朝立法的蓝本，而且远播域外，对周边的一些国家和地区有很大的影响。宋代有关户婚的律条载于刑统；辽、金、元各代的法典中均有关于户婚的内容。明律中分律为六，“户律”中有婚姻等七门。清律中的亲属法规范，基本上是因袭明律的。历代的亲属法规范除有关户、婚事项的律以外，还有一些其他的法律形式，如户令和后期与律并用的例等。

应当指出，在中国封建时代，法律对亲属关系的调整是很不全面的，它并不是调整亲属关系的唯一手段，甚至也不是最主要的手段。详于礼而略于律，以礼为

〔10〕《礼记·昬》，昬或作昏，即古文中的婚字。

主,以律为辅,这是中国古代亲属制度在表现形式上的一个重要特征。在律中所规定的,主要是那些与刑相关,即一旦违反,便处以刑罚的问题,其他则一概委之于礼。正因为如此,法典中的亲属法规范并不多,比较完备的法典如唐律、明律等,这方面的规定也很有限。当然,从另一个角度来说,完全可以将为国家所认可的有关亲属制度的礼,作为亲属法的重要内容。

(二)外国古代亲属法

在世界各国的古代法中,亲属制度都占有很重要的地位。以欧洲各国为例,奴隶制时代的亲属关系最初主要是由习惯法加以调整的。随着国家权力的扩大,逐渐采用了成文法的形式,但并不排除习惯法的适用。在宗教经典中,也有许多亲属关系方面的行为规则。各国的亲属法各具特色,此处仅就罗马法、寺院法中的亲属制度略作介绍。

古罗马是高度发达的奴隶制国家,亲属立法比同时代的许多国家更为完备。早在公元前五世纪时制定的《十二铜表法》中,就有了关于家父权等规定。从共和国时期到帝国时期,民众大会通过的法律、元老院的决议、皇帝的敕令和最高裁判官法等,其中都包含了大量的亲属法规范。后来,东罗马帝国查士丁尼皇帝在位期间又对罗马亲属法进行了系统的编纂。《查士丁尼法典》、《法学阶梯》、《学说汇纂》中都有许多有关亲属制度的内容。

古罗马的亲属制度具有强烈的宗法性质。亲属中有直系宗亲、旁系宗亲和同宗统人等区别。这种亲属制度下的家庭完全是父系、父权、父治的。马克思曾说:"罗马的家长对于他的家庭经济范围内的一切享有绝对的权力。"[11]罗马法中实行订婚制度。关于结婚的条件和程序在市民法和万民法中有不同的规定。依市民法而成立的称为有夫权婚姻,依万民法而成立的称为无夫权婚姻。家父权和夫权,在罗马亲属法中具有很重要的意义。按照早期法律的规定,家父权的内容十分广泛,例如,家父在家庭中有司祭祀的权力,司审判的权力,支配财产的权力,甚至有出卖子女的权力,后期法律对家父权则有所限制。在有夫权婚姻中,妻子在家庭中的法律地位十分低下,在人身关系和财产关系方面均受夫权支配。在后期盛行的无夫权婚姻中,妻子在家庭中的法律地位相对地说有了一定的改善。罗马亲属法中婚姻终止的原因有三,即配偶死亡;自由权或市民权的丧失;离婚。在罗马奴隶社会前期,对处于家父权下的婚姻当事人,即使并非出于本人的意愿,家父亦可令其离婚。到了帝国后期,出于家父意思而离婚的方式已被废除,婚姻的解除有协议离婚和片意离婚两种方式。总的说来,在罗马亲属法漫长的发展过程中,早期法律中夫

---

〔11〕《马克思恩格斯全集》第16卷,第650页。

妻、父母子女、家长家属之间的人身依附关系十分突出，后期出于商品经济发展等原因，这方面的人身依附关系有所削弱。

欧洲许多国家封建时代的亲属制度，是在日耳曼人的氏族制解体以后，在接受罗马文明影响的背景下建立起来的。在整个中世纪，亲属立法的发展比较缓慢，就其渊源而言，主要来自习惯法、寺院法和罗马法三个方面。

早期封建制国家的法典中有关亲属、婚姻、家庭的规定，主要是习惯法的汇集。法兰克王国的《萨利克法典》、《里普里安法典》等便是明显的例证。欧洲各国的封建化加深后，王室制定的成文法部分地取代了习惯法的作用，但即使到了中世纪后期，习惯法还是一些国家亲属法的主要形式。

寺院法亦称教会法或宗规法。随着基督教在欧洲的广泛传播，教权的日益强化，寺院法的权威在许多方面凌驾于世俗立法之上。亲属生活中有关婚姻、家庭、收养、监护、继承等问题，成为教会当局的专属事项。亲属制度的宗教化，是欧洲中世纪亲属法的一个显著特色。寺院法中的亲属法规范，主要以《新约全书》、《使徒教律》、《使徒约章》，以及宗教大会的决议、教皇颁发的教令集等为依据。《旧约全书》中的一些伦理原则也是为寺院法所遵循的。公元 1234 年，教皇格列高利九世在位时编撰教令汇编，有关亲属法的规范体系是其中的重要内容。宗教改革以后，亲属制度方面的立法权和司法权才逐渐由宗教当局转归国家机关。

西罗马帝国灭亡后，罗马亲属法在欧洲的许多国家和地区仍有程度不同的影响，到了中世纪后期，法学和法律领域内出现了罗马法复兴运动。罗马亲属法的一些原理、原则和具体规范，得到了广泛的研究和运用，从而促进了有关国家亲属立法的发展。宗教改革和罗马法的复兴，是欧洲的古代型亲属制度向近代型亲属制度转变的历史前奏。

二、资产阶级国家的亲属法

同古代型的亲属法相比较，资产阶级国家的亲属法无论在内容上还是在形式上都发生了重大的变化。随着资本主义法制的确立，立法形式和法律的编制方法突破了过去的传统，逐渐形成了若干各有其特定调整范围的法律部门。亲属法被认为是私法，它是资产阶级国家民法的一个组成部分。

（一）近、现代大陆法系国家的亲属法

欧洲大陆的许多国家和其他属于大陆法系的国家，一般都将亲属法规范体系编入民法典，被称为法典主义的亲属法。1804 年《法国民法典》中的亲属制度，在资产阶级国家早期的亲属立法中是很有代表性的。《法国民法典》依照罗马法的体例，于法典之首设人法一编，将私权的享有、人的法律能力等同亲属、婚姻、家庭等事项规定在一起。第一编第五章至第十章的内容,包括结婚、离婚、父母子女、收养与非正式监护、亲权,以及未成年、监护和亲权的解除等。第三编("取得财产的各种方法")第五章,对夫妻财产契约及夫妻间的相互权利作了详细的规定。第一编的前四章和第三编的继承等章中,也有不少涉及亲属关系的规定。《法国民法典》以法律的形式宣布了近代型的亲属制度的全面确立,在世界亲属立法史上具有重要的历史地位。应当指出,这部法典总的说来是以公民权利平等,私有财产神圣不可侵犯、契约自由等资产阶级的法律原则为其立法依据的,亲属制度也是以个人为本位,而不是以家族为本位的。但是,在贯彻上述诸原则的问题上,亲属法方面的规定远不如财产法方面的规定,在某些具体制度上,仍然保有较多的封建传统。后来经过多次修改,这种情况才有了明显的改变。

1896年的《德国民法典》是从自由资本主义向帝国主义过渡时期的产物。它的编制方法不同于《法国民法典》,亲属法规范是单独作为一编的。这部法典汲取了法国民法典的成果,在内容和形式上反映了新的时代特点,更加完善地表达了资产阶级对亲属制度的要求。该法典以亲属法为第四编,分为3章、625条,对民事婚姻、亲属和监护制度等都作了详尽的规定。体系结构、立法技巧等比《法国民法典》中的亲属法更为严谨、成熟,但也存在着过于繁复、不易为人们通晓等弊病。其中某些规定是同当时的现实生活脱节的,具有一定的虚伪性。法国、德国民法典中的亲属法是大陆法系各国亲属立法的重要典型。它们所提供的立法模式,后来为许多国家所采用。1898年的《日本民法典》亲族编,1930年的国民党政府的民法亲属编,都是借鉴、仿效德国等大陆法系国家的亲属法制定的。

(二)近、现代英美法系国家的亲属法

英美法系各国的亲属法同法、德等大陆法系国家的亲属法,有着共同的经济基础和阶级本质,它们都是资本主义社会中亲属制度的法律形式。两者在原则上和具体规定上有许多相同或相似之处。但是,英美法系国家的亲属法,具有若干基于历史传统而形成的自身的特点。英美法系各国没有统一编制的民法典,亲属立法采取单行法主义,它是由一系列各有其特定调整范围的法律、法规构成的;如结婚法、离婚法、家庭法、已婚妇女财产法、收养法等等,这些属于亲属法领域的法律同样也被认为是私法即民法的组成部分。

从历史上来看,英国亲属法虽然也受罗马法的影响,但所受影响是小于欧洲大陆国家的。在中世纪以来的一个很长的时期内,普通法和衡平法在调整亲属关系方面起着重要的作用。英国亲属法的改革以保守著称,经过缓慢的发展变化,才在法律领域里实现了亲属制度近、现代化的过程。英国亲属法对不少国家,特别是对英联邦中的各国和美国有很大的影响。美国早在殖民地时代,就适用普通法规范调整亲属关系。独立后许多州的亲属法均以英国法为其重要渊源。由于社会历史条件的区别，英国早期法律中某些古老的传统，未被美国亲属法继受。在美国原为西班牙殖民地的地区中，仍保有大陆法系国家亲属法的影响。美国亲属法和其他法律一样，在立法上是以州为本位的。因此，在亲属关系的法律适用上存在着这样或那样的法律冲突。1970 年，美国的州法律全国统一委员会通过了《统一结婚和离婚法》，其中的一些内容已为部分州所采用。

（三）当代资产阶级国家亲属立法的发展趋势

自资本主义时代开始直至今日，社会条件和人们的婚姻家庭观念已经发生了重大的变化。在此期间，许多资产阶级国家都一再地修改原有的亲属法，以便使其符合社会的现实和统治阶级的根本利益。"二战"后，特别是近三十年来，亲属立法的变化尤为明显。战后日本对民法典亲族编的修正，1965 年法国对夫妻财产制的修改，20 世纪六七十年代中英国、意大利、德意志联邦共和国、美国加利福尼亚州等对离婚法的改革，便是一些重要的例证。世纪之交，一些国家又进行了新一轮的亲属法改革。亲属制度中的封建残余进一步被破除；夫妻在人身关系、财产关系方面的法律地位在形式上渐趋平等；在离婚问题上由限制离婚主义走向自由离婚主义，过错离婚原则逐渐为无过错离婚原则所取代；凡此种种，都表明了许多国家的亲属法改革的一般趋势。

当代资产阶级国家对亲属制度从立法上作了一些具有积极意义的改革，对此应当客观、公允地予以恰当的评价。但是，这些改革又是很不彻底的，只是在资产阶级的"自由"、"平等"、"民主"原则所许可的范围内进行的，不可能触动资本主义社会中亲属制度的根基和本质。在社会制度根本变革以前，新的、更高类型的亲属制度是不可能自动出现的。

三、社会主义国家的亲属法

社会主义国家亲属法最初出现于十月革命胜利后的苏联，它是社会主义制度下调整婚姻家庭关系和其他亲属关系的法律。从世界范围来看，社会主义国家的亲属法经历了两个不同的发展阶段。在第一个阶段中，苏维埃婚姻家庭法（亲属法）是当时唯一的社会主义类型的亲属法。在第二个阶段中，随着"二战"后一系列社会主义国家的诞生，特别是中华人民共和国的成立，社会主义国家的亲属法在内容和形式上都有了很大的发展。

（一）苏联和其他社会主义国家的亲属法

早在俄国十月社会主义革命胜利之初，苏维埃政权便对亲属制度的改革采取了许多重大的立法措施。1918 年颁行了《俄罗斯联邦户籍登记、婚姻、家庭和监护法典》。1926 年又通过了新的《俄罗斯联邦婚姻、家庭和监护法典》;这部法典包括婚姻、父母子女及其他亲属间的相互关系、监护及保佐、户籍登记等编,是苏联各加盟共和国早期的亲属立法中具有代表性的法律。此后,俄罗斯和其他加盟共和国的婚姻、家庭和监护法典,曾依据全联盟的法令和本共和国立法机关的决定,作过多次修改和补充。

在苏联的法律体系中,各加盟共和国的上述法典是调整亲属关系的基本法,全联盟的法令也是亲属法的重要渊源。1968 年,苏联最高苏维埃颁行了《苏联和各加盟共和国婚姻和家庭立法纲要》,其内容包括总则、婚姻、家庭、户籍,以及苏维埃婚姻和家庭立法对外国人和无国籍人的适用,外国婚姻和家庭法、国际条约和国际协定的适用等。1979 年,苏联最高苏维埃主席团又发布了修改、补充上述纲要的命令。俄罗斯和其他加盟共和国按照纲要的要求,在亲属制度方面采取了相应的立法措施,包括新法典的制定和修改等。

"二战"后,东欧、亚洲等地区的社会主义国家相继颁行了调整亲属关系的法律。这些法律的名称不尽相同,编制方法也有区别,既具有共同的社会主义性质,又具有各自的民族特色。例如,南斯拉夫联邦共和国于 1947 年制定了《婚姻基本法》、《亲子关系基本法》、《收养基本法》和《监护基本法》。罗马尼亚人民共和国于 1954 年、德意志民主共和国于 1965 年,颁行了本国的家庭法典,东欧其他一些国家和朝鲜、越南、古巴等也相继颁行了调整婚姻家庭关系的法律。

随着国际风云的变幻,苏联和东欧国家的情况发生了很大的变化。有的国家仍然沿用过去的亲属立法,有的国家对过去的亲属立法已作修改,或予以废止,代之以新的法律。目前,我国的亲属法律制度尚需进一步完善,这些国家的亲属立法,还是可供研究、可资借鉴的。

(二)中华人民共和国的亲属法

中国的封建主义亲属制度在历史上存在了两千余年之久,一直延续到半殖民地、半封建时代的旧中国。亲属法近代化的尝试发端于清朝末年。1911 年起草完成的《大清民律草案》中有亲属一编。北洋军阀政府于 1915 年曾制定《民律亲属编草案》,1926 年完成的《民律草案》中亦有亲属编之设。但上述草案均未颁行。1930 年《中华民国民法》亲属编的公布,从法律形式上实现了从古代型亲属法到近、现代型亲属法的转变。但是,立法上的转变同当时社会生活的现实是脱节的。这个亲属编在很大程度上是对资产阶级国家亲属立法的模仿和搬用,在当时所起的作用是极为有限的。从法律上废除封建主义的亲属制度,建立和发展新的、民主主义的和社会主义的亲属制度,是新中国法制建设的一项重要任务。

中华人民共和国的亲属立法具有自身的历史传统和鲜明的民主主义和社会主

义本质。就主要方面而言,它是马克思主义关于婚姻家庭的理论和中国婚姻家庭制度改革的实践相结合的产物。早在解放前的革命根据地时代,中国共产党领导的民主政权就开始了亲属制度方面的法制建设。第二次国内革命战争时期,当时的中华苏维埃共和国中央执行委员会先后颁行了《婚姻条例》(1931 年)和《婚姻法》(1934 年)。抗日战争和解放战争时期,各革命根据地颁行了许多地区性的《婚姻条例》,如《陕甘宁边区婚姻条例》(1939 年和 1946 年),《晋西北婚姻暂行条例》(1941 年),《晋冀鲁豫边区婚姻暂行条例》(1942 年),《晋察冀边区婚姻条例》(1943 年),《晋察冀边区在外工作人员申请离婚程序》(1946 年),《修正山东省婚姻暂行条例》(1949 年)等。这些亲属立法均以废除封建主义婚姻家庭制度、实行新民主主义婚姻家庭制度为其宗旨。在内容上以调整婚姻关系为主,家庭关系和其他亲属关系则较少涉及。这些法律有力地推动了革命根据地中的婚姻家庭制度改革,为新中国的亲属立法提供了宝贵的经验。

1950 年的《中华人民共和国婚姻法》,是新中国成立后颁行的第一部基本法。它是中国婚姻家庭制度上长期的反封建斗争在法律上的总结,又是为适应建国后改革婚姻家庭制度的实际需要而制定的。该法共分八章,即原则,结婚,夫妻间的权利和义务,父母子女间的关系,离婚,离婚后子女的抚养和教育,离婚后的财产和生活,附则。其特点是侧重于调整婚姻关系,对离婚后的子女和财产问题规定得比较具体,家庭关系方面的一些规定则比较简略。虽然以婚姻法为名,实际上是以亲属关系的主要内容——婚姻家庭关系为其调整对象的。这部婚姻法的基本精神,在该法的第 1 条中有着极为明确的表述。"废除包办强迫、男尊女卑、漠视子女利益的封建主义婚姻制度。实行男女婚姻自由、一夫一妻、男女权利平等、保护妇女和子女合法利益的新民主主义婚姻制度。"上述规定既揭示了该法的主要宗旨,又指出了该法的各项原则。中国是一个长期遭受封建统治的国家,亲属制度上的封建传统既深且广。在当时,现实生活中的婚姻家庭状况同法律的要求还相去甚远。1950 年《婚姻法》在颁行时具有一定的纲领性,其中许多规定,是经过几年艰巨、复杂的工作,经过 1953 年的贯彻婚姻法运动后,才得以全面贯彻实施的。后来,随着我国社会从新民主主义到社会主义的转变,社会主义婚姻家庭制度已初步地建立起来。

1980 年的《中华人民共和国婚姻法》,是新中国的第二部婚姻法。它的颁行是加强对婚姻家庭关系的法律调整,巩固和发展社会主义婚姻家庭制度的需要,是保障公民的婚姻家庭权益,促进妇女解放和社会主义现代化建设的需要。同 1950 年《婚姻法》相比较,1980 年《婚姻法》对法律的基本原则作了必要的补充,对结婚条件作了适当的修改,并且扩大了对亲属关系的调整范围,离婚条款也有所增补。总的看来,它在一定程度上丰富和发展了我国的亲属立法,但没有脱离 1950 年《婚姻法》的框架,修改和补充的幅度不是很大的。

从20世纪80年代到90年代,我国的亲属立法较前有了显著的进展。《婚姻法》在实际上起着亲属基本法的作用。作为亲属制度组成部分的收养制度,已经有了比较完备的法律形式——《中华人民共和国收养法》。《民法通则》、《未成年人保护法》、《妇女权益保障法》、《老年人权益保障法》等法律中也有若干亲属法规范。《继承法》中的某些规定也是同亲属法有关的。此外,各地和有关部门都颁行了一些有关婚姻家庭的规范性文件,其内容涉及婚姻登记,涉外、涉港澳台婚姻,民族婚姻家庭,收养登记,保护妇女、儿童和老人合法权益等各个方面。最高人民法院对如何适用法律处理婚姻家庭纠纷等问题,作出了大量的司法解释。

改革开放以来,我国的社会生活包括婚姻家庭生活发生了巨大的变化。鉴于1980年《婚姻法》中还存在大量的立法空白,其中的某些规定已经滞后于现实,第九届全国人民代表大会常务委员会第二十一次会议于2001年4月28日通过了《关于修正〈中华人民共和国婚姻法〉的决定》,内容共有33项,主要包括以下几个方面。第一,在总则章中增设了禁止有配偶者与他人同居,禁止家庭暴力的规定,以及有关婚姻双方和家庭成员共同责任的原则规定。第二,在结婚章中增设了婚姻无效和撤销的制度。第三,在家庭关系章中改进了法定夫妻财产制,规范了夫妻财产约定;对原有的其他规定也作了若干补充和修改。第四,在离婚章中将原有的关于离婚法定理由的原则性规定,改为原则性和列举性,例示性相结合的规定;在离婚后的子女、财产问题上增设了有关探望权,经济补偿等规定。第五,增设了救助措施与法律责任一章,从而增强了公民婚姻家庭权益的保障机制。以上仅为择要列举,相关问题在以后的章节中另作说明。

修正后的《婚姻法》对婚姻家庭领域里出现的新的情况和问题,制定了若干必要的法律对策,更加有效地保护了公民的婚姻家庭权益;它的贯彻执行,有利于婚姻家庭和全社会的文明进步。但是,如果从全面完善亲属法制(婚姻家庭法制)的高度对其作理性的审视,这次修法并不到位,仅可称其为一种必要的,但又是一种过渡性或阶段性的立法措施。在现正起草的民法典或法典化的民法中列入亲属编或婚姻家庭编,系统地构筑亲属法(婚姻家庭法)规范体系,健全各种应有的具体制度,是全面完善亲属法制(婚姻家庭法制)的最佳方案,这是我国法学界许多学者的共识。

第三节　亲属法的概念和对象

一、亲属法的概念

(一)亲属法的名称和含义

在法制史和比较法的领域里,亲属法有不同的名称,对亲属法一词有不同的使用方法。

作为调整特定社会关系的一个法律规范体系,亲属法一词在历史上由来已久。在古代罗马,亲属法在私法中占有很重要的地位。当代大陆法系各国民法典中,均有亲属一编。英美法系各国用以规定婚姻家庭等事项的各种单行法虽未以亲属法统一命名,但其总和也是与亲属法相当的。日本在其法律近代化的过程中,借用汉字创造了亲族法一词,其含义与亲属法相同。在中国,亲属法作为一个专有名词则是从清末修订法律时开始的。其实,亲属法一词来源于中国过去的律例,并非译自外国。法国法中的 Droit de famille,德国法中的 Familienrecht,英美法中的 Law of Family 或 Family Law,如果忠实地、直接地译为中文,家庭法、家族法或家属法都比亲属法更加符合其原意。为了方便起见,我们将调整亲属关系(其核心内容为婚姻家庭关系;在设有家制的国家中还包括家长家属关系)的法律统称为亲属法,而不问其具体名称为何。

中国法律近、现代化以来,国民党政府的民法中设有亲属一编。中华人民共和国现行的法律体系中,并无以亲属法命名的法律,只有以《婚姻法》为基本法的亲属法规范体系。20 世纪 80 年代初我国在制定民法典草案时,曾考虑以亲属为其中各编之一,但后来改变了立法方案,民事基本法是以《民法通则》的形式问世的。目前,起草民法典或法典化的民法已列入我国立法机关的议事日程,采取法典主义的方案,将亲属法规范体系完整地纳入民法典,在立法体例和编制方法上最后实现婚姻家庭法向民法的回归,显然是优于单行法主义的方案的。

需要说明的是,亲属法的性质、调整范围、表现形式和编制方法等,在不同的时代和国家里是有很大区别的。为了确定某一国家亲属法的概念,不仅要看它采用什么样的名称,而且更要看它具有什么样的内容,即在实际上调整着哪些社会关系。

在往昔的和当代的法律、法学中,常在不同的意义上使用亲属法一词。为了阐明亲属法的概念和对象,首先应当了解亲属法一词的各种含义。

1. 非纯粹的亲属法和纯粹的亲属法

非纯粹的亲属法多见于古代，其中不仅有民事性质的法律规范，而且有其他的、特别是刑事性质的法律规范。例如，古巴比伦的《汉穆拉比法典》对婚姻家庭方面的违法行为规定了残酷的制裁条款，中国封建时代的户婚律对嫁娶违律、卑幼私擅用财等均有科以刑罚的规定。近、现代的亲属法是纯粹的亲属法，它是完全由民事性质的法律规范构成的，是规范亲属身份关系和由此身份而发生的财产关系的法律。妨害婚姻家庭的犯罪和刑罚，则属于刑法的内容。法制史上将非纯粹的亲属法亦称为亲属法，因为古代法中一般并无严格的民刑分立制度。此处是基于近、现代的法律观念将二者加以区别的。

2. 作为民法组成部分的亲属法和作为独立法律部门的亲属法

古代法多采取诸法合体的形式，亲属法一般被包括在内容庞杂的统一法典之中，自无所谓独立法律部门之说。法律部门的严格划分始于资本主义国家法律体系的确立。但是，不论是大陆法系国家还是英美法系国家，都将亲属法作为民法这个法律部门的组成部分。十月社会主义革命胜利以后，苏联首创以婚姻家庭法(亲属法)为法律部门之一的先例，亲属法脱离民法而独立，婚姻家庭法典和民法典处于同一个立法位阶。继起的一些社会主义国家也照此办理，以婚姻家庭法(亲属法)为本国法律体系中的独立法律部门。

在我国的社会主义法律体系中，以《婚姻法》为其基本法的亲属法是一个独立的法律部门，还是民法的一个组成部分？这个问题过去在法学界是有歧见的。早期曾以独立部门说为通说，这同苏联法学的影响不无关系。后来情况发生了很大的变化，虽然还有一些学者持独立部门说，但《民法通则》公布后这一争论已在立法体制上获得解决。当然，学术上的争论还是可以继续开展的。《民法通则》第2条指出：“中华人民共和国民法调整平等主体的公民之间、法人之间、公民和法人之间的财产关系和人身关系。”亲属法领域里的人身关系和财产关系，正是发生在作为平等主体的公民之间的。《民法通则》列举的民事权利中包括婚姻自主权和基于亲属身份而发生的财产权，同时还规定了涉外婚姻家庭关系的法律适用问题。因此，就亲属法在我国现行法律体系中的地位而言，无疑是民法的组成部分，而不是一个独立的法律部门。但是，这并不妨碍亲属法学成为我国法学的一个分支学科。基于亲属法有别于其他民事法律的自身特点，特别是繁荣亲属法学和建设社会主义精神文明的需要，学科亲属法的主张还是言之成理、持之有据的。

3. 形式意义上的亲属法和实质意义上的亲属法

形式意义上的亲属法系指以亲属法命名的法律，如民法典中的亲属编。在有些国家中，对虽然不以亲属法为名，但实际上起着亲属基本法的作用的法律，亦可视其为形式意义上的亲属法,如我国的现行《婚姻法》。实质意义上的亲属法则是指一定国家中调整亲属关系的法律规范的总和(全体);它不以形式意义上的亲属法中的规定为限,还散见于其他形式的规范性文件。

形式意义上的亲属法中有着大量的、集中而系统的实质意义上的亲属法规范,能够从总体上反映一定国家的亲属法律制度的全貌。但是,其他规范性文件中的亲属法规范同样也属于实质意义上的亲属法。例如,涉外民事关系法律适用法、其他有关的民事法律、法规以及国际条约中,常有涉及亲属事项的规定。另一方面,形式意义上的亲属法除以实质意义上的亲属法规范为其主要内容外,为了立法上的方便和适用法律的需要,其中亦有某些按其性质而言不属于亲属法规范的规定,如附有若干行政法规范、民事诉讼法规范等,这在许多国家的立法例中是很常见的。将亲属法一词作上述两种解释,是传统法学中的一般主张,其他法律同样也不例外。亲属法学研究的内容应当扩及全部亲属法规范体系,而不应仅以形式意义上的亲属法为限。

(二)亲属法概念的表述

当代亲属法的概念可以大致表述如下:亲属法是规定亲属身份关系的发生、变更和终止,以及基于上述身份关系而产生的权利义务的法律规范的总和。

这一概念是就实质意义上的亲属法而言的,而不是仅就形式意义上的亲属法而言的,它对我国和当代绝大多数国家都是适用的。

在亲属法概念的表述问题上应当补充说明的是,有的国家在亲属制度中还设有家制,这是往昔以家族为本位的亲属制度在亲属法上的残余痕迹。正因为如此,某些亲属法学著作中将亲属法的概念表述为规定亲属身份、家长家属身份及本族此等身份而生的权利义务的法律。我们认为,这一概念在适用上缺乏广泛性和通用性,根据当代的亲属法理和亲属制度改革的发展趋势,表述当代亲属法的概念时摒弃家长家属关系的内容可能是更为相宜的。

亲属法所规定的权利义务,又可分为身份上的权利义务和财产上的权利义务。按照传统亲属法学中的见解,规定前者的称为亲属身份法(亦有称为纯粹亲属法的),规定后者的称为亲属财产法。按照许多国家的立法例,是将亲属身份法和亲属财产法同置于一处(或民法典亲属编,或某一部调整亲属关系的单行法)集中规定的。也有一些国家的立法例与此不同,将亲属财产法置于一般财产法中加以规定。但这并不影响其作为亲属法的性质,因为它是附随于亲属身份的,同其他财产法是迥然有别的。亲属法的概念和亲属法的编制方法是两个不同的问题,不应将两者混为一谈。

按照我国法学界中比较公认的见解,亲属法是部门法、基本法、实体法、国内法,这些提法从不同角度上大致反映了亲属法在整个法律体系中的地位。但是,对上述提法是应当予以补充说明的,不能作机械的、简单化的理解。部门法是相对于根本法而言的,但我国亲属法本身并不是一个独立的法律部门,而是民法这个法律部门的组成部分。基本法是相对于位阶、效力低于基本法的其他法律、法规而言的。形式意义上的亲属法(如《中华人民共和国婚姻法》)具有基本法的性质,但并非一切调整亲属关系的规范性文件都具有这种性质。实体法是相对于程序法而言的,但是调整亲属关系的法律、法规中也有一些程序性规范(如登记、调解、诉讼等规定)。国内法是相对于国际法而言的,但是国际条约中有关亲属事项的规范,也是缔约国的亲属法的渊源。我们认为,只要对上述各点有一个正确的解释,使用这些提法对认识亲属法的概念和地位还是不无裨益的。

二、亲属法的调整对象

(一)调整对象的范围

基于婚姻和血缘联系而编织的亲属网络,包含了众多主体之间的关系,法律没有必要,也没有可能将一切亲属关系列入其调整范围。亲属关系具有广泛的社会内容,许多方面是可以用诸如道德等手段来加以调整,而无须用法律手段来加以调整的。亲属法所调整的,只是一定范围的亲属关系;所规定的,只是其中必须依法处理的具体事项。现根据亲属制度的历史、现状和各国的立法例,对如何确定亲属法调整对象范围的问题略作说明。

1. 以亲属关系的亲疏远近定其范围

哪些亲属关系应当列入亲属法调整的范围,这并不取决于立法者的主观愿望;归根结底,这是由社会制度,由亲属关系在社会生活中的作用所决定的。

一般说来,社会制度越古老,亲属关系在社会生活中所起的作用就越大。恩格斯曾说:“父亲、子女、兄弟、姊妹等称谓,并不是简单的荣誉称号,而是一种负有完全确定的、异常郑重的相互义务的称呼,这些义务的总和便构成这些民族的社会制度的实质部分。”[12]就亲属关系的亲疏远近而言,古代亲属法调整对象的范围是大于近、现代亲属法的。

以中国古代为例,亲属法(不论其采取何种形式)调整对象的范围大致是以服制图为依据的。凡服制所及的亲属关系,均具有一定的法律效力。具体说来,上述亲属包括四世以内的宗亲,三世以内的外亲,二世以内的妻亲。但是,在婚姻、继承等问题上,具有法律意义的亲属是超过这一范围的。如封建时代的法律规定,娶同

---

〔12〕《马克思恩格斯全集》第21卷,第40页。

宗无服之亲，以及立嗣尊卑失序等，均须依律科刑。在古代西方，从罗马法到寺院法，亲属法调整对象的范围都是相当大的。

近代、现代的亲属法中，关于亲属法调整对象的范围有不同的立法例。一种是非概括主义的规定，即立法上并不一般地限定亲属的范围，只是在具体事项上明定亲属关系的法律效力，包括亲属继承、禁婚亲、扶养等。例如：法国民法规定旁系血亲继承以六亲等（按罗马法亲等计算，下同）为限（兄弟姊妹的后裔除外）；许多国家都规定一定亲等内的旁系血亲和姻亲禁止结婚等。另一种是概括主义的规定，即立法上统一规定亲属的范围，在此范围以外的亲属关系不具有法律上的意义。例如《日本民法典》规定，“下列人为亲属：六亲等以内的血亲；配偶；三亲等以内的姻亲。”韩国民法中所列的亲属范围包括八亲等以内的父系血亲，四亲等以内的母系血亲，夫的八亲等以内的父系血亲，夫的四亲等以内的母系血亲；妻的父母，配偶。

将上述两种立法例加以比较，非概括主义的规定似较概括主义的规定更为相宜，因为各种法律关系有其不同的具体情形，分别规定更为切合实际。如果作概括主义的规定，又要能够全面包容一切涉及亲属事项的法律关系，其范围必定会失之过宽。反之，范围失之过窄，又不符合全面调整亲属关系的需要，势必还要在此范围之外作若干补充性的特别规定。按照我国现行《婚姻法》和其他法律中的规定，作为法律调整对象的亲属关系包括夫妻、父母子女、兄弟姊妹、祖父母外祖父母和孙子女外孙子女，在特定的情形下，还包括女婿和岳父母、儿媳和公婆以及兄弟姊妹以外的其他三代以内的旁系血亲。

2. 以具体内容定其范围

就亲属关系内容的总体而言，其中有许多与法律无关的领域。法律是从民事主体的权益和社会利益出发，来定其调整对象的范围的。

从具体内容来看，由亲属法调整的事项主要包括婚姻的成立和解除，夫妻的权利和义务，亲子和其他近亲属关系，收养、监护、扶养，以及设有家制的国家中的家长家属关系等。就调整的方法而言，亲属法主要是通过规定亲属法律关系借以发生、变更和终止的法律事实，规定亲属法律关系的内容即有关主体之间的权利和义务，来实现其调整作用的。至于其他法律（刑法、诉讼法、行政法、劳动法等）中涉及亲属事项的一些规定，虽然也是亲属的法律效力在不同领域里的具体表现（详见本书第三章的有关部分），但它们不属于亲属法的调整范围，而属于其他法律各自调整的范围。

本书将亲属法领域的主要法律制度概括为结婚法、夫妻关系法、离婚法、亲子法、收养法、监护法、扶养法等，正是以亲属法调整对象的具体内容为依据的。

(二)调整对象的性质

为亲属法所调整的,既有法定亲属之间的人身关系,又有法定亲属之间的财产关系。两者之间具有密切的联系,后者是以前者为其发生前提的。

1. 亲属人身关系

亲属人身关系存在于具有特定亲属身份的自然人之间,这种关系本身并不具有任何经济内容。亲属关系在本质上是一种身份关系,按照法律的规定,它只能因出现一定的法律事实(或事件,或行为)而发生,如结婚、出生、收养等,因出现一定的法律事实而终止,如离婚、死亡、收养的解除等。这种人身关系并不是出于经济上的目的而创设和存在的。因出生这一事件而发生的亲子和其他血亲关系自不必说,因结婚、收养等行为而发生的亲属关系,也不应是以追求经济利益为宗旨的,否则便违背了婚姻关系、收养关系的本质要求。

从历史上来看,古代的身份关系种类繁多,除亲属关系外,还包括宗族成员关系、君臣关系、主奴关系、地主与佃户的关系、师徒关系、欧洲封建社会中领主与附庸的关系等。随着社会的进步和法律的近、现代化,身份法逐渐衰微。《古代法》一书的作者英国法学家亨·萨·梅恩,曾把法律的进步归结为从身份到契约的运动。近、现代民事法所调整的身份关系,主要为亲属关系。至于上、下级间的行政隶属关系等,应视为职务关系而非身份关系。

亲属人身关系不同于其他民事法律领域中的人身关系。例如,著作权和发明权中的人身权,是基于著作人、发明人的创造性的活动而取得的,生命健康权、名誉权等是本于个人的人格而享有的;这些均与亲属身份无关。亲属人身关系以主体之间的特定亲属身份为必要前提。例如,夫妻人身关系只能存在于具有配偶身份的男女之间;其他家庭成员的人身关系只能存在于具有父母子女、祖孙、兄弟姊妹等身份的一定范围的亲属之间。依法调整亲属人身关系,是我国亲属法的重要任务,对建设社会主义精神文明具有十分重要的意义。

2. 亲属财产关系

亲属财产关系具有一定的经济内容,涉及有关主体的物质利益。但是,这种财产关系有其自身的特点,不能脱离亲属人身关系而独立存在,它是依附、从属于亲属人身关系的。这种从属性,具体表现为发生上的从属性、内容上的从属性和终止时的从属性。亲属财产关系只能随着相应的人身关系的发生而发生,随着相应的人身关系的终止而终止,财产关系的内容,反映了相应的人身关系的要求。例如,夫妻在财产关系方面的权利义务,基于当事人因结婚具有配偶身份而产生,因死亡或离婚消灭配偶身份而终止;扶养、抚养、赡养、法定继承等均以权利人和义务人之间的特定人身关系为依据。因此,在亲属法领域里,财产关系无非是人身关系所引起的相应的后果,或者说,亲属间的财产关系是以人身关系为其法律基础的。依法调整亲属财产关系,同样也是我国亲属法的重要任务,对发挥社会主义初级阶段的家庭经济功能,促进近亲属间的团结互助,具有很重要的意义。

正因为如此,亲属法所调整的财产关系在性质上不同于其他民事法律所调整的财产关系,如对两者加以比较,便可看出它们的区别是极为明显的。

第一,两种财产关系反映的社会经济要求不同。亲属法领域的财产关系,反映的主要是亲属共同生活和家庭经济功能的要求;其他民事法律领域的财产关系,反映的主要是商品经济的要求,在我国社会发展的现阶段,反映的是社会主义市场经济的要求。

第二,两种财产关系的主体不同。亲属法领域的财产关系的主体,均须为相互之间具有特定身份的亲属。其他民事法律领域的财产关系的主体则不受此限,包括一切可以作为民事权利主体的自然人和法人。当然,相互之间具有特定亲属身份的自然人也可作为买卖、租赁等关系的主体,但这并不是亲属法调整的财产关系,而是民事法律领域中的一般财产关系。

第三,两种财产关系的发生和终止的原因不同。亲属法领域的财产关系和其他民事法律关系,各以特定的法律事实为其发生和终止的原因。这些法律事实中,事件对亲属法领域的财产关系具有重大的意义。即使以行为作为法律事实,在亲属法领域也要受到严格的限制。其他民事法律领域则不然,大量的财产关系都是基于民事法律行为而发生或终止的。就其中占有最重要地位的合同而言,当事人自由裁量的余地是很大的。

第四,两种财产关系的性质不同。其他民事法律领域的财产关系一般都具有等价、有偿的性质,这种物质利益的交换是商品经济条件下,价值规律的客观要求。亲属法领域的财产关系则不是等价、有偿的,如扶养、抚养、赡养等。当然,其他民事法律领域也有极少数并非等价、有偿的财产关系,如赠与、继承和遗赠等。

其实,法定继承原为亲属继承。出于立法传统等方面的原因,当代亲属法虽不以继承关系为其调整对象,但是,法定继承是以亲属关系为其基础法律关系的;在民事法律的规范体系中,亲属法和继承法在调整对象上有着很密切的联系。

三、亲属法的特点及其具体表现

(一)亲属法的主要特点

亲属法调整对象的范围和性质,决定了它具有下列主要特点:

1. 亲属法在适用上具有极大的广泛性

亲属关系是人类社会中普遍存在的社会关系,以婚姻为基础的家庭是社会机体中的细胞组织。任何个人,不论其性别、年龄和其他情形如何,都是亲属法律关系的主体,不可能不参与亲属法领域的这样或那样的法律关系。毛泽东同志曾经指出,婚姻法有关一切男女的利害,其普遍性仅次于宪法。[13] 亲属法对一切公民都是适用的,但这并不排除其中也有某些只适用于部分公民的特别规定,如我国现行法中有关现役军人婚姻、涉外婚姻、涉侨、涉港澳台的婚姻的规定等。上述情形同亲属法在适用上的广泛性并不矛盾。

2. 亲属法在内容上具有鲜明的伦理性

从一定意义上说,亲属法堪称道德化的法律或法律化的道德,古今中外概莫能外。从历史上来看,中国古代亲属法以儒家的伦理观为其思想基础,欧洲中世纪的亲属法则以基督教的道德为其精神支柱。在我国,反映工人阶级和广大人民意志的法律,本来就是同社会主义道德相一致的。这一点,在亲属生活领域里表现得尤为明显,法律为亲属规定的权利和义务,都是社会主义社会中亲属道德的必然要求。亲属共同生活具有多方面的内容,法律中的规定不可能是事无巨细、包罗无遗的,凡是为法律所未规定的事项,都应当按照社会主义道德准则处理。

3. 亲属法具有强烈的民族传统特色

亲属法是在各国特有的历史条件下产生和发展起来的,它深深地根植于本民族的传统文化。社会环境、风俗人情、生活方式等等,对亲属法都有重大影响。因而,亲属法是具有强烈的民族传统特色的法律。它基本上是各国所固有的,而不是继受自他国的。如将各国的立法加以比较,亲属法的差别明显大于财产法的差别。前者都是根据本国国情制定的,后者出于国际经济交往的需要,许多规定有相同或相似之处。但是也要看到,当代的某些亲属关系、婚姻关系已经超越国界。如何更好地解决亲属法领域的法律冲突,是亲属立法和亲属法研究中的一个重大课题。

4. 亲属法中的规定多为强行性规范

强行性规范是相对于任意性规范而言的。为了妥善地保护公民在亲属共同生活中的权益和全社会的利益,亲属法规范大部分具有强行性规范的性质。在亲属法领域里,法律关系发生和终止的要件、法律关系的内容是定型的而不是选择的。当一定的法律事实(如结婚、离婚、出生、死亡、收养等)出现后,必然引起相应的法律后果,这些后果是法律预先指明、严格规定的,当事人不得自行改变或者通过约定加以改变。例如,结婚与否虽属当事人的自由,但一旦结婚后,夫妻之间的权利

---

〔13〕 参见原中央人民政府法制委员会:《关于中华人民共和国婚姻法起草经过和起草理由的报告》,1950年4月。

义务便基于婚姻的法律效力而发生,在配偶死亡或者离婚以前,这些权利义务是既不能抛弃也不能限制的。当然,亲属法中也有一些任意性规范,如法律允许夫妻就财产问题作出不同于法定夫妻财产制的约定,以协议处理离婚后子女的抚养教育和共同财产的分割等问题。然而,这些规范为数不多,适用时也要符合亲属法的有关原则,当事人选择的余地并不大。

(二)亲属法的特点在相关问题上的具体表现

亲属法在民事法律中具有相对独立的地位,它的种种特点在许多相关问题上都有程度不同的具体表现。由于此处无法一一列举,故仅以亲属法律行为的限定性、亲属法律关系的稳定性、亲属间权利和义务的关联性为例,略加说明,以见其一斑。

1. 亲属法律行为的限定性

这里所说的限定性,主要是指与其他民事法律行为相比较,法律对亲属法上的行为提出了更为严格的要求。民事法律中通行的意思自治原则,在亲属法中是受到多种限制的。

就行为人的主体资格而言,在其他民事法律领域中,具有完全民事行为能力的自然人(在我国为年满18周岁的公民)即可通过自己的行为参与民事法律关系,设定权利和义务。亲属法领域中的身份行为则不然,例如,按照我国有关法律的规定,男满22周岁,女满20周岁才具有婚姻行为能力;满30周岁才有为收养行为的能力。就法律行为的形式而言,在其他民事法律领域里存在着大量的不要式行为,法律行为的形式可由当事人自行决定(单方行为)或约定(双方行为和共同行为),必须采用法定形式的除外。但是,亲属法领域中的身份行为都是要式的,必须符合法定形式才具有法律效力。例如,许多亲属法上的行为必须以书面为之,或并须有证人证明;结婚、协议离婚、收养的成立和协议解除等,必须按法定方式办理。法律对行为形式的特殊要求是为了确保行为人意思表示的真实,保障当事人的权益和社会利益。亲属法律行为的限定性还表现在其他一些方面,如某些身份行为不许由他人代理,某些身份行为仅许法定代理而不许委托代理。其他领域的民事法律行为可以附以条件或期限,亲属法领域中的身份行为则是不能附以条件或期限的。

2. 亲属法律关系的稳定性

与其他民事法律关系相比较,亲属法律关系是稳定的或相对稳定的,因为它是一种长期的伦理的结合,而不是一种短暂的基于利益的结合。

某些亲属法律关系只能基于出生、死亡的事件而发生、终止,不能通过法律行为或其他途径而人为地解除,如血亲关系。它们的稳定性是不言而自明的。某些亲属法律关系虽然是基于行为而创设,也可以人为地解除,如拟制血亲关系和婚姻关系。但是,这些关系的本质和宗旨,以及法律对其所作的规定(包括成立和解除的条件、程序等),都决定了它们至少是相对稳定的,不可能朝合暮离,不可能像财产法律关系那样频繁地变动。同类法律关系的单一性和不可重复性,也是某些亲属法律关系稳定性的重要表现,如禁止重婚,我国法律规定已收养子女者不得再为收养(法律另有规定的除外)等。财产法律关系则无此特点,同一主体一再地、重复地参与同类法律关系(如买卖、租赁等)的现象是十分常见的。

3. 亲属间权利和义务的关联性

权利与义务一致,这是我国法律的基本原则之一,权利和义务是同一法律关系内容的两个不同的方面,它们是互相对应、互相依存的。在财产法领域,同一法律关系中的权利和义务一般都具有对价关系,其实质是双方主体的利益交换,权利和义务的区别十分明确。在亲属法领域,某些法律关系中的权利和义务是紧密地结合在一起的,两者甚至是很难区分的。例如,父母对未成年子女的抚养教育和保护,既可以视其为父母的权利,也可视其为父母的义务。义务的履行和权利的行使具有同一性。又如,在亲属监护中,监护权的行使(当然是指正当、合法的行使而非滥用)便意味着监护职责的履行,反之亦然。这些例证,在亲属法领域是很常见的。

亲属法中的某些权利是具有义务性的权利,亲属法中的某些义务是具有权利性的义务。归根结底,这是由亲属关系的伦理性,亲属共同生活特别是家庭生活的客观要求决定的。

第四节　亲属法在我国法律体系中的地位

一、亲属法和其他法律的联系与区别

在我国统一的社会主义法律体系中,不同的法律部门(包括子部门,如民法中的亲属法)是既有联系又有区别的。就其联系而言,亲属法与其他法律有着共同的经济基础、阶级基础和理论基础;它们都是社会主义经济基础的上层建筑,都是工人阶级和广大人民的意志在法律上的表现,都是以马克思列宁主义、毛泽东思想、邓小平理论为指导的。各种法律相互分工,互相配合,共同为保障公民的合法权益,巩固和发展社会主义制度,促进社会主义物质文明和精神文明建设而服务。维护我国的亲属制度,是有关法律的共同任务。另一方面,就其区别而言,亲属法和其他法律各有其不同的调整对象,某些法律中虽然也有一些涉及亲属事项的规定,但调整的手段或方法是不同于亲属法的。

(一)亲属法与宪法

宪法是国家的根本大法,在我国法律体系中居于最高位阶,具有最高的法律效

力,是包括亲属法在内的全部法律的立法基础。我国的社会制度、国家制度、公民的基本权利和义务、国家机构及其组织和活动的原则等,都是由宪法加以规定的。现行的《中华人民共和国宪法》中载有若干有关亲属制度的条款,如男女平等,保护婚姻、家庭、母亲和儿童,实行计划生育,父母子女之间的抚养和赡养,禁止破坏婚姻自由,禁止虐待老人、妇女和儿童等。这些规定为我国已有的和今后的亲属立法提供了宪法上的依据。

但是,宪法中有关亲属制度的规定具有很大的概括性和原则性,需要通过系统的亲属立法使之具体化,需要制定各种形式的亲属法规范,并使其在调整过程中具有可操作性。目前,我国亲属法律制度中还有不少尚待填补的空白,完善亲属立法是我国法制建设乃至精神文明建设的一项重要任务。

(二)亲属法与其他民事法律

亲属法是民法的重要组成部分之一,它与其他民事法律的关系,是同一法律部门中的内部关系。我国《民法通则》的某些一般规定,对亲属关系是同样适用的。例如,关于公民的民事权利能力和民事行为能力、姓名、住所、监护、宣告失踪和宣告死亡、法定代理、财产所有权、涉外民事关系的法律适用等,均须按《民法通则》的有关规定办理。同时,《民法通则》中还有若干直接针对亲属关系所作的规定。例如,它在有关条款中指出:“公民享有婚姻自主权,禁止买卖、包办婚姻和其他干涉婚姻自由的行为。”“婚姻、家庭、老人、母亲和儿童受法律保护。”“妇女享有同男子平等的民事权利。”这里所说的民事权利,当然是包括亲属人身权和财产权的。在我国,亲属法和《民法通则》以外的一些民事单行法在内容上也是互相联系、互相衔接的。例如,在作为亲属基本法的《婚姻法》中,对亲属继承只是作了极为概括的原则规定,指出特定亲属之间具有相互继承遗产的权利。这方面的许多具体问题,包括法定继承人的范围和顺序,代位继承,遗产分配,胎儿的应继份,以及法定继承和遗嘱继承、遗赠、遗赠扶养协议的关系等等,均须按照《中华人民共和国继承法》的有关规定办理。

另一方面,我们也要注意亲属法和其他民事法律的区别。例如,亲属法领域中的人身权均以特定的亲属身份为其发生根据,在性质上不同于《民法通则》中规定的其他人身权。亲属法领域中的财产权是依附于人身权,基于这种人身权的法律效力而存在的,在性质上不同于《民法通则》中规定的其他财产权。亲属法领域中的抚养、扶养和赡养关系,同债法中的债权债务关系迥然有别,就是一个极为明显的例证。

由于亲属法在民法中具有相对独立性,亲属法中如有特别规定,自可在适用上排除总则中的一般规定。但是,对亲属法中未作特别规定的事项是否适用总则的规定,这个问题在民法学说上是有争论的,有的持否定说,有的持肯定说,有的则折中于两者之间。我们认为,对这方面的问题应当具体分析,应当分别情况、区别对待。总则中那些有悖于身份行为、身份关系性质的规定,是不应当适用的(对此,可类推适用亲属法中的有关规定)。反之,如无上述情形即可适用或者变通适用。我国《收养法》第25条规定:"违反《中华人民共和国民法通则》第55条和本法规定的收养行为无法律效力。"其实,法条中即使对《民法通则》第55条未作明示,就法理而言违反该条规定的收养行为也是无效的。以行为人合格、意思表示真实、不违背法律和社会公共利益为有效条件是适用于一切民事法律行为的,亲属法领域中的身份行为也不例外。

(三)亲属法与行政法

行政法调整的是国家行政机关在实现管理职能的过程中发生的社会关系。亲属关系方面也有不少涉及行政法领域的事项。例如,结婚、双方自愿离婚和复婚均须依行政程序办理婚姻登记;收养登记在收养关系的成立和协议解除中起着重要的作用。申请登记上述事项的当事人的协议虽属亲属法上的行为,有关部门准予或不准登记却是具体行政行为。实行计划生育是我国公民在亲属法上的义务,为了督促全体公民履行这一义务需要辅之以必要的行政措施。对违反亲属法的规定的行为,可以视其情节予以必要的行政处分、行政处罚。适用行政法律手段对有关事项实行必要的管理和监督,对维护亲属制度和社会秩序具有很重要的意义。

(四)亲属法与刑法

刑法是适用刑罚制裁犯罪的法律,它对违法行为所采取的制裁手段,是各种法律手段中最为严厉的。我国公民在亲属法领域的人身权利和其他权益,同样也受到刑法的严密保护。现行的《中华人民共和国刑法》中设有妨害婚姻家庭罪的条款。作为亲属基本法的《婚姻法》规定,对重婚的,对实施家庭暴力或虐待、遗弃家庭成员构成犯罪的,依法追究刑事责任。我国《收养法》规定,借收养名义拐卖儿童的,遗弃婴儿、出卖亲生子女构成犯罪的,均须依法追究刑事责任。刑法在保障公民的亲属权,维护亲属制度方面所起的重要作用,是其他法律不能替代的。

(五)亲属法与诉讼法

民事诉讼法是规定办理民事案件的程序制度的法律,它担负着从司法方面保证包括亲属法在内的各种民事法律和其他有关法律正确实施的任务。亲属法和民事诉讼法的关系非常密切,两者的关系是实体法与程序法的关系。在我国的司法实践中,涉及亲属关系的案件在全部民事案件中占有相当大的比重。处理这方面的案件,如有关婚姻效力的纠纷,亲属间的扶养、抚养和赡养纠纷,收养纠纷,离婚纠纷,离婚时关于子女和财产问题的纠纷等,均适用《中华人民共和国民事诉讼法》的规定。办理妨害婚姻家庭罪等刑事案件,在程序上适用《中华人民共和国刑事诉讼法》的规定。

除以上论及者外,亲属法与劳动法、国际私法等在某些问题上也有一定的联系。此处从略。

二、我国亲属法的渊源

我国亲属法的渊源主要来自各种调整亲属关系的规范性文件,具体说来有下列各种:

(一)宪法和法律

宪法在我国法律体系中居于统帅地位,其效力高于其他法律。宪法中的有关规定,是我国全部亲属立法的依据和必须遵循的原则。一切调整亲属关系的规范性文件,均不得违反宪法的规定。有关亲属制度的宪法条款虽然不多,但它们在我国亲属法的诸渊源中具有极为重要的意义。

宪法外的有关法律是我国亲属法的重要渊源。这里所说的法律,是狭义的,严格意义上的法律,即全国人民代表大会及其常务委员会制定的规范性文件,其中又可分为基本法和基本法以外的法律。《中华人民共和国婚姻法》目前起着亲属基本法的作用。《中华人民共和国收养法》是作为亲属法组成部分的收养法的主要渊源。《中华人民共和国民法通则》、《中华人民共和国妇女权益保障法》、《中华人民共和国继承法》、《中华人民共和国未成年人保护法》、《中华人民共和国老年人权益保障法》、《中华人民共和国人口和计划生育法》等法律中,均有若干涉及亲属关系的规定,它们也是我国亲属法的渊源。

(二)行政法规和国务院所属部门制定的规章

行政法规是作为国家最高行政机关即国务院制定的规范性文件。国务院所属部门可在各自的权限内制定行政规章等规范性文件。行政法规和行政规章中的有关规定,对贯彻执行调整亲属关系的法律起着十分重要的作用,因为它们的内容比较具体,比法律具有更大的可操作性。目前,这方面的规范性文件主要有:国务院《关于贯彻执行新婚姻法的通知》,民政部经国务院批准颁行的《婚姻登记管理条例》以及国务院 2003 年 8 月 8 日颁布的《婚姻登记条例》、《华侨同国内公民、港澳同胞同内地公民办理婚姻登记的几项规定》、《中国公民同外国人办理婚姻登记的几项规定》、《中国公民收养子女登记办法》,以及国家计划生育委员会颁行的有关文件,等等。随着我国亲属法制建设的进一步完善,将有更多的此类规范性文件作为亲属法的渊源。

(三)地方性法规和民族自治地方的变通规定

地方国家机关依法制定的有关亲属事项的法规,以及具有一般规范性内容的决定、命令等,是结合本行政区的实际情况,保证全国性亲属立法贯彻执行的必要措施。这方面的规范性文件很多,内容涉及婚姻登记,保护妇女、儿童和老人合法权益,计划生育等,它们的规定都是以全国性的亲属立法为依据的。民族自治地方制定的有关贯彻执行《婚姻法》、《收养法》的变通规定等,也是地方性的规范性文件。它们作为亲属法的渊源,是以《宪法》第116条、《婚姻法》第50条、《收养法》第32条的授权为依据的。根据一国两制的原则,香港、澳门特别行政区各有其独立的法律制度。特别行政区有关亲属制度的法律、条例等,也是我国亲属法规范体系的组成部分,它们是本行政区亲属法的渊源。

(四)最高人民法院的司法解释

最高人民法院所作的有关适用亲属法的司法解释,是人民法院审理有关案件的长期经验的总结。这些具有一般规范性的司法解释不同于判例,在事实上起着亲属法的渊源的作用。这方面的司法解释,包括历次全国民事审判工作会议文件中有关亲属法的司法解释,以及《关于人民法院审理未办结婚登记而以夫妻名义同居生活案件的若干意见》(1989年11月21日),《关于人民法院审理离婚案件如何认定夫妻关系确已破裂的若干具体意见》(1989年11月21日),《关于人民法院审理离婚案件处理子女抚养问题的若干具体意见》(1993年11月3日),《关于人民法院审理离婚案件处理财产分割问题的若干具体意见》(1993年11月3日),《关于适用〈中华人民共和国婚姻法〉若干问题的解释(一)》(2001年12月25日),《关于适用〈中华人民共和国婚姻法〉若干问题的解释(二)》(2003年12月25日),《关于适用〈中华人民共和国婚姻法〉若干问题的解释(三)》(2011年8月13日)等。

(五)我国缔结或者参加的国际条约

根据《中华人民共和国民法通则》的有关规定,处理涉外亲属关系可以适用我国缔结或者参加的国际条约。如果我国参加或者缔结的国际条约同我国民事法律有不同的规定,适用国际条约的规定,但我国法律声明保留的条款除外。在法定的情形下,还可以适用国际惯例。依照《民法通则》的规定适用外国法律和国际惯例时,不得违背我国的社会公共利益。

习惯是否能够作为亲属法的渊源?在这个问题上有不同的学说和立法例。我们认为,某些为我国法律所认可的,符合社会主义社会中亲属道德的习惯,也可以作为亲属法的渊源。

由上可知,我国亲属法的各种渊源在整个法律体系中处于不同的位阶,具有不同的法律效力;有的适用于全国,有的只适用于一定的地区。亲属法是一个以《宪法》和《民法通则》为依据,以起着亲属基本法作用的《婚姻法》为核心,由有关法律、法规、规章、司法解释等组成的规范体系。

第二章　亲属法的原则

第一节　亲属法中的原则规定

亲属法的原则因不同的时代和国家而异。一般说来,这些原则是一定国家的亲属立法的指导思想,是该国的亲属制度的基本特征在法律上的集中表现。综观世界各国的立法例,关于亲属法的原则有的是明示的,有的则是默示的,前者在法条中明确宣示该法所遵循的原则,后者在法条中并无此种宣示,对其所遵循的原则,仅可根据具体内容作法理上的概括。我国的婚姻家庭立法,历来都是开宗明义地宣示其原则的。从解放前革命根据地的婚姻法,婚姻条例到中华人民共和国的两部婚姻法,在体系结构上均将有关原则的规定置于首要的地位。

目前,我国尚无以亲属法或民法典亲属编(婚姻家庭编)为名的法律,现行的《中华人民共和国婚姻法》起着亲属基本法的作用,因而,可将《婚姻法》中所定的诸原则作为亲属法的基本原则。当然这并不妨碍作为亲属法(婚姻家属法)组成部分的某些单行法也可制定本法的原则,如《中华人民共和国收养法》第2条、第3条的规定。但这也是以适用上述相关的基本原则为前提的。

现行《婚姻法》第2条指出:“实行婚姻自由、一夫一妻、男女平等的婚姻制度。”“保护妇女、儿童、老人的合法权益”。“实行计划生育”。这就是我国亲属法的五项基本原则,同法第4条指出:夫妻应当互相忠实,互相尊重;家庭成员间应当敬老爱幼,互相帮助,维护平等、和睦、文明的婚姻家庭关系。这是法律对婚姻双方和家庭成员提出的基本要求,综合地反映了上述五项基本原则的共同宗旨。按其性质亦属原则性的规定。

一、婚姻自由原则

(一)婚姻自由的由来和发展

婚姻关系是亲属关系的源泉,婚姻自由是我国亲属制度的重要基石之一。《中华人民共和国宪法》第49条规定:"禁止破坏婚姻自由。"《中华人民共和国民法通则》第103条规定:"公民享有婚姻自主权。"从历史上来看,作为婚姻关系主体的人有无缔结和解除婚姻的自由,是形式上的自由还是实质上的自由,并不取决于当事者个人的主观意愿,而是由一定的社会制度决定的。了解婚姻自由的由来和发展,有助于正确地理解社会主义制度下的婚姻自由。

一般说来,在古代社会中人们是不知婚姻自由为何物的。恩格斯指出:"在整个古代,婚姻的缔结由父母包办,当事人则安心顺从。古代所仅有的那一点夫妇之爱,并不是主观的爱好,而是客观的义务;不是婚姻的基础,而是婚姻的附加物。"[1]在中国的封建主义婚姻制度下,主婚权属于当事人的祖父母、父母等尊长,出于"父母之命"和"媒妁之言"的结合是婚姻的合法形式;门当户对和婚姻论财,是成就婚事的重要条件;婚姻的解除,则实行以家族为本位的男子专权离婚。凡此种种,都是当时的人身依附关系在婚姻问题上的具体表现。

在欧洲,追求婚姻自由的思潮萌芽于文艺复兴运动,争取婚姻自由的斗争发端于基督教的宗教改革运动。一些资产阶级的启蒙思想家主张,只有摆脱封建束缚的自由婚姻,才符合人类理性的要求。随着资产阶级革命的兴起,争取婚姻自由的斗争又从思想、文化领域扩及政治、法律领域。法国大革命胜利后,1791年的法国宪法率先宣布:"法律视婚姻仅为民事契约"。1804年的《法国民法典》,以此为据确立了"未经合意不得成立婚姻"的原则。自此以后,婚姻自由原则相继为资本主义各国的法律所确认。同否定当事人意志自由的封建婚姻相比较,这是一个重大的历史性的进步。婚姻既被视为契约,当事人当然享有意思表示的自由,资本主义制度下的婚姻自由及其产物——共诺婚,都是以契约说为其理论依据的。但是,这种婚姻自由在一定程度上还只是形式上的婚姻自由,而非实质上的婚姻自由。"在婚姻关系上,即使是最进步的法律,只要当事人在形式上证明是自愿,也就十分满足了。至于法律幕后的现实生活是怎样的,这种自愿是怎样造成的,法律和法学家都可以置之不问。"[2]恩格斯的上述论断,深刻地揭示了这种婚姻自由的本质。在资本主义私有制的基础上,有产者的婚姻往往是权衡经济利害的婚姻;相对说来,工人阶级和劳动人民在婚姻问题上享有的自由,实际上是大于有产者的。这

---

〔1〕《马克思恩格斯全集》第21卷,第90页。

〔2〕同上注,第86页。

种情形,曾被恩格斯称为一种“历史的讽刺”。应当指出:在资产阶级国家的早期的亲属立法中,对婚姻自由仍有某些限制性的规定,这是当时的反封建的不彻底性在婚姻问题上的具体表现。这些限制被取消后,社会条件对婚姻自由的限制暴露得更为明显。

社会主义制度的建立为婚姻自由的普遍实现开辟了广阔的道路。这种自由不仅是一种法律上的权利,而且是为各种社会条件所保障的。恩格斯曾说:“结婚的充分自由,只有在消灭了资本主义生产和它所造成的财产关系,从而把今日对选择配偶还有巨大影响的一切派生的经济考虑消除以后,才能普遍实现。”〔3〕我国现正处于社会主义初级阶段,虽然已为实现婚姻自由提供了前所未有的条件,但是,婚姻自由的实现程度还受着社会经济和文化发展水平的制约,旧制度、旧思想的残余影响也是不可忽视的。我们不仅要依法保障婚姻自由,还要通过物质文明和精神文明建设,为婚姻自由在更高层次上的实现创造各种更加有利的条件。

(二)婚姻自由的内容

作为我国亲属法或婚姻家庭法的一项基本原则,婚姻自由是指公民有权按照法律的规定,自主自愿地决定本人的婚姻问题,不受任何来自外力的强迫或干涉。这一原则,为当事人行使婚姻权利提供了有效的法律保障。

应当指出,关于如何行使婚姻自由权利的问题,不仅有一定的法律标准,而且也有一定的道德标准。法律只能保障婚姻自由权利的行使,排除对婚姻自由权利的侵害。至于当事人行使婚姻自由权利的思想基础,包括动机和目的等,只能依据一定的道德标准加以评断。正因为如此,树立正确的婚姻自由观,发扬社会主义婚姻道德,对贯彻执行婚姻自由原则具有很重要的意义。

婚姻自由包括结婚自由和离婚自由两个方面,两者是相互联系,不可或缺的。

保障结婚自由,是为了使未婚男女和丧偶、离婚者能够根据本人的意愿,成立以爱情为基础的婚姻关系。是否结婚,与谁结婚,何时结婚,当事人有充分的自由选择的权利。

保障离婚自由,是为了使那些感情确已破裂、和好无望的夫妻,能够通过法定途径解除其婚姻关系,并使他(她)们有可能重新建立幸福的婚姻家庭。双方自愿离婚的可以依法离婚,一方要求离婚的也可以依法提出离婚请求。

结婚是一种极为普遍的行为,离婚则是在不得已的情形下采取的消除夫妻冲突的最后手段。对于全面实行婚姻自由来说,仅有结婚自由是不够的,还必须有离婚自由作为补充,列宁曾说:“实际上离婚自由并不会使家庭关系‘瓦解’,而相反

〔3〕《马克思恩格斯全集》第21卷,第95页。

地会使这种关系在文明社会中惟一可能的坚固的民主基础上巩固起来。"[4]从微观上来看,就个案而言,离婚确实导致某些婚姻解体,家庭离散;从宏观来看,就全社会而言,保障离婚自由却在总体上起着改善和巩固婚姻家庭关系的作用。当然,上述评析是以正确地实行离婚自由,防止轻率离婚为前提的。

婚姻自由不是绝对的而是相对的,这种自由须受法律和道德的约束。

有权利就有义务,有自由就有限制。实行婚姻自由绝不意味着人们可以在婚姻问题上违反法律和道德的要求为所欲为。我国《婚姻法》为结婚规定了必须具备的条件和必须履行的程序,规定了离婚的程序和处理原则。这些规定具体指明了婚姻自由的范围,划清了婚姻问题上合法和违法的界限。婚姻自由的权利应当正当行使而不能滥用,不得侵害他人的权益和社会公共利益。行使婚姻自由的权利时,还应当以社会主义的婚姻道德自律。这方面的违反道德的行为,应当受到公众的抵制,社会舆论的谴责。

二、一夫一妻原则

(一)一夫一妻制的历史变迁

一夫一妻制是一男一女互为配偶的婚姻形式,亦称单偶制或双单式婚姻。在人类的婚姻史上,它是继群婚制、对偶婚制之后,在原始社会崩溃和私有制社会形成过程中出现的。这种一夫一妻制以生产资料私有制为经济基础,是同阶级剥削制度和男尊女卑制度相联系的。因而,它具有不同于其字面含义的特定的社会内容。恩格斯指出:"正是奴隶制与一夫一妻制的并存,正是完全受男子支配的年轻貌美的女奴隶的存在,使一夫一妻制从一开始就具有了它的特殊的性质,使它成了只是对妇女而不是对男子的一夫一妻制。"[5]私有制社会的一夫一妻制是片面的、名不副实的,专对女性而言的。妻只有一夫,剥削阶级中的男性却可以凭借其权势和财富,实行公开的或变相的多妻制。在古代中国,名义上的一夫一妻制和以纳妾为形式的事实上的一夫多妻制是同时并存的。妻仅得为一,纳妾则为礼、法所不禁。[6] 这种情形,一直延续到半殖民地半封建的旧中国。因此,这种一夫一妻制,在一定意义上只是一妻一夫制。当然,实行多妻制是剥削阶级中男性的特权,劳动人民的婚姻历来都是一夫一妻的结合。至于一妻多夫制,则是历史上罕见的例外

---

〔4〕《列宁选集》第2卷,第534页。

〔5〕《马克思恩格斯全集》第21卷,第75页。

〔6〕中国古代的纳妾制带有等级制特点,剥削阶级中男性纳妾的状况,大体上是同他们的社会地位相一致的。有些朝代还规定,庶民到达一定年龄而无子者,亦得纳妾一人。

(如印度的涅亚式的一妻多夫制、我国的西藏式的一妻多夫制等)。

实行普遍的、男女平等的真正的一夫一妻制,废除旧社会中以纳妾为形式的多妻制,是我国婚姻家庭制度改革的重要成果之一。社会主义制度的建立和妇女的解放,从根本上铲除了多妻制的社会根源。以爱情为基础的婚姻,必然是一夫一妻的结合;一夫多妻或一妻多夫的结合,是同爱情的专一性和排他性不相容的。私有制社会中片面的一夫一妻制为社会主义社会中的真正的一夫一妻制所替代,是人类婚姻史上巨大的变革。恩格斯曾经预言:"我们现在正在走向一种社会变革,那时,一夫一妻制的迄今存在的经济基础,以及它的补充物即卖淫的基础,不可避免地都要消失。""随着生产资料转归为社会所有……一夫一妻制不仅不会终止其存在,而且最后对于男子也将成为现实。"[7]目前,我国在普遍实行一夫一妻制的同时,现实生活中仍有某些违反一夫一妻制的消极现象,需要从法律上和道德上增强维护一夫一妻原则的力度。

(二)一夫一妻原则的基本要求

按照我国《婚姻法》中规定的一夫一妻原则,一男一女结为配偶是唯一的合法的婚姻形式。任何人均不得同时有两个或两个以上的配偶,禁止任何一夫多妻或一妻多夫的结合。这一原则的要求同等地适用于男女双方,但就其实际针对性而言,主要是指向公开的或变相的多妻制的。

基于上述要求,有配偶者在配偶死亡或离婚以前,不得再行结婚,否则即构成重婚。1950 年《婚姻法》明令禁止重婚、纳妾;1980 年《婚姻法》删去了禁止纳妾的规定,这是因为,我国早已废除了纳妾制度,根本不承认妻、妾之别,纳妾也应按重婚论处。此外,禁止有配偶 者与他人同居,以及取缔卖淫、嫖娼活动等,也是维护一夫一妻原则的必然要求。

三、男女平等原则

(一)男女两性的社会地位和婚姻家庭地位

男女两性在婚姻家庭中的地位,总是同他(她)们的社会地位相一致的,前者是后者的一个重要的方面。从历史上来看,私有制和阶级剥削制度是男女不平等、妇女受压迫的社会根源。列宁曾经针对这个问题指出:"妇女作为人和社会成员的地位,是与生产资料私有制有着不可分割的联系的。"[8]在私有制社会中,广大劳动妇女受着来自剥削阶级和男权制度的双重压迫,即使是剥削阶级中的女性,也

---

[7] 《马克思恩格斯全集》第 21 卷,第 88 页、第 89 页。

[8] 转引自蔡特金:《回忆列宁》,人民出版社 1960 年版,第 64 页。

受着男权制度的束缚。正因为如此,不论是封建制代替了奴隶制,还是资本主义制度代替了封建制,男女两性始终处于不平等的地位,只不过在程度上和表现形式上有所不同。古代的亲属法公然主张男尊女卑,维护夫权统治。到了资本主义时代,妇女对男子的人身依附关系大为削弱,妇女的社会地位和婚姻家庭地位有了显著的提高,男女平等也被奉为亲属法的一项原则。但是在早期的立法中,仍有许多歧视妇女的条款,在婚姻家庭领域中表现得尤为明显。列宁指出:“事实上,任何一个资产阶级共和国,即使是最先进的资产阶级共和国,对于占人类半数的妇女,也没有给予在法律上同男子完全平等的地位以及摆脱男子的监护和压迫的自由。”[9]随着社会的发展和妇女运动的进展,晚近以来,资本主义国家中男女两性的法律地位渐趋平等,亲属法领域也不例外。但是,原则和实践,法律规定和现实生活之间仍有颇大的距离,妇女在行使权利时仍会遇到来自社会条件的种种障碍,在男女不平等的社会根源消除以前,这是无法根本克服的。

社会主义制度的建立彻底改变了妇女“作为人和社会成员的地位”,半个多世纪以来,我国妇女在社会生产、社会生活的各方面发挥了巨大作用,妇女的社会地位和婚姻家庭地位有了全面的提高。男女两性在法律上的完全平等,已经从理想变为现实。男女两性既是社会成员,又是婚姻家庭关系的主体,社会地位和婚姻家庭地位是相互联系、相互作用的。男女平等的婚姻家庭制度,是由男女平等的社会制度决定的。但是也要看到,我国现正处于社会主义初级阶段,男女平等的实现程度还受着社会经济文化发展水平的制约;旧制度、旧思想的残余影响也是不可忽视的。两性在法律上的平等还不等于实际生活中的完全平等。消除这种差距还需要进一步创造条件,还需要经历一个长期的过程。从男女两性法律上的平等过渡到实际生活中的完全平等,是妇女运动的伟大目标,也是我国人民婚姻家庭生活发展的必然趋势。

(二)男女平等原则在我国亲属法中的具体表现

男女平等原则具有广泛的内容,它是我国宪法的原则和有关法律的共同原则。我国现行《宪法》第48条规定:“中华人民共和国妇女在政治的、经济的、文化的、社会的和家庭的生活等各方面享有同男子平等的权利。”亲属法中的男女平等原则正是以此为立法依据的。

作为亲属法的基本原则之一,男女平等专指夫妻和性别不同的家庭成员以及其他近亲属,在婚姻家庭生活和亲属关系中处于平等的法律地位,享有平等的权利,承担平等的义务。这一原则彻底否定男尊女卑、夫权统治的旧制度、旧传统,对

---

〔9〕《列宁全集》第30卷,第100~101页。

解放妇女,维护和发展民主、和睦、文明的婚姻家庭关系具有很重要的意义。

我国亲属法(婚姻家庭法)在各项具体制度、具体规定中,都鲜明地体现了男女平等的立法精神,现择要列举于下:

首先,在结婚和离婚制度上,男女当事人的权利和义务是完全平等的。结婚须男女双方完全自愿;登记结婚后,根据双方约定,女方可以成为男方家庭的成员,男方可以成为女方家庭的成员;无效婚姻和可撤销婚姻的当事人,男女双方都有依法主张婚姻无效和依法提出撤销婚姻的权利。男女双方自愿离婚的,准予离婚;男女一方要求离婚的,有依法提出离婚的权利。在离婚时的财产清算,离婚后子女的抚养和教育等问题上,男女双方的权利和义务也是平等的。

其次,在夫妻关系、亲子关系中,不同性别的主体的权利和义务是完全平等的。夫妻家庭地位平等。夫妻双方都有各用自己姓名的权利(子女可以随父姓,可以随母姓),都有参加生产、工作、学习和社会活动的自由,都有实行计划生育的义务。夫妻双方有互相扶养的义务,对共同财产有平等的所有权,双方可以依法订立夫妻财产约定,有相互继承遗产的权利。父和母都有抚养教育子女的义务,都有受子女赡养扶助的权利,都有继承子女遗产的权利。子和女都有受父母抚养教育的权利,都有赡养扶助父母的义务,都有继承父母遗产的权利。

最后,在祖孙、兄弟姐妹关系中,男性亲属和女性亲属的权利和义务也是完全平等的,表现在抚养、赡养、扶养、法定继承等各个方面。

总之,亲属关系主体依法享有的权利和依法承担的义务,均不因性别、男系亲和女系亲、父系亲和母系亲而异。亲属间的一切涉法事项,均应按照男女平等的原则处理。

四、保护妇女、儿童和老人合法权益原则

(一)保护妇女合法权益

保护妇女合法权益的原则,在立法精神上同男女平等原则是完全一致的,前者是后者的必然要求和必要补充,两者是互相联系,密不可分的。我国妇女虽然在各方面都获得了同男子平等的权利,但是历史上的男尊女卑的制度和思想所造成的种种恶果,是不可能在短时期内完全消除的。现实生活中,还有一些妨碍男女平等原则贯彻执行的消极因素;妇女权利的实际行使还受着社会经济文化发展水平的制约。此外,妇女群体还有某些不同于男子的特殊权益,需要法律根据具体情况妥善地予以保护。因此在坚持男女平等的同时,还要强调保护妇女的合法权益。如果只讲男女平等,不讲对妇女权益的特殊保护,看起来貌似公正,不偏不倚,实际上是不利于男女平等的实现的。

保护妇女合法权益是我国亲属立法的长期传统。例如,第二次国内革命战争时期的中华苏维埃共和国《婚姻法》、《婚姻条例》,以及后来的各革命根据地的地区性的《婚姻条例》等,都有关于保护妇女权益的专门规定。中华人民共和国成立后的亲属立法,如1950年《婚姻法》、1980年《婚姻法》,修正后的1980年《婚姻法》以及相关的法律、法规等继承和发扬了这一传统,使这方面的规定更加完善。在离婚、离婚后子女的抚养教育以及财产和生活等问题上对妇女权益的严密保护,是我国亲属立法的一大特色。在法定期间限制男方的离婚请求权,分割夫妻共同财产时应照顾女方的权益,以及离婚时的经济补偿、经济帮助、损害赔偿等,便是这方面的明显例证。需要说明的是,上述经济补偿、经济帮助和损害赔偿,在法律实务中的受益者多为女方,这些规定在实际上的针对性是显而易见的。1992年颁行的《中华人民共和国妇女权益保障法》中,特设妇女的婚姻家庭权益专章,对《婚姻法》中的有关规定作了重要的补充,使保障妇女权益的法律机制更加健全。

(二)保护儿童和老人的合法权益

尊老爱幼是我国人民的传统美德,应当在社会主义制度下发扬光大。我国亲属法中保护儿童和老人合法权益的原则和相关规定,是以《宪法》为依据的(参见现行《宪法》第45条第1款,第46条第2款,第49条第1款、第3款和第4款)。以婚姻为基础的家庭是社会的细胞组织,是人们的基本生活单位,赡老育幼是家庭的重要功能。在家庭制度上加强对儿童和老人权益的法律保护,是贯彻执行《宪法》中有关规定的必要措施。

我国的亲属法在调整亲子关系、收养关系和祖孙关系等问题上,为儿童和老人的合法权益提供了有效的法律保障。按照《婚姻法》的规定:父母对子女有抚养教育的义务;父母有保护和教育未成年子女的权利和义务;非婚生子女享有与婚生子女同等的权利;禁止溺婴、弃婴和其他残害婴儿的行为;子女对父母有赡养扶助的义务;祖父母、外祖父母在法定条件下对孙子女有抚养的义务;孙子女、外孙子女在法定条件下对祖父母、外祖父母有赡养的义务。按照《收养法》的规定:收养应有利于被收养的未成年人的抚养,成长;保障被收养人和收养人的合法权益。此外,《未成年人保护法》、《老年人权益保障法》等有关法律中,也有许多从家庭制度方面保护儿童和老人合法权益的规定。各省、自治区、直辖市先后颁行了许多保护儿童和老人合法权益的规范性文件。

五、计划生育原则

(一)实行计划生育的重要意义

计划生育是指通过生育行为对社会的人口再生产进行有计划的调节。实行计划生育是我国的一项基本国策。《中华人民共和国宪法》第 25 条规定:“国家推行计划生育,使人口的增长同经济和社会发展计划相适应。”实行计划生育是社会主义制度下人口再生产的客观要求,也是我国实现社会主义现代化建设的重要条件。计划生育具有多方面的内容,如通过生育调节提高或降低出生率,调整人口的年龄构成等。从我国的人口现状出发,我国实行计划生育是以控制人口数量,提高人口素质为主要目标的。人口的发展,一定要同经济和社会的发展相适应,同环境和资源的保护和改善相协调,这对实现我国社会的可持续发展具有十分重要的意义。

婚姻家庭是人口再生产的社会形式;宏观上的社会人口再生产,在微观上是通过婚姻家庭中的生育行为实现的。生育制度和婚姻家庭制度具有密切的联系。我国亲属法将实行计划生育作为一项基本原则,正是为了从婚姻家庭制度上保障计划生育的顺利推行。按照我国《婚姻法》的规定,夫妻双方都有实行计划生育的义务,计划生育应当落实到每一个家庭。

(二)计划生育的基本要求

在我国,计划生育对生育主体的基本要求是:少生、优生、适当地晚婚晚育。国家提倡一对夫妻生育一个子女;合理安排第二胎生育,符合法律、法规规定条件的,可以要求安排生育第二个子女;禁止三胎及三胎以上的多胎生育。少数民族也要实行计划生育;对于人口稀少的少数民族,节制生育的政策可以适当地放宽。

在我国,公民的生育权受法律的保障,实行计划生育既是公民权利,又是公民的义务。公民也有不生育的自由。作为生育主体的夫妻,实行计划生育时有要求有关部门提供技术服务的权利,对节制生育的措施有知情、选择的权利。实行计划生育是夫妻双方的共同责任,绝不能将责任片面地推给女方。歧视、虐待生育女婴的妇女和不育的妇女,歧视、虐待、遗弃女婴,都是为法律所禁止的。有关计划生育的一些具体问题,包括生育调节,奖励与社会保障、计划生育技术服务和法律责任等,应按《中华人民共和国人口与计划生育法》和这方面的地方性法规的有关规定处理。

六、婚姻家庭主体的共同责任

我国《婚姻法》第 4 条规定:“夫妻双方应当相互忠实,互相尊重;家庭成员间应当敬老爱幼,互相帮助,维护平等、和睦、文明的婚姻家庭关系。”本条从总体上表明了我国婚姻家庭法的立法宗旨,这些基本要求,既是依法调整婚姻家庭关系的出发点,也是依法调整婚姻家庭关系的归宿。

(一)夫妻应当互相忠实,互相尊重

婚姻是男女双方以永久共同生活为目的之结合,夫妻在婚姻生活的各个方面都应当互相忠实,包括在性方面的忠实。这是婚姻的专一性和排他性的必然要求。夫妻互相忠实是婚姻的生命力之所在,是婚姻赖以维系和健康发展的不可缺少的基本要素。一方对另一方有不忠实的行为,不仅有悖于社会主义婚姻道德,也是对基于婚姻的法律效力而发生的另一方身份利益的侵害。在修改1980年《婚姻法》的过程中,关于是否应当规定夫妻间的忠实义务的问题有不同的主张,有的意见认为:夫妻相互忠实是婚姻的题中应有之义,这是不言自明的,在法律上无须专设此种规定。有的意见认为:现实生活中某些婚姻关系总会和法律的要求有一定的距离,事实上总会有一些已婚者对其配偶不忠实;婚姻关系是不能用法律手段强行维系的。我们认为:修正后的《婚姻法》增设夫妻应当互相忠实的规定是有其必要性的;这一规定对正确处理夫妻关系、维护一夫一妻原则、保护婚姻家庭,都具有重要的意义。要求夫妻互相忠实,绝不意味着用法律手段强行维持那些感情确已破裂的婚姻关系;感情确已破裂的夫妻可以依法离婚。要求夫妻互相忠实,绝非为婚姻套上一具打不开的枷锁,相反,双方以此自律有利于提高婚姻质量,防止和减少离婚纠纷。

夫妻是婚姻关系中的平等主体,具有平等的法律地位。双方互相尊重是男女平等原则的必然要求,是平等地行使权利、平等地履行义务的思想基础。“夫为妻纲”、“出嫁从夫”的旧时代已经一去不复返了,新时代的夫妻间不再具有那种尊卑、主从、依附与被依附的关系。任何一方都应当尊重对方的人格,尊重对方的权利,其实,尊重对方也就是尊重自己。这种互相尊重,应当在婚姻关系存续期间贯彻始终,应当体现在婚姻家庭生活的各个方面:在感情上要互相关怀,互相谅解;在生活上要互相照顾,互相扶助;在赡老、育幼等方面要各尽所能,通力合作;在家庭理财、家务管理等方面要互相协商,不得独断独行。要真正做到互相尊重,需要夫妻双方共同努力,从我国人民婚姻家庭生活的传统和现实来看,继续破除夫权、家长制的残余影响仍然是一个需要注意的问题。

(二)家庭成员间应当敬老爱幼,互相帮助,维护平等、和睦、文明的婚姻家庭关系

家庭是人们的基本生活单位,具有婚姻关系、特定亲属关系的家庭成员,同居一家,共同生活,关系十分密切。至于家庭成员的范围,则因不同的家庭结构(核心家庭、直系家庭、复合家庭、缺损家庭等)而异。敬老爱幼是家庭中的代际关系的基本准则;家庭中的晚辈成员对长辈成员应当尊敬、奉养,为其晚年生活提供良好的条件;长辈成员对晚辈成员应当爱护、抚育,使其健康地成长。《婚姻法》中有关敬老爱幼的规定和有关保护儿童和老人的合法权益的规定具有同一的立法宗旨,但两者各有侧重。保护儿童、老人合法权益着眼于对其人身权利和财产权益的

具体保护,使之不受侵害,敬老爱幼则在更高的层次上(包括精神生活和物质生活两个方面,不以具体权益为限)提出了处理家庭中代际关系的基本要求。家庭成员间的互相帮助,具有多方面的内容,如思想上的互相关心,生活上的互相扶助,经济上的互通有无,事业上的互相支持等。这种互相帮助是家庭特有的社会功能,它是来自其他方面的帮助所不能替代的。

维护和发展平等、和睦、文明的婚姻家庭关系,是我国婚姻家庭立法所追求的价值目标,是广大人民的共同愿望。平等,是指作为平等主体的家庭成员在法律地位上并无高低之分、上下之别,所有的家庭成员都可以依法行使自己的权利,都应当依法履行自己的义务。彼此应当平等相待,不得恃强凌弱,不得对不同的家庭成员予以差别性、歧视性的待遇。和睦,是指家庭成员应当团结互助,同心协力,融洽相处,避免无谓的纠纷,出现了矛盾应当正确、及时地处理。

这里所说的文明,不仅指婚姻家庭领域的物质文明,更重要的是指婚姻家庭领域的精神文明。文明的婚姻家庭是文明社会的缩影。维护和发展平等、和睦、文明的婚姻家庭关系有利于全社会的文明进步。

《婚姻法》第4条的规定比较原则,概括,兼具规范性和导向性。按此规定处理婚姻家庭领域中的各种问题,有利于权利的正当行使,义务的切实履行。婚姻家庭领域中某些在法律上未作具体规定的问题,均应按照本条的要求正确处理。按照有关司法解释,当事人仅以《婚姻法》第4条为依据提起诉讼的,人民法院不予受理。这是因为,违反该条要求的行为,情节和后果是各不相同的,只有达到一定程度时,才需要经由诉讼程序处理。当事人提起诉讼,应以被告的违法行为侵害其特定的婚姻家庭权益为事实依据。这方面的具体问题,不是由《婚姻法》第4条规定的,而是由其他的有关各条规定的;要求当事人以相应的法条为依据支持其诉讼请求,是符合法理的。我们应当正确理解上述司法解释,防止发生《婚姻法》第4条是无足轻重、可有可无,不解决实际问题等误解。

第二节　保障原则实施的禁止性规定

我国《婚姻法》第3条规定:"禁止包办买卖婚姻和其他干涉婚姻自由的行为。禁止借婚姻索取财物。""禁止重婚,禁止有配偶者与他人同居。禁止家庭暴力。禁止家庭成员间的虐待和遗弃。"这六个"禁止",从另一个方面对我国亲属法的基本原则作了重要补充,起着保障上述诸原则贯彻实施的重要作用。为了方便起见,本节将这六个"禁止"并作三题分述于下。

一、禁止干涉婚姻自由,禁止借婚姻索取财物

(一)禁止干涉婚姻自由

禁止包办、买卖婚姻和其他干涉婚姻自由的行为,是坚持婚姻自由原则,保障公民婚姻权利不受侵害的必然要求。

干涉婚姻自由的行为有不同的表现,包办婚姻和买卖婚姻是其中比较常见的两种形式。从历史根源来看,包办、买卖婚姻原是我国封建主义婚姻制度的产物。现实生活中残存的包办、买卖婚姻仍然具有一定的封建性。有的人不顾子女的意愿,将包办其婚事作为父母的特权,甚至因袭了一定要"门当户对"的陈腐观念,在为子女选择配偶时以对方的家庭状况为主要条件。有的人在包办子女婚事的同时,在财礼多寡的问题上讨价还价,视婚姻为交易。凡此种种,都是违反婚姻自由的原则,必须依法加以禁止的。

包办婚姻和买卖婚姻既有联系又有区别。按照最高人民法院的司法解释:包办婚姻,是指第三者违反婚姻自主的原则,包办强迫他人婚姻的;买卖婚姻,是指第三者以索取大量财物为目的,包办强迫他人婚姻的。这里所说的第三者,包括当事人的父母。这里所说的他人,包括上述第三者的子女。包办婚姻的构成要件,是第三者违背当事人的意愿,对其婚事实行包办强迫。买卖婚姻的构成要件,除包办强迫外还有借此索取大量财物的事实。在现实生活中,包办婚姻不一定是买卖婚姻,买卖婚姻则兼具包办婚姻的性质。

《婚姻法》第3条中所说的"其他干涉婚姻自由的行为",是包办、买卖婚姻以外的各种干涉结婚自由、离婚自由的违法行为的总称。如非法阻挠子女的婚事,阻挠并非禁婚亲的同姓男女结婚,干涉男到女家落户的婚姻,干涉丧偶妇女的再婚自由,干涉父母的再婚或复婚的自由,干涉他人的离婚自由(如强制或阻挠其离婚)等。抱童养媳、订小亲以及换亲、转亲等,也是干涉婚姻自由的一些特殊形式。

包办、买卖婚姻和其他干涉婚姻自由的行为具有很大的危害性,这些行为侵害了当事人的婚姻权利,加重了一些家庭的经济负担,同时也很容易引起各种纠纷,不利于社会的安定和文明进步。对此,首先要大力进行法制宣传,继续在婚姻问题上破旧俗,立新风。同时还要区别情况采取不同层次的对策。对干涉婚姻自由者应当予以批评教育,责令其改正错误;必要时应视其违法行为的情节和后果予以相应的法律制裁。因从事买卖婚姻所得的财物,应按最高人民法院的有关司法解释,根据具体情况分别处理。[10] 以暴力干涉他人婚姻自由的,其危害性较一般的干涉婚姻自由行为更为严重,应按我国《刑法》第257条的规定追究犯罪者的刑事责

---

〔10〕 参见最高人民法院《关于贯彻执行民事政策法律的意见》,1979年2月2日。

任。修正后的《婚姻法》增设了可撤销婚姻的规定,以及父母子女不得干涉父母再婚的规定,这些规定也是防治干涉婚姻自由的有效对策。

(二)禁止借婚姻索取财物

1950年《婚姻法》中仅有禁止借婚姻关系问题索取财物规定,而无禁止买卖婚姻的规定,当时在解释上将后者包括在前者之内。1980年《婚姻法》在总结法律适用的经验的基础上,在规定中将买卖婚姻和借婚姻索取财物加以区别。因此,这里所说的借婚姻索取财物,是指除买卖婚姻外的其他借婚姻索取财物的行为。现实生活中比较常见的是:男女双方结婚基本上是自主自愿的,但一方却向另一方索要许多财物,以此作为允诺婚事的先决条件;主要是女方向男方索要,男方向女方索要的是罕见的例外。有时,女方的父母等也从中索要部分财物。

借婚姻索取财物是对婚姻权利的滥用,选择配偶时当然可以适当考虑对方的经济条件,以索取财物作为成婚的代价则是为法律所禁止,为道德所不取的。借婚姻索取财物就其情节、后果而言虽然一般不如包办、买卖婚姻严重,但此类现象比包办、买卖婚姻更多,涉及面更广,同时也很容易引起各种纠纷,其危害性也是不可低估的。对借婚姻索取财物者应当予以批评教育,责令其改正错误,同时还要妥善地处理由此而引起的财物纠纷。有的财物纠纷是在离婚时发生的,如结婚时间不长,或者因索要财物造成对方生活困难的,可酌情返还。[11] 最高人民法院在《关于适用〈中华人民共和国婚姻法〉若干问题的解释(二)》中指出:当事人请求返还按照习俗给付的彩礼的。如果查明属于以下情形,人民法院应当予以支持:①双方未办理结婚登记手续的;②双方办理结婚登记手续但确未共同生活的;③婚前给付并导致给付人生活困难的。适用②③项的规定,应当以双方离婚为条件。

认定和处理具体问题时,应当注意以下几个区别。一是借婚姻索取财物和买卖婚姻的区别。两者虽然都有索要财物的行为,但是买卖婚姻根本违反当事人的意愿;借婚姻索取财物时,结婚本身并不违背当事人的意愿。买卖婚姻中的财物是包办强迫他人婚姻的第三者索要的,借婚姻索取财物,主要是当事人一方向另一方索要的。二是借婚姻索取财物和赠与的区别。当事人一方出于自愿对另一方或其父母等所为之赠与,是完全合法的。只要这种赠与并非成婚的先决条件,即使价值较大也无可非议。在法律实务中,对是借婚姻索取财物还是赠与难以认定时,可按赠与处理。三是借婚姻索取财物和借婚姻骗取财物的区别。前者以与对方结婚为目的,后者则是借婚骗财,并无与对方结婚的真意,故应按诈骗行为处理。最高人

〔11〕 参见最高人民法院《关于人民法院审理离婚案件处理财产分割问题的若干具体意见》,1993年11月3日。

民法院在有关司法解释中指出:“女方以结婚为名,骗取男方大量财物,屡教不改的,人民法院应根据具体情况,依法处理。”[12] 此项解释,应同样地适用于男方以结婚为名骗取女方财物的情形。

二、禁止重婚,禁止有配偶者与他人同居

(一)禁止重婚

重婚,是有配偶者又与他人结婚的行为。在重婚关系中,一方或双方的合法婚姻并未依法终止,故发生于后的违法结合以重婚相称;重婚行为是对一夫一妻制婚姻制度的严重破坏。

从历史上来看,在不同的社会制度和婚姻制度下,法律对重婚的认定并不一致。例如,中国封建时代法律只禁止多妻,而不禁止纳妾;有妻更娶妻者认为是重婚,有妻而纳妾者则不认为是重婚。直至半殖民地半封建社会,国民党政府司法院在 1931 年院字第 647 号解释中仍称:“娶妾并非婚姻,自无所谓重婚。”早在中华人民共和国成立以前,革命根据地的婚姻立法便对禁止重婚作了明确的规定。按照现行《婚姻法》的规定和有关的司法解释,法律上的重婚、事实上的重婚包括以纳妾为名的重婚,都是为法律严格禁止的。

在我国,重婚有以下各种法律后果:在民事上,重婚是婚姻无效的原因;重婚不具有婚姻的法律效力,应依法宣告其无效。重婚是准予离婚的法定理由;原告以被告重婚为由诉请离婚,调解无效时应准予离婚。重婚是离婚时损害赔偿请求权的发生根据;因重婚而导致离婚的,无过错方有权请求损害赔偿。在刑事上,犯重婚罪的,依法追究刑事责任。我国《刑法》第 258 条规定,“有配偶而重婚的,或者明知他人有配偶而与之结婚的,处二年以下有期徒刑或者拘役。”应按重婚罪追究刑事责任的,是实施重婚行为的有配偶者和明知故犯与有配偶者结婚的无配偶者。不知他人有配偶而与之结婚的无配偶者 ,不是重婚罪的犯罪主体。对于没有重婚故意的无配偶者,只发生婚姻无效的民事后果,不发生犯重婚罪的刑事后果。《刑法》第 259 条规定:“明知是现役军人的配偶而与之同居或者结婚的,处三年以下有期徒刑或者拘役。”将“同居”列入和刑罚的加重,表明了法律对现役军人婚姻的特殊保护。

对重婚的认定和处理,应注意以下几个问题:第一,对重婚应作实质意义上的理解。有配偶者又与他人登记结婚的固然是重婚,虽未与他人登记结婚但确与他人以夫妻名义同居生活的也构成重婚。前者被称为法律上的重婚,后者被称为事实上的重婚。现实生活中的重婚以后者居多;只要严格实行婚姻登记管理,法律上

---

〔12〕 最高人民法院《关于贯彻执行民事政策法律的意见》,1979 年 2 月 2 日。

的重婚是很难得逞的。第二，应将重婚和有配偶者与他人不以夫妻名义的婚外同居加以区别（参见本题后文中有关禁止有配偶者与他人同居的说明），以免在认定时发生错误。第三，应将不同时代发生的重婚加以区别。1950年《婚姻法》颁行以前的重婚、纳妾，基本上属于旧社会遗留下来的问题，按照当时政策，对此一般不予追究。当事人要求离异的，应依法处理，并应注意保护女方和子女的权益。在此以后的重婚、纳妾，不具有婚姻的法律效力，并应追究重婚者的刑事责任。1950年《婚姻法》颁行至今已有五十余年，目前在处理某些老年人的遗产继承等问题时，仍应注意上述区别。

（二）禁止有配偶者与他人同居

1980年《婚姻法》中仅有禁止重婚的规定，而无禁止有配偶者与他人同居的规定；此项禁止性规定是修正后的《婚姻法》增设的，它是对禁止重婚的必要补充。在现实生活中，如果有配偶者又与他人结婚，或者与他人以夫妻名义同居生活，自可按重婚处理。但是，某些有配偶者与他人同居，诸如“包二奶”或其他类似的现象等，并不是以夫妻名义共同生活的，对此也应采取必要的对策。增设本规定后加强了维护一夫一妻原则、保护公民婚姻权益的力度，同时也为采取多种措施防治此类违法行为提供了基本法上的依据。

《婚姻法》第3条第2款中，禁止重婚和禁止有配偶者与他人同居同时并提，后者显然是指有配偶者与他人的不属于重婚的婚外同居关系。按照最高人民法院的司法解释，《婚姻法》中所说的有配偶者与他人同居，是指有配偶者与婚外异性，不以夫妻名义，持续、稳定地共同居住。在认定时，一方面要注意有配偶者与他人同居和重婚，特别是事实上的重婚的区别；前者不以夫妻名义，后者则是以夫妻名义出现的。另一方面要注意有配偶者与他人同居和通奸等婚外性关系的区别；前者的同居是持续、稳定或比较持续、稳定的，双方是共同居住在一起的，后者则不具有此种情形，有的是偶发性的，有的即使为时较长，一般也不可能设有共同的居所。

《婚姻法》在相关条款中还规定，夫妻一方与他人同居，另一方诉请离婚，调解无效的，应准予离婚。因有配偶者与他人同居而导致离婚的，无过错方有权请求损害赔偿。详见本书的有关章节。

三、禁止家庭暴力，禁止家庭成员间的虐待和遗弃

（一）禁止家庭暴力

家庭暴力是发生于家庭内部的，即家庭成员之间的暴力行为。修正前的1980年《婚姻法》中已有禁止虐待家庭成员的规定，修正后在第3条第2款中增设了禁止家庭暴力的规定，其立法背景大致可以从以下两个方面加以大致说明。首先，改

革开放以来我国的民主和法制建设有了长足的进展,随着人们主体意识、权利意识的增长,家庭暴力问题越来越受到人们的广泛关注,家庭暴力的受害者更加勇于依法维护自己的人身权利。增设禁止家庭暴力的规定反映了广大群众的要求,有利于婚姻家庭和社会生活的进步。同时,也为采取多种措施防治此类违法行为提供了基本法上的依据。其次,家庭暴力是世界各国普遍存在的一个社会问题,近数十年来,国际社会对此问题尤为关注,联合国通过了许多与此相关的公约、宣言。我国是《消除对妇女一切形式歧视公约》的最早的缔约国之一。1995 年第四次世界妇女大会通过的《北京宣言》和《行动纲领》中,均以禁止家庭暴力的问题为其重要内容。通过立法措施,消除家庭暴力,也是履行我国所承诺的条约义务。禁止家庭暴力,当然不以禁止对女性家庭成员的暴力为限,但女性家庭成员是家庭暴力的主要受害者则是不争的事实。

何谓家庭暴力,在适用法律时对其应如何界定?对此,一些国家的立法例以及学者们的见解是不尽相同的。一般说来,国际社会特别是西方国家的一些学者对家庭暴力的界定比较宽泛。在第 48 届联合国大会通过的《消除对妇女的暴力行为的宣言》中,将对妇女的暴力界定为:对身体的暴力、性暴力以及心理上的暴力,这种解释可供参考。根据我国的实际情况,最高人民法院有关司法解释中指出:《婚姻法》所称的"家庭暴力",是指行为人以殴打、捆绑、残害、强行限制人身自由或者其他手段,给其家庭成员的身体、精神等方面造成一定伤害后果的行为。持续性、经常性的家庭暴力,构成虐待。上述解释采用了列举性、例示性和概括性相结合的方法,未及列举、例示的以"其他手段"一语加以概括。就法理而言,我们认为家庭暴力应当涵盖以暴力手段侵害家庭成员人身权的各种行为。以暴力干涉家庭成员的婚姻自由,对配偶实施性暴力,以及溺婴、弃婴等残害婴儿的行为等,都是家庭暴力的具体表现形式。至于所谓"心理上的暴力",我国学者是互有歧见的。我们认为:家庭暴力必然是一种表之于外的作为(行动),它当然可以造成受害人心理上的伤害,但是,没有任何外部表现的心理活动并非作为,而是一种不作为,不可能成为家庭暴力的一种形式(手段)。在这个问题上,应当对手段和后果加以区别,"心理上的暴力"的提法是不确切的,似可径称为精神虐待。有的学者还将已离婚的前夫前妻之间、同居伴侣和前同居伴侣之间的暴力行为也列入家庭暴力的范围,这种界定更是失之过宽,不符合我国的实际情况。

《婚姻法》在有关条款中还规定:夫妻一方实施家庭暴力,另一方诉请离婚,调解无效的,应准予离婚;因一方实施家庭暴力而导致离婚的,无过错方有权请求损害赔偿。家庭暴力有不同的情节和后果,应分别情况采用相应的对策;实施家庭暴力构成犯罪的,应依法追究刑事责任。

（二）禁止家庭成员间的虐待和遗弃

虐待和遗弃行为侵害家庭成员的人身权利和财产权益，两者都是家庭关系中消极的，破坏性的因素。在现实生活中，被虐待、遗弃的多为在家庭中处于弱势地位的成员；禁止虐待和遗弃，是保护妇女、儿童和老人合法权益的必然要求。

这里所说的虐待，是指对家庭成员歧视、折磨、摧残，使其在身体上、精神上蒙受损害。虐待可能表现为作为的形式，如打骂、恐吓、强行限制人身自由等；也可能表现为不作为的形式，如不予衣食、患病不予治疗等。在修改1980年《婚姻法》的过程中，对虐待和家庭暴力的联系和区别有种种不同意见。修正案草案中曾一度采用“禁止家庭暴力和其他虐待家庭成员的行为”的提法，最后是将两者分别加以规定的。这是因为：虐待和家庭暴力虽有联系，但前者不足以包容后者，某些轻微的、偶发性的家庭暴力尚不构成虐待；某些情节特别恶劣、后果特别严重的家庭暴力，又超出了虐待的范围。

这里所说的遗弃，是指家庭成员中负有扶养、抚养、赡养义务的一方，对需要受抚养、扶养、赡养的另一方，拒不履行其法定义务的行为。如夫或妻不履行扶养对方的义务，父母不履行抚养未成年子女的义务，成年子女不履行赡养父母的义务等。遗弃总是以不作为的形式出现的，于法应为而不为，致使被遗弃的家庭成员的权益受到侵害。

《婚姻法》在有关条款中还规定：夫妻一方虐待、遗弃家庭成员，另一方诉请离婚，调解无效的，应准予离婚；因一方虐待、遗弃家庭成员导致离婚的，无过错方有权请求损害赔偿。虐待、遗弃行为有不同的情节和后果，对此应分别情况采用相应的对策；虐待、遗弃家庭成员构成犯罪的，应依法追究刑事责任。

第三章 亲属关系原理

第一节 亲属在法律上的分类

一、历史上的亲属组织和亲属种类

(一)亲属组织形式的变迁

追本溯源,研究亲属在法律上的分类问题,不可不知历史上的,特别是我国古代法中的亲属种类,不可不知亲属组织形式的变迁对亲属分类问题的重大影响。

如果仅就自然意义上去考察亲属关系,那么,亲属无非是被两性结合和血缘纽带联结在一起的个人。然而,社会因素却使亲属具有一定的组织形式。这种组织形式因不同的时代而异,从原始群体到氏族,从氏族到家族,再从家族到家庭,大致上反映了亲属组织形式变迁的全部轨迹。

人是社会的动物,生民之初便是群居生活的,而不可能是单个人离群索居的,因为这是生存和生活的需要,是同自然界作斗争的需要。原始人借助两性结合和血缘纽带而形成的群体,是人类最初的亲属组织形式,也是人类最初的社会组织形式。即使到了原始社会全盛时期,亲属组织和社会组织还是合而为一的,其基本单位是氏族,包括母系氏族和父系氏族。

原始群体虽然是一个亲属团体,群体成员虽为亲属,但是在两性关系并无限制的情形下,实际上是无法对亲属加以分类的。随着血缘群婚制的出现,才将亲属分成不同的行辈。母系氏族是同出于一个始祖母的,彼此之间有着婚姻禁例的母系血亲组成的亲属集团,与本氏族女子结合的是来自外氏族的男子,子女是母方氏族的成员而不是父方氏族的成员,于是便有了以母系为本位的族内亲和族外亲的区别。父系氏族时期确立了以男子为中心、按父系确定血统的亲属规则。虽然继续实行族外婚制,但子女已不是母方氏族的成员,而是父方氏族的成员了。内亲和外亲之别,是以父系为本位的。

进入文明时代即阶级社会后,父系氏族制仍有十分强大的影响,我国古代的宗法家族,古罗马的宗统,以及古日耳曼王国的血族团体(Sib)等,都是借助父系氏族制建立起来的亲属组织形式。宗法家族是一个多层次的亲属组织系统,以父系、父权、父治的家长制家庭为其基层单位。正因为如此,当时的亲属分类必然是以宗法为本,重父系亲轻母系亲,重男系亲轻女系亲的,中外各国概莫能外。

近、现代的亲属组织的基本形式是夫妻及其他近亲属组成的家庭。家族制度虽然仍有一定的影响,但随着社会条件的改变已经逐渐淡化。由于宗法制度的崩溃和男女两性社会地位和家庭地位的变化,法律上对亲属的分类是完全以血缘和婚姻为依据的,而且是父母双系并重的、男女平等的。当然,这并不等于说,往昔的亲属观在人们的观念、习俗中已经完全消失。

在当代社会,家庭是唯一的实体性的亲属团体,它是人口再生产的单位,又是一个经济单位和教育单位,担当着重要的社会功能。其他亲属间当然也有许多联系,表现在感情的、伦理的、礼仪的、习俗的、经济的等许多方面。但是,这种联系大多是松散的或比较松散的,没有而且也不需要固定的组织形式。

需要指出的是,某些资本主义国家的早期的亲属立法中,设有亲属会议制度,20 世纪 30 年代问世的国民党政府民法亲属编也对此设有专章。其实,这无非是古代家族聚族议事的历史孑遗,其功能并不显著,其作用完全可以由日益发达的监护制度所代替。因此,这种亲属会议制度已为当代绝大多数国家的法律所不取。

(二)我国亲属种类的沿革

古代的礼和法以宗法为本,重男轻女,扬父系而抑母系。最初,将亲属分为宗族和外姻两类。《尔雅·释亲》载:“父之党为宗族。”母党、妻党皆为外姻,这就是所谓的三党或三族。

宗族亦称宗亲、本亲或内亲。它以本宗男子为主体,也包括来归之妇即嫁入本族的女子,以及在室女即本族未外嫁的女子。

外姻亦称外亲,包括已身之母及祖母等的本生亲属,已身之女、孙女、姊妹及姑之子孙等。妻族原来也被包括在外亲之内,这种传统一直延续到唐宋时代。明清律中另列妻族一类,在礼和法中确立了宗亲、外亲和妻亲三分法的体制。

至于配偶本身即夫妻在我国古代亲属种类中的地位问题,由于来归之妇已为宗亲,故无需将其另立一类。出嫁从夫,妻已经是夫方宗族中的一员,夫之族即己之族,只有在离异后才脱离夫方宗族,回归父方宗族。

从清朝末年到北洋军阀政府统治时期,历次民律草案均将夫妻单独列为亲属类别之一。其理由主要是夫妻之间既无血缘联系,又无姻亲关系(配偶只是姻亲的中介而非姻亲之本体)。实际上,有的夫妻也可能是未列入禁婚范围的关系较远的血亲。

从当时的实际情况来看,可能同借鉴日本的亲属法制不无关系。日本的民法亲族编将亲属分为血亲、配偶和姻亲三类;配偶如果不作为独立种类,即无所归属。我国古代原有宗亲、外亲、妻亲之分,民律草案仍以宗亲为亲属类别之一,夫妻本可列入宗亲。分类中将夫妻与宗亲并列,显然是有矛盾的,在法理上和称谓上都是不妥的。后来,随着国民党政府民法亲属编的问世,才按照近、现代多数国家的立法通例,将原称的宗亲改为不包括配偶在内的血亲。

二、当代亲属法中的亲属类别

亲属关系错综复杂,就法理而言,可以从不同的角度加以分类。以亲属之间的联络系统(亲系)为依据,可将亲属分为男系亲和女系亲、父系亲和母系亲、直系亲和旁系亲,但配偶本身则是无亲系可循的。以亲属的行辈为依据,可将亲属分为长辈亲属、同辈亲属和晚辈亲属。以亲属关系的亲疏远近为依据,可将亲属分为近亲属和近亲属以外的其他亲属(一般亲属),以亲属关系的发生原因为依据,可将亲属分为配偶、血亲和姻亲,这是当代亲属法中的基本分类,在立法上和法律适用上具有重要意义。

本题以亲属的基本分类为主要内容,关于亲系等问题当在后文中另作说明。

(一)配偶

配偶即夫妻,是男女双方因结婚而形成的亲属关系。在婚姻关系存续期间,夫与妻互为配偶。就事实和法理而言,配偶在亲属中具有重要的、特殊的地位。夫妻结合是亲属关系的起点,配偶是血亲和姻亲赖以发生的基础。如果没有这种结合,没有生育的事实,便不可能形成血亲关系。如果不以婚姻为中介,便不可能形成姻亲关系。如果要形象化地加以说明,那么,配偶实为亲属关系的源泉和桥梁。

关于是否将配偶作为亲属的类别之一,世界各国有不同的立法例,传统的亲属法学中也有否定说和肯定说两种不同的见解。

近、现代许多国家的亲属立法中,均无将配偶作为亲属种类之一的概括性规定。血亲就是血亲,姻亲就是姻亲,配偶则是既不同于血亲也不同于姻亲的另一种身份关系。按照这些国家的立法例,从严格的意义上说,亲属是指血亲和姻亲而言的。在德国法中,狭义的亲属仅指血亲,广义的亲属则兼指姻亲,并未将配偶列入亲属的种类。瑞士民法典也不以配偶为亲属。相反,日本民法和韩国民法都是明定配偶为亲属的,它与血亲、姻亲在亲属类别中是并立的。日本旧民法曾规定,亲族会中的会员也包括配偶(现行日本民法中已不设亲族会制度)。

按照否定说所持的理由,配偶只是亲属的源泉而非亲属的本体,配偶之间既无亲系可循，又无亲等可定，所以配偶自为配偶，没有必要将其作为亲属的一个种类。我国早期的某些民法学者也持此说，并且援引国民党政府民法亲属编的有关规定为依据。他们认为，该亲属编虽分别为血亲及姻亲定义，但未及配偶；法条中既无以配偶为亲属的规定，配偶自不属于亲属的范围。此外，法条中往往将配偶与亲属并列，亲属会议成员中不包括配偶等，也是当时持否定说者所申述的理由。但是，诟病该亲属编的规定，力主肯定说的，在早期的亲属法学家中也不乏其人。

笔者赞同肯定说。只要从亲属关系的起源和本质、我国亲属制度的历史发展和现状等方面加以认真的考察，配偶作为亲属类别之一是毫无疑义的。配偶既是亲属的源泉，又是亲属本体的重要组成部分，两者之间并无矛盾。中国历代的礼制和法律均认为配偶是亲属；服制图中有妻为夫服、夫为妻服的规定，彼此间的服制很重，前者为斩衰，后者为齐衰（参见本章第二节有关丧服制度的内容）；而且在解释中有"夫至尊也"、"妻至亲也"等说。在有关律条中，亲属一词的含义也是包括夫妻在内的。在新中国的现行法律体系中，并无亲属种类的概括性规定，但有关法律的具体规定都是将配偶作为亲属的重要种类的。从《民法通则》、《刑法》、《民事诉讼法》、《刑事诉讼法》等法律的有关规定来看；配偶不仅是亲属，而且是在亲属关系中处于核心地位的近亲属。

（二）血亲

血亲，系指相互之间具有血缘关系的亲属。原来意义上的血亲本为自然血亲，即生物学意义上的血亲。但血亲关系亦可因法律拟制而创设，这种血亲被称为拟制血亲或准血亲。以不同的亲系为依据，还可将血亲分为直系血亲和旁系血亲。上述区分有很重要的法律意义，在司法实务中具有重要的应用价值，兹分别说明于下。

1. 自然血亲

自然血亲在血缘上具有同源关系，他们是同一祖先的后裔，是被血缘纽带联结在一起的。这种联结具体表现为一次或若干次出生的事实。这里所说的同源关系或同一祖先，包括父系和母系两个方面，因为只有两性的结合才能成为完整的生育主体。因此，在考察自然血亲时必须摒弃父系本位的旧传统，确立父母双系并重的科学观念。例如，父母与子女、兄弟姐妹，祖父母与孙子女，外祖父母与外孙子女，伯、叔、姑与侄、侄女，舅、姨与甥、甥女，堂兄弟姊妹，表兄弟姊妹等，均为自然血亲。父系的和母系的自然血亲之间仅有亲系之别，而无亲疏之分。

关于自然血亲还应注意两个问题：第一，自然血亲关系不受婚生或非婚生的影响。父母与婚生子女是自然血亲，父母与非婚生子女也是自然血亲，因为他们之间的血缘关系是客观存在的事实。第二，自然血亲既包括全血缘的血亲，也包括半血缘的血亲。前者如同父同母的兄弟姊妹,后者如同父异母或同母异父的兄弟姊妹。虽然后者的血缘关系仅有一半是同源的,但也不失为具有同源关系。在旧中国的亲属制度上,宗亲有嫡出、庶出之分,两者在礼制和律例中的地位殊不相同。其实,就自然血亲而言两者并无区别,地位上的差异完全是社会因素造成的。这种区别,现在已经成为历史的陈迹。

2. 拟制血亲

拟制血亲是指相互之间本无该种血亲应当具有的血缘关系,但法律确认其与该种血亲具有相同的权利义务的亲属。这种血亲不是自然形成的,而是依法创设的。应当指出,在过去的和目前的一些亲属法学著作中,将拟制血亲解释为本无血缘联系,因法律拟制而视同有血缘联系的亲属(也有以血统一词代替血缘一词的),对于这种简单化的表述,本书作者不敢苟同,因为这种表述是有缺陷的,与法律规定和客观事实均有不合之处。按照当代各国的亲属立法,拟制血亲并不仅以原无血缘联系者为限。原先就存在某种血亲关系,依法拟制后创设的则是另一种血亲关系,因而发生了亲属关系重复的现象,但是,这种重复并非成立拟制血亲关系的法定障碍。在这种情况下,权利义务不是按照原有的血亲关系,而是按照所拟制的血亲关系确定的。我国现实生活中,收养人收养同辈旁系血亲的子女为己之子女,是十分常见的现象。

我国古代的亲属制度中,拟制血亲称谓不一,名目繁多。有的是通过立嗣、乞养等途径创设的,有的发生于下列人等之间:如继父、继母与继子女,嫡母与庶子,庶母与嫡子等。按照我国现行《婚姻法》和《收养法》的规定,养父母与养子女,继父、继母与受其抚养教育的继子女,均为拟制血亲的父母子女,前者是完全意义上的拟制血亲,后者因子女与生父或生母的权利义务关系并未消除,故可称其为不完全意义上的拟制血亲。关于此点,本书在有关章节中还要详加说明,此处从略。

(三)姻亲

姻亲是以婚姻为中介而形成的亲属关系,但配偶本身是除外的。姻亲因婚姻而生,就法理而言,原则上应以血亲的配偶或配偶的血亲为限。其实,这两种姻亲的意义是相同的,将其一分为二,只是基于不同的视角所作的表述。例如,夫与妻之妹为姻亲,从夫的方面来看,妻妹是己身配偶的血亲;从妻妹的方面来看,姐夫是己身血亲的配偶。出于立法传统、风俗习惯等方面的原因,一些国家的亲属立法中的姻亲还包括配偶的血亲的配偶;国民党政府的民法亲属编的规定亦同。所谓配偶的血亲的配偶,无非是配偶的血亲的延长和扩张。韩国民法中姻亲的范围更为广泛,将血亲的配偶的血亲也作为姻亲的组成部分。

现根据我国亲属法学中比较公认的见解,将不同种类的姻亲列示于下:

1. 血亲的配偶

如以己身本位，己身的血亲的配偶为姻亲（长辈直系血亲的配偶除外）。[1] 如子之妻（儿媳），女之夫（女婿），兄弟之妻（嫂，弟妇），姊妹之夫（姐夫、妹夫），伯、叔、舅之妻（伯母、婶母、舅母），姑、姨之夫（姑夫、姨夫）等。

2. 配偶的血亲

如以己身为本位，己身的配偶的血亲为姻亲（配偶的晚辈直系血亲除外）。[2] 如妻之父母（岳父、岳母），夫之父母（公、婆），以及妻之伯、叔、姑、舅、姨及其子女，夫之伯、叔、姑、舅、姨及其子女等。

3. 配偶的血亲的配偶

这种姻亲不是以一次婚姻为中介，而是以两次婚姻为中介而形成的。如夫与妻之姊妹之夫（连襟），妻与夫之兄弟之妻（妯娌）等，由于这种关系比较间接、疏远，有些国家的立法不以配偶的血亲的配偶为姻亲。我国有承认这种姻亲关系的历史传统，但在法律上不宜为其规定权利和义务。

至于血亲的配偶的血亲，除个别例外，各国立法都是不将其列入姻亲范围的。

在配偶、血亲、姻亲三大类别的亲属中，只有少数亲属在立法中被认为是近亲属。哪些亲属应列入近亲属的范围，取决于亲属关系的亲疏远近程度和法律效力的大小。我国现行立法尚无这方面的总的、一般性的规定。《刑事诉讼法》规定，该法所说的近亲属包括夫、妻、父母、子女、同胞兄弟姊妹。按照《民法通则》有关监护的规定和《婚姻法》有关扶养（包括该法中所说的抚养、赡养）的规定，应将祖父母与孙子女、外祖父母与外孙子女列入近亲属的范围。

第二节　亲系和亲等

一、亲系（附行辈）

亲系指的是亲属间的联络系统，这种联络的载体是客观存在的血缘联系。血亲之间当然具有血缘联系（拟制血亲可以比照自然血亲，假定其也有这种联系），姻亲虽以婚姻为中介，但它是配偶一方与另一方的血亲之间的关系，配偶双方与各

---

〔1〕 长辈直系血亲的配偶是己身的血亲而非姻亲。以长辈直系血亲的配偶为姻亲，适用于无扶养关系的继父母继子女。

〔2〕 配偶的晚辈直系血亲是己身的血亲而非姻亲。以配偶的晚辈直系血亲为姻亲，适用于无扶养关系的继父母继子女。

自的血亲之间同样也是具有血缘联系的。在亲属法学中,狭义的亲系仅指血亲的联络系统,广义的亲系则兼指姻亲的联络系统。除配偶本身外,一切亲属关系中总是有一定的亲系可循的。各种亲系互相交织,形成了一个复杂的亲属网络。

正如前文中所说,亲系也可作为亲属分类的根据。但是,在传统的亲属法学中,所称的亲系是从联络系统的角度加以研究的。本章在分节时,也采用了这种约定俗成的惯例,一般说来,亲系可以分为直系亲和旁系亲,父系亲和母系亲,男系亲和女系亲,它们是按照不同的标准而区分的。

(一)直系亲和旁系亲

1. 直系血亲和旁系血亲

直系血亲指彼此之间具有直接的血缘联系的血亲,即己身所从出和从己身所出的血亲。生育自己的和自己生育的上下各代血亲,都属于直系血亲的范围,如父母与子女,祖父母与孙子女,外祖父母与外孙子女等;上至曾祖、高祖,下及曾孙、玄孙(此处兼指父母双系,祖辈孙辈包括男女两性)……概莫能外。直系血亲是被一系列的直线式的出生事实联结在一起的。

旁系血亲指彼此之间具有间接的血缘联系的血亲。在血缘上具有同源关系的,除直系血亲外均为旁系血亲。例如,兄弟姊妹因同源于父母而具有间接的血缘联系,己身与伯、叔、姑及其子女因同源于祖父母而具有间接的血源联系,与舅、姨及其子女因同源于外祖父母而具有间接的血缘联系,等等。这些血亲都属于旁系血亲的范围。

2. 直系姻亲和旁系姻亲

基于姻亲关系的特点,姻亲的亲系准用其配偶与配偶的血亲的亲系,因而也有直系、旁系之分。例如,儿媳与公、婆为直系姻亲,因为其夫与父、母是直系血亲。女婿与岳父、岳母是直系姻亲,因为其妻与父母是直系血亲。己身与兄弟之妻、姊妹之夫是旁系姻亲,因为己身与兄弟姊妹是旁系血亲。己身与妻之兄弟姊妹是旁系姻亲,因为妻与其兄弟姊妹是旁系血亲(从妻的方面来说,与夫的兄弟姊妹也是旁系姻亲,其理相同)。

(二)父系亲和母系亲

父系亲指通过父方的血缘关系联络的亲属。如祖父母、伯、叔、姑等。

母系亲指通过母方的血缘关系联络的亲属。如外祖父母、舅、姨等。

中国古代的亲属制度是以父系为本位的。封建的礼教和法律,均以父系亲为亲属关系的基干。按照我国现行法的规定,父系亲与母系亲并无亲疏远近之别,两者的法律地位是完全相同的。

(三)男系亲和女系亲

男系亲指通过男子的血缘关系联络的亲属,女系亲指通过女子的血缘关系联络的亲属。中国古代的宗法伦理观念是男尊女卑、重男系亲而轻女系亲的。所谓宗亲,兼有父系亲和男系亲的性质,其他亲属相对于宗亲而言仅居于从属地位。我国亲属法以男女平等为原则,男系亲和女系亲在法律上的权利义务是完全平等的。

需要指出的是,父系亲、母系亲之分与男系亲、女系亲之分具有不同的意义。两者既有联系又有区别,有时互相重合,有时不尽相同。例如,己身与父之兄弟之子(堂兄弟)既是父系亲,又是男系亲。己身与父之姊妹之子(表兄弟)虽然是父系亲,但不得称其为男系亲,因为其间已有女子的介入。

(四)行辈

亲属的行辈(或称辈行、辈分)是按照世代划分的。以行辈为依据,可将亲属分为长辈亲属(旧称尊亲属)、同辈亲属、晚辈亲属(旧称卑亲属)。父母辈及高于此辈的亲属是长辈亲属,己身辈的亲属是同辈亲属,子女辈及低于此辈的亲属是晚辈亲属。

如果以行辈与亲系的旁、直以及亲属的种类相组合,便可分解出一系列概括性的亲属称谓,如长辈直系血亲、晚辈直系血亲、长辈旁系血亲、同辈旁系血亲、晚辈旁系血亲等;对姻亲也可作类似的分解。需要指出的是,直系亲不可能行辈相同,配偶间无行辈之分,或者说双方的行辈是不可能不同的。

二、亲等及其计算方法

(一)亲等的概念和沿革

亲等,即亲属的等级,是计算亲属关系亲疏远近的基本单位。由于血缘联系是计算亲等的客观依据,所以亲等的计算是以血亲为基准,从而准用于姻亲的。配偶自为配偶,亲等对其是无法适用的。

就法理而言,确定亲等应以世数为衡量的尺度,因为世数是血缘关系远近的外在标志,世数少者其亲近,世数多者其亲远,这对计算直系血亲的亲等是十分简便的,至于旁系血亲,可以通过同源关系计算,其远近也是由世数多少决定的。按照上述原理构建的亲等制,在传统的亲属法学中被称为世数亲等制。

应当指出,在重视身份关系的古代,亲属关系的亲疏远近并不是单纯地以血缘关系为依据的。除世数外,各种不同的身份,诸如男女、尊卑、内外之别等因素也起着重要的作用。中国古代用不同的服制表示亲属关系的亲疏远近,服制的轻重与血缘关系的远近并不完全一致。日本明治初年颁行的新律中,不同的身份对亲等的确定仍有相当影响。这种以中国古代的丧服制度为典型代表的"亲等制",在传统的亲属法学中被称为阶级亲等制,这一提法似不够确切,称其为身份亲等制可能是更为恰当的。

其实,中国古代的服制虽与亲等类似,但还不是严格意义上的亲等。例如,夫与妻为有服亲,而且其服甚重。按照明、清律中的服制图,妻为夫服斩衰三年,夫为妻服齐衰杖期(父母在不杖)。这同配偶无亲等的亲属法理是大相径庭的。当代各国用以计算亲等的方法——罗马法的亲等计算法和寺院法的亲等计算法,也源于古代,但两者对后世的影响是大小有别的。

中国在立法上采用世数亲等制是从清朝末年开始的。历次民律草案中虽然保留了宗亲等旧日名目,但已用寺院法的亲等计算法代替往昔的服制。后来,国民党政府民法亲属编颁行后改采罗马法的亲等计算法。目前,我国现行的亲属立法中未设关于亲等及其计算方法的系统规定,在《婚姻法》等法律中,血亲关系的亲疏远近是用世代来概括表示的,这虽然与亲等计算法类似,但在应用上有诸多不便之处。通过法律的修改,在亲等问题上同国际接轨,改采当今世界通用的罗马法亲等计算法,是我国法学界许多学者的共识。

现将罗马法的亲等计算法、寺院法的亲等计算法和现行《婚姻法》中的计算法列述于下:

(二)罗马法的亲等计算法

这种计算法创自罗马法,随着罗马法的传播和各国法律文化的交流,不仅为欧洲大陆国家的亲属法采用,而且在世界范围内为绝大多数国家的亲属法采用。

1. 直系血亲的计算规则

计算直系血亲的亲等时,以己身为出发点向上或向下数,以一世为一亲等。例如,父母与子女为一亲等直系血亲;祖父母与孙子女、外祖父母与外孙子女为二亲等直系血亲;曾祖父母与曾孙子女、外曾祖父母与外曾孙子女为三亲等直系血亲……依次类推。

2. 旁系血亲的计算规则

计算旁系血亲的亲等时,先从己身上数至己身与对方(即与其计算亲等者)共同的长辈直系血亲,再从该长辈直系血亲下数至对方,以其总世数即世数相加之和定其亲等。例如,兄弟姊妹为二亲等旁系血亲;伯、叔、姑与侄、侄女,舅、姨与甥、甥女为三亲等旁系血亲;堂兄弟姊妹、表兄弟姊妹为四亲等旁系血亲……依次类推。

(三)寺院法的亲等计算法

这种计算法创自天主教的教会法规,由于宗教影响和立法传统等方面的原因,至今仍为某些国家的亲属法所采用。

1. 直系血亲的计算规则

计算直系血亲的亲等时与罗马法适用同一规则，即以一世为一亲等。

2. 旁系血亲的计算规则

计算旁系血亲的亲等时与罗马法不同。先从己身上数至己身与对方（即与其计算亲等者）共同的长辈直系血亲，得一世数，再从对方上数至该长辈直系血亲，又得一世数；如果两数相同，即以此数定其亲等，如果两数不同，则按世数多的一方定其亲等。基于这种计算规则的特点，旁系血亲也是有一亲等的，按罗马法计算则无此情形。例如，兄弟姊妹为一亲等旁系血亲；伯、叔、姑与侄、侄女，舅，姨与甥、甥女为二亲等旁系血亲；堂兄弟姊妹、表兄弟姊妹亦为二亲等旁系血亲……依次类推。

由于己身与对方（即与其计算亲等者）的行辈可能相同，也可能不同，所以这种计算规则往往不能准确地表示旁系血亲伺的亲疏远近关系。两相比较，罗马法的规则是优于寺院法的。

罗马法和寺院法的上述规则亦可计算姻亲的亲等，在具体应用时可以配偶为中介进行换算。血亲的配偶从其配偶的亲等，配偶的血亲、配偶的血亲的配偶则从其与配偶的亲等。例如，儿媳是公、婆的血亲的配偶，亲等从夫，夫与公、婆为一亲等直系血亲，儿媳与公、婆为一亲等直系姻亲。岳父、岳母是女婿的配偶的血亲，亲等从妻，妻与岳父、岳母为一亲等直系血亲，女婿与岳父、岳母为一亲等直系姻亲。妻之兄弟之妻是夫之配偶的血亲的配偶，亲等从妻，妻与兄弟之妻为二亲等旁系姻亲，夫与妻之兄弟之妻亦为二亲等旁系姻亲（夫之姊妹之夫是妻之配偶的血亲的配偶，可按同理换算）。上述诸例中所说的亲等，均按罗马法计算。

（四）我国婚姻法中的计算法

我国先后颁行的两部《婚姻法》都用代数来表示旁系血亲的亲疏远近，如五代以内旁系血亲、三代以内旁系血亲等。《收养法》中也有类似的规定。在法律实务中，这种表示方法也可用于直系血亲。

1. 直系血亲的计算规则

计算直系血亲时，从己身往上或往下数，以一辈为一代。例如，上数至父母为两代；至祖父母、外祖父母为三代；至曾祖父母、外曾祖父母为四代；至高祖父母、外高祖父母为五代。同理，从己身下数至子女为两代；至孙子女、外孙子女为三代；至曾孙子女、外曾孙子女为四代；至玄孙子女、外玄孙子女为五代。直系血亲的远近，均可直接用代数表示。

2. 旁系血亲的计算规则

计算旁系血亲时，代数须以同源关系为依据。同源于父母的为两代以内旁系血亲；同源于祖父母、外祖父母的为三代以内旁系血亲；同源于曾祖父母、外曾祖父母的为四代以内旁系血亲；同源于高祖父母、外高祖父母的为五代以内旁系血亲。

同罗马法的亲等计算法对照，两代以内旁系血亲是二亲等旁系血亲；三代以内旁系血亲是四亲等内旁系血亲；四代以内旁系血亲是六亲等内旁系血亲；五代以内旁系血亲是八亲等内旁系血亲。

附：中国古代丧服制度中的亲属等级

中国古代没有亲等这一名目，似可将服制视为具有中国古代特色的亲等制度。丧服制度始创于礼，后人于律。服制是与宗法家族制度相适应的，不同的服制反映着亲属间不同的血缘联系和身份关系。有关服制的原理和内容早就载于古代典籍，在礼与律的体系中具有十分重要的地位。服制的效力不仅及于亲属法领域，而且及于其他民事法律领域和刑事的、行政的等法律领域。晋律强调“峻礼教之防，准五服以制罪”，[3]明、清律均将服制图置于律首。因而，不妨将服制视为中国古代法中的总则性的规定。

服制五等，重轻有差，用以分别亲属的亲疏远近。亲者，近者其服重；疏者，远者其服轻。五服以内的为有服亲，五服以外尚有袒免亲即无服亲。

第一等：斩衰，为三年之服。丧服以最粗的麻布制作，且不缝下边。例如，子及在室女为父母，嫡孙为祖父母，妻为夫，有斩衰之服。

第二等：齐衰，丧服以稍粗的麻布制作。细分之，齐衰又有杖期（一年之服，须持丧杖）、不杖期（一年之服，不持丧杖）、五月、三月之别，例如，子为出母，嫁母，夫（父母不在时）为妻，有齐衰杖期之服；孙为祖父母，出嫁女为父母，夫（父母在时）为妻，有齐衰不杖期之服。曾孙、曾孙女（在室）为曾祖父母，有齐衰五月之服，玄孙、玄孙女（在室）为高祖父母，有齐衰三月之服。

第三等：大功，为九月之服，丧服以粗熟布制作。例如，妻为夫之祖父母，父母为众子妇，有大功之服。

第四等：小功，为五月之服，丧服以稍粗的熟布制成。例如，己身为伯叔祖父母，堂伯叔父母，妻为夫之伯叔父母，有小功之服。

第五等：缌麻，为三月之服。丧服以稍细的熟布制作。例如，己身为族伯叔父母，为妻之父母，有缌麻之服。

以上种种只是例示性的说明（详见本书后图表）。由于服制的差别不仅以世数为依据，而且还受着尊卑、名分、恩义、性别等影响，所以并不能科学、准确地反映亲属

〔3〕《晋书·刑法志》。

关系的亲疏远近程度。随着中国亲属法的近、现代化,它已经成为历史的陈迹。

第三节　亲属关系的发生、终止和效力

一、亲属关系的发生和终止

亲属关系不是静止的,而是处于发展变化之中的。生生死死,是不以人们意志为转移的自然规律。结合、离异,自有婚姻制度以来这些现象就是不可避免的。对亲属关系不仅要进行静态的研究,而且要进行动态的研究。亲属关系既可基于一定原因而发生,亦可基于一定原因而终止。对于为法律所调整的亲属关系——亲属法律关系来说,这些原因起着法律事实的作用。现按照亲属的类别,将配偶、血亲、姻亲关系的发生和终止的原因分述于下:

(一)配偶关系的发生和终止

1. 配偶关系的发生

配偶关系以婚姻成立为发生原因,这是当代各国亲属立法的通例。古代法中婚约的效力比较强大,男女双方订婚后被视为准配偶关系;近、现代法中订婚并非结婚的必经程序,配偶关系的发生以婚姻的成立为准。按照我国《婚姻法》的规定,准予结婚登记,发给结婚证,即确立夫妻关系,准予结婚登记、取得结婚证的时间,即为配偶关系发生的时间。

2. 配偶关系的终止

配偶关系以婚姻的终止为终止原因。婚姻借以终止的法律事实有二,即配偶一方死亡或双方离婚;前者是事件,后者是行为,两者均可使配偶身份不复存在。这里所说的死亡,既包括自然死亡,也包括宣告死亡。按照我国《婚姻法》和其他有关法律的规定,以配偶一方自然死亡的时间,人民法院宣告死亡的判决书生效的时间,准予离婚登记、取得离婚证的时间,人民法院准予离婚的调解书或判决书生效的时间,作为配偶关系终止的时间。

(二)血亲关系的发生和终止

1. 自然血亲关系的发生

自然血亲以出生为发生原因,亲子关系和其他自然血亲关系均基于出生的事实而发生,这是无一例外的。所谓血缘纽带,正是通过一次或多次出生的事实连接起来的。出生的时间,即为自然血亲关系发生的时间。

有的亲属法学家主张,非婚生子女与生父的自然血亲关系并非因出生而直接发生,经生父认领后始为发生,因而将认领也作为自然血亲的发生原因之一。笔者

对此不敢苟同,以认领为发生原因是有悖于事实和法理的。生父与非婚生子女的血缘联系是客观存在的事实,认领只是通过一定方式对这一事实加以确认。即使仅就法律而言,认领的效力也是溯及既往的,归根结底还是以出生为发生原因。

2. 自然血亲关系的终止

自然血亲以死亡为终止原因。这里所说的死亡,包括自然死亡和宣告死亡。自然死亡的时间,人民法院宣告死亡的判决书生效的时间,即为自然血亲关系终止的时间。需要指出的是,死亡只是导致死者与其直接结合的血亲关系终止,以死者为中介的血亲关系并不因此而终止。例如,父虽死亡,孙与祖父母仍为血亲。

基于血缘联系而形成的自然血亲关系,除因死亡而终止外,是不能通过法律程序或其他方式人为地解除的。按照我国《婚姻法》的规定,父母与子女的关系,不因父母离婚而消除,子女仍是父母双方的子女。所谓脱离父母子女关系的声明和协议,是不具有终止自然血亲关系的法律效力的。子女为他人收养后,与生父母的权利义务虽已消除,但自然血亲关系仍然存在,法律中有关自然血亲的规定仍然适用,如有关禁婚亲的规定等。

3. 拟制血亲关系的发生

拟制血亲关系以所拟制的亲属身份关系依法成立为发生原因。通过收养发生拟制血亲关系,是各国亲属立法的通例。按照我国《收养法》的规定,收养关系成立后,收养人与被收养人便成为拟制血亲的父母子女。《收养法》为收养的成立规定了法定程序,准予收养登记,取得收养证的时间,即为这种拟制血亲关系发生的时间。收养的拟制效力还依法及于被收养人和收养人一定范围的亲属,形成了以收养为中介的其他拟制血亲关系,如养祖孙,养兄弟姐妹等。

关于拟制血亲的种类有不同的立法例。某些国家的收养制度中,除完全收养外还有不完全收养。符合我国《婚姻法》第27条第2款规定的有扶养关系的继父母继子女,也是一种拟制血亲关系。这种拟制血亲关系是基于抚养教育的事实行为而发生的。1930年公布的中华民国民法,还以被继承人与指定继承人为拟制血亲的父母子女。这一规定在当时就被一些法学家认为是"立嗣之变相","足以救嗣子之穷"。以这种指定继承人或所谓"死后收养"的方式设定拟制血亲关系,是有悖于现代亲属法理的。

4. 拟制血亲关系的终止

拟制血亲关系以死亡或所拟制的亲属身份关系依法解除为终止原因。如以我国《收养法》的规定为例,养父母养子女关系既可因收养人或被收养人一方死亡而终止,亦可基于法定理由依法定程序解除而终止。养父母或养子女一方死亡,或以收养为中介的其他拟制血亲关系一方死亡的,该拟制血亲关系因主体缺位而自然终止。自然死亡的时间,人民法院宣告死亡的判决书生效的时间,即为拟制血亲关系终止的时间。但是,养父母或养子女一方死亡,并不终止以收养为中介的其他拟制血亲关系;例如,养父母死亡后,其父母与其养子女仍为养祖孙关系。按照我国《收养法》的规定,依法解除收养关系的,准予解除收养关系的登记、取得解除收养关系证明的时间,人民法院准予解除收养关系的调解书或判决书生效的时间,即为拟制血亲关系终止的时间。与死亡不同,收养关系依法解除后,以收养为中介的其他拟制血亲关系随之终止。

(三)姻亲关系的发生和终止

1. 姻亲关系的发生

姻亲关系亦以婚姻的成立为发生原因。婚姻的成立是姻亲关系发生的基础,只有以婚姻为中介,一方才与另一方的血亲或血亲的配偶成为姻亲。婚姻成立的时间即为姻亲关系发生的时间。这是我国亲属法学著作中的一般见解。本书作者认为,对于婚姻成立以后新发生的姻亲关系来说,除婚姻的成立外还需要有其他的发生原因。例如,婚姻成立以后,配偶一方与另一方新出生的弟、妹之间的姻亲关系,是以上述婚姻的成立和该弟、妹出生这一事实共同作为发生原因的。

2. 姻亲关系的终止

以婚姻的成立为中介而发生的姻亲关系是否因离婚而消灭?这个问题比较复杂,各国有不同的立法例,有采取不消灭主义的,也有采取消灭主义的。例如,1896年《德国民法典》规定:"由婚姻而生的姻亲关系,不因该婚姻解除而消灭"(第1590条),《瑞士民法典》的规定亦同(第21条)。相反,日本民法则是一直以离婚为姻亲关系终止原因的(旧民法第729条,现行民法第728条),韩国民法亦同(第275条)。需要指出的是,即使按照不消灭主义的立法例,不消灭的也仅限于婚姻解除前既存的姻亲关系,已经解除的婚姻不可能再作为新的姻亲关系的中介。

关于姻亲关系是否因配偶一方的死亡而终止的问题,各国亲属法的规定也有很大差别。有规定不终止的,有规定生存一方未再婚时不终止,再婚时终止的,也有规定是否终止以生存一方的意思为准的。现行《日本民法典》规定:"姻亲关系可因离婚而终止,亦可因配偶一方死亡、出于生存配偶的意思表示而终止。"

我国现行的亲属立法对姻亲关系的终止原因尚无规定,这方面的具体问题一般都是由有关当事人按照习惯来处理的。本书作者认为,婚姻的解除(离婚)应当成为姻亲关系的终止原因;配偶一方死亡后姻亲关系是否终止,似以由有关当事人按其愿望自行决定为宜。

应当指出,就法理而言,在具体的姻亲关系中,一方死亡也是该姻亲关系的终止原因。主体既已缺位,姻亲关系当然不复存在。

附:亲属关系的重复

亲属关系的重复,系指二人之间具有两种或两种以上不同的亲属身份。这是社会生活中相当常见的现象。究其原因,主要是由婚姻和法律拟制而造成的。(在中国古代,立嗣、兼祧都是亲属关系重复的重要原因)例如,在法律上不禁止中表婚的国家中,表兄弟姊妹结婚后兼有配偶和四亲等旁系血亲的身份。收养兄弟姊妹之子女,在收养人与被收养人之间既有一亲等的直系血亲关系,又有三亲等的旁系血亲关系(上述亲等系按罗马法计算)。

按照传统亲属法学中的一般见解,在亲属关系重复时,不同的亲属关系独立存在,一关系不为他关系所吸收或排斥(一关系终止时,对他关系并无影响;表兄妹离婚后仍为表兄妹,叔侄间的收养关系解除后仍为叔侄)。在法律的适用中,如配偶关系、养父母子女关系和其他亲属关系重复,应适用有关配偶间、亲子间的权利义务的规定,他种亲属关系的效力处于停止状态。

二、亲属关系的法律效力

亲属关系依法产生一定的效力,这是亲属关系在社会生活、婚姻家庭生活中的地位和作用在法律上的表现。

古代法中亲属关系的法律效力十分强大,以中国历代封建法律为例,亲属关系的法律效力涉及刑事、民事、行政、诉讼等诸多领域。例如:有关荫庇、缘坐、留养、亲属相犯、亲属相奸、祖父母父母在禁止子孙别籍异财、服内亲属的先买权、立嗣、遗产继承、世袭与封爵、官吏侍亲、假宁、容隐、回避等规定,都是亲属关系法律效力的具体表现。有服亲自不必说;在特定的情况下无服亲也有一定的法律效力。

在当代社会中,亲属关系的法律效力不宜过大,但是,赋予亲属关系一定的法律效力还是很有必要的;这对保护婚姻家庭,保护公民的权益和社会利益,处理因亲属关系而发生的各种法律问题,都具有很重要的意义。

在特定的国家中亲属关系究竟有哪些法律效力,这完全取决于各国法律的具体规定。这些规定既有相同或相似之处,又反映了各国法律的不同特色。对此,可从比较亲属法的角度进行系统的研究。下面,仅就我国现行法律的规定,对亲属关系的法律效力作一些例示性的说明。

(一)在亲属法上的效力

这是亲属关系法律效力最直接的表现,法定亲属间的权利和义务,都是基于这种效力而产生的。

按照我国《婚姻法》、《收养法》等法律的规定:一定范围的亲属,(直系血亲和三代以内旁系血亲)为禁婚亲;特定的亲属(夫妻)有法定的共同财产;特定的亲属间有相互扶养的义务(此处在广义上使用扶养一词,包括我国《婚姻法》中所说的抚养和赡养),相互继承遗产的权利;收养三代以内同辈旁系血亲子女在条件上可以适当放宽;等等。此处不再一一列举,许多问题在本书的有关章节中还要详加论述。

(二)在其他民事法律上的效力

例如,一定的亲属关系是法定监护的基础法律关系,从而也是法定代理的基础法律关系;一定的亲属得依法提出宣告失踪和宣告死亡的申请,以及撤销上述宣告的申请;失踪人的财产由其一定的亲属代为管理;按照亲属关系的远近确定法定继承人的范围和顺序;列入上述范围的亲属得为遗嘱继承人;晚辈直系血亲在法定条件下有代位继承权;等等。

(三)在刑法上的效力

例如,某些犯罪的主体与被告间须有特定的亲属身份(如虐待罪、遗弃罪;家庭成员一般均为近亲属,遗弃者对被遗弃者有基于特定亲属身份而发生的扶养义务)。某些犯罪的主体须为已有特定亲属关系的人或明知他人已有特定亲属关系的人(如重婚罪);某些告诉才处理的犯罪,可由被害人的近亲属告诉;等等。

(四)在诉讼法上的效力

例如,不论在民事诉讼中还是刑事诉讼中,一定的亲属关系均为回避的原因,适用民事诉讼程序的行政诉讼亦同。在民事诉讼中,没有诉讼行为能力的当事人由其作为法定代理人的亲属代为诉讼;强制执行时,应当保留被执行人所供养的家属(多为近亲属)的生活必需费用和必需品。在刑事诉讼中,一定的亲属得为被告人的辩护人;被告人的近亲属经被告人同意可以提出上诉;等等。

此外,亲属关系在劳动法、国籍法、行政法等领域也有一定的法律效力。例如,有关劳动保险,职工福利,国籍的取得、丧失和恢复,优抚等规定,许多都是同亲属关系的法律效力有关的。总之,亲属关系的法律效力并不局限于亲属法领域,许多部门法中都有关于亲属关系法律效力的规定,它们的目的和所起的作用是各不相同的。研究亲属关系的法律效力,不仅是亲属法学的任务,也是相关的法学分支学科的共同任务。

第四章 结 婚 法

第一节 概 说

一、婚姻的成立及其要件

（一）婚姻和婚姻的成立

作为亲属法重要组成部分的结婚法，就其调整对象而言是一个有关婚姻成立的法律规范体系。近、现代各国有不同的社会制度和婚姻制度，但是，各国的结婚法一般均以婚姻成立的要件和关于无效婚（有些国家中还包括可撤销婚姻，详见本章第五节）的规定为主要内容，其目的正是为了保障婚姻成立的合法性。

基于结婚法的根本宗旨，在本章之首有必要先对婚姻本身的概念加以科学的界定，对婚姻成立的意义从总体上加以说明。

1. 婚姻的一般概念和法律概念

在历史的长河中，婚姻并不是自始存在和永恒不变的，它是人类社会发展到一定阶段的产物，是同一定的社会生产方式和生活方式相适应的男女两性结合的社会形式。

婚姻的一般概念可以大致表述如下：婚姻，是为当时的社会制度所确认的，男女双方互为配偶的结合。这个一般概念，是为人类学、社会学、伦理学、人口学等诸多学科普遍使用的。

与其他社会关系不同，婚姻关系是有其自身的自然条件的。男女两性的差别和人类的性的本能，是婚姻的生理学上的特征。通过婚姻中的生育行为实现种的繁衍，是婚姻的生物学上的功能。这些自然因素是婚姻区别于其他社会关系的重要特点。如果没有这些自然因素，婚姻便无从产生，更不可能在社会生活中发挥其重要作用。正因为如此，任何立法者都不能不顾婚姻的自然属性而随心所欲。例如，确定法定婚龄必须考虑人的身心发育程度；基于自然选择规律的要求和优生的理由必然要禁止近血亲结婚;从婚姻的性质出发,应以缺乏性行为能力作为婚姻障碍或离婚的理由;如此等等。

但是,我们在考察婚姻的本质时绝不能夸大上述自然属性的作用。两性的生理差别、性的本能和种的繁衍等,是普遍存在于一切高等的或较高等的动物之中的,婚姻则是人类社会中特有的社会现象。婚姻关系不是自然关系而是社会关系。社会属性是婚姻的本质属性。马克思指出:“人的本质并不是单个人固有的抽象物,实际上,它是一切社会关系的总和。”[1]这是我们考察婚姻的本质的出发点。婚姻是社会的产物而不是自然的产物,它是人与人之间的一种社会关系,在本质上不同于以自然形态存在的动物的两性结合。作为社会关系的特定形式,婚姻在社会中不是孤立自在的,它同社会诸关系包括物质社会关系和思想社会关系有着密切的、多方面的内在联系,它是依存于一定的社会结构,具有一定的社会内容的。婚姻的本质和特点,以及它的产生和演变等,都不是婚姻的自然属性所能解释的;只有从社会制度及其发展变化中,才能找到正确的答案。

应当指出,在学术研究的领域里,人们往往在两种不同意义上使用婚姻的概念。一种是狭义的,仅指一夫一妻制形成以来的个体婚姻;另一种是广义的,泛指自群婚制出现以后的各种两性关系的社会形式,其中包括不同形式的群婚制和对偶婚制等。作为亲属法调整对象的,当然是狭义的,一夫一妻制形成以来的个体婚姻。即使在实行多妻制的婚姻制度下,也只有正妻一人具有夫之配偶的身份。结婚法本来就是个体婚制的产物。在亲属法领域里,婚姻的概念就是婚姻法律关系的概念。

中国古代典籍中对婚姻多有阐述,十分强调婚姻在社会生活中的作用。当时的宗法伦理观念以婚姻为“人伦之始”;“夫妇之义”是各种纲纪的起点和基础。《礼记·昏义》说:“昏礼者,礼之本也。”《中庸》也说:“君子之道,造端于夫妇。”但是,由于在婚姻制度上重礼而轻法,对婚姻多偏于伦理方面的研究,而不从权利和义务上立论。

古代西方的婚姻观受着宗教神学的支配。罗马法学家曾为婚姻下过法律上的定义,认为它是一夫一妻之间发生神事与人事的共同关系的终身结合。在基督教的圣经中,《马太福音》说婚姻是“神作之合”。因此,结婚被认为是圣典(Sacraments,亦称宣誓圣礼)之一。

近、现代的西方亲属法学中,许多学者在表述婚姻的法律概念时是以契约说为其理论基础的。他们认为,婚姻契约是婚姻关系借以成立的法律事实,婚姻关系是

---

〔1〕《马克思恩格斯全集》第3卷,第5页。

基于婚姻契约的法律效力而发生的。另一些学者则持非契约说。有的认为婚姻是一种制度,当事人只有选择这种制度的权利,制度的效力是同当事人的意思无关的。有的认为婚姻行为是一种创设身份关系的共同行为,其性质是同一般契约大相径庭的。

我们认为,婚姻的法律概念可以大致表述于下:婚姻,是男女双方以永久共同生活为目的,以夫妻的权利和义务为内容的结合。

婚姻法律关系在本质上是一种身份关系,婚姻双方在财产上的权利义务是附随于人身上的权利义务的。创设这种关系的婚姻行为,是一种身份法上的行为,行为人须有结婚的合意;但是,婚姻成立的条件和程序,婚姻的效力,婚姻解除的原因等,都是法定的,而不是当事人意定的。因此,婚姻自为婚姻;将婚姻行为视为契约,将婚姻关系视为契约关系是不相宜的。

从历史上来看,婚姻契约说在西方国家的婚姻制度上的反封建斗争中,曾经起过重大的进步作用。在社会条件已经发生很大变化的今天,当代亲属法学不必仍然采此旧说。婚姻,不应当只是双方利益的交换,这种结合,应当对本人、对方、家庭和社会负责。它应当是伦理化的,而不是商品化的。所以,包括结婚法在内的亲属法多为强行性规范,这一点也同任意性规范很多的契约法大异其趣。在婚姻的概念问题上摒弃契约说,是有利于婚姻领域的社会主义精神文明建设和法制建设的。

2. 婚姻成立的意义和法律效力

婚姻的成立亦称结婚,是婚姻关系借以发生的法律事实。婚姻的全部法律效力,都是以婚姻的成立为前提的。

综观古今中外各国的结婚法,婚姻的成立在概念上有广义和狭义之别。从广义上来说,婚姻的成立包括订婚和结婚,法律是合两者为一体的。从狭义上来说,婚姻的成立专指结婚,不包括订婚。在婚姻成立的问题上,中国古代的礼俗、法律和外国古代法多采广义说,十分重视婚约的效力,订婚是结婚的先行阶段和必经程序。近、现代法则多采狭义说,订婚并非婚姻行为本身不可缺少的组成部分,事先未订婚约者亦可径行结婚。我国现行《婚姻法》中并无有关婚约的规定,对婚姻的成立是持狭义说的。

婚姻一旦成立,便具有强大的法律效力,在有关的法律领域里产生一系列的重要后果。因此,必须加强对结婚问题的法律调整,保障婚姻成立的合法性。婚姻是作为社会细胞的家庭的发生基础,配偶是一切亲属关系的源泉,婚姻成立的重要意义是不言而喻的。马克思曾说:“如果婚姻不是家庭的基础,那么它就会像友谊一

样,也不是立法的对象了。"〔2〕

婚姻成立的法律效力,可以分为及于当事人的直接效力和及于第三人的间接效力。关于婚姻成立的效力在亲属法中有大量的、集中的规定,其他法律领域也有不少关于婚姻成立的效力的规定。夫妻间的权利义务因婚姻的成立而发生;许多法律关系都是以婚姻的成立为基础或中介的。婚姻的成立在亲属法上的效力,本书的有关部分还要详加论述,在其他法律领域中的效力,可参见有关的部门法学教材,此处从略。

(二)婚姻成立的要件

合法性是婚姻的本质属性。自结婚制度出现后,不论任何时代,国家都要通过法律手段(包括古代那些在实际上起着法的作用的其他社会规范)为婚姻的成立规定各种要件。尽管各国的婚姻制度、婚姻立法有所不同,要求婚姻必须依法成立则是毫无例外的。

按照各国亲属法的立法例和亲属法学中公认的见解,对婚姻成立的要件可作如下分类:

1. 实质要件和形式要件

实质要件是指结婚当事人的本身状况,以及一方与另一方的关系,须符合法律的要求。如结婚当事人须达到法定婚龄,须有婚姻行为能力,须无禁止结婚的疾病,双方须有结婚的合意,双方之间须无禁止结婚的亲属关系和其他法定障碍等。要求婚姻的内容必须合法,是规定实质要件的根本目的。

形式要件是指婚姻成立的方式(程序)须符合法律的要求。当代各国的结婚法多实行要式婚制,有的要求当事人办理结婚登记或者户籍申报,有的要求当事人举行公开仪式并有证人在场证明,有的还要求当事人先申请主管部门颁发结婚许可证,然后再举行仪式或办理登记,等等。要求结婚的程序必须合法,是规定形式要件的根本目的。

2. 必备条件和禁止条件

结婚的必备条件亦称积极要件,必须具备这些条件始得结婚,如当事人须达到法定婚龄,须有结婚的合意等。

结婚的禁止条件亦称消极要件或婚姻障碍,必须不具有禁止结婚的情事,不存在这些障碍始得结婚。在欧洲中世纪的寺院法中,婚姻障碍亦称为阻却婚姻成立的原因。近、现代的结婚法中,婚姻障碍虽然少于古代法,但是,重婚、一定范围的亲属关系等仍为各国立法中常见的结婚的禁止条件。

〔2〕 马克思:《论离婚法草案》,《马克思恩格斯全集》第1卷,第183页。

从狭义上来说,必备条件和禁止条件的分类只适用于实质要件;从广义上来说,形式要件也是必备条件。在实质要件中,必备和禁止之分有时只具有相对的意义。例如,可以将须符合一夫一妻制作为必备条件,也可以将重婚作为禁止条件,法律规定的角度虽然不同,实际内容则是完全一致的。

此外,在传统的亲属法学中,还将婚姻成立的要件分为公益要件和私益要件。前者是指与公共利益有关的,如结婚当事人须非重婚,须非禁婚亲等,后者是指仅与私人利益有关的,如当事人须有结婚的合意,未成年人结婚须得法定代理人同意(在成年年龄高于法定婚龄的国家中始有此立法例)等。这种分类是为我国亲属法学所不取的。我国现行法中有关婚姻成立要件的规定,既是保护当事人利益的,又是保护社会、民族和国家利益的,两者互相结合,绝不能把它们割裂开来。

按照我国亲属法学和司法实践中的习惯用语,历来是将婚姻成立的实质要件称为结婚条件,将婚姻成立的形式要件称为结婚程序的,故本章的第三、四两节即以此命名。

二、结婚制度的沿革

(一)古代的结婚制度

结婚制度是个体婚制的产物。在原始社会的群婚制下,是不知结婚为何物的。

根据有关史料的记载和当代民俗学的研究成果,在个体婚制形成的初期,大致有掠夺婚(marriage by capture)、互易婚(marriage by exchange)、劳役婚(marriage by servitude)、买卖婚(marriage by sale)、赠与婚(marriage by gift)等结婚方式。

掠夺婚即抢婚,指男子以一己之意思,运用暴力掠夺女子为妻的婚姻。这种求妻的方法,是从对偶婚制向一夫一妻制转变的过程中出现的。中国古代典籍《周易》中有"乘马班如,泣血连如","匪寇,婚媾"等语;郭沫若等学者均以其为有关抢婚的描述。

互易婚亦称换亲,指双方父母互换其女作为子妇,或男子各以其姊妹交换为妻。古籍《尔雅·释亲》中的某些亲属称谓,如"妻之父为外舅,妻之母为外姑","妇称夫之父曰舅,称夫之母曰姑",这些称谓在互易婚的情形下可以得到合理的解释。昔日澳洲等地的某些民族,在历史上也有互易婚的习俗。

劳役婚系指男方须为女方家庭从事一定期间的劳务,始得与女方成婚。《新唐书·北狄传》记载:室韦人嫁娶,男方须先至女家服劳务三载,然后分以财产,与妻共载,鼓舞而还。这种婚俗在其他一些民族的历史上也是很常见的。

买卖婚系指以一方向另一方给付金钱或其他等价物为成婚条件的婚姻,给付者多为男方,收受者则是女家。相传"伏羲制嫁娶,以俪皮为礼",开买卖婚之先河;这种以财货易妻室的结婚方式,一直滥觞于后世。从世界范围来看,买卖婚在古代许多民族中是普遍流行的。

与买卖婚不同,赠与婚系指有主婚权的父母或尊长将女子赠与他人为妻,并不索取代价。但是,女子仍然处于赠与标的物的低下地位。

上述各种结婚方式中,掠夺婚、赠与婚为无偿婚,互易婚、劳役婚和买卖婚则为有偿婚。它们在婚姻史上的影响不尽相同,有的并未成为普遍通行的制度,有的却在具体形态有所改变的情况下长期延续,买卖婚就是一个极为明显的例证。

中国古代的婚礼自西周而大备,奴隶制时代、封建制时代一直以聘娶婚为主要的结婚方式,在两三千年中历久不衰。

聘娶婚是一种世俗的仪式婚,男家须向女家依礼聘娶,并须交付一定的聘金、聘礼。所谓"六礼",即纳采、问名、纳吉、纳征、请期和亲迎,就是礼制中确定的聘娶婚的具体程序。自纳采至纳征而婚约定。经请期、亲迎并行合卺之礼后,始为完婚。"六礼备,谓之聘;六礼不备,谓之奔。"

在中国古代的婚姻观念中,结婚不仅是男女双方当事人个人之事;而且是两家乃至两族之事。女子结婚后便脱离父方的宗族,成为夫方宗族的成员。因此,行成妻之礼后还须行成妇之礼,始得正式加入夫宗。"三月而庙见,称来妇也;择日而登于祢,成妇之义也。"[3]如果女子未经庙见而死,只能"归葬于女氏之党"[4]。

"六礼"之制,历代数有变迁。一般说来,后世不及早期严格。宋代改"六礼"为四,即纳采、纳吉、纳征、亲迎。《朱子家礼》中又将纳吉并入纳征,变四为三。元代增议婚一项。明、清两代基本上沿用《朱子家礼》。历代的户婚律均以成立婚书、收受聘财作为定婚的要件。礼制上对聘娶婚的要求,是为法律所肯定的。从实际情况来看,王公和达官贵人等一般多行古礼,要求十分严格,庶民百姓等则较为简略。

在西方国家古代的结婚方式中,罗马法和寺院法中的规定是很有代表性的。古代罗马法以订婚为结婚的先行阶段。男女双方在订立婚约(spansalia)后,于一定期间内有结婚的义务。罗马法中的家父权十分强大,订婚须出于父命,女子对其父为之选择的男子,除其为人格减等(capitis deminutio)者或品行恶劣者外,不得拒绝。按照《尤利亚及巴比亚珀贝法》(Lex Julia et Papia Poppaea)的规定,于订婚后两年内未结婚,婚约即告无效。在罗马市民法规定的各种结婚方式中,共食婚(confarreatio)是一种宗教婚,结婚时须举行隆重的宗教仪式。买卖婚(coemptio)

---

〔3〕《礼记·曾子问》。

〔4〕《白虎通·嫁娶》。

要求男方以要式契约的方式购买女子为妻,买卖行为须在证人和计量者之前进行。时效婚(Usus,或译为使用婚)则是一种事实婚,男女双方在事实上同居生活一年后,得视为配偶,如女方外宿达三日以上,时效即告中断。按照以上规定成立的均被称为正式婚,即有夫权的婚姻。按照万民法规定成立的,则被称为略式婚,即无夫权的婚姻;这种婚姻是在符合法定条件时,依当事人双方的合意而成立的。

宗教婚是欧洲中世纪各国占统治地位的结婚方式。在基督教的强大教权之下,寺院法(亦称教会法或宗规法)对婚姻关系的调整作用凌驾于一切世俗立法之上。教会当局对婚姻事务具有无可争辩的管辖权。寺院法不仅为婚姻的成立规定了严格的条件,列举了众多的婚姻障碍,而且在形式要件方面要求当事人履行一定的宗教仪式。结婚须向当地教会申请,婚事须经教会当局公告(banns),举行婚礼时须由神职人员祝福。结婚如违反宗教仪式,会受到教会的非难,有时甚至会受到教规的一定处罚。按照16世纪时举行的托伦托宗教大会(The Council of Trent)的决议,当事人结婚必须与教会合作,在神职人员之前宣誓,否则婚姻不能有效成立。宗教改革和婚姻还俗运动(Secular Movement)以后,宗教婚逐渐衰微,但至今仍有一定的影响。

(二)近、现代的结婚制度

从世界范围来看,近、现代的结婚制度,是在从封建主义婚姻制度到资本主义婚姻制度转变的过程中开始出现的。其重要标志之一,是欧洲各国的宗教婚逐渐为民事婚所替代。

从结婚立法上来看,首先采取选择民事婚制度的是16世纪的荷兰。所谓选择民事婚制度,是指采用宗教婚还是民事婚可由当事人自行选择,按照这两种方式成立的婚姻均为有效。在法国,1787年路易16世在敕令中规定了选择民事婚制度。法国大革命后,1791年的宪法指出:“法律视婚姻仅为民事契约”,用法律婚即民事婚代替了宗教婚。此后,欧洲各国在立法上相继实行了结婚方式的改革。但是,这种改革是渐进的。在不同的国家里,发展是不平衡的,在有些国家里甚至是很迟缓的。例如,德国率先采用法律婚的是1850年的法兰克福地方法;1874年的普鲁士法和1875年的帝国法颁行后,宗教婚才在全国范围内为法律婚所代替。在英国,1836年的婚姻法才承认在政府机关登记的婚姻为有效,1898年的婚姻法才规定结婚无须举行宗教仪式。

在资本主义社会中,依民事方式,经男女双方意思表示一致而成立的婚姻被称为共诺婚,亦称自由婚或契约婚。这种共诺婚在价值观上是同资产阶级的“自由”、“平等”观相一致的。一些资产阶级学者认为,婚姻是男女双方以相互占有、共同生活为目的而自愿订立的契约;在这里,同样通行着契约自由、意思自治的一般规则。同无视或漠视当事人结婚自由的封建时代的结婚法相比较,共诺婚制的确立无疑是一个重大的历史进步。但是,只有联系资本主义制度下的社会条件及其对婚姻问题的影响,才能对其作出恰当的评价。

在结婚制度上,资产阶级国家的早期立法中仍保有一定的封建残余,旧传统的影响随处可见。1804年法国民法典中有关"尊敬证书"等规定,便是极为明显的例证。按照该法的要求,即使当事人已达法定婚龄,仍须依法定方式取得父母等尊亲属对婚事的同意;如果遭到反对,必须经法定期间后始得结婚。20世纪以来,一些主要的资本主义国家的结婚立法相继作了修改。宗教势力对结婚制度的影响进一步削弱,结婚的法定方式也趋于简化。

中国结婚法的近代化始自20世纪之初。1911年的《大清民律草案》、北洋政府时期的1915年《民律亲属编草案》和1926年的《民律草案》中,结婚法部分既有对资本主义国家婚姻制度的模仿和借鉴,又有对封建婚姻制度的沿袭和恋栈。这些草案均未颁行,对我国结婚制度的影响是极为有限的。《大清现行刑律》中的结婚法,包括肯定父母、祖父母等尊长的主婚权等规定,在北洋军阀统治时期仍然沿用。北洋军阀政府的大理院还通过一些解释和判例,如定婚须写立婚书,依礼聘娶,婚姻须有合法的主婚人主婚等,使旧的、传统的结婚方式得以延续。

1930年12月26日公布、1931年5月5日施行的国民党政府民法亲属编,其结婚法部分在总体上是仿效德、日等资本主义国家法律的。这一点,在婚姻成立的实质要件上表现得十分明显。但是,在结婚方式上并未采取法律婚制,仍然采取仪式婚制。按照国民党政府民法亲属编的规定,结婚须举行公开仪式,并有二人以上之证人证明。在中国的半殖民地半封建社会里,传统的聘娶婚在实际生活中一直是普遍流行的。

社会主义国家的结婚制度始创于十月革命后的苏联。早期的苏联结婚法,在原则上实行法律婚制度,规定当事人结婚须向户籍机关办理登记;但是,同时也是有条件地承认事实婚的(参见1926年《俄罗斯联邦婚姻、家庭和监护法典》第12条)。1944年以后,不再承认事实婚。"二战"以后,朝鲜民主主义人民共和国、德意志民主共和国、罗马尼亚、捷克斯洛伐克、匈牙利、保加利亚、南斯拉夫等国,均采用法律婚制度。有的国家实行单一的结婚登记制,有的国家则是实行登记和仪式相结合的方式。

关于中华人民共和国的结婚制度,本章的有关部分还要详加论述,此处从略。需要说明的是,以上关于结婚制度沿革的简介,多偏于结婚方式即形式要件方面。关于实质要件的沿革,可参见本章第三节的有关内容。

第二节 婚 约

一、婚约的性质和类型

(一)婚约的性质

婚约,是男女双方以将来结婚为目的而作的事先约定。婚约的成立亦称定婚或订婚。罗马亲属法对婚约当事人以婚约男和婚约女相称;Sponsalia 一词意谓允诺,即相互允诺于来日成婚。在我国,婚约当事人俗称未婚夫妻。

关于婚约的性质,在传统的亲属法学中有不同的见解,大别之,有契约说和非契约说两种主张。持契约说者认为,婚约即订婚契约是作为本约的结婚契约的预约,因而,违反婚约的责任是一种契约责任。有些学者虽然持契约说,同时又指出婚约不同于一般契约的预约,有其自身的特点。持非契约说者认为,订婚只是一种事实,并不具有契约的性质,这种事实是按照法律的规定而发生一定效力的。因此,违反婚约的责任是一种因侵权行为而发生的责任。

婚约在我国历史上早已有之,但是,中华人民共和国的现行法对此未作规定。现实生活中婚约关系是大量存在的,司法实践中也有某些基于婚约问题而引起的财物纠纷。由于婚约关系本身并未列入法律调整的范围,现实生活中的婚约,在性质上只是无配偶的男女之间达成的,具有道德拘束力的协议。

(二)婚约的类型

从婚约的历史沿革来看,不同时代、不同国家的立法例有很大的区别。但大致上可将婚约分为早期型的婚约和晚期型的婚约两种类型;兹分述于下。

1. 早期型的婚约

早期型的婚约盛行于古代社会,这种婚约是婚姻行为本身不可缺少的组成部分。婚姻的成立,是集订婚与结婚为一体的。从总体上来说,它具有以下几个主要特征:第一,订婚是结婚的必经程序,未订婚者,其婚姻无效。第二,订婚权往往不属于当事人而属于第三人,婚约由男女双方的父母、尊长代为订立,或者由女方的监护人与男方订立。第三,在许多国家中婚约都具有强大的法律效力。当然,在不同的国家里,这些特征的具体表现是不尽相同的。

古巴比伦王国的《汉谟拉比法典》规定:"倘自由民娶妻而未订契约,则此妇非其妻";并且规定,在婚约签订后,女方之父不得将女嫁与他人。在罗马市民法中,无婚约的结合只能视为姘居,不成其为婚姻。此外,还有许多有关婚约效力的规定。例如,一人同时或先后与两人订婚,须受"破廉耻"的宣告;原订的婚约,是与他人(婚约关系以外的第三人)结婚的法定障碍。婚约成立后,如男方毁约,对原给付的婚约赠与物不得请求返还;如女方毁约,除返还婚约赠与物外,并应给付男方相当于返还物价值一至四倍的罚金(后减至与返还物价值相等)。欧洲中世纪的寺院法中,在一方违反婚约时甚至还有结婚诉权的规定。责令结婚的判决虽然不能强制执行,但可给予违约者以宗教上的处罚,以期挽回"不忠实者"的意志;如仍无效果,违约者须向对方赔偿损失。

定婚在中国古代的礼制上和法制上具有很重要的地位。"六礼"中的前四礼,即纳采、问名、纳吉、纳征都是与定婚有关的。历代户婚律均以成立婚书、收受聘财作为定婚的依据。定婚以后,已发生婚姻的部分效力,婚约中的男女双方及其主婚人(祖父母、父母或其他依律主婚的尊长)均受其拘束,不得反悔;否则须依律科刑,并责令履行原约。例如,明律规定:"若许嫁女已报婚书及有私约(谓先知夫身疾残老幼庶养之类)而辄悔者,笞五十,虽无婚书但曾受聘财者亦是。若再许他人,未成婚者杖七十,已成婚者杖八十。后定娶者知情与女家同罪,财礼入官;不知者不坐,追还财礼;女归前夫……男家悔者罪亦如之,不追财礼。"[5]

直至中华民国初年,北洋军阀政府的大理院仍然对定婚作如下解释:"定婚为成婚之前提,据现在继续有效之前清现行律载,男女定婚,写立婚书,依礼聘娶,又载虽无婚书,但曾受聘财者亦是等语,是婚约必备此要件之一,始能为有效成立,苟无一具备,虽已成婚,于法律上仍不生婚姻之效。"

2. 晚期型的婚约

晚期型的婚约盛行于近、现代社会,这种婚约并非婚姻行为本身的组成部分。订婚不是结婚的必经程序,未订婚者亦可径行结婚。婚约的效力是比较薄弱的。

在法律上设有婚约制度的近、现代国家里,亲属法一般多以下列各项作为婚约成立的实质要件:第一,男女双方当事人须基于合意自行订定。第二,当事人须到达法定的订婚年龄,未成年人订婚须得其法定代理人同意。第三,作为婚约标的之婚姻须不违背法律(如当事人须非重婚,须无禁止结婚的亲属关系,须非监护人与被监护人等)。至于婚约成立的形式要件,法律上一般不作规定,视其为不要式行为。口头允诺,书面协议,交换订婚戒指、举行订婚仪式、刊登订婚启事等,均可视为婚约成立的形式。但是,有的国家在法律上对此是有特别规定的。例如,《墨西哥民法典》第 139 条指出:订婚须以书面形式制作为社会所公认的婚约。

近、现代国家的亲属法均规定,婚约成立后,一方不履行时另一方不得依诉讼程序请求法院强制其履行。例如,按照《德国民法典》第 1297 条的规定,"不得基

---

〔5〕《明律·户律》男女婚姻条。

于婚约诉请结婚";为了避免变相地强迫履行,该条还指出,婚约中附有的违约金条款亦属无效。

婚约解除的方式有二。一种是依婚约当事人双方的协议而解除,另一种是依一方的要求而解除。一般说来,无故违反婚约的一方,得向另一方赔偿损失,基于法定理由而解除婚约时,无过失的一方得向另一方请求赔偿。

上述种种,只是对近、现代各国亲属法中婚约制度的简介。此外,还有在亲属法(婚姻家庭法)中未设婚约制度的国家;但是,这些国家在法律上和事实上都是承认婚约,不禁止婚约的;虽然法律中并无有关婚约的具体规定,婚约也不具有法律效力。原德意志民主共和国家庭法典在第5条第4项中指出,结婚前,双方为了严肃地考虑他们是否适合终身结合并建立家庭,可以通过订婚的方式进行考察。

二、我国现实生活中的婚约问题

(一)关于一般群众的婚约

我国人民在历史上有订婚的传统;在解放前的革命根据地中,某些地区性的婚姻条例对婚约也是有规定的,如《晋西北婚姻暂行条例》、《晋冀鲁豫婚姻暂行条例》等。中华人民共和国成立后先后颁行的两部《婚姻法》,均无关于婚约的规定。建国初期有关部门对此所作的解释,表明了我国法律对婚约问题的一般态度。

1950年6月26日,原中央人民政府法制委员会在《有关婚姻法施行的若干问题与解答》中指出:"订婚不是结婚的必要手续。任何包办强迫的订婚,一律无效。男女自愿订婚者,听其订婚,订婚的最低年龄,男为19岁,女为17岁。一方自愿取消订婚者,得通知对方取消之。"1953年3月19日,原中央人民政府法制委员会在《有关婚姻问题的解答》中再次指出:"订婚不是结婚的必要手续。男女自愿订婚者,听其订婚,但别人不得强迫包办。"

我们认为,关于一般群众的婚约,即订婚双方均非现役军人的婚约,应当注意以下几个问题:

第一,订婚不是结婚的必经程序,男女双方是否结婚,完全以他们在办理结婚登记时表示的意愿为根据。目前在法律上不设婚约制度,有利于保障婚姻自由。现实生活中残存的包办、买卖婚姻,往往都是由父母、家长代为订婚的。

第二,法律上未设婚约制度,并不是不承认婚约或禁止订立婚约。在结婚前是否先订婚,可由当事人自行决定。但是,订婚双方必须出于本人自愿,必须到达一定年龄(似以到达成年年龄为宜;也可定为男21岁,女19岁,同法定婚龄保持适当的差距),必须没有法定的婚姻障碍。

第三,父母、家长等代为订立的婚约概属无效,当事人无须受其约束。如果父母、家长等代为订婚后，男女当事人经过交往和了解，双方同意结婚，这只能解释为已符合结婚必须男女双方完全自愿的规定，绝不意味着对他人代为订立的婚约的承认。

第四，当事人自行订立的婚约并无法律上的拘束力，履行婚约须以双方自愿为必要条件。双方均要求解除婚约的，可以协议解除；一方要求解除的，也可以单方解除，无须经由法律程序处理。当然，这绝不是说可以视婚约为儿戏，轻率地、不负责任地订约和毁约。当事人应当按照社会主义恋爱婚姻道德的要求，严肃慎重地对待和处理婚约问题。

第五，对于因解除婚约而引起的财物纠纷，应分别情况，妥善处理。第三人从事包办买卖婚姻索取的财物和一方借订婚之名骗取的财物，应按有关规定处理，此处可置而不论，因为这是性质不同的另一类问题。当事人自行订立婚约后，一方出于自愿向另一方所为之赠与，我们认为原则上似以不返还为宜；如果价值较大，赠与人要求受赠人返还，处理办法可由双方协议，协议不成时，也可经由诉讼程序处理，必要时可酌情返还；但是，不能因返还问题而影响当事人的婚姻自由。

（二）关于一方为现役军人的婚约

关于一方为现役军人的婚约，在革命战争时期和新中国成立后，有关部门都针对当时的实际情况，作过若干具体的、保护性的规定。这是出于维护国家利益的需要，其理由是不言自明的。

我国最高人民法院在《关于贯彻执行民事政策法律的意见》（1979 年 2 月 2 日）中指出：现役军人的婚约关系，应予保护。凡是双方经过一定时期的了解，同意建立、保持婚约关系，家庭、群众和所在部队都认为是婚约关系的，才能确认为婚约关系。婚约基础比较好，没有解除婚约的重要原因，有恢复和好前途的，应说服教育不予解除。婚约关系不巩固，没有结婚前途的，应通过军人所在组织，对军人进行说服教育工作，予以解除。

以上意见，适用于因非军人一方向现役军人一方提出解除婚约而引起的争议。婚约双方都是现役军人的，以及现役军人一方向非军人一方提出解除婚约的，按一般群众的婚约处理。

第三节　结婚条件

一、结婚的必备条件

（一）具有结婚合意

结婚合意，系指当事人对双方间确立夫妻关系的意思表示完全一致，这是当代各国结婚法的通例,反映了近、现代以来个人本位的结婚制度的本质,同古代的以家族为本位的、主婚权操于父母、尊长之手的结婚制度是大异其趣的。

当事人须具有结婚合意始得结婚,是社会主义制度下婚姻自由原则的必然要求。《中华人民共和国婚姻法》第5条规定:"结婚必须男女双方完全自愿,不许任何一方对他方加以强迫或任何第三者加以干涉。"法律将是否结婚、与谁结婚的决定权完全赋予当事者本人,这是建立以爱情为基础的婚姻关系的有效保障。

对于"男女双方完全自愿"应作全面的理解,我国婚姻法的上述规定是很严谨、很周密的。首先,是双方自愿而不是一方自愿,这就排除了一方对另一方的强迫;其次,是本人自愿而不是仅需父母、家长等同意,这就排除了第三人对婚事的包办;最后,是完全自愿而不是勉强允诺,这就排除了各种外来的干涉和影响。只有这样解释,才符合法律的本意。当然,关于结婚必须男女双方自愿的规定,并不排斥当事人就此向父母、亲友等征询意见,后者出于对当事人的关心和爱护,不仅可以,而且也完全应该按照法律和道德的要求,提出各种有益的建议;是否采纳则只能由当事人决定。在这个问题上,一定要划清善意的帮助和非法干涉的界限。

关于对结婚合意的要求,不同国家的立法均有大致相似的规定。例如,按照法国民法典的规定,婚姻只能因双方之合意而成立。俄罗斯联邦婚姻和家庭法典[6]指出:"结婚必须男女双方同意。"有些国家的法律虽然未以明示的方式加以规定,但要求当事人双方填写结婚申请书表示已有结婚的合意。

结婚合意问题在全部结婚条件中具有特别重要的意义。具有法律效力的结婚合意必须符合下列条件:

第一,关于同意结婚的意思表示必须出自具有婚姻行为能力的当事人。

婚姻权不同于其他民事权利,婚姻行为能力是一种特殊的主体资格。在一般情形下,在其他民事法律领域中,公民已届成年即具有完全民事行为能力(被宣告无民事行为能力或限制行为能力者除外)。婚姻行为能力的取得,则须以到达法定婚龄,具有婚姻的意思能力为必要条件。因此,未达法定婚龄的,已达法定婚龄但欠缺完全民事行为能力的,或者在表示意思时处于精神错乱或无意识状态的,均不能为有效的同意结婚的意思表示。在上述情况下,有的是不具有婚姻行为能力,有的则是临时丧失了婚姻行为能力。

在一些国家的立法中,法定婚龄低于成年年龄。因此,以未成年人结婚须得法定代理人同意的规定作为救济。例如,《法国民法典》第148条规定:"未成年人非经其父母同意,不得结婚。"《日本民法典》第737条规定:"未成年人结婚须得父母

---

〔6〕 苏联解体后,该法典已被于1996年3月1日施行的新的家庭法典替代,下文中不另作说明。

同意。”瑞士、德国、意大利、巴西等国的民法、葡萄牙婚姻法以及我国台湾地区的民法亲属编，均有类似的规定。在法定婚龄同于或者高于成年年龄国家，当然没有此类规定。

第二，同意结婚的意思表示必须真实。

结婚是设定夫妻关系的重要的身份行为，对意思表示的真实性应当有严格的要求。在确定有无真实的结婚合意时，不能仅凭当事人外在的意思表示，还应注意这种外在的表示与当事人的内心意思是否一致。在通常情形下，当事人的内心意思与其外在表示是相符的。在特定情形下，出于某种客观上或主观上的原因，也可能发生两者并不相符的状况，即形式上虽有同意结婚的意思表示，但这种意思表示是不真实的。

结婚合意中的意思表示不真实，大致可以分为以下几种情形：

一是意思表示虚假。如双方通谋故意为虚假的同意结婚的表示，专为表示形式，而无结婚之真意等。对此，各国有不同的立法例。有的持意思说认其为无效，有的持表示说认其为有效。我们认为，虚假的意思表示原则上不具有结婚合意的效力。但是，结婚后如果已有以夫妻关系同居生活的事实，可认为以前的意思表示的瑕疵已被治愈。

二是意思表示不自由。如当事人因受威吓、胁迫、暴力干涉而作的同意结婚的表示等。这些意思表示并非出于自主自愿，如果没有上述外力的作用，本来是不会同意结婚的。否认这类意思表示的效力，是保障结婚自由的必然要求。

三是意思表示错误。如当事人因受诈欺或出于重大误解而作的同意结婚的意思表示等。这种表示是当事人陷于错误认识的结果。前者是诈欺者故意使表意人陷于错误，后者则是表意人自己陷于错误。如果了解事实真相，本来是不会同意结婚的。意思表示是否错误，涉及当事人的心理活动。以重大误解否定结婚合意的效力时，必须十分慎重，根据具体情形如实认定，对误解不能任意地扩大解释。这种误解必须是重大的，与同意结婚的表示之间是有必然的、决定性的因果关系的。

以上均为法理上或学理上的分析，有的也有一些国家的立法例可资佐证。我国现行的《婚姻法》，则仅以受胁迫而结婚作为婚姻可撤销的法定原因。

第三，同意结婚的意思表示必须符合法定方式。

婚姻行为是要式行为，双方同意结婚的意思只有以法定方式表示，始具有结婚合意的效力。在我国，申请结婚的男女双方须到婚姻登记管理机关办理结婚登记。同意结婚的意思表示必须经法定程序认可。当事人双方以其他方式或在其他场合所作的同意结婚的表示，不是这里所说的结婚合意，只能被视为关于成立婚约即订婚的合意。

基于婚姻关系的本质,结婚合意不得附以条件和期限。民事法律行为中的条件和期限,原是用来限定该法律行为的效力的,它们可以使行为人的动机和目的获得法律上的意义。但是,这对结婚行为是完全不适用的,否则便从根本上违背了婚姻制度的宗旨。婚姻的效力只能是法定的,是不能由当事人通过条件和期限来限定的。在这里,意思自治原则并无用武之地。有些学者认为,结婚合意附有解除条件或终期的,其婚姻无效,另一些法学家则认为,这些附款并不影响婚姻的本体,在法律上应当否认所附条件和期限的效力,视其为无条件、无期限的结婚合意。我们认为当以后说为是。至于附有延缓条件或始期的可认为是订婚的合意,而不是结婚的合意。

(二)到达法定婚龄

法定婚龄,是法律规定的最低结婚年龄,是结婚年龄的下限;到达法定婚龄始得结婚,未达法定婚龄者结婚是违法的。结婚年龄的上限无须法律规定;到达法定婚龄以后何时结婚,悉听当事人自便。这是古今中外各国结婚法的通例。罕见的例外是,俄国沙皇时代的民法曾有男、女已逾 80 岁者不得结婚的规定,现已成为历史的陈迹。

《中华人民共和国婚姻法》第 6 条规定:“结婚年龄,男不得早于 22 周岁,女不得早于 20 周岁。晚婚晚育应予鼓励。”以此与 1950 年《婚姻法》相比较,男、女的法定婚龄各提高两岁。这是我国婚姻制度改革的重要成果之一。

以到达法定婚龄作为具有婚姻行为能力的标志,这是由婚姻关系的性质和特点决定的。婚姻是男女两性结合的社会形式,是作为社会细胞的家庭的起点。人们只有到达一定年龄,才具备适婚的生理的和心理的条件,才能对婚事作出理性的判断和决定,才能在婚后承担对配偶、子女、家庭和社会的责任。

不论是任何时代、任何国家,结婚年龄均受以下两种因素的制约。一种是自然因素,即人的身心发育程度;另一种是社会因素,即一定的生产方式以及与之相适应的社会条件。一定时期的人口状况、人口政策以及历史传统、风俗习惯等,对婚龄也有程度不同的影响。因此,不同时代、不同国家的法定婚龄既不会过于悬殊,又会各有差别。

一般说来,古代各国的法定婚龄是很低的。例如,东罗马帝国《查士丁尼法典》和欧洲中世纪寺院法中的法定婚龄是男 14 岁,女 12 岁。随着社会条件的变化和结婚制度的近、现代化,法定婚龄逐步有所提高。例如,自中世纪以来,英国的法定婚龄一直是男 14 岁、女 12 岁,至 1929 年改为男、女各 16 岁,至 1969 年又改为男、女各 18 岁。其他一些国家也经历了类似的过程。

关于法定婚龄的外国立法例,男子的法定婚龄最高为 23 岁(见叙利亚有关结

婚的规定)。绝大多数国家的法定婚龄,男子在21岁至14岁之间,女子在18岁至12岁之间,大致可以分为三种类型。较高的:以男21岁、女18岁为法定婚龄的有瑞典、丹麦等;以男20岁、女18岁为法定婚龄的有挪威、瑞士、越南等(澳大利亚的法定婚龄为男21岁、女16岁,性别婚龄差较大,仅可将男子的法定婚龄列入较高的类型)。居中的:以男19岁、女16岁为法定婚龄的有印度尼西亚等;以男、女各18岁为法定婚龄的有俄罗斯、德国、蒙古、保加利亚等;以男18岁、女17岁为法定婚龄的有朝鲜民主主义人民共和国、土耳其等;以男18岁、女16岁为法定婚龄的有日本、巴基斯坦、罗马尼亚等;以男18岁、女15岁为法定婚龄的有法国、比利时等。偏低的:以男16岁、女14岁为法定婚龄的有菲律宾、意大利等;此外,还有极少数国家沿袭传统,以男14岁、女12岁为法定婚龄。不少国家还在结婚法中设有特许制度,在特殊情形下,可批准未达法定婚龄者结婚。特许的原因和年龄的下限依各国的具体规定。应当指出,当代许多国家的法定婚龄虽然较低,实际上人们的结婚年龄总的说来是并不低的。一些法律往往囿于历史的或宗教的传统,致使与现实生活有一定的差距。

关于中国历史上的婚龄,奴隶制时代无法详考,古籍中的记载也是不尽相同的。《周礼·地官·媒氏》中虽有“男子三十而娶,女子二十而嫁”之说,但在解释上是有歧见的。《孔子家语》曰:“夫礼,言其极也,不是过也。男子二十而冠,有为人父之端,女子十五许嫁,有适人之道,于此而往,则自婚矣。”可见,所谓男子30岁和女子20岁并不是结婚的下限。实际上是说,到了30岁、20岁还不结婚,那就不合于礼了。中国封建时代的法定婚龄很低。依唐开元令,“男十五,女十三以上,听婚嫁”。自宋而后,直至明、清,均以男16岁、女14岁为嫁娶之期。

早婚习俗在我国历史上长期流行,这是有其深刻的社会根源的。从根本上来说,早婚习俗同广泛存在的小生产经济有着密切的联系。在封建的生产方式和经济结构中,作为基本生产单位的家庭,必然会产生对劳动力的迫切需要。早婚是为了早育、多育。另一方面,早婚习俗又是历代封建王朝大力提倡,有时甚至是强制推行的结果。为了扩大和加强剥削,封建统治者无不追求广土众民,将早婚作为增殖人口、增加赋税和劳役、弥补战争消耗的一种手段。汉惠帝时曾规定:“女子年十五以上至三十不嫁,五算。”[7]在早婚问题上,源于宗法家族制度的“传宗接代”、“多子多福”等伦理观念、生育观念的强烈影响也是不可低估的。因此,在一个很长的历史时期里,婚龄一直是很低的。自20世纪以来,才有了明显的提高。

1931年施行的国民党政府民法亲属编中的法定婚龄为男18岁、女16岁。

---

〔7〕《汉书·惠帝记》。

1931 年的《中华苏维埃共和国婚姻条例》中的法定婚龄为男 20 岁,女 18 岁。中华人民共和国成立之后,1950 年《婚姻法》规定:“男 20 岁,女 18 岁,始得结婚。”这是根据建国初期的实际情况确定的,对破除早婚习俗,保护民族健康起了积极的促进作用;在当时来说是一个很大的进步。随着我国社会条件的变化,1980 年婚姻法又将法定婚龄提高至男 22 周岁、女 20 周岁。在不到一百年的时间里,我国的法定婚龄提高了 6 岁,这一进步是很惊人的,在婚姻立法史上也是罕见的。

以男 22 周岁、女 20 周岁为法定婚龄是有充分科学依据的,是符合我国实际情况的。这一规定既考虑了青年身心发育的程度,学习、就业的情况和独立生活的条件,又考虑了推行计划生育、控制人口数量和提高人口素质的要求,作为全国统一的法定婚龄是高低适中的。当然,这并不妨碍民族自治地方依法对婚龄问题作出某种变通的规定。

《婚姻法》第 6 条在法定婚龄之后继之以“晚婚晚育应予鼓励”的导向性规定,这种立法例颇具中国特色,是符合我国国情的,在执行有关法定婚龄的规定时,一定要处理好依法办事和提倡适当晚婚的关系。法定婚龄只是结婚年龄的下限或起点;对于情况各不相同的当事人来说,不一定是最佳的结婚年龄,更不是说一到法定婚龄就非结婚不可。我们认为,法定婚龄作为最低婚龄要照顾到各种复杂情况,很难再作提高的规定。今后应当大力提倡适当晚婚。当然,如果当事人双方均已到达法定婚龄,并符合其他的结婚条件,又坚持结婚要求,自应依法准许,但也要鼓励他们在婚后适当晚育。

二、结婚的禁止条件

(一)重婚

重婚,是有配偶者又与他人结婚的违法行为。一夫一妻是我国亲属制度的基本原则之一。《中华人民共和国婚姻法》第 3 条规定“禁止重婚”。已经成立合法婚姻的男女,只有在婚姻终止即配偶死亡或离婚后,始得再行结婚,否则即构成重婚。在亲属法上,重婚是结婚的禁止条件。当然,也可以从另一角度加以分类,以符合一夫一妻制为结婚的必备条件。

关于重婚的问题,本书在第二章第二节中已有阐述,此处从略。

(二)禁止结婚的血亲关系

依法禁止一定范围的血亲结婚,反映了自然选择规律的要求,具有优生学上的科学根据。恩格斯在论及普那路亚家庭时曾经指出:“不容置疑,凡血亲婚配因这一进步而受到限制的部落,其发展一定要比那些把兄弟姊妹之间的结婚当作惯例和义务的部落更加迅速,更加完全。”他在论及对偶婚制时又说:“在这种越来越排除血缘亲属结婚的问题上，自然选择的效果也继续表现出来。”[8]人类生活的长期实践证明，血缘关系过近的亲属通婚，会把父母双方身体上、精神上的疾病或缺陷遗传给子女后代，严重地影响人口素质和民族的健康。我国古籍中早就有“男女同姓，其生不蕃”[9]之说，在人口稀少且较少流动的古代社会，同姓者一般都是具有一定血缘联系的。

另一方面，依法禁止一定范围的血亲结婚，也是与人类生活长期实践中形成的伦理观念相一致的。近亲结婚被认为有悖于婚姻道德。我国古籍《礼记·郊特牲》说：“取于异姓，所以附远厚别也。”《白虎通·嫁娶》也说：“不娶同姓者，重人伦，防淫佚，耻于禽兽同也。”所以，中外各民族的风俗习惯中都有关于亲属通婚的限制。禁止一定范围的姻亲结婚，更是伦理观念起作用的明显例证。

禁止直系血亲结婚是各国亲属立法的通例，其理由是不言自明的。至于旁系血亲的禁婚范围，各国的立法例颇不一致。古代的罗马法起初禁止四亲等内的旁系血亲结婚；禁婚范围曾一度扩大到六亲等内的旁系血亲，后又改为四亲等内的旁系血亲。[10] 欧洲中世纪的寺院法起初禁止七亲等内的旁系血亲结婚。1215 年以后将禁婚范围改为四亲等内的旁系血亲。[11] 当代各国亲属法中旁系血亲的禁婚范围有广狭、宽严之别，大致可以分为以下几种情形：有只禁止二亲等内旁系血亲结婚的，如德国、古巴、苏联各加盟共和国等。有禁止三亲等内旁系血亲结婚的，如日本、英国、巴西、瑞士等。有禁止四亲等内旁系血亲结婚的，如我国、美国的若干州等。除上述种种外，在一些国家中还有禁婚范围更大的立法例。需要指出的是，有些国家不是通过亲等，而是用列举亲属称谓的方法来规定旁系血亲的禁婚范围的。如《法国民法典》第 162 条规定：“旁系血亲的兄弟姊妹间，不问其为婚生或非婚生，禁止结婚。”第 163 条规定：“伯叔与侄女间，舅父与外甥女间……禁止结婚。”有些国家，在亲属法中对禁婚亲设有豁免性的规定，《法国民法典》第 164 条即为其中一例。此外，许多国家亲属法中还有禁止一定范围的姻亲结婚的规定。

总的说来，古代的禁婚范围在立法上是大于近、现代的。但是，随着科学文化的发展，人们越来越清楚地认识到近亲结婚的危害性。因此，在实际上，近、现代的近亲婚的比重是小于古代的。

从我国历史上看，亲属之间的婚姻禁例十分严格。西周时已有“同姓不婚”之

---

〔8〕《马克思恩格斯全集》第 21 卷，第 49 页，第 58 页。

〔9〕《左传·僖公二十三年》。

〔10〕此处及本书他处不另注明的，亲等均按罗马法计算。

〔11〕此处的亲等按寺院法计算。

制。《唐律·户婚》规定:“诸同姓为婚者,各徒二年;缌麻以上,以奸论。”但是,在法律适用中则对同姓作狭义的、限制性的解释,即“同宗共姓,皆不得为婚”。直至清末,《大清现行刑律》始在律文上改为同姓同宗不得结婚。按照国民党政府民法亲属编的规定,下列亲属禁止结婚:(1)直系血亲及直系姻亲。(2)旁系血亲及旁系姻亲之辈分不同者,但旁系血亲在八亲等以外,旁系姻亲在五亲等以外者,不在此限。(3)旁系血亲之辈分相同而在八亲等以内者,但表兄弟姊妹不在此限。[12]

中华人民共和国成立后,1950 年《婚姻法》第 5 条规定:“为直系血亲,或为同胞兄弟姊妹或同父异母或同母异父的兄弟姊妹者”,禁止结婚;“其他五代以内的旁系血亲间禁止结婚的问题从习惯”。按照我国绝大多数群众的习惯,凡属五代以内旁系血亲,不论辈分相同还是辈分不同,一般都不得结婚。这种习惯是科学的,对民族健康是有益的。但是也有例外,在许多地区的广大群众中,都流行着中表婚的习惯,认为表兄弟姊妹是可以结婚的。鉴于当时的实际情况,法律没有一般地禁止中表婚,而是允许这方面的问题可按习惯处理。

现行《婚姻法》第 7 条规定:“直系血亲和三代以内的旁系血亲”禁止结婚。同古今中外关于禁婚亲的立法例相比较,上述禁婚范围是宽严适中的,也是符合我国国情的。关于禁止直系血亲结婚的规定,同样适用于拟制的直系血亲。关于禁止三代以内旁系血亲结婚的规定,是对 1950 年《婚姻法》的一项重要修改。按照我国《婚姻法》中的世代计算法,出自同一祖父母、外祖父母的血亲,除直系血亲外,都是三代以内的旁系血亲,现将列入这一范围的禁婚亲的称谓列举如下:

1. 兄弟姊妹。包括同父同母的全血缘的兄弟姐妹,以及同父异母或同母异父的半血缘的兄弟姊妹。

2. 伯、叔、姑与侄、侄女,舅、姨与甥、甥女。

3. 堂兄弟姊妹、表兄弟姊妹。

应当指出,禁止三代以内的旁系血亲结婚,就其实际针对性而言主要是禁止中表婚,即表兄弟姊妹间的婚姻。中表婚是一种异姓近亲的结合;这种婚俗在我国历史上长期流行,绝不是偶然的,其原因可以从广泛存在的农业小生产经济以及与此相适应的聚族而居、安土重迁的生活环境中,得到合理的解释。同宗不婚,亲上加亲等宗法伦理观念,对此也有重要的影响。基于上述原因,在人口流动水平极端低下,通婚圈十分狭小的条件下,以异姓近亲为对象的择偶取向是很容易发生的。因此,破除这种落后的婚俗是大不易的。例如,明、清两代都曾一度禁止中表婚,甚至

〔12〕 经 1985 年修正后,改为“六亲等及八亲等的表兄弟姊妹不在此限”。四亲等的表兄弟姊妹,被列入禁婚亲的范围。

有“若取己之姑舅两姨姊妹者，杖八十”的规定；但后来终于因“习俗已久，莫能更易”而解禁。其实，中表婚和其他近亲婚一样，男女双方很容易具有相同的病态基因，会通过遗传造成种种不利的后果。现行《婚姻法》对中表婚的禁止，是我国婚姻习俗的一大改革，对提高人口素质，保护民族健康具有十分重要的意义。

（三）禁止结婚的疾病

法律禁止特定疾病的患者结婚，是保护结婚当事人的利益和社会利益的需要，也是许多国家亲属法的通例。一般说来，患有精神病等足以丧失婚姻行为能力的疾病以及患有足以严重危害对方和子女后代的传染性的或遗传性的疾病都是应当禁止结婚的。关于疾病的种类，许多国家在立法上均有具体规定。例如，《瑞士民法典》规定：“结婚时配偶一方为精神病或因继续的原因无判断能力者，其婚姻为无效。”该条从婚姻无效的原因的角度，明确指出上述疾病是法定的婚姻障碍。《俄罗斯联邦婚姻和家庭法典》规定：“双方中即使仅有一方因患精神病或痴呆症经法院宣告为无行为能力的人”，禁止结婚。《奥地利民法》第48条规定：“发狂人、疯癫人、白痴，不能有效缔结婚姻。”

我国古代户婚律中并无关于禁止结婚的疾病的规定，仅以恶疾为妇人“七出”之一。在国民党政府民法亲属编中，婚约当事人之一方有重大不治之症者，有花柳病或有其他恶疾者，是他方解除婚约的法定理由；结婚当事人之一方于结婚时不能人道而不能治者，以及于结婚时系在无意识或精神错乱者，均为婚姻得撤销的原因。

禁止特定的疾病患者结婚是新中国婚姻立法的长期传统。早在解放前的革命根据地时，在立法上对此已有规定。例如，1931年的《中华苏维埃共和国婚姻条例》规定，禁止花柳病、麻风、神经病等疾病患者结婚。1943年的《晋察冀边区婚姻条例》规定，有神经病、花柳病或其他恶疾者不得结婚。1950年的《中华人民共和国婚姻法》第5条规定：“患花柳病或精神失常未经治愈，患麻风或其他在医学上认为不应当结婚之疾病者”禁止结婚。

现行《婚姻法》第7条将禁止结婚的疾病概括为“医学上认为不应当结婚的疾病”。与修正前的《婚姻法》相对照，本条中删去了“患麻风病未经治愈”禁止结婚的例示性规定。这是因为，我国的麻风病防治工作已经取得了巨大的成绩，在法条中已无将其单独予以明示的必要。因此，将原来的例示性和概括性相结合的规定，改为纯粹概括性规定。但是，未经治愈的麻风病仍属于医学上认为不应当结婚的疾病；不要因法条中的文字变更而产生患麻风病未经治愈也可结婚的误解。

至于哪些疾病是医学上认为不应当结婚的疾病，在认定时必须有充分的依据，在必要时应当进行专门的鉴定。既要防止患有不应结婚的疾病者结婚，又不能损害公民在婚姻问题上的合法权益。

需要附带说明的是,我国1950年《婚姻法》中曾经规定:"有生理缺陷不能发生性行为者"禁止结婚。现行《婚姻法》中则无此规定。我们认为,这方面的一些具体问题应当分别情况,实事求是地妥善处理。基于婚姻的性质和特征,一般说来,有生理缺陷不能为性行为的,自以不准结婚为宜。在通常情况下,对方也不会同意与无性行为能力者结婚。但是,实际生活中也会遇到一些例外情况。有时双方均有上述缺陷;有时一方虽然无此缺陷,由于本人年老、疾病等原因,在明知对方有此缺陷的情况下仍然同意与其结婚;当事人结婚的目的,主要是为了在婚后互相帮助、互相照顾。这些情况虽然并不多见,但是,这种要求对当事人和社会并无危害,我们认为,酌情准予结婚是并无不可的。在不少国家的亲属立法中,也没有一般地将性生理缺陷作为结婚的禁止条件。按照美国《统一结婚和离婚法》第208条的规定,仅以一方无性交能力,而另一方在举行结婚仪式时尚不了解该情形的,作为婚姻无效的原因。当然,在处理双方或一方为无性行为能力者的结婚问题时,婚姻登记管理机关一定要讲明利害,要求当事人慎重考虑,以免日后发生纠纷。如果一方在婚后才发现原为本人所不知的上述性生理缺陷,另一方要求解除婚姻关系时,应按离婚程序处理。

关于结婚条件问题,外国法中还有一些为我国现行法所无的其他立法例,如未成年人结婚须得其法定代理人同意;禁止因奸受刑之宣告者、因奸判决离婚者与相奸者结婚;禁止离婚或丧偶的女子在法定的待婚期内结婚(关于待婚期间,有6个月、300日、10个月、1年等不同规定);禁止监护人与被监护人结婚;等等。

第四节 结婚程序

一、结婚程序的意义和我国的结婚登记制度

(一)结婚程序的意义和类型

结婚程序亦称婚姻成立的形式要件。当事人的结婚行为,必须符合法律规定或认可的方式。结婚程序的重要意义在于,符合结婚条件的当事人,只意味着具有结婚的可能性,只有履行结婚程序,才使这种可能性转化为现实性,当事人间的婚姻才为国家所承认,法律所保护。

综观当代各国有关结婚程序的立法例,可将结婚方式分为登记制、仪式制和登记与仪式结合制三种主要类型。

登记制是一种单一的法律婚制。它要求当事人到国家的有关部门依法办理结

婚登记,准予登记后,婚姻即告成立。登记制简便易行,有利于国家对婚姻的成立进行管理和监督,同时也具有无可置疑的公示性;因此被越来越多的国家所采用。例如,日本、苏联各加盟共和国、保加利亚、古巴、墨西哥等国,均采用登记制。《俄罗斯联邦婚姻和家庭法典》规定:"结婚须在国家户籍机关登记。""要求结婚的当事人应向国家户籍机关提出申请,并在一个月后办理结婚手续。""只有在国家户籍机关登记的婚姻,才产生夫妻的权利和义务。"《日本民法典》第739条规定:"婚姻依户籍法的规定为申报后,即生其效力。""申报须由当事人双方及二人以上的成年证人以口头或署名的书面形式为之。"所谓结婚申报,实际上是一种依行政程序办理的结婚登记。

仪式制要求结婚须举行一定的仪式,以便取得社会的承认。仪式完成后,婚姻即告成立。采用仪式婚制的国家和地区很多,如法国、德国、瑞士、秘鲁及美国的若干州等。结婚的仪式又可分为宗教仪式、世俗仪式和法定仪式等。1930年公布的国民党政府民法亲属编规定:"结婚应有公开之仪式及二人以上之证人。"[13]德国婚姻法规定:"只有在婚姻登记官员面前举行结婚仪式后,婚姻才开始生效。"

登记与仪式结合制要求结婚既须登记,又须举行一定仪式,两者缺一不可。罗马尼亚、匈牙利、南斯拉夫等国的亲属法(名称不尽相同)和美国《统一结婚和离婚法》均采用此制。美国《统一结婚和离婚法》第201条规定:"按照本法的规定获得批准,举行仪式并进行登记的男女之间的婚姻,在本州具有法律效力。"

(二)我国的结婚登记制度

在我国历史上,从封建王朝直到北洋军阀和国民党政府,都没有以结婚登记作为婚姻成立的形式要件,只有在太平天国革命时期,部分地区作过结婚登记的尝试。[14] 新中国的亲属法,则是自解放前的革命根据地时期起,便实行结婚登记制度的。1931年的《中华苏维埃共和国婚姻条例》,1934年的《中华苏维埃共和国婚姻法》,抗日战争和解放战争时期的地区性的婚姻条例,以及1950年《婚姻法》和现行《婚姻法》中,均有结婚须依法办理登记的规定。

现行《婚姻法》第8条规定:"要求结婚的男女双方必须亲自到婚姻登记机关进行结婚登记。符合本法规定的,予以登记,发给结婚证。取得结婚证,即确立夫妻关系。未办理结婚登记的,应当补办登记。"

我国的婚姻登记包括结婚登记、离婚登记和复婚登记。其中,结婚登记是数量最多、影响最大的一项经常性的工作。我国原内务部和民政部,曾先后颁行三个

---

〔13〕 经1985年修正后,增补了"经依户籍法为结婚登记者,推定其已结婚"的规定。

〔14〕 按照太平天国管领的某些地区政权的规定,结婚须经登记,领取"合挥"。

《婚姻登记办法》;1994 年 2 月 1 日,民政部颁行了《婚姻登记管理条例》;现行的《婚姻登记条例》,是自 2003 年 10 月 1 日起施行的。男女双方自愿结婚仍须依法办理登记,这是国家对公民的婚姻问题关心和负责的具体表现,是对婚姻的成立进行管理和监督的有效手段。

实行结婚登记制度是坚持法定的结婚条件的需要。这一制度有利于保障婚姻自由,防止包办、买卖婚姻和其他干涉婚姻自由的行为;有利于保障一夫一妻制,防止重婚;有利于保障男女双方和子女后代的健康,防止早婚、近亲婚以及依法禁止的疾病婚。通过结婚登记对当事人的结婚条件进行严格审查,是既符合当事人的利益,又符合社会公共利益的。实行结婚登记制度,对维护我国的婚姻制度,避免违法婚姻的发生,预防和减少婚姻纠纷都具有重要的意义。通过结婚登记,还可以大力开展婚姻问题上的法制宣传和道德教育,破除婚姻问题上残存的旧传统和旧思想,促进婚姻领域的精神文明建设。因此,结婚登记绝不是一种可有可无的例行手续,而是一项极为严肃郑重的法律制度。那种在结婚时重仪式,轻登记的看法,是完全错误的。在我国,只有依法办理结婚登记,婚姻才具有法律效力;是否举行结婚仪式,悉听当事人自便。

二、结婚登记的机关和具体程序

(一)办理结婚登记的机关

按照现行的《婚姻登记条例》第 2 条的规定,内地居民办理婚姻登记(含结婚登记)的机关,是县级人民政府民政部门或者乡(镇)人民政府;省、自治区、直辖市人民政府可以按照便民原则确定农村居民办理婚姻登记的具体机关。在确定登记机关的管辖范围时,应以当事人的户籍为依据。

(二)结婚登记的具体程序

结婚登记的全部程序,大致可以分为申请、审查、登记三个相互联系的具体环节。

1. 申请

内地居民结婚,男女双方应当共同到一方当事人常住户口所在地的婚姻登记机关办理结婚登记。申请结婚登记时,当事人应当出具下列证件和证明材料:①本人的户口簿、身份证;②本人无配偶以及与对方当事人没有直系血亲或三代以内旁系血亲关系的签字声明。

需要说明的是,1994 年的《婚姻登记管理条例》第 9 条曾规定,"在实行婚前健康检查的地方,申请结婚登记的当事人,必须到指定的医疗保健机构进行婚前健康检查,向婚姻登记管理机关提交婚前健康检查证明。"现行的《婚姻登记条例》中则无此要求。但是,这并不是对婚前健康检查制度的否定。《中华人民共和国母婴保健法》对婚前保健设有专章,在第12条中明确规定,“男女双方在结婚登记时,应当持有婚前医学检查证明或者医学鉴定证明。”推行婚前健康检查即婚前医学检查制度,对贯彻执行《婚姻法》有关禁止患医学上认为不应当结婚的疾病者结婚的规定,具有很重要的作用。

结婚申请须采用书面形式,即由当事人填写结婚登记申请书,如果当事人不会填写,可由婚姻登记员代为填写。

2. 审查

审查是结婚登记程序的中心环节。婚姻登记管理机关应当全面查明当事人的有关情况,依法认定当事人是否符合结婚条件。申请中有不清之处时,应向当事人补充询问,必要时得进行调查了解,要求当事人或有关单位提供证明材料,或指定项目要求当事人进行医学上的鉴定。审查必须认真、细致,依法办事,不得草率或拖延。

3. 登记

婚姻登记机关对当事人的结婚申请进行审查后,对符合结婚条件的应当场予以登记,发给结婚证;对离过婚的,应当注销其离婚证件。

申请结婚的当事人一方或者双方有下列情形之一的,婚姻登记机关不予登记:①未达法定婚龄的;②非双方自愿的;③已有配偶的;④属于直系血亲或者三代以内旁系血亲的;⑤患有医学上认为不应当结婚的疾病的。依法不予登记的,应向当事人说明理由。当事人不服不予登记的决定,可以依照行政复议条例的规定申请复议;对复议决定不服的,可以依照行政诉讼法的规定提起诉讼。

我国《婚姻法》第35条规定:“离婚后,男女双方自愿恢复夫妻关系的,必须到婚姻登记机关进行复婚登记。”复婚登记适用有关结婚登记的程序。

附:登记结婚后一方成为对方家庭成员的问题

我国《婚姻法》第9条规定:“登记结婚后,根据男女双方约定,女方可以成为男方家庭的成员,男方可以成为女方家庭的成员。”1950年《婚姻法》中无此内容,它是现行《婚姻法》根据实践经验和新的情况所作的重要补充。法条中虽然是男女并提,但就其立法精神而言,则主要是提倡男方成为女方家庭的成员,即俗称男到女家落户的婚姻,为这种新型的婚姻形式提供有效的法律保障。

从我国历史上来看,在一切以男子为中心的宗法家族制度下,结婚历来是男娶女嫁,妻从夫居的;出嫁女须归附于夫家,成为男方宗族的成员。虽然也有极少数的男子入赘女家,但赘夫在家庭中和社会上备受歧视。入赘婚被认为是嫁娶的反常形式,男女双方在婚姻中的地位相互置换,对赘夫的歧视,实际上是男尊女卑、夫主妻从的宗法伦理观念的另一种表现。1930年公布的国民党政府民法亲属编中,仍有“赘夫以其本姓冠以妻姓”,“赘夫以妻之住所为住所”的规定。

提倡男方成为女方家庭成员的婚姻,符合男女平等的原则,有利于破除以男性为中心的宗法观念,有利于消除有女无儿户的思想顾虑和实际困难,有利于发扬生儿生女都一样的生育新风,促进计划生育工作的开展。登记结婚后,是女方成为男方家庭的成员,还是男方成为女方家庭的成员,应由当事人自行选择。只要双方自愿作出男方成为女方家庭成员的约定,任何人都不得加以干涉。在这个问题上,一定要将男方成为女方家庭成员的婚姻和旧式的入赘婚加以区别,妥善地保护男方在女方家庭中依法应享的权益。至于因男方成为女方家庭成员而引起的户籍变更问题,应按国家有关户籍管理的规定办理。

需要说明的是,法律中的规定是男方或女方都可以成为对方家庭的成员,并非必须成为对方家庭的成员。双方登记结婚后,也可以不加入任何一方的原有家庭,另行成立新的家庭。只有这样解释,才符合《婚姻法》第9条的本意。

三、事实婚姻和补办结婚登记

(一)事实婚姻及其与同居关系的区别

事实婚姻是法律婚姻的对称,我国最高人民法院曾在《关于贯彻执行民事政策法律的意见》(1979年2月2日)中指出:“事实婚姻是指没有配偶的男女,未进行结婚登记,以夫妻关系同居生活,群众也认为是夫妻关系的。”按此解释,事实婚姻的主体仅限于无配偶的男女,双方以夫妻名义同居生活具有一定的公示性,与不以夫妻名义的非婚同居有着严格的区别。

当代许多国家都有事实婚姻和法律婚姻并存的现象。综观各国法律对事实婚姻的态度,有采取不承认主义的,有采取承认主义的;也有采取相对承认主义的,即符合某些法定条件的事实婚姻始具有婚姻的效力。

在一个相当长的时期内,我国在司法实践中并没有一般地否认事实婚姻的效力,而是分别情况,区别对待,有条件地承认事实婚姻的。根据最高人民法院历次的有关司法解释,事实婚姻的法律对策在不同时期中是有发展、变化的。这方面的司法解释,主要是从处理婚姻纠纷特别是离婚纠纷的角度制定的。

最高人民法院《关于贯彻执行民事政策法律的意见》(1979年2月2日)指出:审理这类案件,要坚持结婚必须登记的规定,不登记是不合法的,应对当事人进行批评教育。处理具体案件要根据党的政策和婚姻法的有关规定,从实际情况出发,实事求是地解决。双方或一方不满婚姻法结婚年龄的事实婚姻纠纷,如未生育子女，在做好工作的基础上，应解除其非法同居关系，如有已生育子女等特殊情况，应根据婚姻法的有关规范，对于女方及子女利益给予照顾。双方已满婚姻法结婚年龄的事实婚姻纠纷，应按一般的婚姻案件处理。

最高人民法院《关于贯彻执行民事政策法律若干问题的意见》（1984 年 8 月 30 日）指出：没有配偶的男女，未按婚姻法规定办理结婚登记手续，即以夫妻名义同居生活，是违法的。处理这类纠纷，应对双方当事人进行严肃的批评教育，指出其行为的违法性和危害性，促使当事人增强法制观念。对起诉时双方都已达到婚姻法规定的婚龄和符合结婚的其他条件的，可按婚姻法第 25 条（指修正前的第 25 条）规定的精神处理，如经过调解和好或撤诉的，双方应到有关部门补办结婚登记手续；起诉时双方或一方仍未达到法定婚龄或不符合结婚的其他条件的，应解除其同居关系。所生子女的抚养和财产的分割问题，按婚姻法的有关规定处理。

按照最高人民法院《关于人民法院审理未办结婚登记而以夫妻名义同居生活案件的若干意见》（1989 年 11 月 21 日，以下简称《若干意见》），在一定时期内仍然有条件地承认事实婚姻，但条件比过去更加严格。《若干意见》指出：1986 年 3 月 15 日《婚姻登记办法》施行以前，未办结婚登记手续即以夫妻名义同居生活，群众也认为是夫妻关系的，一方向人民法院起诉‘离婚’，如起诉时双方均符合结婚的法定条件，可认定为事实婚姻关系；如起诉时一方或双方不符合结婚的法定条件，应认定为非法同居关系。1986 年 3 月 15 日《婚姻登记办法》施行以后，未办结婚登记手续即以夫妻名义同居生活，群众也认为是夫妻关系的，一方向人民法院起诉‘离婚’，如同居时双方均符合结婚的法定条件，可认定为事实婚姻关系；如同居时一方或双方不符合结婚的法定条件，应认定为非法同居关系。《若干意见》还指出：自民政部新的婚姻登记管理条例施行之日起，未办结婚登记即以夫妻名义同居生活，按非法同居关系对待。民政部的《婚姻登记管理条例》于 1994 年 2 月 1 日施行后，对事实婚姻实现了从有条件地承认到不承认的转变。

（二）补办结婚登记及其效力

按照许多国家的立法例，欠缺婚姻成立的形式要件均为婚姻无效的原因，我国《婚姻法》经修正后虽然增设了有关无效婚姻的规定，但并没有将未办结婚登记列入婚姻无效的原因，而是作了应当补办结婚登记的规定。对此，不应理解为未办结婚登记即以夫妻名义同居生活也是合法有效的婚姻。《婚姻法》第 8 条明确规定，办理结婚登记，取得结婚证，即确立夫妻关系。反之，如果未办理结婚登记，未取得结婚证，当然不能确立夫妻关系，这是从该条规定中必然会得出的合乎逻辑的结论。在我国，宣告婚姻无效和撤销仅限于已办理结婚登记的情形。在法理上，可将未办理结婚登记视为婚姻不成立，根本谈不到什么有效、无效以及是否应予撤销的问题。

未办结婚登记即以夫妻名义同居生活的,应当补办结婚登记;否则不具有婚姻的效力,解除关系时也不能依离婚程序处理(按照过去的规定已具有婚姻效力的事实婚姻除外)。最高人民法院在《关于适用〈中华人民共和国婚姻法〉若干问题的解释(一)》[以下简称《婚姻法》司法解释(一)]中指出:未按《婚姻法》第8条规定办理结婚登记而以夫妻名义共同生活的男女,起诉到人民法院要求离婚的,应当区别对待:(一)1994年2月1日民政部《婚姻登记管理条例》公布实施以前,男女双方已经符合结婚实质要件的,按事实婚姻处理。(二)1994年2月1日民政部《婚姻登记管理条例》公布实施以后,男女双方符合结婚实质要件的,人民法院应当告知其在案件受理前补办结婚登记;未补办结婚登记的,按解除同居关系处理。

至于补办结婚登记是否具有溯及既往的效力,《婚姻法》在第8条中未作明示。就法理而言,既曰补办,当然认其有追溯力,否则何必以补办相称。最高人民法院在上述司法解释中指出:男女双方根据《婚姻法》第8条规定补办结婚登记的,婚姻关系的效力从双方均符合《婚姻法》所规定的结婚的实质要件时起算。

第五节　无效婚姻和可撤销婚姻

一、有关无效婚姻和可撤销婚姻的立法例

合法性是婚姻的本质特征。符合婚姻成立的要件的结合,始被法律赋予婚姻的效力,发生夫妻间的权利和义务。关于欠缺婚姻成立要件的违法结合,应依法认其无效,或依法予以撤销。有关无效婚和撤销婚的制度,是结婚法的必要组成部分。我国《婚姻法》经2001年修正后,增设了有关无效婚姻和可撤销婚姻的规定,适用这些规定有利于坚持结婚的条件和程序,保障婚姻的合法成立;有利于预防和减少婚姻纠纷,保护公民的婚姻权益;从而使我国的结婚制度较前更为完善。我国的无效婚和撤销婚制度具有自身的特点。了解一些有关的立法例,对我们研究这些制度是不无裨益的。

在亲属法史和比较亲属法的领域里,无效婚姻和可撤销婚姻是相当复杂的问题。有关这方面的规定,因不同的时代和国家而异。

从历史上来看,以欠缺婚姻成立要件的结合为无效,是古已有之的。例如,古巴比伦王国的《汉谟拉比法典》将事先未订婚约的结合,视为无效婚姻。对违反结婚的必备条件和婚姻禁例的,罗马市民法不认其为正式婚姻。依照传统的亲属法学中比较公认的见解,婚姻无效制度滥觞于欧洲中世纪寺院法全盛的时代。那时,基督教本诸教义奉行禁止离婚主义,对于无法共同生活的男女双方,只能基于一定

理由，经教会当局宣告其婚姻无效。从一定意义上来说，婚姻无效制度和别居制度一样，是作为禁止离婚的救济手段而得到重视和应用的。

对于欠缺婚姻成立要件的违法结合，近、现代各国在法律上均有不同的对策，往往具有基于历史传统而形成的自身特点。例如，1804年的《法国民法典》继受了罗马法的有关规定，其中亦有确认婚姻无效的制度。法国法将无效婚姻分为两种，即绝对无效婚姻和相对无效婚姻。前者多为违反公益要件，当事人、利害关系人和检察官均得请求确认婚姻无效。后者多为违反私益要件，只有当事人和其他有请求权的特定人始得请求确认婚姻无效。1896年的德国民法典，在亲属编中兼采无效婚和撤销婚两种制度；无效和撤销，各以不同的法定原因为依据。此后，瑞士、日本、英国和美国的部分州等，都相继规定了婚姻无效和撤销制度。其实，德国法中的无效婚大致相当于法国法中的绝对无效婚；德国法中的撤销婚大致相当于法国法中的相对无效婚。

当代有些国家在亲属法中仅采无效婚制，不采撤销婚制，将欠缺婚姻成立要件的违法结合统称为无效婚姻，没有什么绝对无效和相对无效之别。采用此制的国家，有苏联的各加盟共和国、古巴、秘鲁、罗马尼亚、保加利亚、原南斯拉夫等。在美国的《统一结婚和离婚法》中，采用的也是单一的无效婚制。应当指出的是，有些学者仅从名词概念出发，将法国也划入采用单一的无效婚制的国家之列；我们认为这是需要商榷的；其实，法国的规定同兼采无效婚制和撤销婚制的立法例有许多共同之处，在这个问题上不能因名而废实。

在兼采无效婚制和撤销婚制的国家中，根据有关的立法例和一些法学著作的主张，无效婚姻和得撤销婚姻在概念、原因、认定的程序、时间效力和法律后果等方面都是有区别的。

何者为无效婚姻？何者为可撤销婚姻？这只能依各国亲属法的具体规定而定。某些要件的欠缺导致婚姻无效，这些欠缺被称为无效原因；某些要件的欠缺仅得经有撤销权人的请求，依法予以撤销，这些欠缺被称为撤销的原因。由于各国有不同的立法例，在客观上很难有统一的尺度作为标准。某一要件的欠缺，在此国法律中为无效原因，在彼国法律中则为撤销的原因，这种情况在一些国家的规定中是很常见的。例如，关于重婚和近亲间违法结婚，瑞士民法以其为无效原因，日本民法则以其为撤销原因。

从认定的程序来看，有些国家的法律对无效婚姻采取当然无效制，如日本民法等。在具有法定的无效原因时，无须提出诉讼或经法院宣告，当事人自行主张即可使婚姻归于无效。但是许多国家的法律则采取宣告无效制，如德国、法国、瑞士、墨西哥等。即使具有法定的无效原因，亦须经诉讼程序由法院宣告婚姻无效。至于可撤销婚姻,则是须依有撤销权人的请求,由法院以判决确定其撤销的。

从时间上来看,在一般情形下,婚姻的无效是溯及既往的;无效婚姻自始无效,从当事人违法结合之时起便不具有婚姻的法律效力。婚姻的撤销则不溯及既往,只是从撤销之时起废止该婚姻的效力。但是,在有些国家的立法例中,无效婚只有部分的追溯力或者并无追溯力。前者以无效婚姻当事人的善意或恶意作为确定有无追溯力的依据;后者则是从法院宣告时起婚姻始为无效的。

综观有关无效婚和可撤销婚的立法例,我们可以看到这样一种发展趋势,即两者相互联系、相互渗透,在某些方面越来越接近。当代的无效婚制已出现多种新的形式,某些国家的无效婚在认定程序和效力等方面与可撤销婚已无实质上的重要区别。

从我国历史上来看,古代的礼和法也是否定违法结合的婚姻效力的。有人说中国历代封建王朝均无确认婚姻无效的规定,这可能是一种误解。就礼制而言:"六礼皆备谓之聘,六礼不备谓之奔";违反封建伦常、封建秩序的结合,均被视为非礼而不予承认。就法制而言,历代的户婚律为了维护封建主义婚姻制度,不仅否定违法结合的婚姻效力,而且还要对有责者处以刑罚。《唐律·户婚》中的为婚女家妄冒、有妻更娶、居父母丧嫁娶、同姓为婚、夫丧守志、奴娶良人为妻等条的规定,都是十分明显的例证。只是不像近、现代的亲属法那样,对确认婚姻无效和离婚在用语上有严格的区别。但是,对于违法婚姻的处理,不论在方法上和后果上,都是与"出妻"、"义绝"、"和离"、呈诉离婚迥然不同的。其实,欧洲中世纪某些经宗教当局确认为无效的婚姻,也曾被称为教皇特许的离婚。在这个问题上,只能按照律文的本意来解释,不应在用语上苛求于古人。

到了半殖民地半封建社会,国民党政府的民法亲属编中设有婚姻无效和撤销制度,其中的许多规定,都是以大陆法系国家,特别是以德国、日本亲属法中的相应制度为蓝本的。

二、无效婚姻

(一)婚姻无效的原因

与某些外国立法例不同,我国《婚姻法》仅以欠缺婚姻成立的实质要件为婚姻无效的原因;但是,因胁迫而结婚则是作为撤销原因的。《婚姻法》第10条规定:"有下列情形之一的,婚姻无效,(一)重婚的;(二)有禁止结婚的亲属关系的;(三)婚前患有医学上认为不应当结婚的疾病,婚后尚未治愈的;(四)未到法定婚龄的。"至于欠缺婚姻成立的形式要件,即未办理结婚登记;则不是按照无效婚姻处理,而是按照其他规定处理的(参见本章第四节第三题)。

对于无效婚姻的认定,必须以无效原因的现实存在为客观依据,当事人在结合时虽属违法,具有婚姻无效的原因,但是,在婚姻无效的原因消失后,不得再宣告该婚姻无效。这种情形,在传统的亲属法学中被称为无效的原因已被治愈。最高人民法院《婚姻法》司法解释(一)中指出:"当事人依据《婚姻法》第10条规定向人民法院申请宣告婚姻无效的,申请时,法定的无效婚姻情形已经消失的,人民法院不予支持。"例如,男女双方结合时,双方或一方未达法定婚龄,随着时间的推移双方均已到达法定婚龄;双方结合时,一方或双方患有禁止结婚的疾病,后来已经治愈;双方结合时有禁止结婚的拟制血亲关系,后来因拟制关系的依法解除不再是禁婚亲等;在这些情况下,再去宣告其婚姻无效完全是多此一举。承认其婚姻效力,有利于稳定婚姻关系,保护当事人的婚姻权益。

(二)宣告婚姻无效的程序

《婚姻法》对宣告婚姻无效的法律程序未作明示。按照我国的实际情况和有关的司法解释,我国采用的是宣告无效制,而不是当然无效制。

婚姻无效应经司法机关依诉讼程序宣告,这是采用宣告无效制的国家的立法通例。《婚姻法》修正后,我国各地人民法院已受理、审结了一定数量的请求宣告婚姻无效的案件。在程序上,应当注意以下几个问题:

第一,对请求宣告婚姻无效的诉讼,有关婚姻效力的争议应以判决的方式结案,而不应以调解的方式结案。法律有关婚姻无效的规定是强行性规范,婚姻有无效力只能根据客观事实依法认定,并不取决于当事人的意愿。承认还是否认婚姻的效力,并不是当事人可以自由处分的权利。最高人民法院《婚姻法》司法解释(一)指出:"人民法院审理宣告婚姻无效案件,对婚姻效力的审理不适用调解,应当依法作出判决;有关婚姻效力的判决一经作出,即发生法律效力。"

第二,审理宣告婚姻无效案件时,不得因无效婚姻当事人双方对婚姻效力并无争议而不追究。在利害关系人提出请求宣告婚姻无效的诉讼时,上述当事人双方同处于被申请人的地位。

最高人民法院《关于适用〈中华人民共和国婚姻法〉若干问题的解释(二)》[以下简称《婚姻法》司法解释(二)]指出:"人民法院受理申请宣告婚姻无效案件后,经审查确属无效婚姻的,应当依法作出宣告婚姻无效的判决。原告申请撤诉的,不予准许。""利害关系人依据《婚姻法》第十条的规定,申请人民法院宣告婚姻无效的,利害关系人为申请人,婚姻关系当事人双方为被申请人。夫妻一方死亡的,生存一方为被申请人。夫妻双方均已死亡的。不列被申请人。"

第三,宣告婚姻无效时,应同时对子女和财产等问题作出妥善处理。与婚姻效力的问题不同,子女和财产等问题的处理,既可采用调解的方式,也可采用判决的方式。最高人民法院在上述司法解释中指出;人民法审理宣告婚姻无效案件,"涉及财产分割和子女抚养的,可以调解。调解达成协议的,另行制作调解书。对财产分割和子女扶养问题的判决不服的,当事人可以上诉。”

最高人民法院还在《婚姻法》司法解释(二)中进一步指出:人民法院审理无效婚姻案件,涉及财产分割和子女抚养的,应当对婚姻效力的认定和其他纠纷的处理分别制作裁判文书。

需要说明的是,1994 年的《婚姻登记管理条例》第 25 条曾规定,申请婚姻登记的当事人弄虚作假,骗取婚姻登记的,婚姻登记管理机关应当撤销婚姻登记,对结婚、复婚的当事人宣布其婚姻关系无效并收回结婚证……现行的《婚姻登记条例》中已无此规定。

第四,应当将无效婚姻案件与离婚案件加以区别。最高人民法院在《婚姻法》司法解释(二)中指出:“人民法院受理离婚案件后,经审查确属无效婚姻的,应当将婚姻无效的情形告知当事人,并依法作出宣告婚姻无效的判决。”“人民法院就同一婚姻关系分别受理了离婚和申请宣告婚姻无效案件的,对于离婚案件的审理,应当待申请宣告婚姻无效案件作出判决后进行。”“……婚姻关系被宣告无效后,涉及财产分割和子女抚养的,应当继续审理。”离婚以婚姻的存在为前提,无效婚姻的当事人是无婚可离的。

(三)婚姻无效的请求权

就法理而言,有权请求宣告婚姻无效的,应为婚姻当事人和利害关系人。以利害关系人为请求权主体,其范围应当适度,失之过窄不利于防治违法婚姻,失之过宽不利于婚姻的稳定。确定利害关系人的范围时,还应考虑到不同的无效原因。

最高人民法院《婚姻法》司法解释(一)指出:“有权根据《婚姻法》第 10 条规定向人民法院就已办理结婚登记的婚姻申请宣告婚姻无效的主体,包括婚姻当事人及利害关系人。利害关系人包括:(一)以重婚为由申请宣告婚姻无效的,为当事人的近亲属及基层组织。(二)以未到法定婚龄为由申请宣告婚姻无效的,为未达法定婚龄者的近亲属。(三)以有禁止结婚的亲属关系为由申请宣告婚姻无效的,为当事人的近亲属。(四)以婚前患有医学上认为不应当结婚的疾病,婚后尚未治愈为由申请宣告婚姻无效的,为与患病者共同生活的近亲属。”

有的学者认为,上述基层组织除居民委员会、村民委员会外,在当事人未达法定婚龄的情形下,应包括基层计划生育管理机关;在当事人患有禁止结婚的疾病的情形下,应包括基层卫生管理机关。就法理而言,在重婚罪依公诉程序追究时,检察机关实际上也在行使婚姻无效的请求权;追究重婚罪是以重婚不具有婚姻的法律效力为前提的。

请求权应于婚姻无效的原因消失前行使。最高人民法院在《婚姻法》司法解释(二)中指出:夫妻一方或者双方死亡后一年内,生存一方或者利害关系人依据《婚姻法》第10条的规定申请宣告婚姻无效的,人民法院应当受理。

最高人民法院在《关于适用〈中华人民共和国婚姻法〉若干问题的解释(三)》[以下简称《婚姻法》司法解释(三)]中还指出:当事人以婚姻法第10条规定以外的情形申请宣告婚姻无效的,人民法院应当判决驳回当事人的申请。婚姻无效的原因是由法律严格限定的,在适用中不应该作扩大的解释。

三、可撤销婚姻

(一)婚姻撤销的原因

《婚姻法》第11条规定:"因胁迫而结婚的,受胁迫的一方可以向婚姻登记机关或人民法院请求撤销该婚姻。受胁迫的一方撤销婚姻的请求,应当自结婚登记之日起一年内提出。被非法限制人身自由的当事人请求撤销婚姻的,应当自恢复人身自由之日起一年内提出。"

按照有关的司法解释,本条所称的胁迫,"是指行为人以给另一方当事人或者其近亲属的生命、身体健康、名誉、财产等方面造成损害为要挟,迫使另一方当事人违背真实意愿结婚的情况。"[15]因受胁迫而结婚,双方当事人之间缺乏有效的结婚合意,违反《婚姻法》第5条有关结婚必须男女双方完全自愿的规定,受胁迫方可依法请求撤销该婚姻。

笔者认为,现行法仅以受胁迫而结婚为婚姻撤销的原因,未免失之过窄;因受欺诈而结婚等意思表示的重大瑕疵,似亦可作为婚姻撤销的原因。此外,在现实生活中,胁迫婚姻不仅限于一方对另一方的胁迫,也有双方均受胁迫的情形。某些包办婚姻的双方当事人,各自都是受第三人的胁迫而成婚的,在这种情形下,我们认为双方均可依法请求撤销该婚姻。

(二)婚姻撤销的程序

按照《婚姻法》的规定,受胁迫方既可依行政程序向婚姻登记机关提出撤销婚姻的申请,也可依诉讼程序向人民法院提出撤销婚姻的诉讼。《婚姻登记条例》第9条规定:因胁迫结婚的,受胁迫的当事人依据《婚姻法》第11条的规定向婚姻登记机关请求撤销其婚姻的,应当出具下列证明材料:①本人的身份证、结婚证;②能够证明受胁迫结婚的证明材料。婚姻登记机关经审查认为受胁迫结婚的情况属实且不涉及子女抚养、财产及债务问题的,应当撤销该婚姻,宣告结婚证作废。在依行政程序处理时,当事人对婚姻登记机关准予撤销或不准撤销的决定不服的,可依

---

〔15〕 最高人民法院《婚姻法》司法解释(一)。

法申请行政复议,提出行政诉讼。依行政程序还是依诉讼程序提出撤销婚姻的请求,可由受胁迫方自行选择。但是,如果涉及子女抚养、财产及债务等问题,只能经由诉讼程序处理。当事人以结婚登记程序存在瑕疵为由提起民事诉讼,主张撤销结婚登记的,应告知其可以依法申请行政复议或者提起行政诉讼。

(三)撤销婚姻的请求权

撤销婚姻的请求权专属于受胁迫方本人,除此以外任何个人或单位均无该项请求权。至于受胁迫方是否行使该项请求权,应由本人自行决定。可撤销婚姻只是可以撤销而不是必须撤销。是否行使撤销请求权,只能出于本人的意愿,这种意愿是可变的,而不是不变的。在某些情形下,结婚时虽然缺乏有效的结婚合意,但婚后双方均有保持婚姻关系的意思,他人是无权主张撤销该婚姻的。

受胁迫方行使撤销婚姻请求权的法定期限为一年,自结婚登记之日起算;在请求权人被非法限制人身自由的情形下,上述期限自恢复人身自由之日起算。以一年为期是长短适宜的,时间过短不足以保障请求权的行使,时间过长也会影响婚姻关系的稳定性。逾期不行使撤销请求权,应视为该项请求权的默示的放弃,婚姻登记机关和人民法院不再受理。

撤销婚姻请求权的行使期限,在性质上不同于民事诉讼时效。它是以一年为期的不变期限(尽管起算点有所不同),民事诉讼时效期间则是在法定情形下可变的。最高人民法院在有关司法解释中指出:“《婚姻法》第 11 条规定的‘一年’,不适用诉讼时效中止、中断或者延长的规定。”[16]

四、婚姻无效和被撤销的法律后果

依法宣告婚姻无效或予以撤销,是对违法婚姻的效力的否定。《婚姻法》第 12 条规定:“无效或被撤销的婚姻,自始无效。当事人不具有夫妻的权利和义务。同居期间所得的财产,由当事人协议处理;协议不成时,由人民法院根据照顾无过错方的原则判决。对重婚导致的婚姻无效的财产处理,不得侵害合法婚姻当事人的财产权益。当事人所生的子女,适用本法有关父母子女的规定。”

按照上述规定,无效婚姻自始无效,这是许多国家亲属立法的通例;被撤销的婚姻也自始无效,则是同其他国家的亲属法大异其趣的。有的学者认为,两者既然均为自始无效,发生相同的法律后果,不如在立法上采用单一的无效婚制。受胁迫等意思表示的重大瑕疵也可列入婚姻无效的原因;只要限定其请求权人和请求权行使的期限,便可取代目前有关可撤销婚姻的规定。

---

〔16〕 最高人民法院《婚姻法》司法解释(一)。

按照《婚姻法》的上述规定，婚姻无效和被撤销的后果可从以下两个方面加以说明。

（一）对当事人的后果

经宣告无效或被撤销的婚姻均自始无效，自违法结合之时起便不具有婚姻的法律效力。因而，当事人间不具有基于婚姻效力而发生的夫妻的权利和义务，不适用《婚姻法》中有关夫妻人身关系和财产关系的各项规定。

在人身关系方面，无效或被撤销婚姻的当事人不适用《婚姻法》第14条、第15条和第16条的规定。当事人并非配偶，一方与另一方的血亲及其配偶间不发生姻亲关系；在监护、代理、收养等问题上，不适用以配偶关系为基础法律关系的规定。

在财产关系方面，无效或被撤销婚姻的当事人不适用法定夫妻财产制，不具有相互扶养的义务和相互继承遗产的权利。关于当事人在同居期间就财产问题所作的约定，不适用于法律有关夫妻财产约定的规定。但是，只要这种约定符合民事法律行为的有效条件，便应承认其具有法律效力；即使这种约定的内容与法定夫妻财产制相同或相似，其效力也是不受影响的。

婚姻被宣告无效或被撤销后，当事人同居期间所得财产不适用离婚时分割共同财产的规定，应由当事人协议处理。协议不成时依法判决。最高人民法院在有关司法解释中指出："被宣告无效或被撤销的婚姻，当事人同居期间所得财产，按共同共有处理，但有证据证明为当事人一方所有的除外。"〔17〕人民法院在处理此类问题时，应依法照顾无过错方。这里所说的无过错方，并非指在同居期间各方面均无过错的当事人，而是指对无效婚姻、被撤销婚姻的形成并无过错的当事人。

因重婚导致婚姻无效的，在处理财产问题时应当注意保护合法婚姻当事人的财产权益。在适用法定夫妻财产制的情形下，有配偶而重婚者的工资、奖金、生产经营的收入和知识产权的收益等，依法应归夫妻双方共同所有，不得将其作为重婚关系的双方在同居期间所得的财产。例如，有配偶的重婚者以上述收入购置一套房屋供本人和与其重婚的对方同居生活，应判定该房屋的共有人是合法婚姻的双方当事人，而不是重婚关系的双方当事人。否则，便侵害了合法婚姻当事人即重婚者的配偶的财产权益。最高人民法院在有关司法解释中指出："人民法院审理重婚导致的无效婚姻案件时，涉及财产处理的，应当准许合法婚姻当事人作为有独立请求权的第三人参加诉讼。"这就从程序上对合法婚姻当事人的财产权益提供了有效的保障。

---

〔17〕　最高人民法院《婚姻法》司法解释（一）。

(二)对子女的后果

父母子女关系在性质上不同于婚姻关系。父母的婚姻无效或被撤销,以欠缺婚姻成立的法定要件为依据,父母与子女的关系则是以相互间的血缘联系为依据的。在无效或被撤销的婚姻中出生的子女,与其父母的关系不受父母的婚姻无效或被撤销的影响。

因此,《婚姻法》中有关父母子女间权利和义务的规定,同样地适用于无效或被撤销婚姻中出生的子女。在抚养、教育、保护、赡养、继承、监护、代理等问题上,这些子女与父母的法律关系,同合法婚姻中的父母子女是毫无区别的。我们认为:《婚姻法》第36条至第38条的规定,均可适用于婚姻被宣告无效或撤销后的父母子女关系,这同婚姻无效或撤销不适用离婚程序并不矛盾。不论是离婚还是终止同居关系,都要妥善处理子女不再与父母双方共同生活时的抚养归属,抚育费的负担和探望等问题。上述规定是为父母子女关系而设的,而不是为婚姻关系而设的。

第五章　夫妻关系法

第一节　概　　说

一、夫妻关系与夫妻关系法

（一）夫妻关系及其法律意义

1. 夫妻关系的概念

夫妻又称夫妇或配偶，指婚姻关系存续中的男女双方。一般意义上的夫妻关系，指发生在配偶之间的具有特定的生理、心理、伦理、经济和法律等内容的社会关系。

夫妻关系是一种特殊的人际关系，是人类社会发展到一定历史阶段的产物。

男女两性的结合作为种的繁衍即人口再生产的本源，对于人类的生存与进化具有极其重要的意义。但是，在史前社会那样一个非常漫长的时期里，这种结合还不是我们所说的夫妻关系。这是因为，从确立的过程看，相对的稳定性、共同的经济生活和双方对子女的抚育是夫妻关系的要素。固然，在男女的交游不受任何公共意志的约束的"杂乱"形态下，并没有什么夫妻的形式和观念可言；即使在"禁例"已经出现并不断演进的群婚制和对偶婚制之下，两性间的关系仍然相当松散和单纯，也不具备夫妻关系应有的表征和内涵。只是在物质资料出现较多的剩余，父系氏族内部发生了明显的分化之后，出于身份和财产继承之需，一男一女牢固的结合成为必要，而且这种结合的内容日益丰富，配偶的意识才逐渐明确，夫妻关系始告确立。这就是说，夫妻关系是与个体婚制紧密相连的，是人类历史步入"文明"时代以后普遍存在于社会之中的男女两性关系的特定形式。

从历史发展的角度看。夫妻关系有广义和狭义两种范畴。

广义的夫妻关系，既包括通行的一夫一妻制下正式的配偶关系，也包括少数男子与其媵妾之间的关系。一些男性"显贵"人物不但娶妻而且纳妾的现象在历史上屡见不鲜。如古巴比伦的《汉谟拉比法典》规定:“自由民得纳妾,并可带之进人其家”。古代两河流域的其他一些国家、古印度、欧洲中世纪初期的法兰克王国等也有类似的制度。在中国,由商周到近代,妾制源远流长,不但帝王拥有众多的嫔妃,而且官僚贵族、地主豪绅蓄纳媵妾亦成风气,造成了严重的社会问题。关于妾制,应该看到它的两个方面。一方面,妾并非出自于正式的婚姻,而是由女奴转化或是由男子“契买”而来,媵则是妻的陪嫁,所以她们处于奴隶的地位,与妻“等数相悬”,绝不能相提并论。依照中国古代的礼制,妾只相当于妻的卑幼;按照法制,如果“以妾为妻”,则被视为“颠倒冠履”,不仅须“还正”,即恢复原来的身份,而且还要依法承担刑事责任。[1] 另一方面,由于法律要求“娶妾仍立婚契”,认为“妻妾俱名为婚”,[2]所以纳妾可以看成是一种“准婚姻行为”。妾在家庭中虽然没有完全的法律人格,根本谈不到“与夫齐体”,但也不是绝对没有权利能力。如按照《汉谟拉比法典》的规定:“倘自由民意图离异曾为之生子之妾”,则该妾不但应得到“一部分田园及财产”,而且有条件地享有一定的继承权。在中国,妾与妻一样适用亲属缘坐法,在一定条件下还可以适用荫庇封赠法;[3]妾还作为特殊的亲属被纳入服制的范围,发生相应的权利义务关系,如在明清,妾的有限亲属包括夫及妻,以及夫之父母、长子、众子和己身之子;嫡子、众子须为庶母服齐衰杖期,庶子更须为生母服斩衰三年。所以,“家长”与妾的关系,实际上带有一种“准夫妻关系”的性质,可以纳入广义夫妻关系的范畴。

狭义的夫妻关系,仅指正式的配偶关系。在正式的配偶关系中,有两种特殊的历史现象:一种是部分地区存在过的“一夫多妻”制,如一些伊斯兰国家遵循《古兰经》的教义,许可一个男子娶四个以内的女子为妻,且对她们应一视同仁。另一种是极个别地区存在过的“一妻多夫”制。但是,在绝大多数地区和绝大多数人群中,尤其是在当代社会,通常的配偶是指单偶制下被法律认可的夫妻双方。我们以下所要讨论的,就是这种狭义的一夫一妻的夫妻关系。

2. 法律对夫妻关系的确认与调整

自有国家以来,对夫妻关系加以确认和调整就是法律的一项重要任务。这既取决于法律作为国家意志的体现规范各种主要社会关系的功能,也取决于夫妻关系本身的性质、地位和特征。

---

〔1〕 参见《唐律疏议·户婚》。

〔2〕 同上注。

〔3〕 依中国古代法律的规定,凡犯谋反大逆等重罪,罪犯的父子、母女、妻妾等曾负连带的刑事责任;又,五品以上官员之妾,犯非十恶之流以下罪“听以赎论”,庶子(妾生子)有五品以上官时,无嫡母时可封生母。

首先，亲属关系是人类最原始的，也是最基本的社会关系，而夫妻关系则是一切亲属关系赖以形成的基础，因此对社会产生着重大的影响，必然成为法律规范的主要对象。

中国古人从阴阳学说和“天人契合”的理论出发，认为男女的媾和与天地的交互相适应，都具有创始的意义，即如《易经》的《系辞下传》所说：“天地絪缊，万物化醇；男女构精，万物化生。”所以，夫妻关系就被视为一切人际关系和各种社会现象的起点。《序卦传》讲：“有天地然后有万物，有万物然后有男女，有男女然后有夫妇，有夫妇然后有父子，有父子然后有君臣，有君臣然后有上下，有上下然后礼仪有所措。”这段话不仅指出夫妻关系衍生出其他亲属关系，而且认为宗法礼仪和等级制度归根到底也始自于夫妇。正因为夫妻关系具有如此重要的意义，它便被纳入“三纲”的视野，成了礼制和法制关注的重点。古代外国在社会背景、风俗习惯、哲学思想等方面各有自己的特点，但与生产力发展的阶段相适应，它们的社会制度同样在很大程度上“受血族关系的支配”。不论是《摩奴法典》还是《十二铜表法》，不论是《古兰经》还是新旧约全书，这些经典和法律都相当重视夫妻关系。

进入近代社会以来，父系家长制下的宗法等级关系已告瓦解；随着社会的剧烈变革，夫妻关系的性质和内容发生了巨大的变化，无论是从其所处的地位还是从它对社会制度的影响看，都已不能与古代社会同日而语。但即使在今天，夫妻关系的普遍性不仅依然如故，它在全部亲属关系中的核心地位也并未动摇。没有夫妻关系自不会发生婚生子女出生的事实，因而便无各种相应的直系以及旁系血亲可言；没有夫妻关系作为联结点，也不会有姻亲关系的存在。而且，以一定范围的亲属为基础、以夫妻为核心的家庭，作为社会的细胞组织依然发挥着重要的职能。所以，尽管在基本精神和调整手段上体现着新的特点，夫妻关系法不仅不可或缺，而且将继续发展下去。

其次，夫妻关系本身的特点也要求法律进行积极干预，确立明确界限，从而有力地加以保护。

一方面，配偶是一种人为设定的亲属关系，这是它与自然血亲的一个重大区别。凡属自然血亲，毫无例外的是用血缘纽带联结起来的，这种纽带具有自然形成和不可消除的特性。而在夫妻之间，不仅不依靠，而且还须设置禁例尽量避免或减少双方的血缘因素。在古人眼中，联结夫妇的纽带并非“亲”与“情”，而是所谓的“义”，即如《礼记·昏义》所说“成男女之别，立夫妇之义”，以及《唐律疏议·户婚》所说“夫妻义合”。在当代社会，提倡以感情为夫妻关系的纽带已是一种势不可挡的潮流。显然，与自然血亲关系只要求法律对一定的客观事实加以认可不同，夫妻关系要求法律对当事人的主观行为作出规范，进行判断。

另一方面,由一男一女结成的夫妻关系并非任意的组合,而须具有永久性并得到社会公认,这是它与其他暂时性非婚姻两性关系的重要区别。这里所说的"永久性",不是不可离异性,而是指它在形成之时不得附有时间上的条件,且不能由双方随意解除。恩格斯在讲到"文明时代"的"一夫一妻制"的时候,说它是"以通奸和卖淫为补充的",这固然在于充分揭露剥削阶级夫妻关系的本质,但同时也指出了一个事实,即从一开始就有许多其他异性结合的形式与夫妻关系并存。历史的实践证明,完全消灭这种现象需要经过一个漫长的历程。应该看到,无论是通奸、姘居还是其他非婚姻两性关系,当事双方均不以永久共同生活为目的,其中大部分还具有隐蔽性的特点;而卖淫则是金钱与肉体的交易。它们无不受到普遍的非议,绝不能与夫妻关系相提并论。划清不同性质的两性关系的界限,确认正式配偶的地位与权益,需要通过法律制定严格的尺度。

最后,夫妻关系具有丰富生动的内涵,涉及公民权益和社会利益,必须用法律进行必要的规范。18世纪末,德国哲学家康德在《道德的形而上学》一书中提出,夫妻关系所表现出来的,不过是用契约形式肯定的男女双方"性特长的交互占有"。这种主张虽以契约论为基础,在反对宗教婚姻观上具有一定的积极意义,但它囿于用自然法则来解释夫妻关系的目的和本质,表现出极大的狭隘性。实际上,作为一种社会关系,夫妻关系的形成和存续,绝非仅仅是为了"满足性的冲动"。固然,性关系是夫妻共同生活的重要内容,但除了生理因素之外,配偶之间还发生着多种身份上和物质上的关系。这些关系不但涉及相当广阔的领域,而且表现出两个突出的特征:第一,它们并非孤立的存在,而是全部社会关系的有机组成部分,既依存于社会,受着社会条件和社会制度的制约,又能动地作用于社会,以自身特有的功能对社会产生着积极的或消极的影响。第二,它们并非静止的存在,而是始终处于运动的状态。作为一种相对的组合,夫妻关系充满了矛盾,它正是在双方既相互依存又相互对立,在实际利益的冲突与契合,各种矛盾的对立统一中延续、发展、演化的。基于配偶共同生活的丰富内涵和上述两个特点,必然要求国家进行干预,用法律准则来协调各种关系,规范双方的行为,从而使夫妻关系符合公共秩序和社会制度的要求,使当事人和其他公民的合法权益得到必要的保护。这些法律准则,具体的表现就是夫妻的权利和义务。所以,法律意义上的夫妻关系,就是夫妻间的权利义务关系,即夫妻双方共同的和各自的权利义务的总和。

(二)夫妻关系法的范畴和形式

1. 夫妻关系法的范畴

夫妻关系法的范畴指夫妻关系法的调整对象,即当公民以夫妻的身份作为法律关系的主体时,这种法律关系是其基本内容。

在许多大陆法系国家的民法理论和民事立法中，常常使用“婚姻的效力”一词。指的是因婚姻关系的成立而发生的法律后果。

对“婚姻的效力”，可以根据它所涉及范围的广狭作多种意义的理解。从“法律”的整体意义上作最广义的理解，它指婚姻在各种相关法律中所引起的一切后果，即婚姻在行政法、财产法、亲属法、刑事法、劳动法、国籍法、诉讼法等领域中产生的效力。从亲属法的范围上作一般意义的理解，它指婚姻在全部亲属关系中所产生的法律后果，既包括不及于第三人的效力，也包括及于第三人的效力（如姻亲关系的发生、非婚生子女的准正等）。从夫妻共同生活的角度作专门意义的理解，它仅指婚姻对配偶双方发生的效力，这通常称为“婚姻的直接效力”。

上述最广义的即实质意义上的婚姻效力，从立法上看散见于各种有关法律、法规，从研究上看分属于不同的法学学科；一般意义上的婚姻效力，从立法上说由亲属法的各个部分分别加以规范，从研究上说虽同属亲属法学的范畴，但须从不同的角度进行探讨。所以，它们均不宜一律置于“夫妻关系法”的范畴之中。实际上，有关国家的法学著作和立法实践，在使用婚姻效力这一概念时，都是指婚姻的直接效力，即因婚姻的成立而引起的夫妻权利和义务。

我国法律没有使用婚姻效力的概念。我国的法学理论认为，夫妻关系的内容，就其性质可以分为人身关系和财产关系两个方面。人身关系是夫妻关系的主要方面，财产关系从属于人身关系，是人身关系所引起的相应的法律后果。从法律关系的角度说，夫妻人身关系表现为配偶双方在家庭中的身份、人格、地位等方面的权利义务关系，夫妻财产关系表现为配偶双方在财产、扶养、遗产继承等方面的权利义务关系。它们共同构成了夫妻关系法的完整体系，是夫妻关系法的基本范畴。

2. 夫妻关系法的形式

在不同的历史时期和同一历史时期的不同国家和地区，夫妻关系法有不同的法律形式。

在古代中国，夫妻关系主要依靠礼来调节。礼的内容相当庞杂，其行为规范部分许多具有习惯法的性质。与以父系血缘关系为基础的宗法制度相适应，婚礼和家礼在其中占有非常显要的位置。婚礼只规范婚姻成立的条件和程序而不涉及其效力，家礼则调整各种亲属关系，所以夫妻关系法包括在家礼之中。由于实行宗族本位制，夫妻关系和夫妻关系法都没有独立的地位。以后，宗法制度的具体形态虽发生了重大变化，但仍不失为社会的基石，这个特点也就贯穿于整个中国古代。经过春秋战国时期的变革，“家国合一”的结构瓦解，政权组织与家族组织分离，国家加强了对社会生活的直接控制，以“律”为主的成文法成了全部法律的基干。但是，礼作为习惯法依然在婚姻家庭领域里发挥着重要作用。总的看来，两汉以后，夫妻关系中的积极规范仍以礼制为主;律的主旨在于"正刑定罪",所以主要表现为消极规范,即规定罪名及对违法犯罪行为的制裁。还应说明的是,由西汉至明清诸律中的"户律"或"户婚律",比较集中地规定了户籍、赋役、田宅、婚姻等方面犯罪的问题,但除"妻妾失序"等个别条款之外,关于夫妻关系的内容多数不在其中。以《唐律》和《明律》为例,凡属荫庇、缘坐、容隐等原则皆在"名例律";《唐律》中夫妻互犯和相告在"斗讼律",奸非在"杂律",夫妻不得为证以及"服辩"制度在"断狱律",《明律》则一律包括在"刑律"之内。

关于外国古代夫妻关系法的形式,有以下几个值得注意的问题:第一,习惯法是夫妻关系法普遍的、重要的法律渊源。这不仅表现在上古时代,而且表现在欧洲中世纪,尤其是它的前期。第二,和中国古代一样,外国古代的成文法也并无法律门类的明确划分,其中包含着夫妻关系法律规范,如《汉谟拉比法典》的第128条至第153条,《亚述法典》第3表的第2条至第6条等。第三,在罗马法中,夫妻关系法属于私法的范畴,它既反映在大量"不成文法"即习惯法中,由公元前5世纪的《十二铜表法》开始,也不断由成文法加以规定。到东罗马帝国查士丁尼时期,随着大规模的系统的法典编纂,列入"人法"的夫妻关系法也趋于整齐。公元12世纪以后,由于罗马法复兴运动的日渐深入和婚姻还俗运动的开展,它对中世纪后期欧洲国家的夫妻关系法产生了重要影响。第四,宗教法规在调整夫妻关系方面占有突出地位。如古印度的《摩奴法典》以婆罗门教教义为指导思想,具有宗教信条和法律规范的双重性质;《古兰经》既是伊斯兰教的经典,又是伊斯兰法的法原。它们关于配偶地位和行为模式的规定,都是在其控制的地区内广泛生效的夫妻关系法。在中世纪的欧洲,基督教教会法视婚姻家庭为自己独占的领地,它为夫妻关系制定的种种准则,在相当长的时期内拥有凌驾于世俗法之上的权威。

进入近代社会以后,西方大陆法系的国家继承罗马法的传统,将夫妻关系法置于民法典之内。1804年的《法国民法典》于"总则"之后首设"人法"一编,在"婚姻"章里专用一节规定"夫妻相互的权利和义务"。它所以把夫妻关系法的主体部分放在婚姻关系当中,是基于罗马法关于夫妻关系派生于婚姻关系,属于婚姻效力范围的传统认识。在这一部分里,既规定了夫妻人身方面的权利和义务,也包括着夫妻财产关系的一般准则。另外,在第三编的第5章,对"夫妻财产契约和夫妻财产制"作了单独规定。这种把夫妻财产制的选择及其原则看做"取得财产的方法"的做法,反映了法国式民法编制法的一个特色。19世纪和20世纪之交形成的《德国民法典》和《日本民法典》对立法体例作了重大调整。在其全部法律的五编之中,亲属法集中在第四编,并在"婚姻"章内分设"婚姻的效力"和"夫妻财产制"两节。"婚姻的效力"又称"婚姻的普通效力",内容范围大体与《法国民法典》"人法”中的有关规定相当,它与紧接其后的“夫妻财产制”共同组成了夫妻关系法。我国近代民法的编制基本与德、日相同。另外,其他一些国家的夫妻关系法在法国和德、日法律的基础上有所变化,表现出不同的特点。如《墨西哥民法典》的特点是把夫妻财产关系明细化,在它的第五编(婚姻编)中,规定夫妻关系的有六章之多,除第一章为婚姻所生的权利与义务外,其他五章都是夫妻财产法。英美法系之所以称为普通法系,是因为普通法即判例法长期以来是它的主要法源。但在近、现代,其婚姻家庭法出现了成文化的趋势,不过并非法典化,而是因时就势制定各种内容比较专门的单行法律。如英国自19世纪后期至今,先后颁布了上百种婚姻家庭法令,其中,1882年和1964年的《已婚妇女财产法》,1935年的《已婚妇女和侵权行为法》,1966年的《家属扶养法》,1967年的《夫妻住所法》,1969年的《家庭改革法》,1970年的《处理夫妻案件和程序法》等。美国的夫妻关系法以各州立法的形式体现在相关法律之中,比如纽约州1982年的《家庭法》第三编规定了亲属扶养问题,第四编则是“夫妻的主要权利和义务”。其他一些国家如澳大利亚等都采用类似的形式。

我国的夫妻关系法具有自己的形式特色。中华人民共和国成立以来,我国的婚姻家庭关系一直是用独立编订的《婚姻法》进行调整的,夫妻关系的基本准则包括在其中。但两部《婚姻法》在处理上有所不同。1950年《婚姻法》用独立的一章(第三章)规定“夫妻间的权利和义务”,在其后一章(第四章)规定“父母子女间的关系”。1980年《婚姻法》将二者合并,并补充了其他近亲属间的权利和义务,统称为“家庭关系”。两部婚姻法的共同之处是把夫妻之间的关系和其他亲属之间的关系作连续性的规范,显然以各种亲属的内在联系作为立法逻辑的基础,即“夫妻是家庭的基本细胞和生殖单位”,“父母子女间的关系,是夫妻关系直接产生的结果”。[4]

如何进一步完善我国的夫妻关系法,是一个受到广泛关注的问题。仅就形式而言,一方面,有的学者对现行《婚姻法》中“家庭关系”的概念使用是否合理提出了质疑。认为“祖孙、兄弟姐妹间的权利义务主要是从亲属关系的角度规定的,而不完全是从家庭关系的角度规定的。即使他们不是同一家庭的成员,仍然互享法定的权利,互负法定的义务”,而“除上述亲属外,其他亲属作为同一家庭的成员的情况,在生活中屡见不鲜”。[5] 另一方面,夫妻间的权利和义务的法律位置也值得

---

〔4〕 参见原中央人民政府法制委员会:《关于中华人民共和国婚姻法起草经过和起草理由的报告》(1950年4月)。

〔5〕 巫昌祯、杨大义主编:《走向21世纪的中国婚姻家庭》,吉林人民出版社1995年版,第18页。

深入推敲。我们认为将之置于结婚与离婚法之间更为适宜。这是因为:第一,从法律关系的意义上说,夫妻间的权利和义务始自婚姻的成立,终于婚姻的终止,是婚姻的法律效力的表现。第二,由于夫妻关系可以人为地设定与解除,与自然血亲关系有着显著区别,其权利义务的内容和存在形态具有鲜明的特性,不宜与其他亲属关系相混合。从亲属内部联系的角度来考虑婚姻家庭法的结构固然不无道理,但就立法来说,以法律关系的性质和特点作为逻辑基础更为可取。

二、夫妻法律关系的嬗变

(一)"夫妻一体"的古代夫妻法律关系

1. 古代社会的夫妻一体主义

夫妻双方在家庭中的地位以及彼此的权利和义务,与男女两性的社会地位相适应,归根结底取决于生产力的发展水平、社会的文明程度和一定的社会制度。自有国家和法律以来,随着阶级关系的变化和婚姻家庭制度的演进,夫妻法律关系经历了一个递次发展的过程,在不同历史时期表现出不同的性质和特点。

恩格斯指出,个体婚制"是作为女性被男性所奴役,作为整个史前时代所有的两性冲突的宣告而出现的"。[6] 在整个古代社会,"以男为贵"、"男尊女卑"[7]不仅成为父系家长制下两性关系的基本特征,而且作为一种制度被法律加以充分肯定。反映到家庭关系和夫妻关系上,就是确立了"父权"和"夫权"的统治地位,奉行"夫妻一体主义"原则。

夫妻一体主义(Coverture scheme)也称夫妻同体主义,意为夫妻合一体,人格互相吸收。在西方,早期罗马法和中世纪欧洲教会法中的夫妻关系准则被认为是夫妻一体主义的代表。在东方,古代印度和古代中国的制度具有典型意义。据《摩奴法典》记载,婆罗门曾宣布过一句格言:"丈夫和妻子只形成一人"。中国古文献的论述颇多,如《白虎通·嫁娶》:"妻者齐也,与夫齐体";《仪礼·丧服传》:"夫妻一体也"等。

派生于宗法制度的夫妻一体绝非双方对等的融合,而不过是确认妻子对于丈夫的依附和屈从地位;所谓"夫妻人格互相吸收",不过是妻子的人格被丈夫所吸收。这在东西方并无二致。如在古罗马的"正式婚"(即"有夫权婚姻")中,已婚妇女通常成为夫家成员,在此之前必须明示"归顺夫权"。中国古代儒学认为阳与阴、乾与坤、夫与妻相互对应,"阳倡阴和"要求"男行女随","乾健坤顺"故应"夫

---

〔6〕《马克思恩格斯全集》第21卷,第78页。
〔7〕《晏子春秋·天瑞》。

义妇听”。在礼制看来,“夫为妇之天”,“夫妻一体”就是“与尊者一体”;“服人”与“从人”是妇人天生的本分。在法制看来,与“君为臣纲”、“父为子纲”相一致,“夫为妻纲”是立法和司法必须恪守的准则。

2. 夫妻一体主义下夫妻法律关系的特点

夫妻一体主义在法律上表现为确认并维护夫妻关系中的夫本位,妻子处于夫权的支配之下,双方的权利义务是绝对不平等的。

在绝大多数古代法律中,已婚妇女发生人格减等,不具有完全的行为能力。依照早期罗马法的规定,妻子进夫大家之后便成为“家女”,必须服从新的“家父”。“如果家父是自己的丈夫,她则处于‘准女儿’地位;如果家父是自己丈夫的父亲,她则处于‘准孙女’地位。在后一种情况下,丈夫在父亲死后继承权力”。[8] 古印度《摩奴法典》宣布:“妇女应该日夜被监护人置于从属地位,服从其所从属者的权力”。在中国古代,丈夫“至尊”,在其死后,妻须如同子为其父一样服斩衰三年;如妻死,夫不过如同父为其子一样服齐衰一年。按照法制,妻只相当于夫之卑幼。如《唐律疏议·斗讼》明言:“妻之言齐,与夫齐体,义同于幼”。

正由于夫妻法律地位如此悬殊,古代法律充满了对妻子的歧视、限制的规定。

如在财产关系方面,“有夫权婚姻”下的罗马法视妻子为无行为能力人,即使是她的“嫁资”(dos)也当然转归新的家庭由“家父”全权支配。这笔财产在离婚时也不得索回。依中世纪欧洲寺院法,妻未经其夫同意,没有支配财产和订立契约的权利。在中国,“子妇无私货、无私畜、无私器”是贯穿于古代社会始终的一项财产法原则。寡妇再婚,其原由本家带来的妆奁也须留在夫家。又如在人身关系方面,妻不但失去姓氏权,而且须单方面承担贞操义务。《汉谟拉比法典》规定:“妻子倘若不贞节而常他往,使其家破产,其夫蒙羞,则应将此妇投于水中”。而允许丈夫纳妾或是与女奴同居,是古代两河流域各国法律的通例。妻子犯“淫”是古代中国丈夫“出妻”的理由之一,男子纳妾却为礼法所支持,并形成了一套相应的制度。同时,许多古代法律都赋予丈夫对妻子的人身处分权,包括抵偿债务,而绝不允许妻子对丈夫有抵制或轻视行为。在古代印度,即使“妻子轻视嗜赌、好酒或染病的丈夫”,也“应被遗弃三个月,并被剥夺装饰品和动产”。[9] 在刑事法律方面,中国古代法律关于夫妻互犯的规定具有典型意义。《唐律》规定,妻谋杀夫处斩刑,夫谋杀妻“依故杀减二等”,若过失杀死妻妾则“各勿论”;妻殴夫徒一年,致伤者“加凡斗伤三等”,夫殴妻无伤不论,致伤者“减凡人二等”。

---

〔8〕[意]彼德罗·彭梵德:《罗马法教科书》(中译本),中国政法大学出版社1992年版,第120页。

〔9〕《摩奴法典》第九卷,第78条。

以“夫权统治”为根本特征的夫妻一体主义,是自然经济和宗法家族制度的产物,体现着奴隶制和封建制社会统治阶级的利益需求和古代婚姻家庭关系的本质;作为夫妻关系法的基本原则,在长达几千年的时间里支配着相关的法律活动和家庭生活实践;它不仅受到国家力量的严格保护,而且渗透到政治、经济、文化、教育和伦理道德等领域;不仅制约着社会的发展,而且禁锢着人们的思想。进入近代社会以后,它在相当长的时期里和相当广的范围内仍有重要的影响。

(二)“夫妻别体主义”与近代夫妻法律关系

1. 夫妻别体主义的产生及特点

夫妻别体主义(Seperate exitence shceme)又称夫妻分立主义,主张夫妻人格独立,在婚姻生活中享有各自的权利,承担各自的义务,尤其是财产方面的权利和义务。

西方的法学著作一般认为夫妻别体主义源于后期罗马法。在按照罗马万民法而成立的“略式婚”即“无夫权婚姻”中,妻子没有绝对服从丈夫的义务;双方的财产原则上已经分开,妻子的财产不问婚前或婚后所得均属个人所有。男女结婚时往往通过“要式口约”的方式作出“关于妻物的保证”(Cautiones reiuxoriae)。《法学总论》记载:“根据尤里亚法,丈夫不得违反妻子的意愿而让与属于嫁资一部分的不动产”。如果妻子的权利受到侵害,离婚时可以提出“要式口约之诉”;共和国末期出现了“妻物之诉”,即完全独立于任何协议的诉讼。

古罗马后期之所以能够出现这种夫妻关系法律原则,是简单商品经济的迅速发展对传统婚姻家庭制度不断冲击的结果,说明了经济关系对婚姻家庭关系的重大作用。同时也须看到,“夫妻别体”虽然与“夫妻一体”有着显著区别,但其时毕竟依然处于奴隶制时代,父权和夫权不可能完全清除,所以它不可避免地带有极大的局限性。比如关于所谓“婚娶赠与”,狄奥多西二世时规定,如妇女再婚,该项财产的所有权归属于前婚所生子女,她本人只能保留用益权;查士丁尼时虽确认其所有权,但只限于其中的一个份额。又加查士丁尼时规定,妻子提起返还嫁资之诉时,丈夫可以因无力支付而不全部返还。另外还应看到,罗马法中的这种“夫妻别体主义”,在封建制度建立之后,很快被教会法所否定。所以,它在古代社会的发展史上不过是昙花一现。

2. 近代社会的夫妻法律关系[10]

资产阶级在反封建斗争中提出了“婚姻契约论”,认为婚姻由一男一女自愿缔

---

〔10〕 此处所说的近代社会,其时间上限是英国发生资产阶级革命的17世纪,下限是第二次世界大战结束的1945年。

结的要式契约所创立,并用它来指导婚姻立法。这种契约论的局限性是显而易见的,但它同时也承认了双方在结婚上的平等地位。扩展到夫妻关系方面,他们便推崇后期罗马法表现出来的原则,倡导夫妻别体主义理论。这无疑是向传统的夫权统治提出了挑战,反映了一种历史的进步。

随着近代资本主义商品经济关系的发展和资本主义制度的调整,尤其是在日益高涨的妇女解放运动的强大压力下,西方资本主义国家的夫妻关系法表现出一种逐渐向夫妻地位平等演化的趋势。以英国为例,它1882年的《已婚妇女财产法》肯定了夫妻分别财产制,规定已婚妇女可以独立享有一系列的财产权利;1907年的法律又规定妻子无须丈夫同意即可转让个人财产;1935年的《婚姻改革法》进一步确认已婚妇女有取得、占有和处分任何财产的能力,有对任何侵权行为、契约义务和其他债务承担责任的能力,以及起诉和应诉能力等。其他国家尽管进展不一,也都有类似的过程。这一切自然有利于妇女家庭地位的提高。

但是,从社会制度的本质看,资本主义并不会自觉地消除性别歧视。同时,婚姻家庭是受传统影响最深的一个领域,特别是在宗教势力比较强大的国家,封建观念更是根深蒂固。所以,资本主义婚姻家庭制度,包括夫妻关系法的改革步履维艰,相当缓慢。上述英国1882年的法律,距其资本主义革命已有二百年之久,在这样一个漫长的时期里,"夫妻一体主义"一直占据主导地位。美国受封建传统的影响相对较少,在其独立后的一百余年中妇女的社会处境和家庭地位并没有什么根本的改善,1890年后妻子才逐渐脱离"丈夫庇护";直到20世纪30年代,还有一些州不允许妇女签订契约,在17个州里,已婚妇女仍然不能享有与其丈夫平等的地产权。[11] 曾产生过《人权宣言》的法国,1804年的《拿破仑民法典》还明文规定:"夫应保护其妻,妻应顺从其夫",并规定未经夫之许可,妻不得进行诉讼,不得赠与、转让、抵押财物。1900年的《德国民法典》比法国早期资本主义民法有较大改善,但依然规定"夫有权决定有关共同婚姻生活的一切事务",未经夫之同意,妻单独处分个人婚姻财产的行为无效。

中国法制近代化的历程始自清末修订法律。1910年5月公布实施的《大清现行刑律》仍是民刑混合的法律,其夫妻关系法继承了古代法的传统,维护着男尊女卑的制度。北洋政府统治的大多数时期沿用这部法律,其大理院之上字35号及903号例依然坚持妻为限制行为能力人,未经夫之允许不得为法律行为。1930年,国民党政府公布了"民法"的"亲属编",一方面标榜"男女平等",另一方面"于平

---

〔11〕 参见[美]洛伊斯·班纳:《现代美国妇女》,东方出版社1987年版,第24页。

等原则之外,并注意于共同体之保持",采用所谓"二元主义"原则。[12] 其实不过是以平等之名掩盖不平等之实。如规定妻以本姓冠以夫姓,赘夫以其本姓冠以妻姓,"以示男女平等之意"。姑不论入赘婚姻为数甚少,其冠姓义务本身仍是身份关系归属的外在形式,另外规定妻以夫之住所为住所,实行法定夫妻联合财产制等,无不体现着维护夫权的基本精神。

十月革命胜利以后,苏维埃政权对婚姻家庭制度进行了彻底的改革,并通过一系列法令和法律,全面确立了家庭关系中男女权利平等原则,并强调对妇女合法权益的保护,产生了重大而深远的影响。

(三)发展中的当代夫妻法律关系

1. 世界性的课题

在第二次世界大战结束以来的半个多世纪中,国际形势发生了深刻的变化。

世界加快向多极化发展,新的格局日渐明显,科学技术日新月异,产业结构不断调整,经济全球化的趋势日渐明显,和平与发展逐渐成为时代的主题。与此相适应,提高妇女地位,实现妇女解放受到更加广泛的关注,推动夫妻关系法的发展也成了一个世界性课题。1979 年 12 月 18 日,联合国大会通过了《消除对妇女一切形式歧视公约》,并自 1981 年 9 月 3 日起生效。这个公约的第四部分要求缔约各国给予男女在法律面前平等的地位,并特别强调"应采取一切适当措施,消除在有关婚姻和家庭关系的一切事务上对妇女的歧视",包括确立"在婚姻存续期间"夫妻"有相同的权利和义务"的原则。尤其是应在法律上确认"夫妻有相同的个人权利,包括选择姓氏、专业和职业的权利";确认"配偶双方在财产的所有、取得、经营、享有、处置方面,不论是免费的或是收取价值报酬,具有相同的权利"。

2. 当代资本主义国家夫妻关系立法

战后,尤其是 20 世纪六七十年代以后,一些西方主要资本主义国家加快了夫妻关系法律改革的步伐。如具有保守传统的英国,自 40 年代末期开始,先后颁布了 80 多种婚姻家庭法令,除改革离婚制度外,夫妻关系是其中的一个重点,比较重要的有 1964 年的《已婚妇女财产法》、1967 年的《夫妻住所法》、1969 年的《家庭改革法》、1970 年的《处理夫妻案件程序和财产法》等。在这些法令中,确定了夫妻姓氏选择自由和住所自由的权利,以及妻子在财产方面的各项权利。又如,美国的夫妻关系由各州立法,1982 年的《纽约州家庭法》具有一定的代表性,其中规定:"已婚妇女现在所有的或其在婚姻存续期间取得的财产……不论是动产还是不动产,以及由这些财产产生的租金、利息、收入和利润,如同婚前一样,是她个人独有的财

[12] 参见史尚宽:《亲属法论》,1980 年第 4 版,第 259 页。

产，既不受丈夫支配或处分，也不对其债务承担责任。”再如，法国通过1965年7月13日的法律，对“民法典”中“夫妻相互的权利与义务”一章进行了全面修改，如规定“夫妻各方享有完全的法律权利”；“各方得不经他方同意，以自己的名字开立银行户头与证券户头”；“妻得不经其夫的同意具有从事某种职业的权利”等。除上述各国外，其他许多国家都作了类似的改革，使妻子的家庭地位得到进一步的改善。

但是也须看到，资本主义各国夫妻关系法的发展并不平衡，有的国家依然保持着配偶间的不平等关系。如1969年施行的《意大利民法》规定：“丈夫为一家之长，妻子随丈夫的市民身份，使用夫姓，并且有义务在丈夫选定的任何住所陪伴他”；“丈夫有保护妻子”的义务，妻子不得擅自离开婚姻住所等。尤其应该注意的是，夫妻法律上的渐趋平等固然是一种进步的表现，而如果男女两性的政治和经济地位不根本改变，这种平等就仅仅是形式上的平等。诚如恩格斯所说：“在大多情形之下，丈夫都必须是有收入的人，赡养家庭的人，至少在有产阶级中间是如此，这就使丈夫占据一种无需有任何特别的法律特权的统治地位”。〔13〕英国家庭政策研究中心主任塞瑞德文·罗伯茨在其撰写的《变迁中的家庭》一文中指出，虽然在过去20年里，英国已婚妇女就业情况有所好转，但夫妻双方都作全日工作的家庭只占有子女家庭的22%，因此，“今天的妇女在三人的家庭中仍从事着最主要的家务劳动”。在这样的情形下，1/4的妇女受身体或精神虐待，每年有超过45000名妇女和儿童躲进避难所以逃避家庭暴力，就丝毫不足为奇了。〔14〕

3. 我国的社会主义夫妻关系法律原则

我国宪法规定：“中华人民共和国妇女在政治的、经济的、文化的、社会的和家庭的生活等各方面享有同男子平等的权利”，全面确立了男女平等原则。我国现行《婚姻法》除在“总则”中规定实行男女平等的婚姻制度外，在“家庭关系”中特别规定：“夫妻在家庭中地位平等”。这就从根本法和法律两个层次上规定了社会主义的夫妻关系准则。应该说明的是：

第一，家庭地位平等是社会主义夫妻关系的根本要求和鲜明特征，是我国男女两性社会地位在家庭关系中的具体表现。它意味着配偶双方在共同生活中平等地行使法律规定的权利，平等地履行法律规定的义务，共同承担对家庭、对社会的责任。

第二，认真贯彻这一原则，必须坚决反对性别歧视，禁止家庭成员间的虐待和

〔13〕《马克思恩格斯全集》第21卷，第87页。

〔14〕英国文化委员会：《性别与发展》，第10页、第13页、第36页。

遗弃。重点是保护妇女在家庭生活中的各项合法权益。为此。我国《妇女权益保障法》的第七章对妇女的婚姻家庭权益保护问题作了专门规定。必须看到,不论是从清除封建主义夫权统治影响的角度,还是从妇女地位和生理特点的角度来说,不强调对妇女合法权益的保护,就不能保证夫妻地位平等原则的实现。

第三,我国的社会主义制度为这一新型的夫妻关系法律原则的贯彻开辟了广阔道路,提供了有力保障,特别是将它放在妇女解放的全局中加以落实,是资本主义国家所无法做到的。同时也应指出,由夫妻法律地位平等到实际生活中的完全平等有一个逐步发展的过程。我们既要与旧的传统观念和习惯势力的影响作斗争,也要正视在发展社会主义市场经济中妇女面临的机遇和挑战,通过大力加强物质文明和精神文明建设,为夫妻地位在实际生活中的完全平等奠定坚实的物质基础和思想基础。

第二节　夫妻人身关系

一、夫妻的姓名权

(一)姓名的意义及夫妻姓名权的立法沿革

姓名是体现每个人的亲属团体从属和本身个性的一种符号,具有重要的社会功能和丰富的内涵。名字的价值主要在于对单个的人加以区分,姓氏则是血缘团体的象征,二者的组合表示着个人与群体之间的内在联系。

姓名权是一种重要的人身权利。有无独立的姓名权往往是有无独立人格的一种标志。在夫妻关系中,当事人在婚后是否变更姓氏,意味着是否发生新的亲属从属关系。

在古代社会的父系家长制下,“妻从夫姓”是中外各国的通例。姓氏的变更,表现为在妻之本姓之前“冠以夫姓”,它标志着已婚妇女归属于夫之亲族,置于夫权之下。同时,为了维护父系血缘关系,世系按男系计算,处于父权之下的子女须从父姓也是不可变易的准则。另外,中国古代有一种特例即赘婿要从妻之姓,子女随之。这主要是无子之家为传宗接代所采取的变通办法,数量很少。在这种情况下,赘婿将失去其独立人格,处于妻家的父权之下。赘婿的社会地位也极为低下。

由资产阶级革命到第二次世界大战这两个多世纪的时间里,西方资本主义国家在夫妻姓名权问题上一直继承着古代传统。产生于19世纪和20世纪之交的《德国民法典》依然规定:“妻称夫之姓”;《日本民法典》规定:“妻因婚姻而入夫家,赘夫及婿养子入妻之家”,均须“使用其家的姓氏”。近代世界,唯有十月革命后的苏俄在其1926年的婚姻、家庭和监护法典中制定了新型的规范,即“夫妻在结婚登记的时候,可以声明冠用夫的或者妻的姓氏,或者仍用婚前各自的姓氏”;“如果父母使用共同姓氏,该姓也可以规定作为子女的姓;否则,子女的姓氏应由父母双方协议决定,协议不成时由监护和保护机关决定”。

当代西方国家的法律,对夫妻姓氏及有关问题持两种不同的态度。一种是坚持妻从夫姓的原则。如瑞士民法由1907年制定后虽然屡经修订,“妻从夫姓并取得夫的身份权”一条始终未变。意大利1969年的民法也仍作类似的规定。另一种是晚近以来逐步进行修改。如德国1957年的《男女同权法》规定:“以夫之姓为夫妻及其家族之姓”,但“妻得以对于身份官员之意思表示,附加其婚前之姓”;1981年修改婚姻法时,进而允许双方协议“选定一个婚姻姓氏”,并在婚姻登记官员处发表声明,进行登记。又如日本1947年制定新民法时,将旧民法的有关规定改为:“夫妻可以根据结婚时所定,使用夫或妻的姓氏”;“夫妻一方死亡后,生存配偶可以恢复婚前姓氏”;“婚生子女使用父或母的姓氏”。1996年日本法务省提出了部分修改民法的建议案,拟进一步修改为:“夫妻应在结婚时约定使用丈夫或者妻子的姓氏,或者各自使用婚前姓氏”;在后一种情况下,双方应对子女使用何种姓氏作出约定。[15]

从总体上看,西方资本主义国家关于夫妻姓氏问题的法律改革是相当缓慢的。这固然是由于婚姻家庭领域内的习惯势力非常强大,传统观念的影响相当深刻,更重要的原因则在于姓氏问题并非孤立的存在,它往往与其他的身份乃至财产关系紧密相连,改革与否以及如何改革受着男女两性社会地位的制约。当丈夫的地位普遍高于妻子时,这种改革就很难取得根本性的进展。

(二)我国法律关于夫妻姓名权的规定

我国法律确认男女平等原则和充分保护公民姓名权的精神。《民法通则》规定:“公民享有姓名权,有权决定、使用和依照法律规定改变自己的姓名,禁止他人干涉、盗用、假冒。”在婚姻家庭关系中,“夫妻在家庭中地位平等”的一个重要内容就是双方都可以保持姓名的独立性,当事人对姓名权的享有不受婚姻关系的影响。

早在1950年的《婚姻法》中就全面废除了旧中国法律关于姓氏问题的规定,代之以夫妻姓名权的完全平等。1980年《婚姻法》加以重申,规定:“夫妻双方都有各用自己姓名的权利”。关于这一规定,应予注意的是:第一,法律条文虽指“夫妻双方”,但其重点在于彻底推翻传统的“妻从夫姓”原则,赋予已婚妇女以独立的姓

〔15〕 参见日本《户籍时报》第457号。

名权,从而维护妇女的独立人格。第二,夫妻各自享有姓名权,不因婚姻生活的具体环境,双方的职业、收入和彼此的扶养关系而发生变化。男方成为女方家庭成员的绝不同于旧式"入赘",仍有使用原来姓名的权利。第三,法律的规定并不排除夫妻双方在平等、自愿的基础上就姓名问题进行约定的自由。只要双方达成一致协议,无论是妻从夫姓,夫从妻姓,还是共同选用第三姓均为法律所允许。第四,按照"民法通则"的规定,在婚姻存续期间,夫妻中的任何一方都有权使用或者依法改变自己的姓名,他方既不得干涉,也不得盗用、假冒。

同时,我国《婚姻法》规定:"子女可以随父姓,可以随母姓"。这一规定既是贯彻男女平等原则的需要,也有利于破除父系家长制度和宗法家族观念。在理解和执行上需明确这样三点:第一,法律条文虽规定子女的姓氏可在父姓和母姓之中选择,但并不妨碍使用第三姓。第二,子女出生后,使用什么姓氏应由父母协商确定;未成年子女的姓氏也可以由父母协商变更,唯子女有辨别能力的应征得其本人同意。第三,子女成年之后,有权依法决定保留还是变更原有姓氏,包括父母在内的其他人不得非法干涉。

二、夫妻的人身自由权

(一)夫妻人身自由权的历史变迁

夫妻人身自由权是指已婚夫妇参加社会活动、进行社会交往、从事社会职业的权利。有没有人身自由权,不仅取决于夫妻双方的家庭地位,而且取决于男女两性的社会地位。从两性关系的历史发展看,夫妻人身自由权问题的实质,在于已婚妇女是否享有社会生活中的各项权利。

在整个古代社会,广大妇女(包括已婚妇女)是无人身自由权可言的。中国古代的礼制宣扬"妇人"就是"从人者",凡事"皆从男子",即"幼从父兄,嫁从夫,夫死从子"。[16] 这个所谓"三从"既是女子的为人之道,也是其终生处于附庸地位的写照。按照"男不言内,女不言外"的原则,她们被圈禁在小家庭的牢笼之中,而排除于社会生活之外,无权过问,更无从参与管理社会公共事务。诚然,已婚妇女也有等级之分,少数人还有封爵,但不过是夫的地位之反射;而非本人固有的、独立的权利,即"凡妇人,从其夫之爵位","生和死事,以夫为尊卑"。[17] 古印度的《摩奴法典》也规定:"妇女幼时处在父亲的监护下,青春期处在丈夫的监护下,老年时处

〔16〕《礼记·郊特牲》。
〔17〕《礼记·杂记》并郑注。

在儿子的保护下”，并强调“妇女绝不应任意行动”。[18] 其他国家的古代法律体现着大致相同的精神。

早期资本主义法继承古代法的传统，依然肯定着夫方片面的权利，视顺从丈夫的意愿，操持家务为妻子的天职。如在封建残余相对较少的美国，1874 年最高法院在判决米诺诉哈布赛特案中仍一致认为，选举权不能随公民权而生效，州可以拒绝妇女参加选举。只是由 19 世纪末开始，各资本主义国家法律才先后赋予已婚妇女若干参加社会活动的权利，主要是从事和选择职业的自由权。在美国，20 世纪初的职业妇女大约占成年妇女的 20%，30 年代增加到 24%，50 年代增加到 34%。[19] “二战”后，许多国家修改了法律，但在态度上仍有明显区别。有的国家规定妻子有自由选择职业的权利，如法国 1965 年 7 月 30 日第 570 号法律规定：“妻得不经其夫的同意具有从事某种职业的权利，并为此职业的需要，得单独随时对其有完全所有权的个人财产进行让与或承担义务”。而有的国家仍然设定了种种限制，如瑞士民法规定，妻子从事社会职业必须“取得夫的明示或默示的承诺”；如果丈夫禁止妻子从事某项职业，经申报由主管官厅公告后便发生对抗善意第三人的效力；对于夫的禁止，妻可以提起诉讼，但必须“能证明其就业对婚姻共同生活或家庭有益”。

（二）我国法律中的夫妻人身自由权

我国法律赋予夫妻双方以充分、平等的人身自由权。鉴于广大妇女长期处于受压迫、受束缚的地位，法律规定的重点无疑在于保护妻方的这项权利。

还在中国共产党领导的新民主主义革命中，就把保证妇女，特别是已婚妇女享有与男子平等的自由权利视为实现妇女解放的一个重要方面，并在各个革命根据地的法律中作了明确规定。1949 年 9 月的《中国人民政治协商会议共同纲领》宣布：“废除束缚妇女的封建制度”，并确立了一项基本的宪法原则，即“妇女在政治的、经济的、文化教育的、社会的生活各方面，均有与男子平等的权利”。这一原则被建国后各部宪法所肯定，成为夫妻享有平等人身自由权立法的根本依据。

我国 1950 年《婚姻法》第 9 条规定：“夫妻双方均有选择职业、参加工作和参加社会活动的自由”。1980 年《婚姻法》对它作了必要的修改和补充，规定为“夫妻双方都有参加生产、工作、学习和社会活动的自由”，并强调“一方不得对他方加以限制和干涉”。1992 年的《中华人民共和国妇女权益保障法》从全面保护妇女合

---

〔18〕 此处引文系根据商务印书馆 1985 年世界学术名著版马香雪转译本。参见该书第 211 页。

〔19〕 应该说明，妇女就业比例的增长只反映了问题的一个方面，从职业分布看，绝大多数妇女所从事的仅是事务性工作，收入普遍低于男性。

法权益的角度进一步细化了已婚妇女的各项人身自由权。

我国法律规定的夫妻人身自由权,首先是双方都有参加生产、工作的权利。这里的生产泛指一切生产活动,这里的工作指社会性工作,主要是一定的社会职业。随着经济体制改革的深入发展,生产和工作的内容发生了一定的变化,应该理解为能够取得劳动报酬或者经营收入的一切社会劳动。在我国的社会主义制度下,已婚妇女的在业率处在世界领先水平,《妇女权益保障法》以实现完全的男女平等为宗旨,在保护妇女的劳动权益方面作了详尽规定,除了平等录用、男女同工同酬等外,针对已婚妇女的专门规定有:妇女在孕期、产期、哺乳期受特殊保护;任何单位不得以结婚、怀孕、产假、哺乳等为由,辞退女职工或者单方解除劳动合同,等等。

我国法律规定的夫妻人身自由权,其次是双方都有参加学习的自由。这里的学习,不仅包括正规的在校学习,而且包括扫盲学习、职业培训以及其他各种形式的专业知识和专业技能学习。在社会主义现代化建设的进程中,“科学技术是第一生产力”的观念已经深入人心。在加强基础教育的同时,必须大力提高全民的科学文化素质,包括提高已婚男女的文化水平,保障夫妻双方参加学习的权利具有重要的意义。我国《妇女权益保障法》规定:“各级人民政府应当依照规定把扫除妇女中的文盲、半文盲工作,纳入扫盲和扫盲后继续教育规划,采取符合妇女特点的组织形式和工作方法,组织、监督有关部门具体实施”;并且“应当采取措施,组织妇女接受职业教育和技术培训”。

我国法律规定的夫妻人身自由权,还包括双方自由参加社会活动的权利。这里的社会活动,包括参政、议政活动,科学、技术、文学、艺术和其他文化活动,各种群众组织、社会团体的活动,以及各种形式的公益活动等。法律赋予婚姻双方以这种权利,既是公民民主权利在家庭关系中的反映,也是社会主义夫妻关系本质的要求,同时还是促进国家和社会发展的需要。1950 年 4 月中央人民政府法制委员会《关于中华人民共和国婚姻法起草经过和起草理由的报告》曾经指出,这一法律规定“反映出新家庭与国家间和社会间相互关系的新时代,也即是把家庭利害与国家和社会利害有机结合的新时代”。这一说明已经被近半个世纪的历史所证明,对于我们今天理解这一规定的精神仍是具有重要价值的。

毋庸置疑,夫妻人身自由权的行使,必须符合社会主义道德和法律的要求,既不能超越道德和法律的界限,也须做到与其他权利义务的协调一致。同时,夫妻双方应互相尊重,任何一方都不得对他方行使人身自由权进行非法的限制或干涉。在当前,特别应该注意消除重男轻女、男外女内观念的影响,提倡夫妻双方合理分担家务,确保已婚妇女的人身自由权利,充分发挥她们在社会主义现代化事业中的积极作用。

三、夫妻住所选定权

(一)外国法律中的住所选定权

夫妻住所选定权是指选择、决定夫妻婚后共同生活住所的权利。在外国法中,这种住所称做婚姻住所(Marimonial domicile),以区别于一般意义上的居所(A-bode)。

在漫长的古代社会里,妇从夫居一直被视为天经地义的准则。即使资本主义制度形成后,由丈夫决定婚姻住所也长期是各国立法的通例。当代西方国家关于住所选定权的法律大体分为三种类型。第一种是继续实行夫方本位制。如《瑞士民法典》第160条规定:"夫决定婚姻住所并应以适当的方式扶养妻及子女"。第二种是改变立法角度,转而强调夫有提供婚姻住所的义务,而妻有在该住所居住的权利。如英国1967年的《婚姻住所法》和1970年的《婚姻程序及财产法》规定,即使夫对婚姻住房并无产权,未经司法裁判也不得强行令妻迁移。第三种是通过改革,采用夫妻协商决定婚姻住所的原则。如法国1975年7月将原来民法妇从夫居的规定修改为"家庭的住所应设在夫妻一致选定的处所"。

(二)我国法律中的婚姻住所问题

在中国古代社会的宗法制度下,妻于婚后加入夫之宗族,自然从夫之居,赘婿则从妻之居。到了近代,1930年的《中华民国民法》第1002条仍然规定,妻以夫之住所为住所,赘夫以妻之住所为住所。

新中国成立后,1950年《婚姻法》未对婚姻住所问题作出明文规定。1980年《婚姻法》第8条(修改后为第9条)规定:"登记结婚后,根据男女双方约定,女方可以成为男方家庭的成员,男方也可以成为女方家庭的成员。"严格地说,这一条并不是关于婚姻住所的直接规定。但是,从其立法宗旨着,无疑在于破除男娶女嫁、妻从夫居的传统,提倡男到女家落户,在一定程度上具有婚后住所选择的意义。当然,除了可以选择男方或者女方家庭的原有住所作为婚姻住所之外,夫妻双方还可以设定单独住所。无论如何安排,双方地位平等是我国夫妻关系的原则和特征,通过自愿协商选择婚姻住所是我国法律的基本精神。

应该看到,婚姻住所的确定固然关系到男女双方的地位,但它不是一个单纯的法律问题,而是一个复杂的社会问题,既受到传统习惯的影响,也受着客观条件的制约。从立法和实践两方面来认真加以解决,不但有利于普遍树立住所选定权利男女平等的观念,而且对于摆脱重男轻女思想的束缚具有重要意义。通过各方面的努力创造良好的物质条件,从而保证夫妻双方有充分协商选择的自由,尤其是为女方创造必要的婚后居住环境,是一个需要认真解决的问题。为此,我国《妇女权益保障法》第23条规定:“在分配住房和享受福利待遇方面男女平等”;第30条规定,在农村,“批准宅基地,妇女与男子享有平等权利,不得侵害妇女的合法权益”。

另外,需要指出的是,在我国法律中,对“家庭”和“家庭成员”的概念并没有作出统一的明确的说明,人们可以从“共同居住”、“共同生活”、“具有亲属法上的权利义务”或者“同在一个户籍单位”等不同角度作多种意义的理解。因此,现行《婚姻法》的有关规定在具体含义上存在着不确定因素,人们只能从习惯上而不是从法律上理解和执行。这是需要在重新制定婚姻家庭法时进一步加以完善的。从立法的角度考虑有两个可供选择的方案。一个是对“家庭”、“家庭成员”作出确切定义,其中应该包含共同居住的内容;另一种是从“婚姻住所”的意义上对该条作必要修改,比如规定,结婚的男女双方应当协商决定婚姻住所。可以选择男方或者女方原来的住所作为婚姻住所,也可以另外设定婚姻住所。

四、同居及忠实义务

(一)同居义务

夫妻同居义务,指男女双方以配偶身份共同生活的义务。它是一种实质意义上的义务,并不仅仅是指夫妻在形式上共同生活于同一场所。有的外国学者认为,婚姻共同生活包括身体的和精神的共同生活两大方面;有的则认为应该是家的共同与性的共同。从广义上理解,夫妻同居除了有共同的婚姻住所之外,大体包括四个方面的内容:第一是夫妻间的性生活。第二是夫妻共同的精神生活,主要是彼此基于配偶身份的互相理解与慰藉。第三是夫妻互负扶助(或称协助、救助)的义务,即互相帮助与照顾的义务。有的学者认为它是一项独立义务。实际上,由于它派生于夫妻同居关系,可以视为同居义务的一个内容,若干国家的法律也是在同一条款中加以规范的。第四是夫妻共同承担对其他家庭生活所负的义务。一般的亲属法理论都认为,同居是夫妻之间的本质性义务,是夫妻这种特殊社会关系固有的要求,是婚姻关系成立的当然后果,也是这种关系得以维系的基本要件。但是,这种义务得在一定条件下暂时或部分中止履行。

关于有关国家的夫妻同居义务立法,应该说明以下三点:

第一,古代法律普遍确认妻对夫的人身依附关系,故片面强调妻有与夫同居的义务。前期资本主义立法并未脱离这一窠臼,只是晚近以来才有所改进。如1804年的《法国民法典》规定:“妻负与夫同居之义务”,而“夫有收留其妻……之义务”,直到1970年才改为“夫妻互负共同生活的义务”;日本“旧民法”规定:“妻负有与夫同居之义务”,“夫须许妻与之同居”,1947年始改为“夫妻须同居,相互协力,相互扶助”。

第二，关于夫妻同居义务的中止履行，存在两种不同情况。一种是因正常理由而暂时停止同居，如一方因处理公私事务的需要而在较长的时间内合理离家，一方因生理方面的原因对同居义务的部分或全部不能履行等等。一般地说，这种中止对夫妻关系不产生实质性影响，当一定的条件消失后，夫妻同居义务便自然恢复，所以法律通常不作专门的规定。另一种是因法定非客观性事由而停止同居，许多国家法律都设有相关条款。如《德国民法典》第 1353 条第 2 款规定："夫妻的一方对他方在建立共同生活后所提出的请求，显然为滥用其权利或者婚姻已破裂时，无承诺的义务"。《墨西哥民法典》第 163 条规定："如果一方并非出于公务需要或社团业务需要将自己的住所迁移至国外，或是在不卫生或不恰当的地点定居，法院可以因此免除配偶他方的这种（同居）义务。"《瑞士民法典》第 170 条规定："配偶一方，在其健康、名誉或者经济状况因夫妻共同生活而受到严重威胁时，在威胁存续期间有权停止共同生活；提起离婚或分居的诉讼后，配偶双方在诉讼期间均有停止共同生活的权利。"

第三，关于无故不履行夫妻同居义务的法律后果，按照有关国家法律的规定大致可分两类。一类是申请法院裁决，由不履行义务的一方承担财产损害和精神损害赔偿责任，如法国；另一类是视不履行同居义务为遗弃行为，成为"司法别居"的一个法定理由，如英国。而这种义务不得采用直接强制手段迫使当事人履行则是一种通例。

（二）忠实义务

夫妻的忠实义务主要是指贞操义务，即专一的夫妻性生活义务。扩大的解释还包括不得恶意遗弃配偶地方，不得为第三人的利益而损害或牺牲配偶他方的利益。但在立法上多不包含扩大的意义。

在父权家长制下，出于维护男系血统的需要，法律对妻方的贞操要求极其严格，对失贞妇女的处罚也非常严厉，而对夫方的通奸行为却相当宽容，且往往承认男子纳妾的合法性。早期资本主义法律对于贞操义务的态度仍是严于妻而宽于夫，依《拿破仑民法典》的规定，夫得以妻与他人通奸为由诉诸离婚，而妻仅能以夫与他人通奸并在婚姻住所姘居为由诉请离婚。日本"旧民法"也只以妻有通奸行为作为离婚理由，而将夫的通奸行为排斥在外。只是到了近代，资本主义各国法律才普遍把夫妻置于平等地位，规定双方互负贞操义务，并视之为维护夫妻关系特质及其稳定的一个要素。但是，在实际生活中"性解放"思潮的泛滥对西方的贞操观念和法律制度造成了很大冲击，是引起家庭关系动荡的一个重要原因。

由于违反贞操义务的行为涉及第三方，所以有关法律责任的问题比较复杂。就夫妻双方而言，多数国家的法律都规定无过错一方可据此为由提起离婚之诉，并可在离婚时请求对方给予精神损害赔偿,但对他方过错表示"宥恕"(包括超过一定期限)者除外。就第三方而言,一些国家的法律适用侵权行为法,一方面允许受害方向与其配偶通奸之第三人提起停止妨害之诉,另一方面赋予受害方向加害方要求损害赔偿的权利。如依照日本民法的解释,与妻方通奸的第三人,其行为构成对夫权的侵害,应负损害赔偿责任;按照日本判例,对与夫通奸之第三人,妻亦可请求损害赔偿。依照法国民法解释,配偶一方对与他方通奸之第三人,可依民法关于侵权行为的规定索取赔偿;如不停止通奸关系,得请求间接强制罚金;依其判例,配偶一方的通奸行为被他方当场发现,第三人所签有确定金额的赔偿契约应认定为有效。

(三)我国夫妻同居及忠实义务立法

我国1950年《婚姻法》第7条规定:"夫妻为共同生活的伴侣";第8条规定:"夫妻有互爱互敬、互相帮助、互相扶养、和睦团结、劳动生产、抚育子女、为家庭幸福和新社会建设而共同奋斗的义务"。这两条规定中显然包括着夫妻互负同居与忠实义务的含义。诚然,从文字表述上看,有的规定或许并非无可挑剔,比如,把"互爱"这种纯属感情方面的问题作为一种法律义务未必尽妥;"为家庭幸福和新社会建设而共同奋斗"更像口号而不宜于作为法律规则,它们既无法把握执行中的客观标准,也难以确定违反这些义务的法律责任。但是,作为导向性规范,这些规定对于调整新中国建立以后的夫妻关系,促进新型的婚姻家庭制度的形成与发展,发挥了不容否认的重要的积极作用。

1980年《婚姻法》,既删去了1950年法律中的部分内容和号召性文字,也没有再用其他形式对夫妻同居及忠实义务加以明确规定。这在理论上和实践上都造成了一些值得审视的问题。出于完善婚姻家庭立法,规范公民婚姻生活的需要,2001年修改后的《婚姻法》在总则部分设置了"夫妻应当互相忠实,互相尊重"的条款,并且规定:"禁止有配偶者与他人同居"。同时,在"离婚"一章将"有配偶者与他人同居"作为法院判决离婚的法定理由之一;在"救助措施与法律责任"一章规定,因"有配偶者与他人同居"而导致离婚的,无过错方有请求损害赔偿的权利。(详细内容请参见有关章节)这就在一定程度上明确了夫妻之间共同生活和相互忠实的准则,并使之成为夫妻人身关系的重要内容。无疑,修改后的《婚姻法》的有关规定符合社会主义婚姻关系本质的要求,也有利于维护当事人的根本利益,为在一定程度上解决社会上因事实重婚、纳妾、"包二奶"、姘居、通奸等现象增多引发的种种矛盾提供了法律依据,对弘扬中华民族的传统美德,倡导文明、进步的婚姻观,提高婚姻的质量,维护婚姻家庭的稳定都具有重要意义。

关于我国目前的同居和忠实义务立法,需要说明如下两点:

第一,修改后的《婚姻法》并没有在“家庭关系”一章明确设定夫妻同居义务。另外,有关婚姻关系存续期间一方对他方的强制性性行为是否构成“强奸”的问题,在理论上和实践上都存在许多争议。这些需要在重新制定婚姻家庭法律时进一步加以考虑。

第二,修改后的《婚姻法》关于“夫妻应当互相忠实,互相尊重”和“禁止有配偶者与他人同居”的条款,规定在“总则”之中。最高人民法院《婚姻法》解释(一)就审判工作中如何理解和执行做了两点说明。一点是对“有配偶者与他人同居”做了界定,明确它是指“有配偶者与婚外异性,不以夫妻名义,持续、稳定地共同居住”。另一点是:以这一原则性规定“为依据提起诉讼的,人民法院不予受理;已经受理的,裁定驳回起诉”。这意味着,除了夫妻双方通过诉讼程序离婚时,一方可以按照《婚姻法》分则中的有关规定将对方“与他人同居”作为离婚理由,以及可以据此请求损害赔偿之外,在婚姻关系正常存续状态下,不得以对方“与他人同居”为由向对方或者第三人提起诉讼。尽管对于法律原则有无具体适用的效力这一问题,学术界存在不同意见,但是在审判工作中仍然要按照上述司法解释执行。

五、计划生育义务

(一)计划生育义务的性质与特点

《中华人民共和国婚姻法》第 12 条规定:“夫妻双方都有实行计划生育的义务。”这是我国计划生育基本国策和宪法有关原则在夫妻关系法中的具体体现。

一般说来,夫妻的权利义务关系多发生在配偶双方之间,一方的权利或义务往往就是另一方的义务或权利。计划生育义务则具有特殊性质,它是夫妻双方对社会所承担的共同义务。

由于人口的繁衍直接关系到社会的生存和发展,用法律手段来调节人们的生育行为,确立相应的导向和要来,在历史上就曾屡见不鲜。人口的增长和素质与可持续发展有着密不可分的关系,在当代世界日益受到广泛的关注,“计划生育”已经成为全球公认的概念和重要的话题。1994 年在开罗召开的国际人口与发展会议,把“计划生育”作为专章写入了《行动纲领》;许多国家正在从不同角度制定和完善人口与生育方面的法律。如印度尼西亚制定有《人口与幸福家庭发展法》,土耳其制定了《人口计划法》,墨西哥把生育规范纳入了《民法典》的“婚姻编”,等等。我国第九届全国人民代表大会常务委员会于 2001 年 12 月 29 日通过了《中华人民共和国人口与计划生育法》,并从 2002 年 9 月 1 日起生效。

我国的计划生育以降低人口增长速度,控制人口数量,提高人口素质为基本目标。这是解决人口与经济、社会、资源、环境协调发展问题,维护全体人民根本利益,保证社会主义现代化事业迅速发展的需要。需要明确的是,权利和义务相一致是我国的一项基本法律原则。现行《婚姻法》规定夫妻负有计划生育的义务,虽然突出了它的“义务”性质,但并不是对公民生育权利的否定。我国宪法明文规定婚姻、家庭、母亲和儿童受国家保护,既对公民合法的婚姻和生育权利给予了充分肯定,又确认了国家的保护责任。以此为根据,《人口与计划生育法》、《母婴保健法》规定各级政府的职责,以及包括建设计划生育服务网络在内的一系列保护公民婚育权利的措施。当然,法律权利并不等于不受限制的“自由”,生育权利也不等于“生育自由”。正是从权利义务统一的意义上,要求已婚公民在享受法定权利的时候,必须从民族兴旺和国家前途的大局出发,承担社会责任,履行法律义务。另外,实行计划生育的重点在于“有计划地”生育子女,绝不意味着必须生育。我国的《妇女权益保障法》明确规定:“妇女有按照国家有关规定生育子女的权利,也有不生育的自由”。

(二)计划生育义务的内容和要求

贯彻计划生育基本国策,要求国家对人口再生产进行宏观调节,把人口发展纳入国家计划,使之与经济和社会发展计划相适应。同时,人口再生产是通过每一个家庭进行的,微观上表现为夫妻的生育活动。我国《婚姻法》规定的夫妻承担计划生育义务,就是要求在国家计划的指导下,依照法律规定,制定家庭生育计划。其中包括生育还是不生育,生育时间,避孕、节育措施,对子女的抚育等。

履行计划生育义务是夫妻双方共同的法律责任。在古代宗法制度下,生儿育女被视为女性对家庭承担的一项义务。这种女性生育义务本位的影响极其深远,以至于现在还有人认为计划生育仅仅是或主要是妻方义务。这不但违背夫妻家庭地位平等原则,也不符合生育问题的实际情况,势必不利于计划生育工作的开展。我国法律把实行计划生育的义务赋予“夫妻双方”,要求的就是夫妇统一认识,互相配合,协商处理与计划生育有关的各项具体问题。

最高人民法院在《婚姻法》司法解释(三)中指出:夫以妻擅自中止妊娠侵犯其生育为由请求损害赔偿的,人民法院不予支持;夫妻双方因是否生育发生纠纷,致使感情确已破裂,一方请求离婚的,人民法院经调解无效,应依照婚姻法第32条第3款第5项的规定处理。夫妻是生育行为的共同主体,均享有生育权,但妻方是更为直接的生育主体,生育方面的负担和风险,主要由妻方承受,依照我国妇女权益保障法的规定,妇女有生育的权利,也有不生育的自由。上述生育纠纷导致婚姻确已破裂、调解无效时,离婚也不失为一种救济方法。

夫妻双方共同履行实行计划生育的义务,一方面必须克服重男轻女陈腐观念的影响,树立生男生女都一样的观念;另一方面必须严格遵守法律规定,比如不得进行非法的胎儿性别鉴定和选择性终止妊娠,不得溺弃女婴,不得歧视、虐待、迫害和遗弃生育女婴的妇女,不得超计划生育,采用人工生殖技术必须依法进行并经夫妻双方同意等。

按照《人口与计划生育法》的规定,实行计划生育,"应当以避孕为主"。从积极的方面认真采取措施,避免计划外怀孕,尽量减少人工终止妊娠手术,以利于保障妇女的身体健康。为了切实贯彻这一要求,"育龄夫妻应当自觉落实计划生育避孕节育措施,接受计划生育技术服务指导"。认真履行计划生育义务的育龄夫妻,可以免费享受国家规定的基本项目的计划生育技术服务。国家对实行计划生育的夫妻,按照规定给予奖励;晚育公民可以获得延长生育假的奖励或者其他福利待遇;公民实行计划生育手术,享受国家规定的休假以及地方人民政府给予的奖励;自愿终生只生育一个子女的夫妻,国家发给《独生子女父母光荣证》,按照国家和地方的有关规定享受独生子女父母奖励;独生子女发生意外伤残、死亡,其父母不再生育和收养子女的,地方人民政府应当给予必要的帮助。这些规定,形成了一个相对完整的计划生育奖励机制,它们的贯彻执行,有利于促进已婚育龄夫妻自觉履行法律规定的实行计划生育的义务。

第三节 夫妻财产关系

一、夫妻的财产所有权

(一)夫妻财产制的概念

夫妻财产关系是派生于夫妻身份关系的重要法律关系,既是夫妻共同生活关系不可缺少的内容,也是实现家庭经济职能的基础性要素。夫妻财产关系包括夫妻的财产所有权、夫妻间的扶养关系和夫妻财产继承权等。其中,夫妻的财产所有权是夫妻关系存续期间财产关系的核心,因其涉及双方各自的、共同的以及第三人的权益而受到各国法律的普遍重视。

夫妻财产制是夫妻财产所有权的一般法律表现形式。夫妻财产制(Matrimonial regime)又称婚姻财产制,是关于夫妻婚前财产和婚后所得财产的归属、管理、使用、收益、处分,以及债务的清偿、婚姻解除时财产清算的根据等方面的法律制度。夫妻财产制与夫妻身份关系一样,总是与一定的社会制度相适应的。某一个国家采取什么样的夫妻财产制,首先决定于它的社会生产关系,所以,不同社会制度下的夫妻财产制具有不同的本质;同时又受着自身立法传统、风俗习惯以及其他思想、文化因素的影响,因此,即使在相同的社会制度下,夫妻财产法律制度也存在着许多差别。

从发生的角度说,夫妻财产制分为法定财产制和约定财产制两种。

法定夫妻财产制(Statlutory regime as to marital property)指在配偶双方婚前和婚后均未就财产关系作出约定,或是所作财产约定无效的情况下,依照法律规定当然适用的夫妻财产制。有些国家的法律或法学理论称之为"正常的夫妻财产制"或"补充的夫妻财产制"。若干国家的法律不允许夫妻进行财产约定,法定财产制是推一适用的夫妻财产制。

约定夫妻财产制(Contractual regime as to marital property)指夫妻以合法约定的形式决定婚姻财产关系的制度。它在多数国家的法律中得到充分肯定,与法定财产制相比具有优先适用的效力,即夫妻财产约定一旦成立并有效,便不再适用法定财产制。但是不同国家对约定财产制的具体规定范殊多不同,有详略之分和宽严之别,内容也各有特点。综合起来看大体分为两大类。一类是英国、日本等国家采取比较宽松的态度,对当事人约定的内容不加严格限制,在程序上亦无特别要求。另一类是瑞士、德国等国家采取比较严格的态度,法律中规定了具体的限制。一方面是在内容上,明确约定时可供选择的财产制和不得抵触的事由。如瑞士民法规定,缔结夫妻财产契约,须在一般共同制、限定共同制、限定所得内共同制、分别财产制之中选择其一;德国民法规定,"夫妻财产制不得参照已失效的法律或外国的法律确定之"。另一方面是在程序上,要求夫妻双方订立要式契约。如瑞士、德国民法均规定夫妻财产契约须以书面订立并应经过公证;这类契约只有在指定机关登记后,或为第三人所明知时,才产生对抗第三人的效力。

(二)夫妻财产制的主要类型

古代的夫妻财产关系与"夫妻一体主义"原则相适应,体现着男尊女卑的特点。我国古代实行家族或者家庭的财产共有制度,并没有独立的夫妻财产制,妻子也无个人财产权利可言。许多其他国家如古巴比伦、古印度、古希腊、古罗马前期以及中世纪的欧洲国家等,大多实行被称为"吸收财产制"的夫妻财产制度。在这一制度下,除夫的财产为其本人专有外,妻子携入的财产及婚后所得财产的所有权、管理权及用益权皆归属于夫;只是在个别情况下,夫应在婚姻关系解除时返还妻的婚前财产。

早期资本主义法律曾采用"统一财产制"(Unity of property rugime)。其特点是妻将婚前财产的产权交夫统一享有,仅保留返还请求权;在婚姻关系终止时,夫须把这笔财产或其折价金额返还给妻或妻的继承人。这种财产制在局部上注意到妻子的一定权益,较之吸收财产制有所进步,但它又将妻对婚前财产的所有权转变为对夫的一种债权,使女方处于十分不利的地位。它无疑仍然带有浓厚的夫权主义色彩，已为晚近的立法所抛弃。

20世纪以来各国法律中确认的夫妻财产制，主要有以下三种：

1. 联合财产制（Union of property）

此种制度的特点是夫妻各享个人财产的所有权，但双方财产应联合由夫管理；夫对妻的财产享有占有权、用益权，甚至是处分权，而以负担婚姻生活费用为代偿；夫妻关系终止时，妻的财产始由其本人收回或由其继承人继承。这一制度源于中世纪日耳曼法，被许多资本主义国家所继承并加以发展。如1900年《德国民法典》规定："妻之财产因结婚而归夫管理及用益"；"妻未得夫之同意而以单独行为处分其携入财产者无效"。联合财产制较统一财产制有明显进步，但夫妻双方仍处于不平等地位，故第二次世界大战以后，许多采用这一制度的国家如日本、德国等已改用新制。晚近以来，一些国家和地区，包括我国的台湾地区，在立法上已改为，根据规律双方约定，联合财产可由夫管理，也可由妻管理。

2. 分别财产制（Separation of property regime）

此种制度的特点是夫妻双方婚前及婚后所得财产均归各自所有，单独行使管理、用益和处分权；但不排斥妻以契约形式将其个人财产的管理权交付于夫，也不排斥双方拥有一部分共同财产。这种制度的雏形形成于罗马万民法的"无夫权婚姻"之中，唯在当时夫对妻之"嫁资"仍有处分权。近代许多国家采用夫妻分别财产制。以英国为例，其1882年《已婚妇女财产法》规定，凡1883年1月1日后结婚的妇女，有权以其婚前所有和婚后所得的动产及不动产作为分别财产，单独行使所有权及处分权；1935年的《法律改革（已婚妇女与侵权行为人）法》进一步规定，已婚妇女有取得、占有和处分任何财产的能力，有对任何侵权行为、契约、债务、义务主动地或被动地承担责任的能力，这就通过确认已婚妇女财产权利的方式肯定了夫妻分别财产制。同时，英国法律规定，夫妻之间为满足婚姻共同生活和抚育子女之需，可用协议设定婚姻财产；一方用货币或货币的价值的方式对他方财产的增加作出了明显贡献的，有权占有该项财产的相当份额。这些都是对分别财产制的补充。目前，属于英美法系的国家多采用这一制度；个别大陆法系国家如日本也以分别财产制为法定夫妻财产制；[20] 还有一些国家把分别财产制作为可供选择的约定财产制之一。

分别财产制充分肯定了已婚妇女的个人财产权利，是"夫妻别体主义"的产物，就反对夫权而言具有积极的意义。但在西方社会，妇女的就业机会和经济收入

〔20〕 1947年修正的《日本国民法》第762条规定："夫妻一方的婚前财产及婚姻中以自己名义所得财产为其特有财产"；惟"夫妻间归属不明的财产推定为双方共有"。

大多低于男子,双方拥有的财产数量往往存在明显差距;同时,女方在家庭生活中承担着较多的义务,而在法律上男方仅负扶养责任,这种报偿与相应从业活动所得报酬并不适应,这就不可避免地形成实际上的不平等。

3. 共同财产制(Community of property)

此种制度的特点是夫妻双方财产的一部或全部依法合并为共有财产,按共同共有原则行使权利,承担义务,婚姻关系终止时始加以分割。根据共有财产范围的广狭,它有多种不同的类型,最重要的是两类。

第一类是一般共同制,即不论是夫妻各自的婚前财产还是婚后所得财产,也不论是动产还是不动产,一律属于夫妻共有,只是法律另有特别规定的除外。有的学者把设定例外的一般共同制称为"限制的一般共同制"。巴西、荷兰等国以一般共同制为法定夫妻财产制,瑞士、德国等将其列入约定财产制。

第二类是婚后所得共同制,即婚姻关系存续期间双方所得财产原则上属于夫妻共有财产,婚前财产仍归各自所有。所谓婚后所得"原则上"属于夫妻共有,是因为采用此制的各国法律多规定若干婚后所得属于各自的特有财产,不列入共有范围。由于有关规定多有差异,仅以现行《法国民法典》的规定说明之。按照1965年7月13日的法律,法国对原有制度作了调整,改行婚后所得共同制为其法定夫妻财产制。依其规定,夫妻在婚姻期间共同或分别取得的财产,包括个人的职业收入、原有财产所收取的果实等,不管是动产或不动产,如不能证明依法应属于夫妻一方时,均是共同财产。但下列财产即使为婚姻期间所取得,也属于各自所有的财产:一切具有个人特点的财产及专属个人的权利,如夫妻一方的衣服及其使用的日用布制品、赔偿身体或精神上损害的诉权、不能让与的债权及补助金等;一方为其职业所需的劳动工具,但如该工具为其商业资产的附属物时除外;由继承、赠与或遗赠而取得的财产,但夫妻为共同继承人或受赠人的不在其列;个人所有有价证券的增值,等等。

除了上述三种主要的夫妻财产制外,尚需对妆奁制作必要说明。妆奁(dot)又称为"嫁资",即妻子陪嫁的财产。妆奁制指关于奁产的提供、所有、管理、收益、处分及返还等的法律制度。妆奁制产生于古代社会,在古罗马法律中,它是一项重要的财产制度。近现代若干西方国家如法国、瑞士、意大利、巴西、葡萄牙、西班牙等,继承罗马法传统,曾经或仍在法律中设定奁产制度。如瑞士民法规定:"夫妻财产契约,可约定妻将财产中的一部分作为嫁资交付于夫,以分担婚姻生活费用"。依照西班牙法律规定奁产由财产和权利组成。在世双亲一般均须为其婚生女儿提供妆奁;如父母双亡,女子的妆奁相当于她应得遗产的一半。对于可估价奁产,在婚姻期间归属于夫,夫承担恢复原价值的义务;不可估价的奁产则由夫享有用益权。

在婚姻终止、夫失去管理能力或依法院命令应予返还时，奁产应追还给妻或者其继承人。印度于1961年立法全面废止妆奁制，但实施效果并不尽如人意。

（三）我国的法定夫妻财产制

1. 我国法定夫妻财产制的立法沿革

如前所述，我国古代实行亲属团体的财产共有制度，并无独立的夫妻财产制可言。进入近代社会以后，清朝末年及北洋政府的法律大体仍依古制。国民党政府1930年公布的《民法亲属编》规定以联合财产制为法定夫妻财产制，其主要内容为：除特有财产外，结婚时属于夫妻之财产及婚姻关系存续中夫妻所取得之财产为其联合财产，由夫管理并负担管理费用；妻对于本人之原有财产保有所有权，〔21〕但夫享有用益权及其孳息的所有权；夫对于妻之原有财产为处分时应征得妻之同意，但为管理上所必要之处分除外；联合财产需加分割或妻死亡时，妻之原有财产归其本人或其继承人，如有短少依归责原则决定是否应予补偿。显而易见，这是一种维护夫方片面权益的不平等夫妻财产制度。

中华人民共和国成立后，1950年《婚姻法》宣布全面废除封建主义婚姻制度，实行新民主主义婚姻制度。其第10条规定："夫妻双方对于家庭财产有平等的所有权与处理权"。关于"家庭财产"的内容，中央人民政府法制委员会所作的法律解释是："家庭财产主要不外下列三种：（1）男女婚前财产；（2）夫妻共同生活时所得的财产，其中包括双方或一方劳动所得的财产、双方或一方在此时期内所得的遗产或赠与的财产；（3）未成年子女的财产（如土地改革中子女所得的土地及其他财产等）。"关于这些财产的权利归属及行使，立法解释为"使夫妻间无论在形式上或实际上都能真正平等地共同所有与共同处理第一和第二两种家庭财产以及共同管理第三种家庭财产。"〔22〕这就是说，夫妻双方对各自婚前财产和婚后所得财产共同行使所有权，对未成年子女的财产共同行使管理权，即实行夫妻财产的一般共同共有制。这一规定一方面"是针对着中国绝大多数人作为一般通例的夫妻财产关系"，即充分考虑了民族传统习惯；另一方面体现了"男女权利平等和夫妻在家庭中地位平等之原则"，它"既区别于封建时代那种完全公开否定妻方对家庭财产有所有权与处理权的法令；又区别于某些资本主义国家在妇女'没有独立行为能力'的掩盖下实际上否定妻方对家庭财产的所有权与处理权的法律；同时也区别于半

〔21〕 依其规定，妻的原有财产包括其婚前财产及婚姻存续中因继承或其他无偿取得之财产。

〔22〕 中央人民政府法制委员会：《关于中华人民共和国婚姻法起草经过和起草理由的报告》（1950年4月14日）。

封建半殖民地的国民党政府关于这个问题所精心拟构的无耻诳骗妇女的法律。"[23]它的实施,对于我国夫妻关系财产法律制度的革命发挥了重要作用,为社会主义夫妻财产法的发展完善奠定了初步基础。

我国1980年《婚姻法》在原来法律规定的基础上对夫妻财产制度进行了必要调整,其第13条规定:"夫妻在婚姻关系存续期间所得的财产,归夫妻共同所有,双方另有约定的除外。"这就把法定夫妻财产制由原来的一般共同制修改为婚后所得共同制。它继承了新中国成立以后实行30年的法定夫妻财产制的基本精神,以确认共同财产制为立法原则,既大体符合我国传统的夫妻财产观念,便于为广大人民群众所接受,又充分考虑到男女两性在经济收入方面的实际状况,尤其是有利于对多数由妻子承担的家务劳动进行充分评价,体现了男女平等和保护妇女合法权益的精神。同时,它对婚前财产和婚后所得加以区分,确认不同的所有权,既反映了我国妇女经济地位已经显著改善的实际,又有利于对公民个人财产权利的肯定与保护。另外,它把夫妻个人财产、夫妻共有财产和其他家庭成员的个人财产、家庭成员共有财产作了严格界定,加以区别,既克服了原《婚姻法》在文字表述上比较模糊的不足,又明确了家庭生活中各种不同性质财产的范围及相应权利。

但是,在20年来的实践中,1980年《婚姻法》关于夫妻财产制的规定逐渐暴露出一些不足,已经不能完全适应我国经济关系发展和公民财产关系变化的实际需要。最突出的问题是它对法定财产制的规定过于原则,操作起来相当困难,尤其是没有设定个人特有财产,这就导致对个人财产所有权的保护不够充分。在司法审判中,对于实际生活中出现的许多具体问题需要依照司法解释处理,而有关的司法解释实际上并不尽合理。比如,最高人民法院在1989年发布的《关于人民法院审理离婚案件处理财产分割问题的若干具体意见》规定:"一方婚前个人所有的财产,婚后由双方共同使用、经营、管理的,房屋和其他价值较大的生产资料经过8年,贵重的生活资料经过4年,可视为夫妻共同财产"。这种所谓"财产转化"缺乏法理和法律根据,与"保护公民财产所有权"的原则不尽符合。2001年《婚姻法》修正案以及相关司法解释对原来的规定做了必要的修改和补充,使现行的法定夫妻财产制更加完善、合理。[24]

---

〔23〕 中央人民政府法制委员会:《关于中华人民共和国婚姻法起草经过和起草理由的报告》(1950年4月14日)。

〔24〕 最高人民法院《婚姻法》司法解释(一)第19条规定:"婚姻法第十八条规定为夫妻一方所有的财产,不因婚姻关系的延续而转化为夫妻共同财产。但当事人另有约定的除外"。

2. 我国现行的法定夫妻财产制

2001 年修正后的《婚姻法》关于法定夫妻财产制的规定，其特点有二：一是将婚前个人财产和婚后所得财产的权属做了更明确的规定；二是对婚后所得中属于双方共有的财产和属于一方特有的财产做了清晰的区分，尤其是它将双方婚后所得分为共有财产和个人特有财产两个部分，实际上是确立了“限定的婚后所得共同制”。其内容要点如下：

(1)夫妻共同财产的范围

根据现行《婚姻法》规定的精神，凡是认定为夫妻共同所有财产的，须具备三个要件，第一，必须是在婚姻关系存续期间双方合法取得的财产。换言之，婚姻关系被法律承认以前和依法终止以后双方所得，以及各种非法所得均不列入共同财产的范围。第二，必须是未被双方约定为个人所有的财产，或者约定无效的婚后所得。也就是说，凡是已经有效约定为个人所有的财产不再视为夫妻共有财产。第三，必须是法定个人特有财产以外的双方婚后所得财产。

按照修正后的《婚姻法》第 17 条的规定，在配偶双方采用法定财产制时，夫妻共同财产包括如下几类：

第一，工资、奖金。这里的工资、奖金，指一切为国家机关、社会团体、企事业单位和他人从事劳务活动所获取的收入。对它须作广义的理解，即工资、奖金既包括从事上述劳务活动而获得的固定工资、定额奖金，也包括不定期的和不定额的其他奖励和实物，还应当包括在职期间从事其他劳务活动的收入，以及在一些企业中的分红等其他收入；既包括从事固定工作获得的工资和奖金，也包括从事临时性劳作获得的报酬。当然，用这些收入购置的动产、不动产也都属于夫妻双方共有。按照《婚姻法》司法解释(二)的规定，“由一方婚前承租，婚后用共同财产购买的房屋，房屋产权证书登记在一方名下的”，不管是在共同生活中发生产权纠纷而引起诉讼，还是在离婚诉讼中因财产分割发生争议，均“应当认定为夫妻共同财产”。

第二，生产、经营的收益。所谓生产、经营，既包括从事个体生产劳动，也包括在工业、农业、服务业、信息业、金融证券业等领域中从事组织管理、承包、租赁、投资等经营活动。生产、经营的收益，是指从事上述一切活动所得的收益。随着社会主义市场经济的不断发展，在私营企业、个体工商户、合伙经营、承包经营，以及在股份制企业中投资所引起的夫妻财产关系日益复杂，既可能是双方共同投资、经营，也可能是以一方的名义投资、经营；在可能有一定数目，甚至是巨额收益的同时，也承担着相应的风险。依照现行法定财产制，如果当事人没有就有关财产的归属作出约定，在婚姻关系存续期间，不论是一方还是双方进行的生产活动，其收益均应属于夫妻共同共有；进行经营活动的，无论是单独的还是共同的投资和经营，其所得收益均应视为夫妻共同财产,其所负债务也应视为夫妻共同债务。

最高人民法院在《婚姻法》司法解释(三)中指出:夫妻一方个人财产在婚后产生的收益,除孳息和自然增殖外,应认定为夫妻共同财产。这一解释加强了对夫妻一方个人财产权利的保护。但也有学者认为,它似有缩小婚姻法规定的共有范围之嫌,主张只要是夫妻在婚姻关系存续期间的收益,均应归双方共同所有。至于是双方共同财产所生之收益,还是一方个人财产所生之收益,则是在所不问的。

第三,知识产权的收益。知识产权是一种智力成果权,包括著作权、商标权、专利权、发明权、发现权等,它们具有很强的人身性,但同时也会产生相关的财产权利。婚后一方取得的知识产权,其人身权利具有专属性,比如著作权中的署名权、使用许可权、修改权等均属一方所有,由所有方单独行使,其配偶不得共享。但是,因知识产权取得的经济利益,如专利转让费、作品稿酬等,则因其具有财产的属性而属于夫妻共同财产。

因知识产权所产生的财产权可能是既得权,也可能是期待权;而在期待权中,可能是确定的,也可能是不确定的。比如一部书稿,如果已经和出版社签订了出版合同,其中列有报酬的支付方法、稿酬金额或者是版税比例,尽管书籍的出版需要时日,从合同生效时起,这种收入就是确定的;如果仅仅是一部未完成或者虽已完成但是并未确定出版的著作,能否带来财产收益就处于不确定状态。在这类情形下,如果涉及共有财产的分割(不管是婚姻关系存续期间的分割还是解除婚姻关系时的分割),就必然存在一个哪些属于分割对象的问题。显然,只有确定的财产期待权才能列为可分割的共有财产范畴。为了避免诉讼中对此产生疑义,给法院的裁判提供确定的依据,最高人民法院在《婚姻法》司法解释(二)中特别说明,“婚姻法第十七条第三项规定的‘知识产权的收益’,是指婚姻关系存续期间,实际取得或者已经明确可以取得的财产性收益”。

第四,非特定性的继承或受赠财产。按照原《婚姻法》规定的精神和最高人民法院的司法解释,在婚姻关系存续期间一方或双方继承或者受赠的全部财产均属夫妻共同所有。对此,学术界、司法界和社会上有许多人提出了不同的看法,认为这类财产往往带有很强的身份性,尤其是被继承人和赠与人在遗嘱或者赠与合同中明确了夫妻一方为继承人和受赠人的,如果仍然看作是夫妻共有财产,显然违背被继承人和赠与人的意志,不利于保护公民个人财产所有权。修正后的《婚姻法》采纳了这种意见,对继承和赠与财产的归属做了必要的区分,即在婚姻关系存续期间,法定继承所得,以及发生在遗嘱继承和赠与中,被继承人或者赠与人未指定归一方所有的财产,归夫妻共同共有;凡是遗嘱或者赠与合同中确定只归一方所有的财产,不再认定为夫妻共同财产。这一规定既从关注家庭生活,满足婚姻共同体存在所必需的财产出发,体现了对夫妻共同财产权益的保证;又尊重了公民对个人所有财产的处分权,贯彻了保护个人财产所有权的法律原则。

需要注意的是,应继承的财产权利并不以遗产的分割为取得的界限。按照我国《继承法》的规定,继承自被继承人死亡时开始。这意味着,夫妻一方作为继承人应当继承且并非专属其本人所有的遗产,只要是在被继承人死亡时夫妻关系仍然处在存续状态之中的,在遗产实际分割之前一方死亡或者是双方离异,也应依法列为双方共同所有财产。

在实践中,标的较大且容易产生争议的是由一方父母出资购置,由当事人使用的房屋的所有权归属问题。如果这种房屋是父母以自己的财产和名义购置,当事人仅仅在其中居住的,其权属关系明确,自应尊重父母的房屋所有权。如果由一方父母出资购置并在当事人名下的房屋,就存在父母出资部分是对双方的赠与还是仅属于对一方赠与的问题。最高人民法院《婚姻法》司法解释(二)第22条按照前述精神,明确了出现这类问题且在诉讼中发生争议时的具体判断标准。按其规定,如果出资的父母明确表示是对一方的赠与,房屋的所有权属于受赠人;如果没有作出房屋归属的意思表示,则应区分婚前购置和婚后购置两种不同的情况。如果是婚前购置,父母的出资应当认定为对自己子女的个人赠与;如果是婚后购置,该出资"应当认定为对夫妻双方的赠与",属于夫妻双方共有。

第五,其他应当归共同所有的财产。基于实际生活的复杂性和婚姻财产的多样性,对婚后所得且应属双方共有的财产,法律难以全部罗列,因此《婚姻法》作这样一项属于补充性的规定是非常必要的。比如,一方婚前财产在婚后获取的孳息,以及婚姻关系存续期间不属于一方特有财产的其他所得,原则上应当视为双方共有。按照最高人民法院《婚姻法》司法解释(二)第11条的规定,这些财产包括:婚姻关系存续期间一方以个人财产投资取得的收益;男女双方实际取得或者应当取得的住房补贴、住房公积金;男女双方实际取得或者应当取得的养老保险金、破产安置补偿费。

另外,最高人民法院1993年发布的《关于人民法院审理离婚案件处理财产分割问题的若干具体意见》规定,在离婚时,"对个人财产还是夫妻共同财产难以确定的,主张权利的一方有责任举证。当事人举不出有力证据,人民法院又无法查实的,按夫妻共同财产处理"。这就是说,在离婚时对财产的归属有争议,又不能证明属于夫妻一方的,推定为夫妻共同财产。

(2)夫妻共同财产的处理权

财产处理权派生于财产所有权。夫妻双方对共有财产的权利原则上适用《民法通则》关于共有的规定,同时也应考虑夫妻关系及家庭生活的特殊性。我国《婚

姻法》第17条规定:“夫妻对共同所有的财产,有平等的处理权”。正确理解和执行这一规定,应当注意以下几点:

第一,夫妻对财产的共有是典型的共同共有,而不是按份共有。在婚姻关系成立之后、终止以前,共有财产是一个整体,夫妻双方不分职业、地位和收入多少,对共同财产享有平等的占有、使用、收益和处分的权利。

第二,基于亲属共同生活的特点,常常会因日常需要处理夫妻共同财产。夫妻在处理共同财产上的权利平等,并不意味着事无巨细,一切支出都要经过事先协商;出于共同生活的需要,任何一方均有权作出处分共同财产的决定,不能将一方为了日常生活需要对共同财产独立进行的处分行为理解为对他方权利的侵害。同时,通过明示或者默示的方式,赋予一方以管理日常生活支出的权利(有的国家法律将之称为“理家权”),在夫妻共同生活中是正常现象,自然是法律所允许的。

第三,夫或妻非因日常生活需要对夫妻共同财产作出重要的处理决定,双方应当平等协商,取得一致意见。在生产、经营、投资、购置或者处分不动产以及重要的动产等方面,都需要形成双方的合意,任何一方都无权擅自做出违背他方意志的重大财产处分行为。否则将形成对他方合法财产权利的侵害。同时,为了维护正常的社会主义市场经济秩序,一方以夫妻双方的名义进行对外民事行为,相对方有理由相信是夫妻双方共同意思表示的,另一方不得以“不同意”或“不知道”为由对抗善意第三人。但是,如果一方和第三人恶意串通,损害另一方的合法财产权益,行为人和恶意第三人则应承担相应的法律责任。

出于保障和社会交易安全第三人合法权益的需要,《婚姻法》司法解释(三)特别指出:一方未经另一方同意出售夫妻共同共有的房屋,第三人善意购买、支付合理对价并办理产权登记手续,另一方主张追回该房屋的,人民法院不予支持。夫妻一方擅自处分共同共有的房屋造成另一方损失,离婚时另一方请求赔偿损失的,人民法院应予支持。

第四,夫妻双方在对其共有财产享有权利的同时,还须承担相应的义务。一方面,双方在共同生活中的消费,包括应该依法支付的扶养教育费和赡养费用,都应以共同财产负担。另一方面,对于因共同财产的管理、经营活动给第三人造成的损害,双方应承担连带责任。

最高人民法院在《婚姻法司法解释(三)》中指出:“婚姻关系存续期间,夫妻一方请求分割共同财产的,人民法院不予支持,但有下列重大理由且不损害债权人利益的除外:(一)一方有隐藏、转移、变卖、毁损、挥霍夫妻共同财产或者伪造夫妻共同债务等严重损害夫妻共同财产利益行为的;(二)一方对其负有法定抚养义务的人患有重大疾病需要医治,另一方不同意支付相关医疗费用的。”我国现行法中原无非常法定夫妻财产制之设。这种非常法定夫妻财产制(有的国家在立法中称为特别财产制或共同财产制之撤销)是相对于普通法定夫妻财产制而定的。在特殊情况下出现法定事由时,经夫妻一方(或其债权人)的申请,依法定程序变共同财产制为分别财产制。有的学者认为上述司法解释是我国夫妻财产制在内容上的一项突破和发展,为增设非常法定夫妻财产制迈出了初步,并且提出对方被判处财产制,双方分居已达一定期限等也可作为婚姻关系存续期间夫妻一方请求分割共同财产的法定理由。

(3)夫妻个人特有财产

夫妻个人特有财产,在某些国家也称"夫妻保留财产",是指夫妻在实行共同财产制的同时,依照法律规定或者双方约定,各自保留一定范围的财产为个人所有,独立享有对该项财产的占有、管理、使用、收益和处分权。显而易见,我国现行法定财产制下的个人特有财产不同于分别财产制下的个人所有财产。它以共同财产制为前提,其设定是对夫妻婚后所得共同制的补充和限制,没有共同财产关系就不发生个人特有财产。

依照我国现行《婚姻法》第 18 条的规定,法定财产制下的夫妻个人特有财产包括:

第一, 一方的婚前财产。夫妻双方婚前所得财产属于个人所有,这是婚后所得共同制不同于一般共同制的基本特征。所谓婚前财产,指当事双方婚姻关系正式成立之前各自所有的财产;这里所说"婚姻关系正式成立"的标志,是指取得合法的结婚证书,既不是订立婚约,也不是举行选定的结婚仪式。一方婚前财产包括婚前个人劳动所得、继承或受赠的财产以及其他合法财产。其所有权不因婚姻的成立而发生变化,也不因婚姻关系的存续而发生转化。虽然在不同的婚姻关系中个人婚前所有财产的具体内容多有差别,但在一般情形下均可明确区分。至于是否需要对这些财产的项目、数量、价值等进行公证,法律并无强制性的规定,当时人有选择的自由。如果当事人要求公证的,应当按照法定程序办理;当事人不要求公证的,任何机关都不得强制当事人公证。

第二,一方因身体受到伤害获得的医疗费、残疾人生活补助费费用。这类费用都带有强烈的人身专属性质,而且与保护特定当事人的生命健康权密切相关,故而不能列入夫妻共有财产范围。其中,因身体受到伤害而获得的医疗费,是由加害人支付,专门用以供受害人治疗、恢复的费用,自应归受害人本人所有。残疾人生活补助费是国家或者集体为了保障残疾人的基本生活需要所发给的费用,婚姻关系他方也不能共享。

第三,遗嘱或赠与合同中确定只归夫或妻一方的财产。订立遗嘱和赠与合同,都是财产所有权人依法处分自己财产的行为。如果遗嘱人或赠与人在遗嘱或赠与合同中明确指定遗产或者赠与财产只归夫妻一方的,出于对被继承人和赠与人个人财产处分权的充分尊重,也出于保护个人财产权利的要求,该项财产依法应当确认为一方个人专有,而排除在夫妻共同财产之外。按照《合同法》的规定,赠与可以附义务,凡是附义务且受赠人已经接受的赠与,受赠人应当按照约定履行义务。夫妻一方接受的附义务赠与,其所附义务也应由受赠一方单独履行,他方没有代为履行或者共同履行的义务。

最高人民法院《婚姻法》司法解释(三)指出:婚前或者婚姻关系存续期间,当事人约定将一方所有的房产赠与另一方,赠与方在赠与房产变更登记之前撤销赠与,另一方请求判令继续履行的,人民法院可以按照合同法第186条的规定处理。

上述司法解释还提出:婚后由一方父母出资为子女购买的不动产,产权登记在出资子女名下的,可按照婚姻法第18条第3项的规定,视为只对自己子女一方的赠与,该不动产应认定为夫妻一方的个人财产。由双方父母出资购买的不动产,产权登记在一方子女名下的,该不动产可以认定为双方按照各自父母的出资份额按份共有,但当事人另有约定的除外。这些解释都是在发生争议时确定财产归属问题的底线。当事人应当根据具体情况充分发挥夫妻财产约定的作用,如可以通过约定变一方所有为双方共同所有,变按份共有为共同共有等。

第四,一方专用的生活用品。将一方专用物品设定为个人特有财产,是许多采用共同财产制国家的通常做法,惟其范围有宽窄之分。我国《婚姻法》将其限定为"生活用品"。所谓一方专用的生活用品,主要指个人专用的衣物、化妆品、药品、装饰品等。用共同财产购置的生产资料,虽可能为一方专用,但不能视为个人特有财产。有些物品虽然用于生活,但是不具个人专用性,比如家具、家用电器等;有些物品虽然为一方经常使用,但是服务于家庭共同生活,如摄像、摄影器材等,均不能视为个人特有财产。

第五,其他应当归一方的财产。与对于共有财产的规定一样,这也是对一方特有财产的补充性规定。判断哪些其他财产属于一方特有财产,应当考虑两种因素:一种是这些财产确实带有较强的人身属性,理应归一方所有。比如军人的伤亡保险金、伤残补助金、医药生活补助费等就和本人的身份不可分割,不能作为夫妻共同财产对待。[25] 再比如某一个运动员获得的奖牌,是本人荣誉的一种直接体现,也不宜夫妻共享。另一种是这些财产确实与某一方的专门业务密不可分,而对另一方而言即使享有一定的权利也不能充分体现其应有的价值,比如一方用于开展

〔25〕 参见最高人民法院《婚姻法》司法解释(二)。

研究、教学或者进行其他工作的专业书籍、专用工具等。

修改后的《婚姻法》明确肯定了夫妻婚后所得制下的一方特有财产，不但在夫妻财产所有权理论上是一项突破，而且对于保护公民正当的财产权益，促进社会主义家庭关系的健康发展具有重要的实际意义。在实践中，一方面要对夫妻一方个人特有财产的所有权加以保护，不允许任何故意侵害这种个人财产所有权的非法行为；另一方面也需注意以下两个实际问题：

第一，基于夫妻共同生活的特点，对于一方特有但属于日常生活所需的财产，应当承认另一方的使用权，而不能收取代价。比如夫妻共同居住在一方婚前所有的房屋中，不能要求无产权的一方支付房租；夫妻共同使用属于一方所有的家用电器，不能要求无产权的一方支付使用费等等。与此一致，一方特有财产在婚姻共同生活中正常耗损、灭失的，不能要求无产权的一方给予补偿。

第二，在婚姻共同生活中，双方协商一致对夫妻一方特有财产作出添附行为的，应当对添附财产的产权另外界定。比如一方婚前所有的房屋，在婚姻关系存续期间用婚后所得加盖扩大的，添附部分应视为夫妻共同所有。

（四）我国的夫妻财产约定

1. 我国夫妻财产约定立法沿革

我国历史上正式的夫妻财产约定立法，始自 1930 年的《中华民国民法》亲属编。依其规定，夫妻得于结婚前或结婚后以契约形式约定夫妻财产制；该项契约的订立变更或废止非经登记不发生对抗第三人之效力；夫妻须在共同财产制、统一财产制和分别财产制中选择其一为约定财产制。

中华人民共和国成立后，1950 年《婚姻法》未对夫妻财产约定问题作出明文规定。但是，中央人民政府法制委员会《关于中华人民共和国婚姻法起草经过和起草理由的报告》中指出，婚姻法关于夫妻财产关系的“概括性的规定，不仅不妨碍夫妻间真正根据男女权利平等和地位平等原则来作出对于任何种类家庭财产的所有权处理权与管理权相互自由的约定；相反，对一切种类的家庭财产问题，都可以用夫妻双方平等的自由自愿的约定方法来解决，也正是夫妻双方对于家庭财产有平等的所有权与处理权的另一具体表现”。

中央人民政府法制委员会所作的立法解释，归纳起来有四个要点：第一，1950 年《婚姻法》第 10 条的规定，包含了允许夫妻就财产问题进行约定的意思。第二，夫妻财产约定必须遵循自由、平等、自愿的原则。第三，夫妻财产约定的客体可以是任何种类的家庭财产。第四，夫妻财产约定的内容可以是所有权、处理权或管理权。应该说，这一解释表达的意思是清楚的。但是，由于受传统习惯的影响和新中国成立初期具体条件的制约，实际生活中进行财产约定的现象并不普遍，在一个相当长的时期里,这种精神没有再以其他的法律形式表现出来。

由于我国经济的发展,人们的婚姻家庭观念发生了明显变化,部分公民对夫妻财产关系的多样化提出了一定的要求,1980 年《婚姻法》第 13 条第 1 款在确立“夫妻在婚姻关系存续期间所得的财产,归夫妻共同所有”这一基本制度的同时,又规定“双方另有约定的除外”,形成了以法定为主,约定为辅的夫妻财产制度。这无疑是一项重要的发展。但由于采取了“除外”式的而非设置专门条款的立法模式,不可能对约定财产的范围、约定的时间和条件,约定的效力等作出明细规定。

随着社会主义市场经济体制的建立和发展,财产关系日趋复杂,公民的家庭财产和婚前个人财产数量明显增多,人们的财产观念和婚姻家庭观念也发生了重大变化,原《婚姻法》的规定显然已经不能充分满足全面调整夫妻财产关系的需求;同时,日益增多的离婚财产分割诉讼,也使越来越多的人感到需要对财产所有权作出明确的划分和协议。经过对二十多年来的实践经验的总结,2001 年修改后的《婚姻法》第 19 条对夫妻财产约定问题做了大量的补充,使我国的夫妻约定财产制开始走向完善,体现了我国婚姻家庭法制建设的长足进步。

2. 我国现行的夫妻约定财产制

(1)夫妻财产约定的条件

夫妻关系是一种特殊的身份关系,当事双方对财产关系作出约定是一种特殊的民事法律行为,不仅要符合民事法律行为的一般要件,还要符合《婚姻法》的有关规定。按照我国法律的精神,夫妻财产约定一般要具备以下条件:

第一,由于夫妻财产约定以配偶的特殊身份为前提,所以约定双方必须具有合法的夫妻关系。未婚同居者的财产约定以及其他发生在两性之间的财产约定,尽管并非全无效力,但是就其性质而言都不属于夫妻财产约定。

第二,由于夫妻进行财产约定是一项严肃的民事法律行为,不仅将对双方发生约束力,而且可能涉及第三人的财产权益,所以当事人必须具有完全的民事行为能力。如一方婚后患精神性疾病成为无民事行为能力人或者限制民事行为能力人,则不能作为夫妻财产约定的合格主体。

第三,约定必须夫妻双方完全自愿,必须经过双方平等协商,排除任何强制因素。如果一方以胁迫、欺诈手段或者乘人之危,使另一方作出违反自己真实意愿的表示,则作出非真实意思表示的一方有权依法请求变更或者撤销该项夫妻财产约定。

第四,约定的内容必须合法。这种约定不得超出夫妻个人和共同财产的范围;不得损害国家、集体或他人的利益;不得规避法律义务,比如不得借约定不履行抚养子女和赡养老人的法定义务,不得借夫妻财产约定逃避国家税收以及其他债务等。

(2)夫妻财产约定的内容

我国现行《婚姻法》对夫妻财产约定的范围做了规定。按照有关条文,约定的标的,可以是婚前财产,也可以是婚后所得;可以是全部财产,也可以是部分财产。约定的具体内容包括三种:

第一种是约定实行分别财产制,即“婚姻关系存续期间所得财产和婚前财产归各自所有”。双方对上述财产享有完全的占有、使用、收益和处分权,他方不得加以干涉。但是,按照一般理解,约定实行分别财产制的,应当同时就婚姻共同生活所需费用(包括共同生活费用和子女抚养费用)的分担作出合理处理。

第二种是约定实行一般共同制,即“婚姻关系存续期间所得财产以及婚前财产”均归双方“共同所有”。即除个人特有财产外,不论是婚前财产还是婚后财产,只要是合法所得,不问来源与数额,任何一方当事人均不再保留个人所有的份额,一律归于共同共有,双方享有平等的权利。

第三种是约定实行混合财产制,即“婚姻关系存续期间所得财产以及婚前财产……部分各自所有,部分共同所有”。比如,可以将不动产约定为共同所有,将动产约定为各自所有;可以将一切继承和接受赠与所得约定为个人所有或者共同所有;可以将婚后所得固定收入约定为共同所有,其他收入约定为各人所有,等等。

依法进行的夫妻财产约定应当尽量全面、明确。依照《婚姻法》第 19 条的规定,凡是没有约定或者是约定不明确的,适用关于法定夫妻财产制的规定。

(3)夫妻财产约定的形式

依照《婚姻法》第 19 条的规定,夫妻财产约定是要式行为,“应当采用书面形式”,即当事双方应当制作书面的财产约定协议,并由本人签字。之所以要采用书面形式,主要目的在于使约定有确定的依据,避免产生纠纷,并且便于必要时进行公示。至于是否进行公证,由当事人协商决定,法律不予强制。按照以前的司法惯例,双方没有争议的口头约定也视为有效,修正后的《婚姻法》显然已经不再承认口头约定的效力。

(4)约定的时间和效力

第一,约定的时间。按照通常的解释,双方作出财产约定的时间可以在结婚之前,也可以在婚姻关系存续期间。但是必须明确,婚前作出约定的,在婚姻关系正式成立之后始发生夫妻财产约定的效力;婚姻关系存续期间所做的约定,如果采用分别财产制或者混合财产制,应当明确是否溯及既往。

第二,约定对当事双方的效力。《婚姻法》第 19 条第 2 款规定:“夫妻对婚姻关系存续期间所得的财产以及婚前财产的约定,对双方具有约束力”。也就是说,夫妻对财产关系的约定一旦成立,双方应当按照约定的内容行使权利并承担义务。

(5)约定的变更和撤销

按照一般的民事法律规则,夫妻财产约定可以依法变更或者撤销。这里的变更,是指通过协商,在法律允许的约定财产制范围内对原有约定加以修改,比如可以将原来关于实行分别财产制的约定变更为实行混合财产制,可以将原来关于实行混合财产制的约定变更为实行一般共同制或者分别财产制等。这里的撤销,是指双方一致同意不再履行原来的财产约定而采用法定财产制。在变更或者撤销时,同样应当遵循夫妻财产约定的一般原则,包括双方必须是完全民事行为能力人,必须自愿协商,不得侵害国家、集体或者第三人的合法权益,不得规避法律义务等;同样应当采用书面形式,并向有利害关系的第三人明确告知。

(五)夫妻的债务

1. 法定财产制下的夫妻债务

(1)夫妻共同债务

关于在实行法定财产制的情况下因婚姻共同生活所负债务及其清偿问题,我国《婚姻法》没有设置具体条款,但是基于权利义务相一致的原则,凡属这类债务均属夫妻共同债务,并须由双方共同承担清偿责任,这是毫无疑义的。所谓婚姻关系存续期间因共同生活所负债务,包括因维持日常生活需要、购置动产和不动产、教育子女、赡养老人、医治疾病、从事生产经营等所负的债务。在这些债权债务关系中,合同中明确夫妻为共同债务人的,自然属于双方的共同债务;即使合同中的债务人只是夫妻一方,也应视为共同债务。

为了保护债权人的合法利益,最高人民法院《婚姻法司法》解释(二)第24条和第26条对发生有关诉讼时的处理原则作了两项专门规定:

第一,“债权人就婚姻关系存续期间夫妻一方以个人名义所负债务主张权利的,应当按夫妻共同债务处理”。但是有两种情况除外:一种是“夫妻一方能够证明债权人和债务人明确约定为个人债务的”,另一种是夫妻一方能够证明双方约定实行分别财产制且债权人知道该项约定的。上述第一种情形属于法定财产制下以一方名义所负债务的清偿问题。按照最高法院的规定,夫妻中非签约一方能够举出证据证明签约一方与债权人已经约定该项合同中的债务确实属于其个人债务的,可以不再承担连带清偿责任,否则,该项债务就应“视同”夫妻共同债务。

应该说明的是,最高法院的这项司法解释并没有明确限定这些债务必须“用于共同生活”,应当理解为它适用于婚姻关系存续期间一切一方以个人名义所负债务,其出发点在于有力保护债权人权利的实现。但是,由于这个司法解释强调的仅是合同中有无明确约定为个人债务这一形式要件，而在实践中又不能排除签约方的债务确实并非用于婚姻共同生活的实质内容，所以就难免使非签约方的财产权利受到损害。因此我们认为，如果存在以一方名义所负债务与婚姻共同生活完全无关的情形，在债权人的债权实现以后，夫妻中非签约一方享有另行起诉，请求签约方赔偿损失的权利。而且，一旦发生这类诉讼，就形成了另一个单独的法律关系，因此原告人的举证范围就不应再受"债权人和债务人明确约定为个人债务"的限制，原告人只要能够证明签约方的债务仅仅是出于其个人所需，确实与婚姻共同生活无关，人民法院就应支持。

第二，"夫或妻一方死亡的，生存一方应当对婚姻关系存续期间的共同债务承担连带清偿责任"。这一规定是基于夫妻共有财产是共同共有的特点。我国《民法通则》第78条规定："共同共有人对共有财产享有权利，承担义务"。按照这一原则，共有人全部生存时固然应对共同债务承担连带责任，即使共有人之一死亡后，其他共有人也应对因共有财产所产生的共同债务承担连带责任。

(2)夫妻个人债务

在实行法定财产制下的夫妻个人债务，主要指由个人特有财产所发生的债务。如前所述，夫妻一方的婚前财产属于其特有财产，这些财产的所有权不因婚姻关系的成立和存续而发生转化。与之一致，夫妻一方的婚前债务也属于其个人债务，同样不因婚姻关系的成立和存续而转化为共同债务。为了避免产生理解和执行中的疑问，《婚姻法》司法解释(二)第23条特别规定，"债权人就一方婚前所负个人债务向债务人的配偶主张权利的，人民法院不予支持。但债权人能够证明所负债务用于婚后家庭共同生活的除外"。另外，因一方其他特有财产发生的债务，比如夫妻一方基于被继承人遗嘱指定所继承的遗产，其中含有债务的，只由继承人本人负责清偿，夫妻他方不负连带责任。

2. 约定财产制下的夫妻债务

按照现行《婚姻法》的规定，夫妻双方可以约定实行一般共同制、混合财产制或者分别财产制。在三种不同的约定下，债务清偿原则也有明显区别。

(1)约定为一般共同制的债务清偿

我国《婚姻法》允许夫妻双方将婚前财产和婚后所得均约定为共同共有。由于这种约定和法定财产制的不同之处在于双方婚前财产也属共有，所以，相关债务问题的重点在于一方婚前债务的归属。这种约定一经成立，基于财产所有权的形态，与婚后因共同生活所发生的债务一样，双方的婚前债务和也成为共同债务。比如一方婚前因购置动产或者不动产所负债务，只要相关财产被约定为双方共有，由此发生的债务也应由夫妻双方共同清偿。

(2)约定为分别财产制的债务清偿

关于约定实行分别财产制的债务清偿问题,我国现行《婚姻法》第19条第3款作了特别规定:"夫妻对婚姻关系存续期间所得财产约定归各自所有的,夫或妻一方对外所负的债务,第三人知道该约定的,以夫或妻一方所有的财产清偿"。这就是说,夫妻双方约定实行分别财产制,任何一方都应当对自己所负的债务独立清偿,他方不负连带责任,但是这种约定必须为债权人所明知。为了确保债权人的合法利益不受侵害,《婚姻法》司法解释(一)规定:如果因债务清偿责任问题发生诉讼,"婚姻法第19条所称'第三人知道该约定的',夫妻一方对此负有举证责任"。换言之,凡是不能证明确为第三人知悉的夫妻分别财产约定,不能对抗善意第三人。

如前所述,婚姻财产约定对双方具有约束力。在这种约定不为第三人所明知的情况下,夫妻一方依法应对他方所负债务承担连带清偿责任。但是在这种对外债务清偿后,配偶中的非债务人一方有权要求债务人一方履行婚姻财产约定,返还代为清偿的债务。也就是说,在夫妻双方约定实行分别财产制的情况下,一方代他方清偿了部分或者全部债务,在夫妻之间就形成了一种新的债权债务关系,债权人一方有权请求债务人一方偿还相关债务;如果债务人拒绝偿还,债权人一方有权提起诉讼,请求法院依照双方约定保护自己的财产权利。

(3)约定为混合财产制的债务清偿

所谓混合财产制,即婚姻关系存续期间所得财产以及婚前财产"部分各自所有,部分共同所有"。在夫妻双方作出这类约定后,因共同所有部分和双方共同生活所发生的债务,为双方共同债务;因一方所有部分所发生的债务,为所有权人的个人债务,须按照上述(2)的有关原则处理。

二、夫妻遗产继承权

(一)夫妻遗产继承权的历史发展

1. 古代社会的夫妻遗产继承权

遗产继承制度是将死者生前财产转移给他人的法律制度。其原则和内容取决于一定的社会生产关系,并受思想、政治、文化、宗教等上层建筑的制约。继承权是遗产继承制度的核心。继承权以一定的亲属关系为发生的主要根据。夫妻遗产继承权是继承制度的一个重要内容。在不同的历史时期和不同的社会制度下,夫妻遗产继承权表现出不同的特点。

宗法制度是中国古代社会的基石。在全部继承制度中,以男系亲为本位的宗祧继承占据主导地位;由于实行财产的亲属团体共有制,财产继承是与分家析产联系在一起的。按照中国古代法律，家庭共有财产在以下三种情况下可以分割：一是在世的父母、祖父母责令子孙各自独立生活，二是主要家庭成员犯重罪被判严刑，三是父母、祖父母全部死亡。在这三种情况下同时发生两种民事法律关系，一是共有人取得自己在共有财产中的应得份额，二是继承人对已经死亡的尊长财产份额的继承。在这种继承关系中，由于它以长辈亲属双方均已死亡为条件，所以原则上不存在配偶中生存方对去世方遗产的继承问题。分家析产及遗产继承均以男子为本位，只是在“夫亡”、“无子”、“守志”三项条件具备时，寡妻才“合承夫份”，但也不过是代为管理，“须凭族长择昭穆（即辈分）相当之人继嗣”；倘若改嫁，“夫家财产及原有妆奁，并听前夫之家为主”。[26]

古巴比伦和古印度的法律均不承认妻子享有丈夫遗产的继承权。按照《汉谟拉比法典》的规定，丈夫死后，妻子只取得自己的嫁妆和丈夫在遗嘱中赠与的扶养费用，但这些财产均不得出卖，在她死后归其子所有；如果离开夫家，这些财产不得带走。依《摩奴法典》的规定，妇女死而无后时，凡其所有皆归于夫；有子者则归其子；而在丈夫死后，妻只对其遗产负管理之责，在其子成年后应如数交付。

作为奴隶制社会的法律，罗马法较之其他国家的法律更多地反映了简单商品经济的需求。因此其遗产继承制度也比较发达。在夫妻继承权方面应该注意它的两个特点。第一，古罗马盛行遗嘱继承，但在多数时期男女两性的地位是不平等的。比如其早期法律规定妇女无立遗嘱能力；共和国末期，自权人妇女获得了立遗嘱的资格，但需经其监护人许可。又如，公元前169年的《沃科尼法》规定，妇女继承的遗产不得超过100000assi，查士丁尼虽废除了这一法律，但仍坚持“有缺陷的妇女”无继承能力。第二，在法定继承中，配偶被列为最后一个继承顺序，直到查士丁尼《新律》，妻子的继承份额仍不得超过100金镑，而且如有子女同在，其继承份额只表现为用益权。

中世纪欧洲各国无不奉行男尊女卑的法律原则，并受教会法的重大影响，配偶双方的继承权是不平等的，尤其是妻子长期被剥夺了不动产的继承权。如法兰克王国的《萨利克法典》规定：“土地遗产无论如何不得遗传于妇女，而应把全部土地传给男性，就是弟兄”。英吉利王国在13世纪之前同样不承认妻子有继承不动产的权利；直到1215年的《英国大宪章》依然规定：“寡妇享有朕地或其他采地者，应以未得朕或其贵族之许可前决不改嫁为担保”。在英国，遗产中的动产，妻和子女各得三分之一，其余三分之一须作为“死者的份额”交给教会。

---

〔26〕 参见《大清律例·户律》。

2. 近现代的夫妻遗产继承权

资产阶级取得政权之后,随着私有财产制和商品经济的发展,遗产继承制度也日臻完备。但在早期资本主义法律中,配偶之间的继承权仍存在事实上甚至形式上的不平等。仍以英国为例。依普通法传统,丧偶一方获得的对方遗产有寡妇产和鳏夫产之分。所谓寡妇产,指丧偶妻子对丈夫遗留不动产之终身财产权,数量为其总数的三分之一。所谓鳏夫产,指丧偶丈夫的相应权利,数量为死亡妻子遗留不动产的全部。这显然继承了封建法律原则,在互享继承权上丈夫优于妻子。早期法国民法认为,配偶接受遗产属于不正常继承,妻子的继承权实际上受到不少限制。

当代西方国家的法律,大多承认了配偶双方具有平等的继承地位。在法定继承中有两种不同的立法例。

一种是将配偶作为独立顺序法定继承人。例如《法国民法典》(1958 年 12 月 23 日法令)规定:"遗产按下列规定的顺序及规则,归属于死者的子女及其直系卑血亲、直系尊血亲、旁系血亲及其尚生存的配偶"。其 1972 年 1 月 3 日的法令将第三顺序的"旁系血亲"限定为"兄弟姐妹及其直系卑血亲"。

另一种是规定配偶不作为独立顺序法定继承人,而作为随从顺序继承人,有权与任何顺序的法定继承人共同参与继承,按法定比例分配遗产。如依《德国民法典》1931 条的规定,当配偶与第一顺序血亲亲属共同继承时,继承遗产的 1/4;与第二顺序亲属或祖父母共同继承时,继承遗产的 1/2;无第一、第二顺序亲属或祖父母时,继承遗产的全部。《瑞士民法典》第 462 条规定:"被继承人有直系卑血亲时,其生存的配偶,按其自己的选择,或对遗产的 1/2 享有用益权,或取得 1/4 遗产的所有权;被继承人的生存配偶,若与父系或母系的继承人同时继承时,取得 1/4 遗产的所有权及 3/4 遗产的收益权;如与祖父母系的继承人共同继承时,取得 1/2 遗产的所有权及其他 1/2 遗产的收益权"。按《意大利民法》第 585 条规定,如死者留有一个子女,配偶继承一半;如留有两个以上子女,配偶继承 1/3;如未留子女而仅留长辈和兄弟姐妹,配偶继承 2/3;没有上述亲属,配偶继承全部。

有的国家或地区的法律在确认配偶继承权时还考虑到结婚时间的因素。如按美国阿肯色州法律的规定,死者无卑亲属时生存配偶可继承全部遗产,但如婚姻关系存续时间不满 3 年,则只能继承 1/2。

近代社会盛行遗嘱继承,这很可能会不利于应该获得遗产的继承人,包括被继承人的配偶。为了克服这一弊端,多数国家,尤其是大陆法系国家,为了限制遗嘱处分而设立了特留份(或称强留份)制度。如《瑞士民法典》第 470 条规定,立遗嘱人只能用遗嘱形式处分特留份范围以外的财产;第 471 条第 4 款规定,配偶的特留份,"如与他人共同继承时,为其法定继承权的全部,如仅其一人为法定继承人时,为其法定继承权的1/2”。英美国家的法律不称特留份而称扶养费。如强调遗嘱自由的英国,其1975年的《亲属和被扶养人扶养法》规定:“无论死者是否留有遗嘱,在其死后,法院有权对某些请求人判给扶养费”,其中包括生存配偶。在美国,大多数州的法律条款都规定,在死者的遗产中应留出生存配偶和子女的扶养、抚育费用。

(二)我国的夫妻遗产继承权

1. 我国法律对夫妻遗产继承权的保护

我国1950年和1980年的两部《婚姻法》都规定:“夫妻有相互继承遗产的权利”。这不仅是作为继承关系的一项规定,也是作为婚姻效力的一种规定,体现了我国社会主义继承制度和夫妻关系的突出特点。我国《宪法》第13条第2款规定:“国家依照法律规定保护公民的私有财产的继承权”。婚姻法的规定是这一宪法原则在夫妻关系中的具体化。其次,保护配偶的继承权是我国社会主义婚姻家庭制度的必然要求。作为一种财产关系,夫妻遗产继承权派生于配偶身份关系,是夫妻之间权利义务不可缺少的内容。再次,夫妻互享遗产继承权,是男女平等原则的重要体现,是“继承权男女平等”在夫妻关系中的反映。在现阶段,特别应该注意保护妻子享有的继承丈夫遗产的合法权利,认真贯彻执行《妇女权益保障法》第31条的规定,即:“妇女享有的与男子平等的财产继承权受法律保护。在同一顺序法定继承人中,不得歧视妇女。”最后,凡是侵害夫妻合法继承权的,应当依照《民法通则》第106条、第117条和第134条等规定承担民事责任。侵害妻方合法继承权的,还必须执行《妇女权益保障法》第52条的规定,即“侵害妇女的合法权益,造成财产损失或者其他损害的,应当依法赔偿或者承担其他民事责任”。

2. 我国夫妻遗产继承权的主要内容

根据我国《民法通则》、《继承法》、《婚姻法》的规定,夫妻遗产继承权的要点有:

第一,权利主体。

首先,合法的配偶身份是夫妻遗产继承权的前提。只有婚约的男女之间、非法同居的男女之间、已经离婚的男女之间不享有夫妻遗产继承权。已经领取结婚证尚未同居时一方死亡,或是已经提起离婚诉讼未获有效离婚裁决时一方死亡,生存方都可以配偶身份享有遗产继承权。

其次,配偶一方死亡,另一方系无民事行为能力人或者限制民事行为能力人的,依然享有夫妻遗产继承权。其继承权可由法定代理人代理行使或者征得法定代理人同意后行使。法定代理人代理配偶一方行使继承权,不得损害被代理人的利益,一般不得代理放弃继承权。明显损害继承人利益的代理行为无效。

再次,配偶一方作为另一方的遗产继承人时,如放弃继承,应在遗产处理前作放弃继承的表示。没有表示的即视为接受继承。

最后,配偶一方作为另一方的遗产继承人,有下列行为之一的,丧失继承权:(1)故意杀害配偶他方的;(2)为争夺遗产而杀害其他继承人的;(3)遗弃配偶他方,或者虐待配偶他方情节严重的;(4)伪造、篡改或者销毁遗嘱,情节严重的。属于上述第(3)点,确有悔改表现,其配偶生前表示宽恕的,可不确认其丧失继承权。

第二,权利客体。

首先,夫妻一方的遗产,包括属于其个人所有的房屋、现金、储蓄、生活用品、林木、牲畜、家禽、文物、图书资料、生产资料、著作权和专利权中的财产权利、个人承包应得的个人收益以及其他合法财产。

其次,夫妻相互继承遗产时,应先行分割夫妻共同财产和家庭成员共有财产,确定遗产范围,防止侵害生存方和其他家庭成员的合法利益。

再次,我国实行限定继承制度,继承遗产应当清偿被继承人依法应当缴纳的税款和债务,缴纳税款和清偿债务以遗产的实际价值为限。超过遗产实际价值的死亡配偶的个人债务,生存配偶没有代为偿还的法定义务,但自愿代为偿还亦为法律所允许。

第三,法定继承。

依照我国《继承法》第10条的规定,夫妻互为第一顺序法定继承人。继承开始后,被继承人有子女、父母的,生存配偶一般应按份额均等原则与他们共同继承;子女先于被继承人死亡的,由其晚辈直系血亲代位继承。没有其他第一顺序法定继承人和代位继承人的,由生存配偶单独继承。

第四,遗嘱继承。

我国和其他国家一样实行继承中的遗嘱优先原则。夫妻一方有权以遗嘱处分其个人所有财产,并可以在遗嘱中附有义务;但如其为无民事行为能力人或限制民事行为能力人,所立遗嘱无效,受胁迫和欺骗所立遗嘱亦无效。夫妻一方同样有权作为另一方的遗嘱继承人,继承另一方的一部或全部遗产。但夫妻不得互为遗嘱见证人。

我国法律同样对遗嘱加以必要限制,但未采用比例强留制度。《继承法》第19条规定:“遗嘱应当对缺乏劳动能力又没有生活来源的继承人保留必要的遗产份额”。其中当然包括缺乏劳动能力又没有生活来源的配偶。最高人民法院《关于贯彻执行〈中华人民共和国继承法〉若干问题的意见》第37条规定:“遗嘱人未保留缺乏劳动能力又没有生活来源的继承人的遗产份额,遗产处理时,应当为该继承人留下必要的遗产，所剩余的部分，才可参照遗嘱确定的分配原则处理。”

第五，遗产的处理。

基于夫妻共同生活关系，当一方死亡后，另一方应依法妥善保管遗产，不得侵吞，并须防止争抢。负有通知义务的，还应及时通知其他继承人和遗嘱执行人。

夫妻一方死亡后，另一方（尤其是妻子一方）不论再婚与否，均有权处分继承的遗产，任何人不得干涉。

三、夫妻相互扶养义务

参见本书第九章“扶养法”。

第六章　离　婚　法

第一节　概　　说

一、离婚与离婚制度

（一）离婚的概念

离婚(Divorce)，指配偶生存期间依照法律规定解除婚姻关系，又称婚姻的解除。就当事人而言，它是摆脱婚姻效力即婚姻的法律拘束力的一种手段或行为；就法律制度而言，它是终止当事人婚姻关系的一种形式。在后一种意义上，应该对离婚与婚姻终止、离婚与婚姻的无效和撤销、离婚与别居加以区别。

1. 离婚与婚姻终止

婚姻终止指婚姻关系基于一定的法律事实而消灭。其原因因时代而有异。在罗马法中，与奴隶制相适应，导致婚姻终止的原因除离婚和配偶一方死亡外，还包括一方发生“人格大减等”，即因受奴役而失去罗马公民权。到了寺院法时代，禁止离婚主义的实行使当事人一方死亡成为有效婚姻关系解销的唯一原因。在近现代绝大多数国家的法律中，都把一方死亡和双方离异视为婚姻终止的两个基本原因。

配偶双方互相依存是婚姻关系的基本特征之一。一方死亡使婚姻关系失去了继续存在的主体要素，通常都会自然引起婚姻的消灭及相应的法律后果。只有某些非洲国家的习惯法认为丈夫死亡并不一定使婚姻终止。[1]

配偶一方死亡，首先是自然死亡，即生理学上的死亡。当代各国法律中，有的视其为婚姻终止的当然原因而不作明文规定；有的则特设专门条款加以确认，如法国民法第227条，美国加州民法第4350条等。我国法律只一般地规定公民的民事

---

〔1〕 参见［英］西蒙·罗勃茨：《非洲的家族与法律》，1979年英文版，第225页。

权利能力终于死亡(《民法通则》第 9 条),而不再针对婚姻关系作专门规定。

配偶一方死亡还包括被宣告死亡,即法律上推定失踪达议定时间的人已经死亡。失踪时间的长短各国规定不尽一致,如瑞士民法规定,从“遭遇生命危险”之日起算为 1 年,从“最后音讯”之日起算为 5 年;英国法律规定为连续离家 7 年以上。我国《民法通则》第 23 条规定,公民下落不明满 4 年的,或者因意外事故下落不明,从事故发生之日起满 2 年的,利害关系人可以向人民法院申请宣告他已经死亡。按照通例,一方被宣告死亡也将导致婚姻关系终止,生存方自可再婚。有的国家法律特别强调,在宣告一方死亡后,只有生存方再婚才对被宣告死亡人产生婚姻终止的效力;如被宣告死亡人未实际死亡,先于生存方再婚的视同重婚。如果生存方并未再婚,被宣告死亡人生还,有的国家规定原婚姻关系自然恢复,有的国家则规定恢复原婚姻关系须重新履行登记手续。

另外,有的国家把宣告配偶一方失踪也作为婚姻关系终止的原因。如法国民法第 128 条规定:“自登录时起,宣告失踪的判决与确定失踪者死亡具有同样的效力”。依我国法律规定的精神,宣告失踪不引起身份法上的后果,失踪人配偶要求终止婚姻关系,应按照离婚程序办理。

显然,同样都是婚姻终止的原因,离婚与配偶一方死亡存在着明显区别。离婚是婚姻终止的人为原因,配偶一方死亡则是自然的原因。正因为如此,法律基于对双方生存期间人为终止婚姻关系的重视,往往要设定专门的原则、条件和程序,形成一套相对独立的离婚制度。

2. 离婚与婚姻的无效和撤销

在实际生活中经常出现缺乏法定要件的婚姻,如何评价它们的效力是不容回避的问题。因此,各国法律大都作出相关的规定,形成了婚姻无效和撤销制度。

离婚与婚姻无效的主要区别在于:第一,从性质上说,离婚所要解除的是合法有效的婚姻关系,而婚姻无效的特点是这种“婚姻”具有非法性。第二,从效力上说,离婚自婚姻关系解除之日起生效,而无效婚的宣告则溯及既往,即该项“婚姻”自始无效,对当事人而言等于从来没有存在过。第三,离婚由婚姻当事人提出,而婚姻无效之诉,除可由无过错一方当事人提出外,还可由第三人或有关机关提出。

婚姻撤销与婚姻无效不同,需要一方当事人依法提出撤销申请,如果享有撤销权的当事人不在法定期限内提起撤销申请,婚姻关系便发生法律效力。关于婚姻撤销的效力有两种不同的立法例。一种是不溯及既往,即该项婚姻自宣告撤销之日起失去效力。另一种是溯及既往,即一旦宣告撤销便自始无效。我国现行《婚姻法》采取第二种做法。婚姻撤销与离婚的不同之处在于,第一,就性质而言,离婚是对合法婚姻的解除,而婚姻撤销是对有瑕疵婚姻的纠正。第二,就条件和程序而言,离婚适用解除婚姻关系的法定条件,婚姻撤销的原因在于该项婚姻在成立要件上存在瑕疵;离婚由当事人提出且不受时间限制,而婚姻撤销的请求权须在法定期间行使。

3. 离婚与别居

别居(Separation)作为一种制度产生于中世纪的欧洲,是在教会法的禁止离婚主义之下为不堪共同生活的夫妻所设,其法律内涵是配偶双方暂时地或永久地解除同居义务。对于当时的夫妻来说,别居是一种正式的法律行为,与日常生活中出于主、客观原因单纯性的分居在性质上是完全不同的。

在当代社会,继续奉行禁止离婚主义的国家已经微乎其微,但不少国家,如属于大陆法系的法国、瑞士、意大利、荷兰等,以及属于英美法系英国和美国的一些州等,依然实行别居制度。它一方面是对中世纪传统别居制度的继承,另一方面也因时代变化而体现出一系列新的特点。就程序而言,当代别居制度有司法别居和协议别居之分。司法别居是经一方当事人申请,由法院判决而形成的别居。在有的国家这是唯一的别居形式,如意大利民法规定:“未经法院批准,夫妻双方同意的别居无效”。协议别居是由双方通过订立正式别居契约而形成的别居。英美等国多予以承认,惟协议不成时须经法院判决。就别居期限而言,当代多数实行别居制度的国家都加以限制,通常规定在1年至3年之间,但个别的(如美国的有些州)仍承认永久别居的合法性。就效力而言,别居原则上是在保持婚姻关系存在的前提下停止同居义务,同时还涉及一些相关的权利义务问题。如对夫妻别居后的子女抚养教育,有关国家法律多要求当事人继续履行法定义务;夫妻共同财产一般须加分割;至于夫妻互相救助的义务,往往只限于扶养费的给付。

当代别居与离婚既有区别又有联系。就区别而言,别居不等于离婚,别居双方的婚姻关系仍处于存续状态,不产生与离婚相同的法律效力,尤其是当事双方均不得另行结婚,否则便构成重婚;而且别居通常可以因双方声明或同居行为而随时结束,其同居义务也当然恢复。就联系而言,存在着两种情况。一种是按有些国家法律的规定,别居和离婚可以互相转换。如《法国民法典》第296条规定:“在与离婚同样的条件和情况下,应夫妻一方的请求,得判决分居”;第307条规定:“在分居的一切情况下,分居得根据双方的请求改变为离婚。”另一种是相当多的国家把一定时间的别居作为离婚的一个法定理由。如美国统一结婚离婚法规定,作出司法别居判决6个月后,法庭可以根据任何一方的诉请改判离婚。[2] 秘鲁民法规定,

---

〔2〕 美国《统一结婚和离婚法》仅供各州立法参考。亚利桑那、科罗拉多、缅因、蒙大拿、路易斯安那等州的法律均原则上采用了该法这一规定。

别居判决1年后,夫妻任何一方均可声请解除婚姻关系。荷兰法律规定,夫妻别居后,如双方均要求离婚即予准许;如一方提出离婚,须于别居满3年后才能获准。意大利民法规定,别后满5年是双方要求离婚的理由;满6年者,无过错方可据此提出离婚;满7年后,过错方亦可将其作为要求离婚的理由。

我国历史上自古奉行许可离婚主义,没有别居的传统,当代法律更全面确立了离婚自由原则,无须设定别居制度。至于夫妻分居的现象,实际生活中亦多有出现。基于客观原因的分居(如异地工作、一方因职业及学习需要而较长时间的离开家庭等),因不涉及双方感情因素自不待言;基于主观原因的分居,往往反映了婚姻生活状况并对夫妻感情产生消极影响,因此,我国现行《婚姻法》规定,因感情不和分居满两年的,调解无效,应准予离婚。

(二)离婚的分类

为了便于从不同的角度观察、分析和评价离婚现象与离婚行为,全面了解离婚制度,可以对离婚进行如下分类:

1. 片意离婚与合意离婚

这种分类的根据是夫妻双方对离婚所持的态度。可以说是在许可离婚主义之下的一种最原始、最基本的分类方法。

片意离婚在我国也称为一方要求离婚,指配偶中只有一方有明确的离婚意愿,而另一方则认为应该保持婚姻的存续。合意离婚在我国也称为双方自愿离婚,指配偶双方具有离婚的共识,一致要求解除婚姻关系。关于这种划分,需要注意以下四点:第一,这里的片意与合意,所指向的对象只有一个,即夫妻身份关系是否需予解除,而不涉及诸如财产分割、子女抚养等其他内容。因为只有前者才反映着事物的本质,而后者不过是离婚的派生物。第二,这种分类只着眼于双方主观态度的异同,而不考虑客观的条件和对程序的选择,也不问第三人的意见,尽管这种意见可能对当事人产生影响。第三,由于离婚是一种严肃的法律行为并将导致身份和财产方面的后果,所以,确认当事人对离与不离的意见,应以其本人在权力机关或行政机关面前,或在法律认可的公开场合所作的正式表述为准,而不是依据双方在“私下”协商中的态度。第四,片意与合意并非是不可变的,存在着互相转化的可能。在由正式提出到最终处理的全过程中,受各种因素的影响,一方要求离婚可以因另一方的同意而成为双方自愿离婚;曾经是双方自愿的,也可以因其中一方态度的改变而成为一方要求离婚。当然,不管是片意还是合意离婚,都可能因当事人放弃离婚要求而使婚姻关系继续维持。

离婚是片意还是合意,一方面反映着婚姻关系状况和当事人各自对它的评价,在很大程度上决定着婚姻的命运;另一方面往往适用不同的离婚条件和离婚程序。

另外,当事人对离婚的主张是否一致,还会对离婚的其他法律后果有直接或间接的影响。

2. 非讼离婚与涉讼离婚

这是从离婚程序的角度所作的分类,其核心在于离婚行为与司法审判活动之间的关系。对离婚是否实行,或是否一律实行司法干预,既取决于一定的婚姻政策,又受传统习惯等其他因素的制约,所以,不同时代和不同国家的立场和做法殊多差别。所谓非讼离婚,指不通过诉讼审判程序离婚。其中又包括两种情况。第一种是依照法律规定由当事人自行解除婚姻关系,只要不违反法定条件即发生相应的效力。这种离婚方式盛行于古代社会,如古罗马、古代伊斯兰国家、古代中国等均以民间离婚为主,只有违法离婚才产生离婚无效之诉。近代中国的法律也允许协议离婚由当事人邀证人在场以契约形式为之,户籍变更登记只是离婚的后果而不是它的前提。第二种是按照行政登记程序离婚,近现代许多国家的协议离婚采用此制,唯登记主管机关不尽相同。

所谓涉讼离婚,又称裁判离婚,指依照诉讼程序,由法院裁决的离婚。在当代世界的许多国家,特别是受基督教影响较大的国家,以裁判离婚为唯一的离婚形式。其中有些国家对合意离婚的要求相当宽松,法院的职能基本上是对双方的协议予以审查批准,有的甚至不必由当事人到庭。另外有一些国家的法律规定,只有片意离婚和一部分合意离婚需依诉讼程序办理,后者包括在其他问题上存在争议和有未成年子女等。

我国现行法律采用行政登记和法院裁判并行的离婚制度。凡双方自愿且无其他争议的运用行政登记程序,凡一方要求离婚或虽有离婚合意但在子女抚养、财产分割中意见不一的适用司法诉讼程序。

3. 协议离婚与裁判离婚

这种分类的根据是解除婚姻关系的方式,即离婚的最终手段。它兼有实质和形式两方面的意义。

协议离婚指以双方达成全面的离婚协议为基础,依法定程序解除婚姻关系。其特点是手续简便且利于在平静的感情环境中处理离婚问题。虽然在古罗马和古代中国就有协议离婚制度,但时代的局限使它们不能与当代的协议离婚相提并论。现代有关国家的协议离婚,从条件上说要求双方就离婚及一切相关问题达成完全一致;就程序而言包括以下 4 种:民间协议形式、户籍登记程序、行政登记程序及由法院加以确认。尽管有的学者认为协议离婚可能把婚姻降低为可以规避的普通债法契约的地位,从而造成离婚权利的滥用,但承认协议离婚制度已成为一种普遍的趋势。

裁判离婚亦称判决离婚，即由夫妻一方提起离婚之诉后，由法院裁决解除双方的婚姻关系。如果仅从形式意义上说，凡经法院判决者皆可称为裁判离婚；而从实质意义上看，唯有双方存在争议，由法院加以仲裁的才是真正的裁判离婚。一般地说，裁判离婚和涉讼离婚的区别在于，前者立足于离婚的结果而后者着眼于离婚的程序；涉讼离婚并不全部以离婚告终，而双方达成协议的涉讼离婚与实质意义上的裁判离婚尤为不同。

除了上述三种之外还可以对离婚作其他分类，如从主体的角度可以分为国内公民间的离婚和涉外离婚，从与第三人关系的角度可以分为有子女的离婚和无子女的离婚，从客体的角度可以分为附财产关系的离婚和不附财产关系的离婚等。但无论怎样分类都不是绝对的，而是互相交叉渗透，从各个侧面和彼此的联系上说明着整个的离婚制度。

(三)禁止离婚与许可离婚

1. 禁止离婚主义

禁止离婚主义即主张婚姻不可离异的原则，本诸基督教的教义，盛行于中世纪的欧洲，影响及于近代社会，至今仍主宰着极少数国家的婚姻制度。

应该看到，《旧约全书》和《新约全书》对离婚问题的态度前后并不一致。《旧约全书·申命纪》第24章曾肯定休妻制度，其中说道："人若娶妻以后，见她有什么不合理的事，不喜悦她，就可以写休书交在她手中，打发她离开夫家。妇人离开夫家以后，可以去嫁别人"。这显然带有古代两河流域和古罗马离婚观念的痕迹。后来这种态度发生了根本性的变化。据《新约全书·马太福音》第19章所载，有法利赛人询问耶稣，是否出于什么缘故都可以休妻，耶稣答道："夫妻并非二人分立，乃是合为一体。上帝使之结合在一起者，不可人为拆散"；继而又说："凡非因妻子不贞而休妻另娶者，即属通奸；若娶被休之妇，也属通奸"。《马太福音》第10章又补充道："妻子若弃夫另嫁，亦为通奸"。随着基督教的传入和发展，由君士坦丁开始，古罗马后期的皇帝曾企图禁止离婚，查士丁尼要求将离婚者送入修道院并剥夺其财产权，但受到强烈抵制，以至查士丁尼二世不得不恢复承认合意离婚的合法性。[3] 在进入中世纪以后，罗马教会法的适用范围不断扩大，婚姻家庭逐渐成为其独占的领域。由公元10世纪开始，禁止离婚的原则几乎风行于整个欧洲，婚姻一旦成立便不可离异在数百年里成为遵行不渝的神圣信条。

依据基督教教会法的规定，除配偶死亡外，婚姻关系不得解除，只可以在经教会法庭裁决后实行不共寝食式的分居；而基于"撤销阻碍"而否认婚姻的合法存

---

〔3〕 参见《查士丁尼新律》，I40。

在,则须经教皇特许。这种禁止离婚主义违背婚姻的本质,既窒息了人的个性,也不利于家庭关系的谐调和社会的稳定。由它派生的别居制度作为一种畸形现象使大量婚姻关系名存实亡,而“情人”的普遍化甚至是公开化,更使两性关系不伦不类,混乱不堪。

十五六世纪,欧洲的封建制度开始瓦解。在宗教改革运动中,倡导新教的马丁·路德和卡尔文等人对婚姻的不可离异性提出质疑,而英国从上而下的宗教改革正是起因于亨利八世的离婚受挫。此后的“婚姻还俗运动”更极大地动摇了教会法的地位。但宗教观念的根深蒂固使离婚制度的改革步履维艰。仅以法国为例,虽然在大革命后,尤其是通过1792年的法律确认了离婚的合法性,但1816年的王朝复辟;恢复了禁止离婚的原则,重新实行了将近70年。

在当代社会,禁止离婚主义在绝大多数国家已被彻底摒弃,只有为数有限的国家如圣马力诺、安道尔、马尔他、菲律宾、巴拉圭等仍在实行这一原则。

2. 许可离婚主义

这里所说的许可离婚主义,是指与禁止离婚主义相对的,一般意义上允许离婚的法律原则。有的亲属法学家认为,从禁止离婚主义到限制离婚主义,再到自由离婚主义,是离婚制度的历史沿革在立法原则上的一般表现。这种看法是不确切的。把禁止离婚主义当作离婚原则的初始形态,不免有以偏概全之嫌,因为它忽略了两个最基本的历史事实:

第一,禁止离婚主义仅仅是欧洲中世纪基督教教会法的原则,而绝非古代社会的世界性原则。其他许多地区的古代法,尽管表现出不同的特点和重点,但几乎都承认婚姻关系是可以人为解除的。古代两河流域诸国的法律,古印度的《摩奴法典》,伊斯兰国家的《古兰经》等多有关于离婚的规定,古代中国等东亚国家也一贯奉行许可离婚主义。

第二,即使在欧洲,禁止离婚主义也只是反映了全部离婚制度演变过程中一个阶段的特点,且其有效实施不过几百年。在它之前一千多年的时间里,即欧洲整个奴隶制时代,一直实行着许可离婚的制度,在古希腊,不管是斯巴达、雅典还是其他城邦国家的法律,从未对离婚行为明文禁止。在古罗马,不仅允许解除婚姻关系,而且逐渐形成了一套相当完整的制度。它的帝国时期法律,承认四种离婚具有合法性:一是休妻;二是合意离婚;三是有“正当原因”的片意离婚;四是所谓“善因离婚”,所谓“善因”指一方当事人进入修道院、不可医治的性无能、一方在战争中被俘等。另外,无正当原因的片意离婚虽然非法但是有效,惟其当事人须受惩罚而已。

可见,自有国家以来多数地区和欧洲的多数时间,都实行着许可离婚的原则。

当然,在许可离婚的大原则下,不同时期和不同国家的具体政策和做法存在着显著的差别。

3. 限制离婚主义

限制离婚主义指通过法律设定各种条件对当事人的离婚权利和离婚行为加以限制。其基本特征是既不绝对地禁止离婚又不允许自由离婚。有关法律对离婚设置的限制性条件,包括主体的限制和原因的限制两大类。

第一,对离婚主体的限制。对离婚主体的限制,指对配偶一方行使离婚的权利进行限制,而只允许由另一方来决定婚姻关系的存废。其主要表现是基于性别歧视对女方离婚权利的剥夺,使离婚成为男方专有的特权,故又称为专权离婚主义。它通行于古代允许离婚的国家。在这些国家里,丈夫有权依法休妻,而妻子则只能被动地承受离婚的后果。如按照《汉谟拉比法典》的规定,丈夫可以以妻子与人通奸、不生育、浪费家财等为由将其离弃;《古兰经》也赋予男子以休妻之权,在古代一些伊斯兰国家,只要大夫对妻子连说三声"我要和你离婚",婚姻关系便宣告解除。而中国古代以"休妻"(或称出妻、去妇)为最主要的离婚方式,体现着男尊女卑的两性关系基本特征。

应该指出,对某一个国家在某一个历史时期内是否奉行专权离婚主义的论断,须以其当时的基本法律原则和基本婚姻政策为根据,对它的离婚制度作本质上的观察与分析,而不能受一些非本质性法律现象的影响。比如,中国古代法律承认"和离"的形式,究其实质不过是允许用它掩盖出妻的真相,我们绝不能因此而说当时实行自由离婚的制度。又如,当代有的国家限制有责配偶的离婚请求权,认为"在婚姻关系破裂的情况中,造成这一破裂的全部或主要原因的当事者自身,不可以提出离婚的请求。"[4]我们也不能以此为据而断言这样的国家在坚持专权离婚主义。

第二,对离婚原因的限制。对离婚原因的限制,指非有法定原因不得离婚,即由法律对离婚理由作出严格规定,只有出现法定原因且符合其他法定条件时,婚姻关系才可依必要的程序解除。这在法学理论上称为法定离婚原因主义。法律规定的离婚原因一般包括两种。一种是可归责于配偶一方的原因,如遗弃、虐待、侮辱、通奸等。对于以一方通奸为由的离婚,另一方已明示或默示"宥恕"者,往往被认为是原因丧失。另一种是不可归责于配偶一方的原因,即非出于主观过错的原因,

〔4〕 引文出自日本最高法院判决(1978)。学者认为,这种做法所针对的是实际生活中依然存在的丈夫专权的离婚观,其宗旨恰恰在于"求得对妻方的保护"。参见[日]利谷信义等:《离婚法社会学》(中译本),北京大学出版社1991年版,第77~78页。

如一方患不治之精神病、生死不明、有无法克服的生理障碍等。在这两种原因中,第一种,即一方有法定过错的占主导地位,也是加以限制的本意所在,故从基本性质上说,法定离婚原因主义实际上是有责主义,或称过错原则。

盛行于古代社会的专权主义离婚,多数同时也是有责主义离婚。中国古代法律规定的出妻制度无疑可以列入有责主义范畴,只是其责任仅限于妻子一方。资产阶级在取得反封建斗争的胜利后,为实行其"自由"、"平等"的主张,用契约论来解释婚姻关系,否认了婚姻的包办强迫性和不可离异性,用许可离婚主义取代了禁止离婚主义;又主张当事双方应有对等的地位,从而在理论上肯定夫妻均有提出离婚的权利,划清了与专权主义离婚的界限。但是,在取得这种历史性进步的同时,资产阶级反封建的不彻底性在婚姻家庭领域,尤其在离婚领域中表现得非常突出,其中之一就是基于离婚是"对过错方的惩罚"和"对无过借方的解救"这样一种固有观念,长期实行以过错原则为中心的限制离婚主义。在一二百年的时间里,不管是欧洲大陆的主要国家,还是英美等国家,无不在法律中规定了当事人提出离婚之诉的限制性条件,以及对法院作出离婚裁决的严格要求。只是到了"二战"以后,特别是20世纪60年代以来,这种法律原则才在西方世界发生比较普遍的变化。

4. 自由离婚主义

关于什么是自由离婚主义,法学界的看法不尽一致。有的学者认为,自由离婚主义是指法律并不列举具体的离婚理由,也不以过错为离婚的必要条件,在婚姻破裂时即可依当事人一方或双方的要求而准予离婚。按照这一解释,自由离婚主义就是以婚姻破裂为准予离婚的条件,实际上是在自由离婚主义与破裂原则之间画了一个等号。我们认为,以婚姻破裂为准予离婚的理由,仅是自由离婚主义的一种表现,而非自由离婚主义本身。作为一个离婚立法基本原则,自由离婚主义与限制离婚主义相对立,指法律在规范离婚问题的时候,应以尊重和保护公民的离婚自由权利为宗旨,而不是以对这种权利加以限制为目的。如果当事双方确有离婚的合意,自应肯定这种合意的合法性;即使双方缺乏离婚合意甚至一方有明显过错,也须从婚姻关系实际出发,使那些名存实亡的婚姻关系得以解除,而不能把不准离婚作为约束和惩罚的手段。应该说,充分尊重婚姻关系的本质,维护当事人和社会的根本利益,是自由离婚主义的基本特征。基于人们已经达成的对"自由"这一概念含义的共识,它并不意味着对轻率行为和个人任意的放纵;而离婚既然是一种法律行为,实行自由离婚主义也不意味着放弃国家监督,提倡无政府主义。

十月革命胜利之后,苏联曾全面实行自由离婚主义原则,在人类离婚制度的改革方面作出了重大突破。我国的社会主义婚姻制度也充分肯定了离婚自由。近几十年来,即使在西方资本主义国家,也有越来越多的人认识到,"离婚只是死亡婚姻的葬礼,而不是婚姻死亡的原因”;旧离婚法所要维护的某些家庭关系,实际上只是一种假象,而不可能解决夫妻双方的冲突;“法律注意的只能是离婚的条件不要是有害的”。[5] 许多国家的法律都已确立了破裂原则,一些国家也已承认协议离婚的地位,而像瑞典那样的国家,已经建立起“最具有自由主义色彩”的离婚制度。依其法律规定,如果配偶双方一致同意解除婚姻关系,有权获得立即生效的离婚,法官不得驳回当事人的离婚请求。尽管改革的步伐不一,认识上也还有重大分歧,但从世界范围着,由限制离婚主义向自由离婚主义过渡,已经成为一种明显的发展趋势。

二、中国离婚制度的沿革

(一)古代离婚制度

1. 婚姻终止的原因

在介绍中国古代的离婚制度之前,有必要说明涉及婚姻终止的两个问题。

第一,因配偶一方死亡而终止婚姻关系是古今中外的通例。但由于社会背景的不同,不同时期和不同国家中的具体制度存在着若干区别。中国古代法律的一个重要特点,是对妻子而言,婚姻关系的人身约束力并不因丈夫的死亡而立即消失,主要表现就是“妻居夫丧不婚”的禁例。即在丈夫亡故之后,妻子服丧期间不得再婚;这个期间在理论上长达3年(即五服中的斩衰),实际执行或是27个月。有的学者认为它相当于西方法律中的“待婚期”,这是不确切的。西方法律中的待婚期,是法律规定的妇女在丈夫死亡或双方离异之后不得再婚的期限,一般为6至10个月,最短的3个月,最长的也不超过1年。中国古代“妻居夫丧不婚”与它的重大区别,一是在发生的原因上仅限于丈夫死亡而不包括离婚;二是在期限上有3个年头之多,相当于待婚期的3倍;三是立法宗旨和规范性质完全不同。外国法律设立待婚期的目的,主要是观察女方是否怀孕或生育,从而判断她在这一期间内所生子女的生父。它所要解决的是子女的血统及继承权问题,所以女方一旦生育,待婚期即告结束。从性质上说它仅是婚姻终止法律效力发生后的一种例外限制。中国古代法设立“妻居夫丧不婚”禁例的目的,并不在于确认子女的身份和继承权,而在于维护宗法制下的伦理纲常。因此,这27个月实际上是妻对夫所负忠实义务的延续期;它是绝对期限,除非妻子其间死亡,并不发生中途终止的问题;只是到期满之后,才在夫妻人身关系上产生与离婚完全相同的效力。当然,由于期限如此之长,如果女方生育,于女的生父自可很容易地得到确认。但这仅是一项派生的结果

---

[5] 参见李志敏主编:《比较家庭法》,北京大学出版社1988年版,第138、148页。

而不是立法的初衷。

第二,因种种缘由,夫妻一方外出长期不归、下落不明,或有意遗弃、不通音信等,在中国古代社会是屡见不鲜的现象。古代中国的法律没有死亡宣告制度,但许多朝代规定,夫妻一方(主要是男方)失踪达一定年限可以引起婚姻关系终止的后果。如据《名公书判清明集》引宋法:“夫出外三年不归,亦听改嫁”;《元典章·户部》载元制:“夫逃亡五年不还者”,妻得再谯;明《户令》规定:“夫逃亡三年不还者,并听经告官,给执照,别行改嫁”等。

从以上两种婚姻终止的原因及有关规定中可以看出,它们所直接涉及的法律后果主要是女方的再婚权利,反映了古代妇女在婚姻关系中所处的被动地位。当然,离婚是中国古代终止婚姻关系的最重要方式之一。

2. 中国古代离婚观念

在中国古代,虽然道德上提倡“终身不改”,以“白头偕老”为夫妻关系的至高境界,但在法律上和实践上并不不禁止离婚。综其原因主要有三:其一,阴阳学说是古代中国社会的哲学基石,对事物作动态观察是它的一大特征。基于“象”与“变”相辅相成的认识论原则,在追求“恒”与“贞”的同时;承认婚姻关系的可变性。其二,中国的古人把夫妻关系的本质归结于“义”,一旦失去了这个纽带,离异就被视为理所当然,即所谓“夫妇之道,有义则合,无义则去”;《唐律疏议》也说:“夫妻义合,义绝则离”。其三,在宗法制度之下,婚姻处于“家国之始”的地位,当它于家国有害时,如有碍家庭和睦、血统纯正、子孙繁育、双方家族关系的谐调等,为了家族和社会的利益,离婚就势在必行了。总之,中国古代的传统观念,把婚姻看成是一种普通的民事关系,把离婚看成是一种正常的婚姻行为,以世俗的眼光和社会生活的需要作为评判婚姻质量的标准,作为婚姻关系取舍存废的根据,对禁止离婚主义有着本能的排斥。

3. 中国古代离婚方式之一:出妻制度

(1)出妻的概念

出妻是中国古代最主要的离婚方式。它至少始行于西周,中经三千多年从未间断的发展,一直沿用到20世纪初,是迄今为止人类婚姻史上一种少见的古老而持久的离婚制度。

出妻制度源于礼制,并被以后的律令充分肯定,是男方片面“休弃”妻子,解除婚姻关系的一种制度,因其理由有7条,故又称“七出”。

“出妻”一词本身,即反映出这种离婚制度男方专权的基本特征。中国古代婚姻和家庭关系一贯奉行男性权利本位原则,因此,在片意离婚中,只有夫方是权利主体,妻方唯有被动地屈从。婚姻关系的解除,妻子“无自专之道”,倘若“心乖唱和，意在分离，背夫擅行，有怀他志”，则构成犯罪，须负刑事的责任。

同时也应看到，男子出妻也不是个人的任意行为，而应是社会、家族利益与个人意志的统一。一方面，礼和法均规定了出妻的实质及形式要件，具有强制履行的效力。依唐宋律，“妻无七出……之状而出之者，徒一年半”，且出妻行为无效，须“追还合”。另一方面，又设置了称为“三不去”的限制性规定，即虽具备法定的出妻条件而有“三不去”之情状者，夫仍不得出妻。这些条件及限制，皆系出于国家的和家族的根本利益和道德准则的要求。

(2)出妻的必备条件

出妻条件有七，男子出妻，若无禁例，仅备其一即可。七条的次序，礼律略有不同。依照礼制是不顺父母、无子、淫、妒、有恶疾、多言、窃盗；[6] 依照法制是无子。淫泆、不事舅姑、口舌、盗窃、妒忌、恶疾。[7] 以下按后者略作说明。

第一，无子。宗法制下婚姻的目的在于“上以事宗庙而下以继后世”；[8] 孟子说：“不孝有三，无后为大”。[9] 所以，为夫家生育男性继承人被视为妻子天经地义的职责。虽然在今天看来把生育责任片面归结于女方是相当荒谬的，但基于古人的认识，不能生育子嗣便是出妻的首要理由。关于因无子而出妻的年龄限制，礼制并无规范。依封建法律的规定，妇女的育龄上限是无子出妻的年龄下限，即“四十九以下无子，本合出之”。[10] 依照礼法，虽无子而有三不去者不得出妻，且即使并无三不去的情形而不出妻也在所不禁，为了解决它与“继后世”之间的矛盾，补救的措施就是“立嫡”和“立嗣”。

第二，淫泆。古代法律对贞操的要求总是宽于夫而严于妇，男子纳妾事属合法，嫖娼宿妓也不受禁止，而女子对丈夫必须绝对忠实，一旦违反这项义务，流于“淫泆”，便构成被休弃的充分理由。究其原因就在于可能因此而“乱族”，即影响血统的纯正，生育出实际上是他人的子女，而这是为宗法原则所绝对不能容忍的。所以，妇女犯此条不适用“三不去”，即不受法定禁止出妻条款的限制。

第三，不事舅姑。舅姑即公婆。古代社会的统治者要求妇女恪守“三从四德”的准则。妇德以顺为首，不顺公婆就是“逆德”。本条规定是父系家长制的根本要求，而“顺”之与否并没有客观的标准，完全取决于公婆的态度。尽管妇女并无过错，只要公婆“不悦”，便可成为被出弃的理由，即所谓“孝养父母，有命必从；礼事

〔6〕《大戴礼·本命》。

〔7〕《唐律疏议·户婚》引唐令。

〔8〕《礼记·昏义》。

〔9〕《孟子·离娄上》。

〔10〕《唐律疏议·户婚》答问。

舅姑,不悦则出"。[11] 可以说,它把家长专横的古代家庭关系特点表现得淋漓尽致。

第四,口舌。口舌,在礼制中称"多言"。多言仅是形式,因语言不慎而"离亲"才是本质。在奴隶制社会家国一体的体制下,奴隶主贵族蛮横地把女子多言视为乱国之源。《诗·大雅·瞻仰》:"妇有长舌,维厉之阶。乱匪降自天,生自妇人"。在封建社会中,"口多言之所以构成离婚条件之一的理由,很明显地也是由于家族主义的关系。其目的在于维持家族间秩序,防止家族内人口之冲突。"[12]

第五,盗窃。这里所说的盗窃,与男子在社会上的盗窃犯罪不同。它所以被认为是"反义",指的是在"子妇无私货、无私畜、无私器"的原则下,妻子擅自动用与处分夫家财物,如"私假"、"私与"等,是妇女毫无财产权利的一种表现,《韩非子·说林》记有这样一个故事:"卫人嫁其子而教之日:'必私积聚。为人妇而出,常也;其成居,幸也'。其子因私积聚,其姑以为多私而出之"。

第六,妒忌。妒忌一条是为官宦豪绅能纳妾蓄婢之家而设。"妒"就是从思想上、言语上和行为上不准丈夫纳妾或是与婢女有染。"大戴礼"与"公羊何注"都说它"乱家",实际是乱有妾有婢之家,侵害了一个男子同时占有多名女子的特权。

第七,恶疾。关于什么是恶疾,古人说法不一。一种说法是难医或不治之疾患,包括"聋、盲、疠、秃、跛、伛"等;[13] 另一种说法是仅指疠病,即麻风病。前一种网罗过宽,且以聋、盲、跛、秃等因出妻也不合情理。疠也称癞,"唐称病癞者,恶疾别名也"。[14] 在当代,患麻风病未经治愈仍是结婚的禁止条件之一,古人以之为离婚的理由,似较合实际。

以上七项出妻条件可以区分为两类。第一类五项,包括淫泆、不事舅姑、口舌、盗窃与妒忌,属于女方之"过错";第二类两项,包括无子及恶疾,属于非已身所能支配也非"人之所欲"的客观事由。

(3)出妻的限制条件

出妻的限制条件为"三不去",即虽备出妻之条而有三种法定情状者男方不得为出妻之行为,已出者不但行为无效,还须受到相应处罚。但在唐宋,"犯恶疾及奸者"例外;在明清,除外理由只留"犯奸"一条。清末著名法学家薛允升在《唐明律合编》一书中说:"七出者,义之不得不去;三不去者,情之不得不留,总以全夫妇

---

[11] 《白香山集》。

[12] 瞿同祖:《中国法律与中国社会》,中华书局 1981 年版,第 128 页。

[13] 见《公羊传·昭公二十年》何注。

[14] 《日本令集解·户令》注释。

之伦也。”此处之“情”系指“情理”而非“感情”。即“三不去”所设，是基于宗法的伦常情理的要求。

三不去的内容，依“大戴礼”为“有所取无所归”、“与更三年丧”及“前贫贱后富贵”；依《唐律疏议》为“经持舅姑之丧”、“娶时贱后贵”和“有所受无所归”。所谓经持舅姑之丧，是说子妇曾与丈夫一起为公婆服过三年之丧，已恪尽为妇之道，弃之属于“忘恩”。所谓娶时贱后贵，指成婚时丈夫卑贱而后飞黄腾达，若因身份地位的提高而休妻则为“背德”。所谓有所受无所归，是指妻子若被出弃便无可依附。古代妇女并无独立人格，或依赖于父兄，或从属于丈夫，如不顾其生存而出之，则有悖于“仁”的要求。“穷穷”之举，理不可为。综上可见，七出与三不去是统一在“情义”之下的，都是维护古代社会婚姻关系本质和伦理道德准则的需要。

(4)出妻程序

古代的出妻是一种民间行为，非违背法律国家不予干预。但它又是一种要式行为，必须遵循固定的程序。这是因为宗法社会对婚姻关系及其在家族制度中的地位非常重视，无论是结婚还是离婚都不可草率行事。按礼制的要求，出妻必须履行正式的仪式，甚至要使用统一的套语，并由夫家尊长将弃妇送回本家，通常尚需在官府备案。依法律的规定，出妻应以书面形式为之。在秦代，凡“弃妻不书”者科以罚金；在唐朝，出妻不仅要以文书为凭，较郑重的还应由男女双方亲属及邻里在上面署名；依元朝法律，出妻须“写立休书，赴官告押执照”。不管具体形式有什么区别，妻子永远处于受他人摆布的地位，既无辩解的权利，更不得提出异议。

4. 中国古代离婚方式之二：义绝制度

义绝是中国封建时代一种饶具特色的法定离婚方式，所谓“礼有七出之目，律有义绝之条”，其出现不早于西汉。

从形式上看，义绝有两个突出的特点：第一，它是一种强制离婚制度。凡符合法定义绝条件者，夫妇必须离异，当事人并无选择余地。按《唐律》规定，若犯义绝“违而不离，合得一年徒罪”；《元典章·户部》引例：“犯义绝者离之，违者杖一百”；明清律均规定：“犯义绝应离而不离者，亦杖八十”。第二，它是一种经官司判断的离婚制度。即如《唐律疏议·名例》问答所说：“义绝者，官遣离之”。凡裁决义绝者，其效力也自断离之日起，而非由导致义绝事件发生之时起。由于导致义绝之行为皆属犯罪，律应科刑，所以关于义绝的裁断，大体相当于当代的“刑事附带民事”的判决。

从内容上看，构成义绝的原因是配偶双方亲属相犯及夫妻互犯。依唐宋律，义绝条件有以下七项：夫殴妻之祖父母、父母；夫杀妻外祖父母、伯叔父母、兄弟、姑、姊妹；夫妻祖父母、父母、外祖父母、伯叔父母、兄弟、姑、姊妹自相杀；妻殴詈夫之祖父母、父母;妻杀伤夫外祖父母、伯叔父母、兄弟、姑、姊妹;妻与夫之缌麻以上亲奸,夫与妻母奸;妻欲害夫。元朝之后,义绝条件不断增设,包括夫之父调戏妻、夫迫妻为娼、夫嫁卖妻、以妻为妾、容止外人与妻通奸等。

5. 中国古代离婚方式之三:和离制度

和离又称两愿离。《唐律·户婚》:"若夫妻不相安谐而和离者不坐"。疏议:"若夫妻不相安谐,谓彼此情不相得,两愿离者"。《元史·刑法志》记元制:"夫妇不相睦,和离者不坐"。《明律·户部·婚姻》:"夫妻不相谐,两愿离者不坐"。清沿明制。就法律条文本身着有以下三个特点:第一,和离表现为两愿,即双方离婚意愿的一致,夫妻都被视作行为主体。第二,和离的条件,在外为"夫妻不相安谐",在内为"情不相得",即感情不相谐调。第三,法律并不是从正面肯定的角度,而是以"不坐",即刑事犯罪除外规范的方式承认和离的不违法性。有的学者根据上述前两点认为"和离相当于后世的协议离婚"。从外在形式看是大体不错的。

但是,孤立的法律条文本身,并不能表明全部离婚制度的本质。应该看到,古代中国和古代罗马的社会背景和法律制度是很不相同的。在古罗马后期的离婚法中,曾出现了休妻与合意离婚并存的局面。它的休妻制度是市民法中有夫权婚姻的残余形式,而合意离婚则与万民法中的无夫权婚姻相适应,是简单商品经济高度发达的产物。在中国古代社会,自然经济长期占据主导地位,宗法制度根深蒂固,没有产生古罗马那种无夫权婚姻的土壤,父权、夫权自始至终地统治着婚姻家庭领域,不可能赋予妇女请求离婚的权利,因而不会有真正的合意离婚。同时,中国的古人虽然并不绝对地排斥情和欲,但在宗法制下,夫妻感情必须服从于家族的利益,充其量是婚姻的附加物而不可能成为婚姻的基础,更不可能成为决定婚姻存废的主要因素。所以,中国古代的和离,只不过是一种单纯的形式。

和离这种形式之所以能够出现并间接地被法律所承认,主要在于它具有一种掩饰的功能。从理论上说,儒学是讲究"仁恕"的,所以,曾子出妻,理由便是微不足道的"蒸藜不熟"。一方面是男子专权,另一方面又要标榜"隐恶而扬善"的"君子之道",无须任何托辞的和离也就应运而生。从社会制度而言,男尊女单与夫权统治不可能允许女子享有独立的权利,但婚姻既是"合二姓之好",其亲、疏、存、废就不仅关系到当事者本人,而且影响着家族的利、害、荣、辱。所以,即使婚姻必须离异,一方面不得不顾及家族的关系,给对方留有余地;另一方面也须维护己方的声誉,以免"家丑外扬"。选择和离的途径,自可以做到"两全"。总而言之,和离制度的产生及持续,并不在于它本身蕴涵的意义,往往不过是出妻的一种变通,以"两愿"的缓和表征遮盖专权之下的内在冲突。

与和离的这种功能相适应,它在程序上明显有别于出妻,相关的文书多称"放妻书”,虽仍出自于男方,但措辞相当谨慎,而且往往包含着对女方的祝愿。从《敦煌资料》所收录的这类文书看,绝无指责归罪的文字,处处体现着“和”的宗旨。

显而易见,古代的和离,在本质上是不能与今日的协议离婚同日而语的。但也不应否认,作为中国法律传统的一个部分,这种离婚形式对近现代人们的婚姻心理和离婚立法产生了重要的影响。

(二)近代离婚制度的变迁

1. 清末及北洋政府对古代离婚制度的承袭

19 世纪末,腐朽没落的清政府迫于各方面的压力,不得不打出“新政”的旗号,除了宣布“预备仿行宪政”和改革官制之外,由 1902 年到 1911 年从事了修订法律的活动,开始建立一套近代法律制度。但是,清朝统治集团是一个最保守、最顽固的政治势力,它被迫修订法律,并不是要放弃封建法律的基本宗旨,而不过是冀图通过形式的变换,“有裨治理”而已。因此,其修律的原则就是所谓“本旧律之义,用新律之体”,“以维伦纪而保治安”。面对着民主主义和国家主义立法主张的挑战,清朝统治者一再强调“三纲五常”是“数千年相传之国粹,立国之大本”,反复申明修订法律的“至要”之处,在于“凡我旧律义关伦常诸条,不可率行变革,庶以维天理民彝于不敝。”这个精神在婚姻家庭领域表现得尤为突出,旧式的离婚制度几乎原封不动地予以保留。

1910 年 5 月,清政府颁行《大清现行刑律》。这仍然是一部“诸法合体”的法律,包含着婚姻家庭关系的基本原则和基本规范。它继续确认出妻和义绝制度,规定“凡妻无应出之条及义绝之状而出之者处八等罚,虽犯七出有三不去而出之者减二等,追还完聚。若犯义绝应离而不离者亦处八等罚。若夫妻不相和谐而两愿离者不坐。”另还规定:“若妻背夫在逃者徒二年,听其离异;因逃而改嫁者加二等;其因夫逃亡三年之内不告官司而逃去者处八等罚,擅自改嫁者处十等罚。”显而易见,在这些规定中,除了违律处罚有所变更外,其余要点与唐宋明清诸律的内容几乎全无差异。

辛亥革命后建立的中华民国南京临时政府虽然倡导资产阶级民主与人权,但由于只存在了三个月,不可能进行全面的婚姻家庭制度改革。袁世凯窃取政权之后,北京政府恢复清末法制,宣布“嗣后几关民事案件,应仍照前清《现行刑律》中规定各条办理”,其有关判例也承继封建离婚制度的精神。后期虽有《民法草案》的编订,但从未正式颁行,只是允许在审判中作为条例援用。

2. 南京国民政府的离婚制度

1928 年,南京国民政府(国民党政府)法制局曾拟出亲属法草案,未经审议该局即告撤销。此后,根据国民党中央政治会议的决议,其民法起草委员会重新拟成民法各编,亲属编于1930年12月26日公布,自1931年5月5日起施行。其第2章第5节为离婚。按照它的规定,离婚方式分为两愿离婚和裁判离婚两种。

关于两愿离婚,它一方面承继了传统的和离制度,另一方面又将古代法律中"免坐"的刑罚除外式规范改为确认性规范,规定:"夫妻两愿离婚者,得自行离婚。但未成年人应得法定代理人之同意。"两愿离婚采民间要式程序,即无须进行行政登记或通过法院裁决,但"应以书面为之,并应有二人以上证人之签名"。关于两愿离婚的后果,只规定"子女之监护由夫任之,但另有约定者从其约定",其他方面概未涉及。

关于判决离婚,原则上采用过错主义及列举主义,罗列了判决离婚的十大理由,包括:重婚者;与人通奸者;夫妻一方受他方不堪同居之虐待者;妻对于夫之直系尊亲属为虐待或受夫之直系尊亲属之虐待致不堪为共同生活者;夫妻之一方以恶意遗弃他方在继续状态中者;夫妻之一方意图杀害他方者;有不治之恶疾者;有重大不治之精神病者;生死不明已逾三年者;被判处三年以上之徒刑或因犯不名誉之罪被处徒刑者。同时规定了限制性条件,即有请求权的一方对他方过错有事前同意或事后宥恕情形者,或者超过法定期限者不得请求裁判离婚。

国民党政府民法规定了判决离婚4个方面的法律后果。第一,子女之监护适用两愿离婚的规定,但法院为其子女之利益,得约定监护人。即法院不仅有权在双方出现分歧时从中裁决,而且可以否决双方约定另作裁判。第二,夫妻一方因判决离婚而受到损害时,无责方可向有过失方请求给予财产或者非财产损害赔偿。第三,无过失一方如因离婚而陷于生活困难者,他方应给予一定数额的赡养费。第四,离婚后,双方各取回其固有财产;由于婚姻财产归夫管理,如妻方固有财产因可归责于夫的理由发生短少,由夫负担。

(三)现代离婚制度的确立

1. 新民主主义革命时期革命根据地政权的离婚制度

由1927年到1949年在中国共产党领导下建立的革命根据地政权,都是人民民主政权。各个革命根据地都开展了轰轰烈烈的妇女解放运动,进行了深入广泛的婚姻家庭制度改革。在这些改革中建立起来的离婚制度,既从当时的实际出发,适应了人民群众的迫切需要,又为中华人民共和国成立后进行全国范围的婚姻家庭制度改革,建立现代中国的离婚制度积累了丰富经验,奠定了良好基础。

在离婚条件方面,各革命根据地都实行离婚自由原则。1931年11月的《中华苏维埃共和国婚姻条例》和1934年4月的《中华苏维埃共和国婚姻法》都采绝对离婚自由主义,前者规定:"凡男女双方同意离婚的,即行离婚,男女双方一方坚决要求离婚的,亦即行离婚";后者规定:"男女一方坚决要求离婚的,即可离婚",唯

“红军战士之妻要求离婚须得其夫同意。”在对红军战士的婚姻实行特殊保护的同时，对普通离婚不加限制，主要是为了彻底摧毁男尊女卑的封建婚姻制度，确保妇女离婚自由权利的充分实现。抗日战争时期各革命根据地法律在坚持离婚自由的前提下，体现出两个特点。一是从建立抗日民族统一战线的需要出发，适当参照《中华民国民法亲属编》的条款，列举了一方请求离婚的法定理由，加重婚、通奸、恶意遗弃、图谋陷害他方等，并特别设立“充当汉奸”一项。二是把夫妻感情破裂作为离婚的基本条件。如1942年1月公布、1943年9月修订的《晋冀鲁豫边区婚姻暂行条例》规定：“夫妻感情恶劣，致不能同居者，任何一方均得请求离婚”；1943年2月公布的《晋察冀边区婚姻条例》规定：“夫妻感情意志根本不合致不堪同居者”，任何一方得请求离婚。另外，这一时期的离婚法还对女方怀孕期间和分娩后一定期间内男方的离婚请求权作了必要的限制。解放战争时期革命根据地最有代表性的婚姻法是1946年4月的《陕甘宁边区婚姻条例》。在这个条例中，把双方自愿离婚和一方要求离婚在条件和程序上都作了明确区分，并把“感情意志根本不合，无法继续同居”作为一方要求离婚的首要理由，同时列举了其他离婚理由。另外继承抗日战争时期的传统，规定，“女方怀孕期间，男方不得提出离婚，具有离婚条件者，亦须于女方产后一年始得提出，但经双方同意者不在此限。”

在离婚程序方面，土地革命时期的婚姻法均规定当事人须向乡或市、区苏维埃登记；抗日战争时期的做法有别，在晋冀鲁豫边区须向区级以上政府请求批准，晋察冀边区则规定由司法机关管辖；1946年的《陕甘宁边区婚姻条例》实行行政机关分级管辖原则，双方自愿离婚的在当地乡（市）政府领取离婚证，一方要求离婚的应向县政府提出请求，只是有违法行为者“得由当事人诉经当地司法机关依法处理”。

在离婚后果方面，革命根据地的法律体现了保护妇女和子女利益的精神。第一，关于子女抚养。《中华苏维埃共和国婚姻法》规定，于女应归女方抚养，如女方不愿抚养则归男方抚养；女方抚养的子女，由男方负担必需生活费的三分之二，直至16岁为止；女方再婚后如新夫愿负抚养之责的必须向苏维埃登记并不得中途停止。《晋冀鲁豫边区婚姻暂行条例》规定：“离婚后，尚未满4周岁者由女方抚养，已满4周岁者由男方抚养”，双方另有约定者从约定。但女方未再婚时男方须给付子女之生活费，女方再婚后子女由女方及新夫共同抚养。《陕甘宁边区婚姻条例》规定：“男女离婚前所生之子女，哺乳期间由女方抚养，哺乳期满随父随母从其约定，无约定者归男方抚养。”第二，关于财产与债务。土地革命时期规定婚前财产各自处理，婚后所得由父母子女平分，公共债务由男方负责清偿。抗日战争时期的法律缺乏有关规定。解放战争时期陕甘宁边区规定：“离婚时，男女双方各自取回其所有之财产,但离婚前双方有共同经营所得之财产者,得依据情况处理之。"这种不完整的或较概括的规定,是与当时的婚姻法未对夫妻财产制作出明确规定相适应的。另外,关于离婚后的经济帮助,从保护妇女权益出发,各根据地的法律都规定女方再婚前生活困难的,有条件的男方应负担必需的生活费用。

2. 新中国离婚制度的确立与发展

1950 年《婚姻法》是中华人民共和国建立之后最早制定的一部基本法律,其第 5 章"离婚",第 6 章"离婚后子女的抚养和教育",第 7 章"离婚后的财产和生活",以占全部法律三分之一的条款,构成了一套全国适用的新民主主义离婚制度。

这部法律继承革命根据地的立法传统,全面贯彻了离婚自由原则。中央人民政府法制委员会《关于中华人民共和国婚姻法起草经过和起草理由的报告》说明了实行离婚自由的意义:"在新民主主义中国社会内,以法律保障男女离婚自由,正和保障男女结婚自由一样,首先是作为反对和废除旧的封建主义婚姻制度的必要手段,是使那些受封建主义婚姻制度深重痛苦而坚决要求离婚的男女——尤其是那些最受旧婚姻制度痛苦迫不得已而坚决要求离婚的妇女,得到肉体上和精神上的解放,以增进人民的幸福和提高社会的生产力。这是进步的合乎新社会发展需要的一种社会改革"。正是基于这种彻底反封建的精神,1950 年《婚姻法》第 17 条规定:"男女双方自愿离婚的,准予离婚。男女一方坚决要求离婚的,经区人民政府和司法机关调解无效时,亦准予离婚。"

同时,中央人民政府法制委员会的报告还指出:"以工人阶级为领导的人民民主专政的人民政府,对男女婚姻问题,采取严肃郑重的态度,反对轻率马虎的态度;对结婚问题是这样,对离婚问题也是这样。正如一方面规定结婚自由,同时又规定结婚条件和结婚登记一样;一方面规定离婚自由,同时又规定实现这种离婚自由的严肃郑重的法律程序,以便合情合理地依法处理离婚案件的问题,使离婚及其有关子女与财产和生活问题,都得到恰当解决的途径;并防止和反对轻率离婚的现象。"依据这样一种精神,1950 年《婚姻法》在离婚程序上作出了三方面的规定:第一,男女双方自愿离婚的,区人民政府在"查明确系双方自愿并对子女和财产问题确有适当处理时",才得发给离婚证。第二,男女一方要求离婚的,得由区人民政府进行调解;如调解无效时应即转报人民法院处理;人民法院对离婚案件也应首先进行调解;如调解无效时即行判决。对于这种判决,解释上认为:"有正当原因不能继续夫妻关系的,应作准予离婚的判决;否则也可作不准予离婚的判决。"第三,对女方孕期及分娩后一年内男方的离婚诉权加以限制;规定现役革命军人的配偶提出离婚须得军人同意。

关于离婚后子女的抚养和教育,1950 年《婚姻法》规定,哺乳期内的子女以随哺乳的母亲为原则。哺乳期后的子女由何方抚养协议不成时,由人民法院根据子女的利益判决。女方抚养的子女,男方应负担必需生活教育费的全部或一部;如女方及子女分得的财产足以维持子女的生活教育费时,男方可以不再负担此项费用。并规定,离婚时关于子女生活教育费的协议或判决,不妨碍子女向父母任何一方提出超过协议或判决核定数额的请求。

关于离婚后的财产和生活,1950 年《婚姻法》的规定包括三个要点:第一,离婚时,女方婚前财产归本人所有,其他家庭财产如何处理,如协议不成,应根据财产的具体情况、照顾女方及子女利益和有利发展生产的原则判决。第二,离婚时,原为夫妻共同生活所负担的债务,以共同生活时所得财产偿还;如无此类财产或此类财产不足清偿时,由男方清偿。第三,离婚后,如一方未再行结婚而生活困难,他方应给予帮助。显然,在当时的情况下,受帮助的一方主要是女方。

通过对 1950 年《婚姻法》的广泛宣传,尤其是 1953 年的贯彻《婚姻法》运动,新中国的离婚制度在 960 万平方公里的土地上普遍推行,对于建立新型的婚姻家庭关系,推动妇女解放运动的发展,促进社会主义事业发挥了重要的积极作用。随着我国现代化建设和法制建设的发展,1980 年对原《婚姻法》进行了修改。新的《婚姻法》的第 4 章用十条(第 24 条至第 33 条)规定了离婚制度。其中,继续肯定了协议离婚和判决离婚两种离婚方式,并对离婚后子女抚养教育、共同财产分割等作了必要规范。它对原《婚姻法》关于离婚制度的最重要发展,就是把"感情确已破裂"作为人民法院审理离婚案件的实质要件。全国人大常务委员会法制委员会在《关于中华人民共和国婚姻法(修改草案)的说明》中指出:"在我们社会主义国家中,要提倡夫妻互相帮助,建立民主和睦的家庭,大力宣传共产主义道德,反对那种对婚姻关系采取轻率态度和喜新厌旧的资产阶级思想。但是,我们也不能用法律来强行维护已经破裂的婚姻关系,使当事人长期痛苦,甚至使矛盾激化,造成人命案件,对社会、对家庭、对当事人都没有好处。由于我国废除封建婚姻时间不太久,经济、文化水平还较低,有些社会舆论对提出离婚的一方往往不表同情,问题比较复杂。多年来,法院在处理离婚案件时掌握偏严,就反映了这种社会情况。根据一些地方和部门的意见,草案……增加了'如感情确已破裂'这个条件。这样规定,既坚持了婚姻自由的原则,又给了法院一定的灵活性,比较符合我国目前的实际情况。"

无疑,这些规定对发展我国的社会主义婚姻制度,全面贯彻婚姻自由原则,保护公民的合法离婚权益具有十分重要的意义。但经过二十年的实践,特别是面对改革开放后社会生活和家庭生活的巨大变化,在离婚立法上也暴露了一些不足,其主要表现在:第一,离婚标准过于概括、缺乏可操作性;第二,对离婚时财产分割的规定不尽全面,不能充分满足二十多年来社会经济发展和家庭财产关系变化的需要;第三,没有规定特定情况下的离婚补偿和赔偿问题;第四,对离婚后的子女抚养和监护问题规定过于简略,等等。2001 年 4 月 28 日,第九届全国人民代表大会常务委员会第二十一次会议通过了《关于修改〈中华人民共和国婚姻法〉的决定》,其中,对离婚制度进行了重大的修改和补充。我国现行离婚制度的具体内容将在下面的几节中作专门的介绍和分析。

三、当代中国离婚法的基本精神

早在 1950 年 4 月,中央人民政府法制委员会就曾明确指出,《婚姻法》"离婚"一章"是关于具体保障离婚自由和反对轻率离婚的规定";1953 年中央贯彻婚姻法运动委员会《贯彻婚姻法宣传提纲》重申:"婚姻法保护正当的离婚自由,也反对轻率的离婚";1980 年的《婚姻法》正式实施之前,中共中央宣传部和全国妇联印发了《中华人民共和国婚姻法宣传要点》,认为"保障离婚自由,反对轻率离婚"是新婚姻法的主要内容之一。可见,由中华人民共和国成立以来,我国的离婚法始终体现着保障离婚自由,反对轻率离婚的基本精神,从另一个角度说,保障离婚自由,反对轻率离婚是我国现行离婚制度的突出特征。

(一)保障离婚自由

婚姻自由权利是我国宪法赋予公民的一项民主权利;实行婚姻自由是我国《婚姻法》的一项重要原则。离婚自由是婚姻自由不可缺少的重要内容。尽管相对于结婚而言离婚并非普遍现象,但缺少离婚自由就不是完整的,从而不是真正的婚姻自由。

保障离婚自由,取决于婚姻关系的本质和我国的人民民主制度。马克思曾经指出,婚姻体现着一种特殊的伦理关系,当出现"伦理的死亡"时,婚姻便不再成为婚姻。因此,"离婚仅仅是对下而这一事实的确定:某一婚姻已经死亡,它的存在仅仅是一种外表和骗局"。[15] 恩格斯也说过:"如果说只有以爱情为基础的婚姻才是合乎道德的,那么也只有继续保持爱情的婚姻才合乎道德"。[16] 在彻底废除封建主义婚姻制度基础上建立起来的我国人民民主婚姻制度,充分尊重婚姻关系的本质,保护广大人民,尤其是广大妇女的民主权利。一方面坚决禁止包办、买卖婚姻和其他干涉婚姻自由的行为,保护公民结婚自由权的行使,从而促进男女公民之间建立以爱情为基础的婚姻关系;另一方面确认公民的离婚自由权,当婚姻已经失

---

〔15〕《马克思恩格斯全集》第 1 卷,第 184 页。

〔16〕《马克思恩格斯全集》第 21 卷,第 96 页。

去其存在的基础和维系的条件时，允许依法解除。列宁说："谁不要求立即实现离婚的充分自由，谁就不配作一个民主主义者和社会主义者。"〔17〕我国法律对离婚自由的肯定，反映的正是民主主义和社会主义的法律精神。

保障离婚自由，有利于保证社会的安定，改善婚姻家庭关系，推动社会的进步。首先，实行离婚自由是对封建主义离婚制度的彻底否定，有利于全面树立民主的、平等的社会主义婚姻观念，有利于建立互敬互爱、团结和睦的婚姻关系，提高婚姻质量，促进社会主义婚姻家庭关系的发展。其次，实行离婚自由可以使那些确已"死亡"的婚姻关系得到解除，从而使当事人得到解脱，避免矛盾激化，化消极因素为积极因素，从根本上保证社会的安定和人民的团结。再次，实行离婚自由，把离婚纳入制度化、规范化的轨道，有利于增强人们的法律意识，保护自己的合法权益。

当然，和任何其他自由一样，离婚自由也不是不受任何约束和限制的"绝对自由"。首先，保障离婚自由，既不是鼓励人们离婚，也不意味着可以滥用这些自由权利。任何公民行使离婚自由权，都必须严格遵循法定程序，遵守法定条件，并不得侵害他人的合法权益，更不得损害社会公共利益。其次，婚姻关系是由男女双方构成的，当事人都具有独立的、完整的人格和平等的民事权利，如果夫妻双方具有离婚的合意，基于尊重公民独立行使自由权利的精神，离婚自由既包括解除婚姻关系的自由，也包括依法定程序获得离婚证书的自由。但是，如果一方要求离婚而另一方希望继续保持，那么，对要求离婚的一方来说，离婚自由并不等于解除婚姻关系的自由，而仅仅是提起离婚之诉的自由。是否能够实现离婚目的，需要法院依法居中裁决。总之，应该把保障离婚自由置于"男女权利平等"、"建设社会主义法治国家"和"两个文明"建设的大范畴中作正确的理解。

(二)反对轻率离婚

轻率离婚指在婚姻关系尚可维持的情况下，轻易、草率地予以解除。采取这种轻率的态度，可能是出于对婚姻的价值及其社会意义缺乏正确的认识，缺乏应有的责任心和义务感，当婚姻生活出现一些本属正常的暂时失调或局部冲突时，把离婚作为解决矛盾的唯一手段，或者是不珍惜夫妻感情，基于个人的"自尊"或冲动而简单行事；也可能是因为受到两性关系自由化思潮的影响，追求不健康的生活方式，喜新厌旧，见异思迁，把社会主义道德情操视作封建残余，在极端个人主义思想的支配下任性处理婚姻问题。所以，轻率离婚是一种不负责任的行为，是对离婚自由的曲解和滥用。

婚姻关系是一种社会关系，家庭是社会的细胞组织，一个婚姻和一个家庭的解

---

〔17〕《列宁全集》第23卷，第67页。

体,必将在正面或者负面产生重要的影响。轻率离婚的危害性,不仅在于不利于维护当事者本人的根本利益,而且会对他方、对子女、对周围的其他人造成直接或间接的物质上和精神上的损害,甚至会危害建立良好的社会风气,个别的还会导致恶性事件的发生。马克思在《论离婚法草案》一文中曾指出:"几乎任何的离婚都是家庭的离散,就是纯粹从法律观点看来,子女的境况和他们的财产状况也是不能由父母任意处理、不能让父母随心所欲地来决定的";因此,他尖锐地说道:"谁随便离婚,那他就是肯定任性、非法行为就是《婚姻法》"。总之,"婚姻不能听从已婚者的任性,相反地,已婚者的任性应该服从婚姻的本质。"〔18〕反对轻率离婚,既是保护公民根本权益和社会利益的要求,也是婚姻本质的要求。我国法律对离婚程序和离婚条件的设定,以及认真地将之付诸实践,所体现的正是反对轻率离婚的精神。

应该看到,虽然社会主义婚姻家庭制度在我国已经建立、巩固并健康地向前发展,但否定或者曲解离婚自由的观点以及其他错误认识依然存在。必须从保障离婚自由和反对轻率离婚这相辅相成、密不可分的两个方面的统一上,正确理解和认真贯彻我国离婚法的基本精神,推动和强化我国的社会主义婚姻法制建设。

第二节　协议离婚

一、协议离婚概述

(一)协议离婚的概念

协议离婚亦称两愿离婚,在我国现行《婚姻法》中称做双方自愿离婚,指婚姻关系因双方当事人的合意而解除。

在西方传统法学理论中,多用特殊契约说来解释协议离婚,认为离婚协议是夫妻双方以解除婚姻关系为目的而成立的要式契约;但它仅是亲属法上的契约,与一般债权法上的契约在订定条件和法律效力方面均有明显区别,尤其是不适用债权法上关于契约解除的原则和规定。

从有关国家的立法看,协议离婚有直接协议离婚和间接协议离婚之分。直接协议离婚指依据当事人的合法协议,履行必需的程序后即产生婚姻终止效力的离婚。多数确认协议离婚制度的国家,如法国、日本、墨西哥、苏联等都采用直接协议离婚的方式。间接协议离婚指由协议别居而转变为离婚,即夫妻法律上或事实上不中断的别居达一定期间后,可因双方的共同请求转变为解除婚姻关系,所以又称

〔18〕《马克思恩格斯全集》第1卷,第183、185页。

为协议别居离婚。斯堪的那维亚国家多曾采用这种制度，近年来逐渐倾向于实行直接协议离婚。

（二）协议离婚的特点

应该指出，从当事人的角度说，协议离婚指夫妻双方在生存期间自愿终止婚姻关系；而从法律的角度说，协议离婚是指法律承认并赋予这种离婚合意以合法的效力，二者的结合才构成协议离婚制度。如果仅有当事人的合意而法律并不加以认可，仍然不是制度意义上的协议离婚。在那些不承认协议可以发生离婚效力的国家，纵然夫妻双方在离婚问题上毫无分歧，也必须符合法定条件并经过法院裁决（不是简单的认可），这种离婚就不能认为是法律上的协议离婚。显而易见，充分尊重当事人一致的意愿，采用简便的程序使婚姻关系得以解除，是协议离婚的基本特征。

协议离婚是一个古老的离婚制度。意大利法学家彼德罗·彭梵得（PietroBonfante，1864～1932）在他的《罗马法教科书》中曾说："无视意味着'婚意'终结的离婚而宣称婚姻仍在持续，这乃是罗马人的思想所不能理解的事情。"所以，"他们不仅把在夫妻间不再存在合意时婚姻的存续视为一种荒谬，而且认为是下流的，为了维护婚姻的道德性，他们从法律上禁止明确约定不得离婚或约定在离婚情况下支付罚款。"在后期罗马法中，合意离婚是常用的一种离婚形式。如前所述，我国古代中后期的"和离"从形式上看也具有协议离婚的表征。当然，出于历史的和阶级的局限性，古代社会的"协议"离婚并不能体现男女双方处于平等地位的真实合意。

近代的协议离婚制度形成于资产阶级革命之中。早期资本主义法律对协议离婚的限制相当严格。以《拿破仑民法典》为例，依其规定，协议离婚的双方，夫须在25岁以上，妻须在21岁以上，结婚时间须在2年以上；但如妻子已达45岁或结婚已经达到20年则不得协议离婚；在程序上，要求夫妻双方亲自随同两名公证人到法院递交离婚申请，其后于第4个月、第7个月和第10个月重复相同的申请，经过1年后始由法官认定其离婚；并规定，协议离婚的当事人在离婚后3年之内不得再婚。晚近以来，确认协议离婚的国家日益增多，条件趋于单纯，程序也不断简化。

但是，在西方法学界，对协议离婚的利弊看法不一，评价殊多差异。持否定说者认为，如果法律承认协议离婚制度，就等于把婚姻视为可以规避应尽义务的普通契约，不利于婚姻关系的稳定和社会的利益；而且在宪法原则和普遍观念中，婚姻被视为男女双方以终身共同生活为目的的结合，实行协议离婚就否定了婚姻的定义，容易造成对离婚权利的滥用。持肯定说者则认为，从法律上为婚姻观念作辩护，并不能以牺牲当事人的一生幸福作代价；一个经久不渝的结合，只有来自配偶双方自己的决定在道德上才有价值；没有任何理由强行维系那些已经不能继续的婚姻关系,也没有任何理由认为承认协议离婚就是放宽离婚尺度,鼓励轻率离异。相反,实行协议离婚可以使那些确实认为应该解除婚姻关系的当事人在没有外来压力的情况下和平静的感情环境中妥善处理婚姻纠纷,友好地分手,摆脱旧有的痛苦,寻求新的幸福。

从世界范围看,尽管还有相当多的国家,特别是受宗教影响较深、婚姻家庭制度的改革步伐较慢的国家,至今依然拒绝采纳协议离婚制度,但这种制度已经在实践中逐渐显示出它的优越性,得到越来越广泛的承认。

(三)协议离婚的条件

协议离婚的条件即协议离婚的实质要件。依照一般亲属法理论及有关各国的立法实践,可以区分为必要性条件及限制性条件两类。

必要性条件首先表现在离婚主体及其意思表示上。一方面,基于离婚是一种改变身份法律关系的行为,当事人必须具有完全的民事行为能力。如法国民法典规定,倘夫妻一方因疾病、残疾、年老体弱而精神机能失常时,或因其他原因处于受监护状态时,"任何双方同意的离婚诉请均不得提出"。同时,协议离婚必须当事者本人亲自为之,不得由他人代理。另一方面,基于协议离婚的本质,当事的夫妻双方须有离婚的合意,这是它的最基本的条件。因此,当事人必须以口头的或书面的形式明确表示其自愿离婚的意向。有的国家法律(如《墨西哥民法典》第272条)要求,夫妻双方"应以断然、明确的方式,声明他们希望离婚";有的国家(如日本)为防止发生欺诈、伪造等现象,允许一方提前向主管机关提出不予受理离婚登记的请求。

必要性条件还包括夫妻双方必须就离婚所引起的其他法律后果作出一致的安排。一方面是关于子女的监护及利益保护,如无妥善的处理不得提出协议离婚。

如《比利时民法典》第278条规定,夫妻的离婚协议必须写明离婚以后子女及其财产的照管办法,当事人探望子女的权利,夫妻各自承担的子女抚养教育费用;上述协议不得损害民法典规定的子女应得的权利。再如《日本民法典》第766条规定:"父母协议离婚时,要以其协议确定子女的监护人及其他关于监护的必要事项。"另一方面是关于夫妻婚姻财产的处理应达成协议。如依墨西哥民法典的规定,当事双方须在离婚协议中确定办理离婚期间管理婚姻共同体财产的方式以及离婚发生法律效力后对婚姻共同体财产的清算方式;并须向主管机关呈交婚姻共同体中全部财产,包括不动产和动产的清单及估价单。其他实行协议离婚制度的国家也皆有相关的规定;有的国家(如荷兰、丹麦、保加利亚等)还要求当事人就离婚后的住所问题达成协议。

限制性条件即协议离婚的排除性条件,指夫妻不得提出协议离婚申请的法定事由。从有关国家的立法看,这类限制大体有以下几种:第一,双方不得有未成年子女,无论是亲生的还是收养的皆在其列。苏俄、蒙古等国的法律中有此规定。第二,双方结婚须届满一定时间。如在婚后6个月内(法国)、1年内(荷兰、墨西哥等)、2年内(比利时等)、3年内(保加利亚)不得提起协议离婚。第三,双方须达一定年龄。这类规定在多数国家中已被取消,但有的国家如比利时仍规定夫妻双方须满23周岁才得提出协议离婚。可以看出,这些限制性条件都具有相对性,对当事人来说,不得提出协议离婚的事由将随着时间的积累而自然消失。

(四)协议离婚的程序

协议离婚的程序即协议离婚的形式要件。在各国法律中,协议离婚的程序殊不一致,大体可以分为行政程序和司法程序两种。

依行政程序的协议离婚形式又可称为非讼形式或登记制。它以进行行政登记为协议离婚的必经程序。从国家的角度说,由于确定协议离婚由行政机关负责办理,从而在管辖上对协议离婚和裁判离婚加以区别。从当事人的角度说,则不必诉诸法院,较适合协议离婚的心理需求。在实行行政登记制的国家中,有的按户籍法规的要求,规定当事人到户籍管理机关办理离婚登记手续。如依《日本民法典》第739条规定,协议离婚由夫妻双方以口头形式,依户籍法的规定到户籍机关办理申报后即发生效力;蒙古等亦采类似制度。有的则要求离婚协议须经行政官员或民事登记官员批准。如依挪威法律规定,夫妻双方如就离婚及有关问题达成一致协议,即可以口头或书面形式向州长办公室提出申请;按墨西哥民法规定,夫妻双方自愿离婚应到其住所地的民事登记官员面前声明,民事登记官员制作记录后须在15天内传唤双方予以确认,如当事人没有异议即可由民事官员宣布他们离婚。

依司法程序的协议离婚形式以须经过法院的批准或裁决为基本特征,体现出一种离婚问题的单一司法管辖原则。实行这种协议离婚程序的国家,有的要求较为宽松,实际上只是一种单纯的经法院认可、批准的程序;有的要求较为严格,需要经由法官的判断裁决才发生离婚的效力。前者如法国和瑞典。依《法国民法典》修改后的规定,如夫妻双方共同请求离婚,无须说明原因,仅需将处理离婚后果的协议草案呈报法官审批即可;依瑞典新婚姻法的规定,如果夫妻双方就离婚和有关问题达成一致的协议,无须当事人亲自出庭,法院即可在审查无误后准许离婚。后者可以比利时和印度为例。依1982年修订的比利时民法典规定,夫妻双方自愿离婚的,在完成一系列预备程序(如制作财产清单,在各自权利的行使上达成协议等)之后,须亲自到他们选定的初审法院会见法官,法官应加以规劝并指出其行为结果,然后再决定是否准予离婚。按1976年印度教徒婚姻法的规定,允许双方通过协议而离婚,但这种协议是否成立取决于法官的自由裁量。

另外,在协议离婚的程序上,有的国家规定在双方共同提出离婚申请之后须经过一定的考虑期,期限届满后仍然不改初衷的才可依法正式离婚。在比利时、奥地利等国,这个考虑期是6个月;在蒙古则为3个月。考虑期的设定,旨在减少轻率离婚,从而保证婚姻关系的相对稳定。

顺便说明,在1930年中国近代第一部正式民法的亲属编中,对两愿离婚规定了民间协议的形式,即凡夫妻两愿离婚者“得自行离婚”,惟当事人是未成年人的应得法定代理人之同意;其“要式性”,仅为“应以书面为之,并应有二人以上证人之签名”。除此之外并不需要经过行政的或司法的程序。进行户籍变更登记,仅是离婚在行政法上的结果,而不是离婚在亲属法上的条件。现在我国台湾省仍在实行这种协议离婚制度。

二、我国现行协议离婚制度

(一)我国协议离婚的概念

从法学理论的角度,对我国的协议离婚可以作广义的和狭义的两种解释。广义的协议离婚,指夫妻双方最终以协议的形式解除婚姻关系,既不问离婚是由一方提出还是由双方共同提出,也不问是在何时、何种情况下达成离婚协议。也就是说,它着重于“协议”的方式,既包括夫妻双方一开始就协商一致,通过行政登记程序离婚;也包括先由一方提出,经人民法院调解而实现合意的离婚。狭义的协议离婚,仅指自提出之时起就表现为双方在离婚和相关问题上意愿一致,并依照行政登记程序办理的离婚。它着重于双方自始的合意和采用非讼的程序。

在我国现行《婚姻法》中并未使用协议离婚一词,只是根据离婚的提出和适用的程序区分为“双方自愿离婚”和“一方要求离婚”。前一种即狭义的协议离婚。为了与现行法律的规定相对应,同时兼顾各国立法的通例,本书在狭义上使用协议离婚的概念,在这一部分里只讨论“双方自愿离婚”。

(二)我国协议离婚的法律地位

我国的协议离婚制度,是有中国特色的社会主义离婚制度的重要组成部分。半个多世纪的实践中,它不但已被人民群众充分接受,而且积累了丰富的经验,在制度建设上日臻完善。随着我国改革开放的深入发展和婚姻家庭法制的不断健全,采用协议方式,通过非讼程序处理离婚问题,在全部离婚事件中所占的比重越来越大,已被越来越多的当事人作为首选的途径。

从根本上说,确立协议离婚是我国社会主义婚姻制度的本质要求。这是因为,第一,实行协议离婚是婚姻自由原则的一个重要表现。我国社会主义法律确认并保护公民自主自愿地处理个人婚姻问题的民主权利,当夫妻双方一致同意解除婚姻关系的时候,自应承认这种意愿和行为的合法性并为之提供程序上的保障。第二,安定团结是我国基本的治国方针。实行协议离婚,有利于在婚姻关系已无法继续维持的情况下,由夫妻双方心平气和地解决矛盾冲突,避免相互激烈的指责并造成双方的仇视和敌对,避免矛盾的激化甚至是性质的转化。第三,由于协议离婚不仅要求双方离婚的合意,而且要求对子女的抚养教育、财产的分割和债务的清偿作出妥善安排,这既有利于维护当事双方和第三人的合法权益,也有利于生产和生活,有利于财产的正常流转,维护正常的社会经济秩序。

总之,在我国,协议离婚不仅在全部离婚制度中具有重要地位,而且势必有更大的发展,并将对改善我国的婚姻家庭关系,推动我国社会主义婚姻家庭制度的发展发挥重要作用。

（三）我国协议离婚的条件

1. 对离婚主体的要求

我国法律为贯彻保障离婚自由,反对轻率离婚的基本精神,维护协议离婚的严肃性,对双方自愿离婚的主体规定了较为严格的要求,其基本内容包括三个方面。

第一,协议离婚的当事双方必须具有合法配偶身份。这里的合法配偶采严格意义,仅指依法办理了结婚登记的夫妻双方。既不包括非法同居的男女双方,也不包括法律承认的"事实婚姻"当事人。

第二,协议离婚的当事双方必须具有完全的民事行为能力,因为唯有完全民事行为能力人才能独立自主地处理自己的婚姻问题。依规定:一方或者双方当事人"属于无民事行为能力人或者限制民事行为能力人的",不得通过行政登记程序协议离婚。这一规定不但是协议离婚本身的必然要求,而且也是保护那些没有完全民事行为能力当事人合法权益的切实需要。

第三,协议离婚当事双方必须具有离婚的合意。我国《婚姻法》第 24 条规定:"男女双方自愿离婚的,准予离婚。"这里的"双方自愿",指的是双方各自的离婚意思表示必须是真实的而非虚假的;在解除身份关系的问题上必须是单一性的而不能是附条件的(如不得附加限制再婚的条件);其离婚决定是自主作出的而不能是受他方或第三者欺诈、胁迫或因重大误解而形成的。

需要明确的是,必须在理论上和实践上把"双方自愿离婚"和"一方要求离婚"的条件加以严格区别。我国法律对二者作了不同的规定,不能混合适用。对于协议离婚而言,主体的行为要素只限定于"双方自愿"。有的人认为同样应该执行"感情确已破裂,调解无效"的标准,这是一种错误的认识。有些人因为陷入这样一种认识误区,往往要追究自愿离婚的当事人之间感情是否破裂以及导致破裂的原因。这就背离了协议离婚的宗旨和要求。婚姻登记机关具有与司法审判机关不同的职能,在受理协议离婚登记申请时,除了需要审查下文将要谈到的对离婚的其他后果是否有适当安排外,对于当事人本身,只需审查双方的离婚协议是否确系出于自愿即可,而无须追究离婚的理由。

2. 对离婚协议的其他要求

我国《婚姻法》第 24 条后项规定,对于男女双方的离婚申请,“婚姻登记机关查明双方确实是自愿并对子女和财产问题已有适当处理时,应即发给离婚证。”这表明,对协议离婚来说,“双方自愿”是基本条件,“对子女和财产问题已有适当处理”是必要条件。倘若不具备这种必要条件,则不能通过行政登记程序,而只能通过诉讼程序离婚。

所谓对子女问题有适当处理,是指对双方离婚后有关子女(主要是未成年的和不能独立生活的子女)的一切问题,都在有利于保护子女合法权益的原则下作了合理的、有切实保障的安排。包括子女由何方负直接抚养的责任,子女的抚养费和教育费如何负担,子女的姓氏是否改变等;由于父母和子女的关系不因父母离婚而消除,协议中还应包括不直接抚育方对子女探望权行使的内容。为了避免出现子女的命运完全由父母安排和支配的不正常现象,有关安排应征得有分辨力的子女的认同,并且不妨碍子女在必要时提出变动或补充的要求。

所谓对财产问题有适当处理,是指在不得侵害妇女合法权益的前提下,对夫妻共同财产作合理分割,对离婚后一方给予生活困难的他方以经济帮助的问题作必要安排;在不得侵害国家、集体利益及其他公民合法权益的前提下,对共同债务的清偿作出负责的处理。同时,双方在离婚协议中还须切实安排好离婚后的住房问题。

(四)我国协议离婚的程序

依照我国法律规定,凡属夫妻双方自愿离婚的,只要符合法定条件,都可以通过行政登记程序办理离婚手续。依行政登记程序离婚由民政部门主管。双方都是中国大陆居民,办理离婚登记的机关是县级人民政府民政部门或者乡(镇)人民政府;省、自治区、直辖市人民政府可以按照便民原则确定农村居民办理婚姻登记的具体机关。离婚登记按地域进行管辖。当事人协议离婚的,须到一方户口所在地的婚姻登记机关申请离婚登记。

这里有一个问题是,人民法院应否受理夫妻双方完全没有争议的离婚案件?对此,我国《婚姻法》第 31 条的规定是非常明确的:“男女双方自愿离婚的,准予离婚。双方必须到婚姻登记机关申请离婚”。既然是“必须”,就不存在程序选择的问题,无论是当事人还是婚姻登记管理机关,抑或是人民法院,对此都不应该有其他的理解。换言之,夫妻双方完全没有争议的离婚事件,依法不在人民法院主管范围之内。

协议离婚具体程序包括申请、审查和登记。

1. 申请

离婚是一种重要的身份法律行为，当事双方必须亲自到婚姻登记管理机关申请离婚登记，不得委托他人代理。申请时应持本人的户口簿、身份证，本人的结婚证和双方当事人共同签署的离婚协议书。离婚协议书须由当事人签字或盖章，应当写明双方当事人的离婚意思表示以及关于子女抚养、探望、财产处理等协议事项。凡属一方要求离婚的、对离婚有关后果未全面达成协议的、一方或双方没有完全民事行为能力的，未办理过结婚登记的或者结婚登记不是在中国内地办理的，婚姻登记机关不予受理。

2. 审查和登记

按原来《婚姻登记管理条例》的规定，受理当事人的离婚登记申请后，婚姻登记管理机关应在一个月内进行审查。新的《婚姻登记条例》取消了这一个月的审查期，改而实行即时登记的制度。按照规定，"婚姻登记机关应当对离婚登记当事人出具的证件、证明材料进行审查并询问相关情况。对当事人确属自愿离婚，并已对子女抚养、财产、债务等问题达成一致处理意见的，应当当场予以登记，发给离婚证"。当事人从取得离婚证起，解除夫妻关系。此后，如离婚证遗失或者损毁，可以持户口簿、身份证向原办理婚姻登记的机关或者一方当事人常住户口所在地的婚姻登记机关申请补领。婚姻登记机关对当事人的婚姻登记档案进行查证，确认属实的，应当为当事人补发结婚证、离婚证。

有的学者认为，婚姻登记管理机关应进行必要的调解，包括"对于双方有和好可能的"做调解和好工作；也包括"对于子女和财产等问题未作适当处理或尚有争议的"，通过调解，"协助当事人作出必要的安排"。这种说法是没有根据的。就前者而言，婚姻登记管理机关因不能追查离婚理由，根本无从判断当事人有无和好可能，因此调解无从谈起。就后者而言，如果当事人并未达成全面协议，则应依法决定不予受理，无所谓"协助安排"的问题。依照《婚姻法》和《婚姻登记条例》的规定，婚姻登记管理机关并无调解的义务和调解的职能，其责任在于对当事人离婚协议的完备性、真实性及合法性进行审查，从而依法作出准予或不予登记的决定。

第三节 裁判离婚

一、裁判离婚概述

(一) 裁判离婚的概念

裁判离婚是一种通行的离婚方式，为世界上各个许可离婚的国家普遍采用。

在有些国家中与协议离婚并存,在另外一些国家中则是唯一的离婚方式。后者除多数属于英美法系的国家和地区外,还包括许多其他国家。如在德国,“离婚仅得由夫妻一方或双方的申请,经法院判决而为之”。

从一般的意义上说,裁判离婚是指对于夫妻一方或双方提出的离婚请求,由法院作出肯定或否定的裁决,故也称判决离婚。由于各国的社会背景、立法传统、风俗习惯以及人们的婚姻观念等多有不同,裁判离婚的具体制度存在着明显差别。从权力机关看,有的由普通法院管辖,有的由民事法院管辖,有的则由专门的家庭法院管辖;从适用的范围看,在实行单一裁判离婚制度的国家,不论是合意的还是片意的离婚一律要经过裁判程序,而在兼采协议离婚制度的国家,裁判离婚只适用于当事双方有争议的离婚纠纷;从法律原则看,则有过错原则、破裂原则等的区别。所以,根据各自的制度,不同国家的法律和亲属法理论,对裁判离婚的解释不尽相同。如在日本将它解释为“对真正有争议的离婚事件进行裁判”;蒙古人民共和国家庭法典定义为“法院依照民事诉讼法规定的诉讼程序审理离婚案件”;法国则一般地解释为“民事法院对离婚及其后果作出判决”等。

(二)裁判离婚的特点

近代意义上的裁判离婚产生于十八九世纪的欧洲。1804 年的《拿破仑民法典》虽同时肯定协议离婚和裁判离婚,但行之不久即被废止,到 1884 年恢复离婚制度时,法律只承认裁判离婚一种形式,这种单一的离婚制度一直延续到 20 世纪 70 年代。在英国,1857 年的婚姻案件法第一次承认经诉讼程序判决的离婚,由那时起,尽管对法律原则有所调整,但一直坚持裁判离婚这种方式,并在英美法系国家产生了广泛影响。1900 年的《德国民法典》确立的裁判离婚制度也沿用至今,一些学者关于实行协议离婚的建议并未被 1977 年的新离婚法所采纳。可见,自从用许可离婚主义代替禁止离婚主义之后,在欧洲国家及其影响所及的范围内,裁判离婚长期处于主导的地位。

裁判离婚的这种地位,取决于它强调对婚姻问题实施国家干预,对离婚行为进行司法控制这一基本特征。由于婚姻不仅表现为夫妻双方的互相依存,而且通常会引起亲子关系的发生,它的解除将出现身份和财产方面的一系列后果,在道德和宗教的约束力大不如前的近代社会,这种干预和控制被视为维护婚姻的稳定性,从而是维护社会利益的一种需要。

裁判离婚的这个基本特征,表现在以下六个方面:

第一,它对于当事人来讲是一种诉讼活动,对于国家而言则是一种司法行为,司法机关在其中发挥着主导作用。对当事人提出的离婚请求及其理由,司法机关须进行能动的查证与裁决,而不是被动的认可和批准。后者是协议离婚的特点。

第二，不管是较严格的还是较宽松的，法律无不对裁判离婚规定必要的条件，当事人提起诉讼时必须考虑这些条件，司法机关裁决时也必须严格执行法定条件。如果说协议离婚无须追究当事双方离婚原因的话，裁判离婚则必须按照法律要求查明双方离婚的理由。

第三，裁判离婚的结果取决于司法机关的裁量。司法机关既可以依法批准当事双方或一方的离婚请求，也可以依法驳回当事人的这种请求。换言之，裁判离婚与协议离婚不同，不仅仅是程序合法就可以导致解除婚姻关系的结果。

第四，裁判离婚对涉及离婚的后果作全面的统一的审查，并作一次性的裁决。对于子女抚养、财产分割及婚姻解除后的其他问题，即使当事人意向一致，也可以依法变更。

第五，在裁判程序进行中，持不同意见的当事人可以行使抗辩权；初审裁决作出后，当事人可以依法行使上诉权。

第六，对于发生法律效力的裁决，司法机关有监督当事人执行的责任和权力；在必要时，对于可以采取强制执行的裁决内容，有权采取强制执行措施。

（三）裁判离婚立法原则

1. 过错主义

过错主义又称有责主义或过错原则，指夫妻一方得以他方有违背婚姻义务或其他足以导致婚姻解体的过错为由而诉诸离婚。什么过错可以作为提起离婚之诉的理由，均由法律加以规定；但同时往往作出某些限制，即纵然一方有法定过错，基于特定事由，他方也不得提请裁判离婚。仅以德国1981年修订的婚姻法为例。其第42条规定："配偶一方有通奸行为，他方可提起离婚之诉"；但"如配偶一方对他方的通奸行为曾经表示同意，或者以自己的行为故意促成通奸或为之提供便利，则无权起诉要求离婚。"其第43条规定："配偶一方严重违反婚姻义务，或从事不名誉、不道德的行为，或犯有其他过错而使与婚姻实质相称的夫妻共同生活无法继续时，他方可提起离婚之诉。"但"如配偶一方本人也有违反婚姻义务的行为且这种行为与他方的过错有关，从而使其离婚之诉违反道德价值时，则不得起诉要求离婚"。

2. 目的主义

目的主义是指夫妻一方得以婚姻共同生活中发生违背婚姻目的的事实为由而诉诸离婚。这种事实并不能归责于一方，但却使婚姻关系难以持续。如《瑞士民法典》第141条规定："配偶一方患有精神病，致使他方无法继续维持婚姻共同生活，并且该病已持续3年，经专家鉴定为不治之症时，他方可随时诉请离婚。"《墨西哥民法典》第267条列举的原因还包括配偶一方患有"梅毒、结核病、其他传染性或遗传性的慢性疾病或不治之症,或婚后出现无法治愈的性无能”。

3. 破裂主义

破裂主义又称无责主义或破绽主义、破裂原则,指夫妻一方或双方得以婚姻关系破裂,夫妻共同生活不能且无须继续维持为由诉请离婚。就基本精神而言,破裂主义只注重婚姻破裂的事实而不注重造成破裂的原因,尤其是不问当事人有无过错。但在如何认定婚姻关系破裂以及采取何种立法体例上,认识和做法都有明显差别。有的国家,尤其是多数英美法系国家,由于实行遵循先例原则,注重把裁量权赋予法院,而在条文上非常简略概括。有的国家,特别是欧洲大陆的一些国家,由于注重制定和强调遵行成文法律,认为不能单纯依靠法官的内心理性,而应在立法中明确说明可推定为婚姻破裂的事由,而这种事由主要是夫妻双方连续分居达到一定时间。如德国民法规定:“如夫妻别居已 1 年,双方申请离婚,或一方申请离婚而他方无异议时,无可反驳地推定婚姻为破裂”;“如夫妻别居已 3 年”,不论双方是否一致同意离婚,也“无可反驳地推定婚姻为破裂”。

在近代西方资本主义国家的离婚法中,一方面冲破了禁止离婚主义的束缚,另一方面囿于传统观念的局限,把离婚视为对无责方的解救和对有责方的制裁,长期坚持过错主义立法原则。只是到了 20 世纪 60 年代以后,经济文化、科学技术的发展和妇女地位、家庭结构、道德观念的变化,使人们认识到有责主义立法已经不能适应新的社会条件,许多国家(美国、英国、澳大利亚、加拿大、挪威、瑞典、法国、德国、比利时等)相继进行了离婚制度的改革,确立了破裂原则的地位。如美国加利福尼亚州在 1970 年制定了西方世界第一部彻底废除过错原则的离婚法,规定“不可调和的分歧已引起婚姻无可挽回的破裂”是裁判离婚的唯一理由。美国的L. 魏茨曼在其《离婚革命》一书中指出:“摒弃传统的过错观念是由于它存在着以下两方面的弊端;其一,传统的过错观念是建立在一方对婚姻的破裂负有责任这个人为概念基础上的;其二,它也是建立在确定由谁承担责任这一假设的基础之上的”。“新法的着眼点是现在和将来,而不是对过去讨厌的事重新描绘一番”;“是为了消除离婚中的敌对性,从而减少注重过错离婚所特有的敌意、刻毒和精神创伤”。[19]在素以婚姻制度保守著称的英国,斯卡曼爵士在审理明顿夫妇离婚案中也曾经指出,应该实行彻底破裂的原则,“当家庭实际上已经破裂时,法律(应)鼓励夫妻摆脱不幸,并解决有关经济和财产问题,鼓励当事人忘掉过去,不受已破裂的婚姻的影响,重新开始新生活”。[20]

---

〔19〕 转引自《外国婚姻家庭资料选编》,复旦大学出版社 1991 年版,第 406 页,第 410 ~ 411 页。

〔20〕 [英]拉库森等:《离婚中夫妻财产的分割》,1982 年版,第 219 页。转引自《比较家庭法》,第 138 页。

应该指出，在当前采用单一无责主义的国家并不普遍，许多国家和地区的离婚法将前述各种立法原则结合在一起。如在《法国民法典》中，属于离婚的情形包括“双方相互同意的离婚”、“共同生活破裂的离婚”和“因错误而离婚”；德国民法和婚姻法也同时实行破裂主义、目的主义和过错主义三种原则；美国纽约州家庭法(1982年)第170条规定离婚诉讼据以提出的理由是：虐待与非人待遇，遗弃一年以上，因犯罪被连续关押三年以上，通奸，别居一年以上。这些国家和地区实际上是在实行一种“混合主义”原则。

(四)裁判离婚立法形式

1. 列举式

列举式又称列举主义，即由法律逐一罗列准予离婚的各项理由，非有其中之一者当事人不得提出离婚之诉。一般地说，采列举式的离婚法所实行的是过错主义和目的主义立法原则。如《瑞士民法典》第4章“离婚”，由第137条到第142条列举的“离婚原因”依次是：通奸，生命受危害、身体受虐待及名誉受损害，犯罪及道德败坏，遗弃，精神病，严重损害婚姻关系的事件。又如《墨西哥民法典》第267条列举的离婚理由有17项之多，除与其他国家规定相似者外，还包括婚前怀孕，纵容卖淫、赌博、嗜酒、吸毒等。

2. 概括式

概括式又称概括主义，这种立法方式的特点是对裁判离婚的根据作简单的抽象的概括性的规定，而不涉及具体的离婚理由，属于何种情形容许离婚，由法院作司法裁量。这是一种一般破裂主义的立法方式，不能兼容破裂原则和过错原则。

例如1968年的苏俄婚姻家庭法典第33条规定：“如果法院确认夫妻双方已无法继续共同生活和维持家庭，应准予离婚”。又如依1970年美国《统一结婚和离婚法》建议：“离婚的唯一根据就是法庭认为婚姻确已无可挽回地破裂”。加利福尼亚等州都采用了这种立法方式。

3. 混合式

从当前有关国家的离婚法看，混合式的立法方式表现为两大类。一类是分门别类地规定各种原因的离婚，如前引法国民法和德国民法的规定。另一类是既有相对抽象的概括性规定，又列举某些重大的离婚理由。这一类又有两种不同的模式。一种是首先明确概括性规定，再罗列离婚的具体理由。如英国1969年的离婚改革法，首先规定婚姻关系可因无可挽回的破裂而解除，下列5项具体理由为：(1)使人难以继续同居的通奸行为；(2)使人不能合理地指望继续同居的其他行为；(3)2年以上的遗弃；(4)双方当事人分居2年且有离婚合意；(5)连续分居5年。另一种是先罗列具体离婚理由，最后由一项弹性条款作补充。如日本民法规定:“夫妻一方可于下列情形提起离婚之诉:(1)配偶有不贞行为时;(2)被配偶恶意遗弃时;(3)配偶生死不明在3年以上时;(4)配偶患严重精神病没有康复希望时;(5)有其他难以继续婚姻的重大事由时”。

二、我国的裁判离婚制度

(一)裁判离婚的概念与运用

我们这里所说的裁判离婚制度,指的是人民法院对离婚纠纷进行管辖与处理的法律制度。从另一个角度说,凡属由人民法院管辖和处理的离婚纠纷,都是裁判离婚。虽然在人民法院审理离婚案件的过程中,经过调解,当事人可能达成协议,因而不使用判决的结案方式;但这种协议的达成是司法审判行为的结果,且须经过法院确认,制作正式法律文书,所以它有别于双方自愿,通过行政登记办理的协议离婚。

我国现行《婚姻法》根据夫妻所持的态度将离婚区分为“双方自愿离婚”和“一方要求离婚”。一方要求离婚的可以直接向人民法院提出离婚诉讼;虽在离婚问题上双方合意,但对子女和财产问题不能通过自愿协商作出适当处理的,也适用裁判离婚程序。

(二)裁判离婚的程序

1. 关于诉讼外调解

我国现行《婚姻法》第32条前款规定:“男女一方要求离婚的,可由有关部门进行调解或直接向人民法院提出离婚诉讼。”关于“有关部门进行调解”,应该明确以下三点:

(1)性质

《婚姻法》所规定的这种调解,是诉讼外的民间调解。对于“有关部门”的含义,我国法律未作明文规定,实践中通常指当事人所在单位、群众团体、基层调解组织、法律服务机构等。由这些“部门”主持的调解,固然有别于司法调解,同时也不是行政调解;即使当事人所在单位是行政机关,它进行离婚纠纷的调解也不是本身的职能,充其量属于内部管理活动,实践中一般也都委托其单位内的群众组织(如工会组织)来办理。

(2)作用

对离婚纠纷进行诉讼外调解,既比较切合我国人民中关于家庭纠纷通过调停解决的传统习惯和“非讼”心理,易于为当事人所接受;也因为其方式灵活、主持调解者通常对当事人的情况有较多了解以及便于营造良好的气氛而有利于妥善、及时地解决争端,增强团结,减少涉讼案件。

通过诉讼外调解,可能出现三种结果。第一种双方重归于好,继续保持婚姻关系;第二种是对离婚及相关后果达成协议,通过行政登记程序离婚;第三种是调解不成,诉诸法院。

(3)效力

我国的诉讼外调解不是法定的诉讼前置性调解,并非处理离婚的必经程序,当事人可以寻求和接受这种调解,也可以直接向人民法院起诉;即使接受了调解仍有权随时要求终止;调解的结果只有道德的约束力而并无行政的或法律的约束力,自不得强制执行。

2. 普通裁判离婚程序

(1)管辖

依照我国《民事诉讼法》和最高人民法院《关于适用〈中华人民共和国民事诉讼法〉若干问题的意见》,公民提起的离婚诉讼,原则上应由被告住所地人民法院管辖;但被告离开住所地超过一年的,由原告住所地人民法院管辖;双方离开住所地超过一年的,由被告经常居住地人民法院管辖,没有经常居住地的由原告起诉时居住地的人民法院管辖;被告不在中华人民共和国领域内居住、下落不明或者宣告失踪、被劳动教养或者被监禁的,由原告住所地或者经常居住地人民法院管辖;非军人对非文职军人提起离婚诉讼由原告住所地人民法院管辖;双方当事人都是军人的,由被告住所地或者被告所在的团级以上单位驻地的人民法院管辖;中国公民双方在国外但未定居,一方向人民法院起诉离婚的,由原告或者被告原住所地的人民法院管辖。

(2)调解

我国现行《婚姻法》第32条规定:"人民法院审理离婚案件,应当进行调解"。这表明调解原则上是人民法院审理离婚案件的必经程序。如果当事人确因特殊情况无法出庭参加调解的,除本人不能表达意志的以外,应当出具书面意见。把调解作为必经程序是基于离婚案件本身作为身份关系诉讼的特点。通过调解结案有利于妥善解决当事双方的矛盾,减轻精神创伤,合理处理各种关系;有利双方的和各自的长远幸福。通过调解达成协议,必须双方自愿,不得强迫;协议的内容不得违反法律规定。当然也不能久调不决。

通过诉讼内调解即司法调解,也会出现三种可能。第一种是双方和好。在这种情况下,人民法院应将和好协议的内容记入笔录,由双方当事人、审判人员、书记员签名或者盖章。第二种是双方达成全面的离婚协议。在这种情况下,人民法院应当制作调解书。调解书应写明诉讼请求、案件的事实和调解结果,并由审判人员、书记员署名,加盖人民法院印章。离婚调解书经双方当事人签收后即具有法律效力。无民事行为能力人的法定代理人与对方达成协议要求发给判决书的,人民法院可根据协议内容制作判决书。第三种是调解无效,包括调解和好不成、调解离婚无效及经过调解双方在其他离婚后果方面达不成协议。在这种情况下,离婚诉讼继续进行。

(3)判决与上诉

离婚案件的当事人可以依法委托诉讼代理人。但即使有诉讼代理人的,本人除不能表达意志的以外,仍应出庭;确因特殊情况无法出庭的,必须向人民法院提交书面意见。

对于调解无效的离婚案件,人民法院应遵照以事实为根据、以法律为准绳的审判工作原则作出判决。在审判离婚案件时,当事人申请不公开审理的,可以不公开审理,但一律公开宣告判决。人民法院可以依法判决离婚,也可以依法判决不离婚。一审判决离婚的,人民法院在宣告判决时必须告知当事人在判决发生法律效力前不得另行结婚。当事人不服一审判决的有权依法上诉。第二审人民法院审理上诉案件可以进行调解。经调解双方达成协议的,自调解书送达时起原审判决即视为撤销;第二审人民法院作出的判决是终审判决。凡判决不准离婚和调解和好的离婚案件,没有新情况、新理由,原告在6个月内不得重新起诉。

3. 离婚诉权限制

(1)对现役军人配偶离婚诉权的限制

我国现行《婚姻法》第33条规定:"现役军人的配偶要求离婚,须得军人同意,但军人一方有重大过错的除外。"这一规定旨在保护现役军人的婚姻关系,以有利于巩固人民军队,提高人民解放军的战斗力。

关于这一规定,应明确以下几点:第一,本条规定的现役军人,指正在人民解放军和人民武装警察部队服役、具有军籍的人员,不包括退役军人、复员军人、转业军人和军事单位中不具有军籍的职工。第二,本条规定中的现役军人的配偶,指现役军人的非军人配偶;双方都是现役军人的不适用这一规定。第三,本条规定只限制现役军人配偶的离婚请求权,现役军人本人提出离婚的不在此限。第四,本条规定只适用于一方提出离婚,不适用于双方合意的离婚。第五,执行本条规定应贯彻实事求是的精神。对婚姻基础和婚后感情都比较好,非军人一方没有什么重要原因提出离婚的,应对其进行说服教育,珍惜与军人的婚姻关系;对夫妻关系恶化、婚姻已经破裂,确实不能继续维持的,应通过军人所在部队团以上的政治机关,向军人做好思想工作,经其同意后自可准予离婚。第六,"军人一方有重大过错的除外"是修改后的《婚姻法》增设的。这一修正有利于分清是非,明确责任,更好地贯彻公平原则,保护非军人一方的合法权益;也有利于约束个别法制观念不强的军人的行为。

(2)在特定条件下对男方离婚诉权的限制

我国原《婚姻法》第27条规定："女方在怀孕期间或分娩后一年内，男方不得提出离婚"；《妇女权益保障法》第42条规定："女方按照计划生育的要求中止妊娠的，在手术后六个月内，男方不得提出离婚"；上述两条同时还规定："女方提出离婚的，或人民法院认为确有必要受理男方请求的，不在此限"。这些规定旨在充分保护孕、产妇和中止妊娠术后妇女的身心健康，并有利于胎、婴儿的发育成长，同时也有保护计划生育工作顺利开展的意义。修改后的《婚姻法》第34条综合了上述内容，完整地规定为："女方在怀孕期间、分娩后一年内或中止妊娠后六个月内，男方不得提出离婚。女方提出离婚的，或人民法院认为确有必要受理男方离婚请求的，不在此限"。

关于这一规定，应明确以下几点：第一，它对男方诉权所设定的限制仅是一种暂时性限制，既不是对男方离婚诉权的剥夺，也不涉及离婚的实质要件，期间届满之后其离婚诉权自然恢复。第二，上述规定旨在保护女方及胎、婴儿的身心健康。当女方认为离婚对其本人及胎、婴儿更为有益时，作为原告诉请离婚当然不受限制；在此期间若双方一致同意离婚且对其他问题均有适当安排自应允许办理行政登记。第三，人民法院拥有例外受理的决定权。所谓"确有必要"是指因特殊事由受理男方离婚请求确实是保护当事人、第三人权益及社会利益的迫切需要，诸如一方对另一方有危及人身安全的可能等。

(三)裁判离婚的条件

在裁判离婚的条件上，我国1980年《婚姻法》以夫妻"感情确已破裂"为唯一的实质性条件，实行单一的破裂主义原则，没有就具体的离婚理由作出规定。这种立法方式非常概括，在司法实践中存在着弹性过大、难以操作的问题。为了统一司法尺度，给各级人民法院提供必要的依据，1989年12月，最高人民法院发布了《关于人民法院审理离婚案件如何认定夫妻感情确已破裂的若干具体意见》，列举了可以视为感情破裂的14种情形。这虽然在一定程度上弥补了法条的不足，有利于避免法官任意，但是也存在明显的缺陷：第一，司法解释毕竟不是正式法律，只适用于审判活动，缺乏国家法律所应具有的权威性；第二，它在理论上存在若干漏洞，所列举的14种情形并非都能归于"感情破裂"的范畴，如"一方有生理缺陷，或其他原因不能发生性行为，且难以治愈的"，以及"一方在夫妻共同生活期间患精神病，久治不愈的"等，应属影响婚姻目的实现的客观事由；而"一方患有法定禁止结婚疾病的"和"一方欺骗对方，或者在结婚登记时弄虚作假，骗取《结婚证》的"，则属于婚姻无效的或者可撤销的原因。同时，有学者在进行了充分的比较分析后指出，单一破裂主义的立法原则并不完全符合我国国情和法律传统。[21] 2001 年的《婚姻法》修正案,对裁判离婚的实质性条件作了大幅度的修改和补充,其特点是在坚持实行破裂主义离婚原则的同时,增加了一方有法定过错的离婚理由,同时也有目的主义的条款。因此,可以认为,我国现行离婚法关于判决离婚的条件,已经不再采用抽象的破裂主义,而是在一定程度上实行混合主义立法。这样的立法原则是实事求是精神的反映,是符合客观规律和司法实践需要的,并为因一方过错导致离婚时的精神损害赔偿提供了法律上的根据。[22]

以下对现行《婚姻法》规定的裁判离婚条件作简略的说明:

1. 概括性条款:夫妻感情确已破裂

修正后的《婚姻法》第 32 条第 2 款完全保留了原《婚姻法》第 25 条的规定:"人民法院审理离婚案件,应当进行调解;如感情确已破裂,调解无效,应准予离婚"。

(1)感情确已破裂和调解无效的关系

关于"夫妻感情确已破裂"和"调解无效"的关系,有的学者认为,感情破裂是内在的原因,而调解无效是外在的表现,既然互为表里,就不存在孰轻孰重的问题。这种认识是不够准确的。实际上,这一法律条文是将实质要件和程序要件置于一条之中处理的,在规范的性质上存在着明显的区别。其中,调解无效只是程序上的要求,而"感情确已破裂"才是实质性条件。所谓"调解无效",广义上应该包括调解和好无效和调解离婚无效两种可能,在许多情况下,调解无效并不意味着感情确已破裂,不一定表明婚姻关系无法继续维持;而感情确已破裂也只能是调解和好无效,并不表现为调解离婚无效。

正确理解"感情确已破裂",应当明确它是指双方感情事实上的完全破裂,而不是可能破裂或者部分破裂。也就是婚姻当事人之间完全失去了共同生活的感情基础,婚姻关系实际上已经"死亡",不存在和好的可能,继续维持没有任何积极意义。这也就是某些外国法所说的"无可挽回的破裂"。

(2)如何判断夫妻感情是否确已破裂

在讨论《婚姻法》修改问题的时候,许多学者认为将夫妻"感情确已破裂"作为判决离婚的法定条件,在规范对象上是值得商榷的。因为就其性质和功能而言,法律只能面对客观的事实并对之加以判断,然后由法官作出合理的裁量;"感情"是

[21] 参见陶毅、明欣:"离婚:单一破裂主义或混合主义",载《法学研究》1999 年第 6 期。

[22] 有学者指出,破裂主义是"无责主义",在单一破裂原则之下,一般是不允许,甚至是排斥当事人之间发生精神损害赔偿问题的。唯有明确肯定过错原则,才能使这种赔偿有充足的法理学依据。

一种存在于人的内心深处的主观情绪，它和人在社会活动和实际生活中的外在表现并非绝对契合，夫妻感情更有其特殊性，外界很难准确把握。他们建议，应用“婚姻关系”代替“夫妻感情”，将“夫妻感情确已破裂”修改为“婚姻关系确已破裂”，从而使之更加符合法律的本质和特性。应该说，这一建议并不失其合理性，但是并没有被2001年的《婚姻法》修正案所采纳，在司法审判工作中仍应执行现行法律所规定的标准。

为了给法官作出正确裁量提供合理的方法，最高人民法院《关于人民法院审理离婚案件如何认定夫妻感情确已破裂的若干具体意见》指出：“判断夫妻感情是否确已破裂，应当从婚姻基础、婚后感情、离婚原因、夫妻关系的现状和有无和好的可能等方面综合分析”。婚姻基础指婚姻关系赖以建立的客观环境和主观条件，其牢固与否直接影响婚姻生活的质量及其走向。婚后感情指婚姻生活中彼此心理契合及相互关注的程度，是评价某一婚姻关系的基本尺度。它往往有各种联结的纽带，且因客观条件和个人思想的影响而处于变化之中，后者在离婚当事人之间尤为明显，所以应作深入的和动态的考察。离婚原因在这里指导致离婚纠纷的直接起因，是使夫妻关系发生质变的因素或事件，对于判断是否破裂具有重要的意义。夫妻关系的现状主要指发生离婚纠纷前后夫妻共同生活的外在表现，而有无和好的可能则取决于主观和客观的多种因素。对于上述各个方面联系起来进行综合分析，才能作出正确判断。对于审判人员而言，防止先入为主和偏听偏信，坚持实事求是原则，是得出正确结论的保障。

2. 列举性条款：一方有法定过错及其他证明夫妻感情破裂的事由

(1)一方有法定过错

如前所述，指明一方当事人犯有某些特定过错可以作为人民法院判决离婚的理由，是修正后的《婚姻法》的一个重要发展。按照现行《婚姻法》的规定，这类过错包括三个方面的行为：

第一，重婚或有配偶者与他人同居的。重婚，是指有配偶者与他人结婚的行为，包括法律重婚(办理了结婚登记的重婚)和事实重婚。有配偶者与他人同居，是指有配偶者与婚外异性不以夫妻名义，持续、稳定地共同居住。重婚或有配偶者与他人同居，违背了夫妻应当相互忠实的婚姻法律原则，严重破坏了正常的夫妻关系。如果夫妻一方有这两种行为之一，他方要求解除婚姻关系的，经调解无效，应准许离婚。

第二，实施家庭暴力或虐待、遗弃家庭成员的。家庭暴力，指对其他家庭成员以暴力手段实施的人身侵害行为。虐待，是指以作为或者不作为的形式，对家庭成员歧视、折磨、摧残，使其在精神上、肉体上遭受侵害的违法行为。遗弃，是指家庭成员中负有赡养、抚养、扶养义务的一方,对需要赡养、抚养和扶养的另一方,不履行其应尽义务的违法行为。其中,严重的、经常的家庭暴力行为构成虐待。家庭暴力、虐待和遗弃行为是被我国法律严格禁止的,构成犯罪的应当依法追究刑事责任。一方以他方有上述行为提出离婚且查证属实,人民法院应予支持。这里应当注意两方面的问题,一方面是既要看到将实施家庭暴力行为作为判决离婚的法定理由具有重要的理论和实践意义,又要把握这类行为的程度,如果仅是偶尔实施且性质不严重,也未造成严重后果的,应当在批评教育加害人的同时,努力做好调解和好的工作。另一方面是《婚姻法》在这里并没有将家庭暴力、虐待和遗弃行为的受害人限定于配偶他方,应当理解为对任何家庭成员实施上述行为均可以作为一方提起解除婚姻关系之诉时判决离婚的理由。

最高人民法院在《婚姻法》司法解释(三)中指出:无民事行为能力人的配偶有虐待、遗弃等严重损害无民事行为能力一方的人身权利或者财产权益行为,其他有监护资格的人可以依照特别程序要求变更监护关系;变更后的监护人代理无民事行为能力一方提出离婚诉讼的,人民法院应予受理。

第三, 有赌博、吸毒等恶习屡教不改的。赌博、吸毒既为法律严格禁止,又是会导致严重危害婚姻家庭关系的后果。夫妻一方以他方有这些行为诉请离婚,如理由充分,证据确凿,调解无效,亦应予以支持。适用这条规定时也应注意两方面的问题:一方面,作为判决离婚的理由,一方有赌博、吸毒等行为应当已经形成"恶习",即表现为是长期的、严重的,且属于"屡教不改"的。如果仅是偶尔的赌博、吸毒行为,或者经教育已经改正的,不能构成判决离婚的理由。另一方面,本项是一种例示性的规定,不排除赌博、吸毒之外其他方面屡教不改的恶习,譬如一贯的酗酒滋事之类。

最高人民法院的司法解释特别指出,人民法院审理离婚案件,符合上述"应准予离婚"情形的,不应当因当事人有过错而判决不准离婚。[23]

(2)因分居和其他原因证明夫妻感情确已破裂

如前所述,许多大陆法系国家的法律,如法国民法、德国民法等,均将夫妻分居达一定期间作为判断婚姻关系破裂的主要理由。我国现行《婚姻法》规定,因感情不和分居满二年的,调解无效,应准予离婚。这里特别强调了两点,一是双方分居的原因只能是"感情不和",而不包括出于客观原因的分居;二是分居的时间已满2年,即必须是2年以上连续的不间断的分居。符合这个条件,调解无效,自然可以认为夫妻感情确已破裂而准予离婚。

---

〔23〕 最高人民法院《婚姻法》司法解释(一)。

除了因感情不和分居满 2 年之外,现行《婚姻法》还规定,有其他导致夫妻感情破裂的情形,且调解无效的,人民法院也可判决离婚。这是一条补充性的、富有弹性的规定。基于婚姻生活的复杂性,夫妻感情破裂的原因多种多样,在法律上不可能一一列举。作出这样的规定,既有利于从实际出发,正确处理离婚案件,又给了法官一定的自由裁量权,使法官可以根据具体情况作出独立的判断。当然,由于法官作出什么样的判断极大地影响着当事人和有关第三人的权益和幸福,行使这种自由裁量权时应当慎之又慎。

3. 补充性条款:一方被宣告失踪

《婚姻法》第 32 条的规定,"一方被宣告失踪,另一方提出离婚诉讼的,应准予离婚。"一方被宣告失踪的法定条件之一是下落不明 2 年以上,婚姻生活中止如此之长的时间,夫妻关系已经名存实亡,另一方提出离婚请求的,理应准许。从性质上看,这条规定属于目的主义的立法。这样处理完全符合婚姻关系本质的要求。在运用这条规定的时候,应该注意:第一,该条规定的是一方被依法宣告失踪,而不是未经宣告的事实失踪。如当事人一方虽有失踪的事实,但未经利害关系人提出申请、人民法院正式作出失踪宣告的,另一方以对方失踪为理由诉请离婚的,不能径行判决准予离婚。第二,因一方被宣告失踪而请求离婚的,必须经过诉讼程序才能解除婚姻关系。宣告失踪和宣告死亡不一样。宣告死亡的法律后果等同于自然死亡,一旦一方被宣告死亡,婚姻关系也就随之终止。而宣告失踪并不意味着被宣告人已经死亡,因此不产生当事人的婚姻关系自行解除的后果。另一方当事人要求终止婚姻关系,必须依法提出离婚诉讼,由法院审查属实后进行缺席审判,其后才能作出离婚判决。不言而喻,法院审理这样的离婚案件,只需要审查被告人被宣告失踪的事实即可,无须考虑其他理由,也不存在进行调解的可能。

第四节　离婚的效力

一、离婚在亲属身份关系上的效力

(一)离婚的效力及其在身份法上的表现

离婚的效力指离婚所引起的各种法律后果,包括在身份关系和财产关系等方面的后果。

离婚的效力发生于婚姻关系正式解除之时。对于协议离婚来说发生于协议生效之时。在我国的协议离婚中发生于婚姻登记管理机关向当事人签发《离婚证》之时。对于裁判离婚而言发生于关于离婚的法律文书正式发生法律效力之时。在我国,经人民法院调解离婚的发生于调解书送达之时;经人民法院判决准予离婚的发生于判决生效之时。任何离婚协议、登记、调解或判决,其效力均指向将来而无溯及力。

离婚在身份法上的效力指离婚在亲属身份关系方面所引起的法律后果。婚姻是亲属关系发生的重要原因之一。婚姻的成立直接导致配偶关系的确立和姻亲关系的发生。在婚姻存续期间夫妻双方的生育行为将发生婚生的父母子女关系以及祖父母孙子女、外祖父母外孙子女、兄弟姐妹等相关的直系和旁系血亲关系,双方共同收养会发生拟制的直系和旁系血亲关系。婚姻关系解除后上述亲属身份权利义务的消灭或者存续,都是离婚的效力在身份法上的表现。

(二)夫妻身份关系的消灭

夫妻身份关系因离婚而消灭是古今中外立法的通例,其身份法上的权利义务原则上皆不复存在。唯有以下两点应予说明:

第一,关于离婚双方的再婚权。一些国家的法律对离异者的再婚权设定了某些限制。一是禁止相奸者结婚,即因通奸行为经司法程度判决而导致离婚的,过错方不得与通奸之人结婚。这一规定基于惩罚思想与报复主义,曾经实行的国家多已废除,目前只有个别国家和地区尚予保留。我国自不采用这一制度。二是关于女方待婚期的规定(参见前文)。我国也无这类限制。在我国,婚姻关系解除后,任何一方皆可随时再婚,他方不得非法干涉,否则即属于干涉婚姻自由的行为。但如果离婚时女方怀孕的,须对子女出生后的抚养教育问题作出适当安排。

第二,关于同居与忠实义务。离婚后,双方的同居与忠实义务当然消灭。实际生活中存在着夫妻离婚后居住于同一所房屋中的现象。在这种情况下,任何一方均不得非法干涉他方与异性的正常交往,也不得强迫对方与自己同居。男方违背女方意志与之强行发生性关系的,将会构成强奸犯罪。

另外,在实行妻从夫姓和夫从妻姓的国家和地区,法律多有离婚后是否恢复原姓氏,甚至是禁止继续使用婚姻姓氏的规定,在我国也不发生此类问题。极少数曾有婚后姓氏变更约定的,离婚时应视为自动取消。

(三)姻亲关系的消灭

姻亲关系因婚姻的成立而发生,但在婚姻关系终止时是否消灭,依终止的原因而有所区别。在许多国家中,当婚姻因一方死亡而终止时,姻亲关系并不自然消灭。我国《继承法》第12条规定:"丧偶儿媳对公、婆,丧偶女婿对岳父、岳母,尽了主要赡养义务的,作为第一顺序继承人"。也说明姻亲关系在一方死亡后依然存续。但是,当婚姻因双方离婚而终止,即人为地加以解除时,姻亲关系随之归于消灭,一般不再发生亲属法上的效力。

另外,在有些国家的法律上,即使双方离异,但因姻亲关系所发生的婚姻障碍依然继续存在。如《日本民法典》第728条规定:“姻亲关系因离婚而消灭”。第735条规定:“直系姻亲间不得结婚。即使依第728条规定,在姻亲关系消灭之后亦同”。我国现行《婚姻法》无此限制。

(四)血亲关系的存续

自然血亲关系不能人为地加以消灭,当然也不受离婚的影响。我国现行《婚姻法》第36条规定:“与子女间的关系,不因父母离婚而消除。离婚后,子女无论由父方或母方抚养,仍是父母双方的子女”。在夫妻关系存续期间,双方一致同意进行人工授精,所生子女应视为夫妻双方的婚生子女,即使随母方抚养,子女与父方的身份关系也依然存在。双方离婚后未成年子女的姓氏是否变更,应协商决定,子女有辨识能力的应征求本人意见;成年子女的姓氏问题由本人决定。

法律拟制血亲关系原则上也不因离婚而解除。最高人民法院《关于人民法院审理离婚案件处理子女抚养问题的若干具体意见》第13条规定:“生父与继母或生母与继父离婚时,对曾受其抚养教育的继子女,继父或继母不同意继续抚养的,仍应由生父母抚养”。依照这一规定的精神,继父或继母与继子女形成的事实上的收养关系,在生父母与继父母离婚时,因继父母不同意继续抚养而解除。

除亲子关系外,其他血亲关系也不因离婚而消灭,自不待言。

二、离婚在夫妻财产关系上的效力

(一)夫妻共同财产的分割

离婚不仅解除了夫妻之间的人身关系,而且将终止夫妻之间原来的财产共有关系。《婚姻法》第39条规定:“离婚时,夫妻的共同财产由双方协议处理;协议不成时,由人民法院根据财产的具体情况,照顾子女和女方权益的原则判决。夫或妻在家庭土地承包经营中享有的权益等,应当依法予以保护。”由于夫妻共同财产的分割涉及当事双方的切身利益,应当谨慎处理,特别需要注意如下问题:

1. 分割对象

离婚时分割的财产以双方共同共有的财产为限。第一,双方在婚姻关系存续期间实行法定财产制的,分割的是婚后所得财产,但属于一方特有财产的除外。哪些婚后所得属于共同所有财产,应当严格按照《婚姻法》的有关规定确认;人民法院审理离婚案件涉及财产分割的,还应参照有关司法解释的规定(具体内容参见本书第四章有关部分)。第二,双方约定实行一般共同制的,分割的是双方婚前财产和婚后所得财产,但约定为个人所有的财产除外。第三,双方约定实行分别财产制的,分割的是没有明确约定为个人所有的财产或约定无效的财产。第四,双方约定实行混合财产制的,分割的是约定为共同共有的财产。第五,到底是属于个人所有还是属于双方共有财产无法查清的,视为夫妻共同财产加以分割。

在我国的婚姻家庭生活实践中,许多家庭存在着家庭成员共有财产。对于这些家庭成员共有的财产,在离婚时应将属于配偶双方所有的财产分离出来依法加以分割。未成年子女通过继承、受赠及其他合法途径获得的财产,属于其本人所有,在父母离婚时不能列入分割范围,由离婚后负责抚养该子女的母或父代为管理。属于共同生活的其他家庭成员个人所有的财产,也不能作为夫妻共同财产加以分割。另外,夫妻为从事生产、经营等活动,可能与他人有财产共有关系。凡属这种情况,不管是按份共有还是共同共有,离婚时均应注意保护其他共有人的合法财产权益。

2. 分割原则

离婚时,夫妻的共同财产由双方协议处理。协议应当完全自愿,并采用书面形式。完全出于双方自愿的财产分割协议,法律予以承认并加以保护。[24]

如果夫妻就共有财产的分割协议不成,由人民法院判决。判决应当坚持的原则是:

第一,男女平等。基于所应分割的财产是夫妻共同共有财产,在婚姻存续期间双方有平等的处理权,在离婚分割时双方也处于平等地位。

第二,保护妇女、儿童的合法权益。这一原则意味着,一方面,分割夫妻共同财产不得侵害女方和子女的合法权益;另一方面,应视女方的经济状况及子女的实际需要给予必需的照顾。

第三,尊重当事人意愿。在分割共同财产对尊重当事人意愿,是尊重公民财产权利的一种表现。尤其是一方自愿放弃全部或部分权利时,自不应加以禁止。

第四,有利生产、方便生活。自经济体制改革以来,夫妻共同财产的内容有了新的变化。一方面,对夫妻共同财产中的生产资料,分割时不应损害其效用和价值,以保证生产活动和财产流通的正常进行;对夫妻共同经营的当年无收益的养殖、种植业等,离婚时应从有利发展生产、有利于经营管理考虑,予以合理分割或折价处理。另一方面,对于夫妻共同财产中的生活资料,分割时也应视各自的实际需要,从而做到方便生活,物尽其用针对广大农村土地经营中实行的联产承包责任

---

〔24〕 最高人民法院《婚姻法》司法解释(二)第 8 条规定:“离婚协议中关于财产分割的条款或者当事人因离婚就财产分割达成的协议,对男女双方具有法律约束力”;“当事人因履行上述财产分割协议发生纠纷提起诉讼的,人民法院应当受理”。第 9 条规定:“男女双方协议离婚一年内就财产分割问题反悔,请求变更或者撤销财产分割协议的,人民法院应当受理”;“人民法院受理后,未发现订立财产分割协议时存在欺诈、胁迫等情形的,应当依法驳回当事人的诉讼请求”。

制，修改后的《婚姻法》在分割夫妻共同财产的问题上，特别规定："对夫妻在家庭土地承包经营中享有的权益等，应当依法予以保护"。由于在农村，公民一般在实际居住地取得土地承包经营权，一旦双方离异，一方往往返回自己的本家，有可能导致其承包土地利益的丧失。因此，保护的对象主要是妇女和成为女方家庭成员的男子的合法经营权益。

3. 诉讼离婚时财产分割的具体规则

按照《婚姻法》等法律的精神和最高人民法院先后发布的有关司法解释的规定，人民法院在审理离婚案件时处理财产分割问题应遵循以下具体规则：

第一，夫妻共同财产，一般应均等分割。但根据前述原则和财产的来源等情况，具体处理时也可以有所差别。

第二，夫妻分居两地分别管理、使用的共同财产，分割时各归管理、使用方所有；相差悬殊的差额部分，由多得财产的一方以与差额相当的财产抵偿另一方。

第三，已登记结婚，尚未共同生活，一方或双方受赠的礼金、礼物，应考虑财产来源、数量等情况合理分割。

第四，夫妻一方原来是军人的，分割发放到军人名下的复员费、自主择业费等一次性费用的，以夫妻婚姻关系存续年限乘以年平均值，所得数额为夫妻共同财产。所谓"年平均值"，是指将发放到军人名下的上述费用总额按具体年限均分得出的数额。其具体年限为人均寿命七十岁与军人入伍时实际年龄的差额。

第五，对夫妻共同财产中的股票、债券、投资基金份额等有价证券以及未上市股份有限公司股份进行分割时，协商不成或者按市价分配有困难的，可以根据数量按比例分配。

第六，夫妻共同财产中以一方名义在有限责任公司的出资额，另一方不是该公司股东的，双方离婚时可以加以分割或者转让，但是如何分割和转让涉及其他股东的利益，应当尊重多数股东的意愿和其他股东的法定先买权。具体而言，夫妻如果协商一致将出资额部分或者全部转让给该股东的配偶，过半数的股东同意，其他股东明确表示放弃优先购买权的，该股东的配偶可以成为该公司的股东；如果过半数的股东不同意转让，但愿意行使优先购买权，以同等价格购买该出资额的，应由其他股东优先购买，人民法院可以对转让的出资额进行分割；如果过半数的股东既不同意转让，也不愿意以同等价格购买该出资额的，视为同意转让，该股东的配偶可以成为该公司的股东。凡是涉及上述在有限责任公司中出资额的转让，离婚诉讼中分割财产时应当提供相关证据。用于证明过半数股东同意的证据，可以是股东会议的决议，也可以是当事人通过其他合法途径取得的股东的书面声明材料。

第七，夫妻共同财产中以一方名义在合伙企业中的出资，另一方不是该企业合伙人的,双方离婚时可以加以分割或者转让,但是如何分割和转让涉及其他合伙人的利益,应当尊重其他合伙人的意愿和法定先买权。具体而言,夫妻如果协商一致将其合伙企业中的财产份额部分或者全部转让给对方时,其他合伙人一致同意的,该配偶依法取得合伙人的地位;其他合伙人不同意转让,在同等条件下行使优先受让权的,可以对转让所得的财产进行分割;其他合伙人不同意转让,也不行使优先受让权,但同意该合伙人退伙或者退还部分财产份额的,可以对退还的财产进行分割;其他合伙人既不同意转让,也不行使优先受让权,又不同意该合伙人退伙或者退还部分财产份额的,视为全体合伙人同意转让,该配偶依法取得合伙人的地位。

第八,夫妻以一方名义投资设立独资企业的,人民法院分割夫妻在该独资企业中的共同财产,应当根据不同情况分别处理:如果一方主张经营该企业的,应对企业资产进行评估,由取得企业的一方给予另一方相应的补偿;如果双方均主张经营该企业的,在双方竞价的基础上,由取得企业的一方给予另一方相应的补偿;如果双方均不愿意经营该企业的,按照《中华人民共和国个人独资企业法》等有关规定办理。[25]

第九,离婚时一方所有的知识产权尚未取得经济利益的,在分割夫妻共同财产时可根据具体情况对另一方予以适当的照顾。

第十,属于夫妻在婚姻关系存续期间共同购买、共同建造的房屋,或婚前双方共同出资购买、建造的房屋,或双方婚后由父母出资赠与的房屋,在性质上是夫妻共有房屋,离婚时应作为夫妻共同财产分割。分割应遵循以下规则:共有房屋能够实际分割使用的,可以分割使用;对不能或当事人不同意分割使用,一方主张房屋所有权的,由评估机构按市场价格对房屋作出评估,取得财产所有权的一方应当给予另一方相应的补偿;双方均主张房屋所有权并且同意竞价取得的,可以竞价取得,取得一方给予另一方相应补偿;双方均不主张房屋所有权的,根据当事人的申请拍卖房屋,就所得价款进行分割。

第十一,婚姻关系存续期间,双方用夫妻共同财产出资购买以一方父母名义参加房改的房屋,产权登记在一方父母名下,离婚时另一方主张按照夫妻共同财产对该房屋进行分割的,人民法院不予支持。购买该房屋时的出资,可以作为债权处理。

第十二,离婚时夫妻一方尚未退休,不符合领取养老保险金条件,另一方请求按照夫妻共同财产分割养老保险金的,人民法院不予支持;婚后以夫妻共同财产缴

〔25〕 即按照《中华人民共和国个人独资企业法》第四章"个人独资企业的解散和清算"中"投资人决定解散"的情形办理,并须严格执行该章的其他规定。

付养老保险费,离婚时一方主张将养老金账户中婚姻关系存续期间个人实际缴付部分作为夫妻共同财产分割的,人民法院应予支持。

第十三,婚前个人财产在婚后共同生活中毁损、消耗、丢失,离婚时要求以夫妻共同财产抵偿的,人民法院不予支持。

第十四,夫妻之间订立借款协议,以夫妻共同财产出借给一方从事个人经营活动或用于其他个人事务的,应视为双方约定处分夫妻共同财产的行为,离婚时可按照借款协议的约定处理。

4. 关于可在离婚后另案起诉请求分割的财产

离婚时夫妻共同财产的分割,往往涉及房屋产权、遗产继承和分家析产等问题,对此,司法解释中也在总结审判实践经验的基础上制定了相应的对策:

离婚时双方对尚未取得所有权或尚未取得完全所有权的房屋有争议而且协商不成的,人民法院不宜判决房屋所有权的归属,而应当根据实际情况判决由双方或者一方当事人使用。在取得上述房屋的所有权后,当事人应当协商其所有权归属及相关补偿问题;有争议的可以另行向人民法院提起诉讼。

婚姻关系存续期间,夫妻一方作为继承人依法可以继承的遗产,在继承人之间尚未实际分割,起诉离婚时另一方请求分割的,人民法院应当告知当事人在继承人之间实际分割遗产后另行起诉。

离婚时夫妻共同财产未从家庭共同财产中析出,一方要求析产的,可先就离婚和已查清的财产问题进行处理,对一时确实难以查清的财产的分割问题可告知当事人另案处理;或者中止离婚诉讼,待析产案件审结后再恢复离婚诉讼。

离婚后,一方以尚有夫妻共同财产未处理为由向人民法院起诉请求分割的,经审查该财产确属离婚时未涉及的夫妻共同财产,人民法院应当依法予以分割。

凡是涉及房屋所有权问题,不管是双方协议解决的还是人民法院判决的,都必须按照法律、法规的规定办理相关手续,以最终确定房屋的归属。

一方婚前个人财产不属于离婚时分割的财产;这些财产在婚后共同生活中自然毁损、消耗、灭失,离婚时一方要求以夫妻共同财产抵偿的,人民法院不予支持。

5. 关于离婚时以协议离婚为条件的财产分割协议的效力

当事人双方达成的以登记离婚或者到人民法院协议离婚为条件的财产分割协议,如果双方协议离婚未成,一方在离婚诉讼中反悔的,人民法院应当认定该财产分割协议没有生效,并根据实际情况依法对夫妻共同财产进行分割。既然所附条件并未成就,自当否认原协议的效力。

6. 对侵权行为的处理

离婚时的财产侵权行为,指的是一方在离婚时隐藏、转移、变卖、毁损夫妻共同财产或伪造债务企图侵占另一方财产的行为。随着我国社会主义市场经济的不断发展以及人民生活水平的迅速提高,夫妻共同财产的结构日趋复杂,数量也逐渐增多。我国目前尚难通过税收和家庭财产登记制度等确切掌握公民个人所得和财产总量,使得个人隐藏、转移财产成为可能,特别是有些重婚或者有配偶又与他人同居的人,往往有预谋、有目的地隐藏、转移、变卖、毁损夫妻共同财产,有的甚至伪造债务来侵占另一方的财产。为了保护公民婚姻家庭生活中合法的财产权益,《婚姻法》规定凡是有上述不法行为者应当承担法律责任,详见本书第十一章第二节。

(二)彩礼的返还

我国《婚姻法》明确禁止“借婚姻索取财物”。但是,出于旧习惯势力的深远影响,实际生活中仍然存在着一方向另一方(主要是男方向女方)家庭给付彩礼的习俗,并且往往因此造成给付一方的生活困难,产生相关纠纷。在这种习俗一时无法完全改变的情况下,合理处理有关纠纷,对于贯彻法律精神,保护有关当事人的财产权益和正常生产、生活,具有重要的意义。最高人民法院《婚姻法》司法解释(二)的第10条对此分别情况作了必要的解释,详见本书第二章第二节。

(三)债务的清偿

我国《婚姻法》第41条规定:“离婚时,原为夫妻共同生活所负的债务,应当共同偿还。共同财产不足清偿时,或财产归各自所有的,由双方协议清偿。协议不成时,由人民法院判决。”这是关于离婚时夫妻共同债务清偿的一般性规定。和修改前《婚姻法》的规定相比,增加了如果夫妻原实行的是分别财产制时对夫妻共同债务如何清偿的内容。

1. 共同债务的清偿

共同债务指为夫妻共同生活所负的债务和夫妻共同生产、经营所负的债务。

为夫妻共同生活所负的债务,包括因购置生活用品、修建或购置住房所负的债务,履行抚养教育和赡养义务、治疗疾病所负的债务,从事双方同意的文化教育、文娱体育活动所负的债务,以及其他发生在日常生活中的应由双方共同负担的债务。婚前一方借款购置的住房等财物已约定为夫妻共同财产的,为购置财物借款所负债务,也应视为夫妻共同债务。

夫妻共同生产、经营所负的债务,包括双方共同从事工商业或在农村承包经营所负的债务,购买生产资料所负的债务,共同从事投资或者其他金融活动所负的债务,在这些生产、经营活动中所欠缴的税款等。经双方同意由一方经营且其收入用于共同生活的,所负债务也是夫妻共同债务。

对夫妻共同债务,有夫妻共同财产的,以夫妻共同财产首先偿还。在未清偿夫妻共同债务时，不得先行分割共同财产。由于在夫妻共同生活中所负债务双方均需承担无限连带责任，因此共同财产不足偿还的，要用其他的个人财产偿还。如何清偿，由双方协议；协议的结果不能损害债权人的权利，不能规避法律。协议不成的，由人民法院判决。如果夫妻双方原采用分别财产制的，双方也有偿还夫妻共同债务的义务；离婚的双方要协议以自己的个人财产清偿自己应承担的份额，协议不成时由法院进行判决。法院判决时要考虑债务的具体情况、双方的偿还能力，并注意照顾妇女、儿童的合法利益。

为了保护债权人和离婚当事人的合法权益，最高人民法院《关于适用〈中华人民共和国婚姻法〉若干问题的解释（二）》特别规定，当时人的离婚协议或者人民法院的判决书、裁定书、调解书已经对夫妻财产分割问题作出处理的，债权人仍有权就夫妻共同债务向男女双方主张权利。一方就共同债务承担连带责任后，基于离婚协议或者人民法院的法律文书向另一方主张追偿的，人民法院应当支持。

2. 个人债务的清偿

个人债务指以个人名义所负的与夫妻共同生活无关的债务。如因婚前购置财产且该项财产婚后并未约定为夫妻共同财产所负的债务；其他婚前个人债务；婚后一方未经对方同意，擅自资助与没有抚养义务的亲朋所负的债务；一方未经对方同意，独自筹资从事经营活动，其收人确未用于共同生活所负的债务，以及其他应由个人承担的债务。虽发生于夫妻共同生活中但双方约定由个人负担的债务也应视为个人债务，唯该项约定不得以逃避债务为目的。

个人债务应以个人财产清偿。他方不负连带责任，没有清偿义务；但自愿协助清偿的自为法律所不禁止。

最高人民法院在《婚姻法》司法解释（三）中指出：夫妻一方婚前签订不动产买卖合同，以个人财产支付首付款并在银行贷款，婚后用夫妻共同财产还贷，不动产登记于首付款支付方名下的，离婚时该不动产由双方协议处理。双方不能达成协议的，人民法院可以判决该不动产归产权登记一方，尚未归还的贷款为产权登记一方的个人债务。双方婚后共同还贷支付的款项及其相对应财产增值部分，离婚时应根据婚姻法第39条第1款规定的原则，由产权登记一方对另一方进行补偿。

（四）一方对他方的经济补偿

1. 经济补偿的发生

我国现行《婚姻法》第40条规定："夫妻书面约定婚姻关系存续期间所得的财产归各自所有，一方因抚育子女、照料老人、协助另一方工作等付出较多义务的，离婚时有权向另一方请求补偿，另一方应当予以补偿"。可见，发生经济补偿的前提是双方依法用书面形式约定婚姻关系存续期间所得财产归各自所有。新《婚姻法》作出这一规定,是与明确规定了夫妻双方可以约定实行分别财产制相适应的。在分别财产制下,一方面,双方的婚后所得均归个人所有;另一方面,双方的家务分担可能不均等。经济补偿正是基于公平原则,对这种不均等的一种平衡和救济措施。

正确理解经济补偿,应当明确以下三点:第一,经济补偿只发生在双方约定实行分别财产制的情况下。如果双方实行法定的婚后所得共同制或者约定实行一般共同制的,不产生一方对另一方的经济补偿问题。第二,经济补偿是一种劳务补偿,它的产生是因为夫妻共同生活中劳务付出的差异,与因一方有法定过错而发生的损害赔偿具有完全不同的性质。第三,关于这种经济补偿的性质,应当注意,夫妻关系是一种特殊的身份关系,在婚姻关系存续期间,它所引起的许多义务都是应当自觉履行,并且是不可能做到完全对等分担的;同时,婚姻关系和亲属关系具有很强的伦理性,夫妻共同生活中的大量身份上的乃至财产上的行为,往往都蕴涵着亲属伦理因素,并非是以收取相应报酬为目的的单纯财产法上的行为,也很难用具体的财产价值来衡量。因此,离婚时的经济补偿,既不同于财产法上的合同关系,也不是劳务付出,更不是情感付出的对价,而仅仅是一种弥补对方损失的辅助性财产手段。基于这种性质,这种补偿以付出较多一方的请求为要件;如果付出较多义务的一方不提出补偿要求,就不产生相应的后果。

2. 经济补偿的条件和程序

一方要求另一方给予经济补偿的一般条件是在婚姻关系存续期间付出了较多的劳务,承担了较多义务。具体而言包括三个方面:第一是抚育子女。这本属于夫妻双方共同的义务,理应分担。如果实行分别财产制而又不能分担这些义务,离婚时承担义务较少的一方自应给予承担义务较多的一方以适当的经济补偿。第二是照料老人,主要是指照料他方老人。这种照料势必付出相当的时间和精力。在分别财产制下,它主要属于一种伦理行为,而一旦离婚,则具有一定的劳务性质,承担赡养老人义务的一方也应给他方适当经济补偿。第三是协助另一方工作。在婚姻关系存续中,这种协助可能是有偿的,也可能是无偿的。如果是无偿的,离婚时协助的一方有权要求被协助的一方,即受益一方给予一定的补偿,以弥补因劳务付出所造成的损失。

在实行分别财产制的夫妻离婚时,共同生活中付出较多义务的一方提出经济补偿要求时,补偿的数额应由双方协议解决。协议不成时,由人民法院判决。人民法院判决时,应考虑请求权人付出义务的大小、请求权人因此受到损失的情况、另一方从中受益的情况和经济能力等因素。

(五)一方对他方的经济帮助

1. 一方对他方经济帮助的性质与条件

离婚后,一方应为生活确有困难或有特殊需要的另一方提供经济帮助,在许多国家的法律中都有明确规定,但往往称为"扶养金"。如《法国民法典》规定:"如因共同生活破裂而宣判离婚时,采取离婚主动的一方完全负有救助之责",因一方患精神病而离婚的,要求离婚一方"对生病的一方医疗所需的一切均应负救助之责";"救助义务的履行采用扶养金形式",且规定"如扶养金债务人一方死亡,扶养金由其继承人负担";但"扶养金债权人一方再婚时"或"公然与他人姘居"时,扶养金停付。依其规定,婚姻中的扶养关系在离婚后变成了债权关系。美国统一结婚离婚法、墨西哥民法典、德国民法典等对离婚后的扶养费问题均有规定,德国民法的规定尤为详尽,有关条款达10条之多。

我国《婚姻法》第42条前项规定:"离婚时,如一方生活困难,另一方应从其住房等个人财产中给予适当帮助"。在这里所以称之为经济"帮助"而不称为"扶养费",是因为它不同于婚姻关系存续期间的扶养义务,不是这种法定扶养义务的延伸,而只是派生于原夫妻关系的一种责任,是离婚的一种善后措施。因此,这种经济帮助应有较严格的条件:第一,要求帮助的一方生活确有困难。这里的生活困难,指的是依靠个人财产和离婚时分得的财产无法维持当地基本生活水平。一方离婚后没有住处的,属于生活困难。第二,提供帮助的一方须有经济负担能力。这里的经济负担能力,不仅指实际生活水平,而且包括住房条件。正是因为如此,修订后的《婚姻法》才特别强调了从"住房"等个人财产中予以帮助。第三,受助方没有再婚。如再婚,其再婚配偶应依法承担扶养义务。

2. 一方对他方经济帮助的办法

《婚姻法》第42条后项规定,离婚后一方对他方经济帮助的"具体办法由双方协议,协议不成时由人民法院判决"。生活帮助可以是财产性的,也可以是金钱性的。在实践中,这种帮助除了考虑帮助方的经济条件外,着重考虑受助方的具体情况和实际需要,受助方年龄较轻且有劳动能力,只是存在暂时性困难的多采用一次性支付帮助费用的办法;受助方年老体弱,失去劳动能力而又没有生活来源的,往往要作较为长期的妥善安排。一方以个人财产中的住房对生活困难者进行帮助的形式,可以是房屋的居住权或者房屋的所有权。在执行经济帮助期间受助方再婚的,帮助方可停止给付;原定帮助计划执行完毕后,受助方要求继续得到对方帮助的,一般不予支持。

需要注意的是,离婚后一方对生活困难的另一方的经济帮助,与夫妻共同财产的分割是两个不同的法律问题,不能混为一谈。当然,分割共同财产后生活已无困难的,不能要求他方给予经济帮助;但生活确有困难的,有帮助能力的另一方也不得以夫妻共同财产已经分割为由拒绝给予帮助。

(六)因一方过错而发生的损害赔偿

修改后的《婚姻法》第46条规定,因一方过错导致离婚时,无过错方有权请求损害赔偿,确立了我国的离婚损害赔偿制度。这是我国婚姻家庭立法上的一个重大突破,是维护婚姻家庭秩序,公民在婚姻家庭生活中的合法权益的重大举措,具有非常重要的理论价值和实践意义。

1. 损害赔偿的发生

许多国家的法律设定了离婚损害赔偿制度。如《法国民法典》第266条规定:"在因一方配偶单方过错而宣告离婚的情况下,该一方对另一方配偶因婚姻解除而受到的物质上与精神上的损失,得受判处负损害赔偿责任。但是,另一方配偶在进行离婚诉讼之时,始得请求损害赔偿"。墨西哥民法第288条规定,如果因离婚导致无过错的一方的利益遭受损害时,有过错的一方应负赔偿责任。按照我国现行《婚姻法》的规定,损害赔偿的发生有两个重要的条件:

第一,损害赔偿与离婚有因果关系。依照规定,只有因一方的过错而"导致离婚的",无过错方才"有权请求损害赔偿"。最高人民法院《婚姻法》司法解释(一)进一步明确了如下两点:一是"在婚姻关系存续期间,当事人不起诉离婚而单独……提起损害赔偿请求的,人民法院不予受理"。二是"人民法院判决不准离婚的案件,对于当事人基于婚姻法第46条提出的损害赔偿请求,不予支持"。可见,它不是一般的婚姻损害赔偿,仅仅是离婚时的损害赔偿。

第二,当事人一方犯有法定过错。一方面,离婚损害赔偿的归责原则是过错原则,不适用无过错原则或公平原则。这是它和一般民事损害赔偿以及离婚时一方对他方的财产补偿的根本区别所在。另一方面,这些过错具有法定性,即必须是一方当事人犯有法律明确规定的过错行为时,他方才能请求损害赔偿。按照《婚姻法》第46条的规定,可以引起离婚损害赔偿的过错有四种,即:第一,重婚;第二,有配偶者与他人同居;第三,实施家庭暴力;第四,虐待、遗弃家庭成员。其他过错(如有赌博、吸毒恶习屡教不改之类)虽然也可能导致离婚,但不在请求损害赔偿的理由之列。

2. 损害赔偿的主体

离婚损害赔偿的请求权人是配偶中的无过错一方。这里所讲的"无过错",指没有上述法定过错,其他过错不在其列。离婚损害赔偿的责任主体为有法定过错的一方,也就是"离婚诉讼当事人中无过错方的配偶"。[26] 至于与过错方的过错有

---

〔26〕 最高人民法院《婚姻法》司法解释(一)。

直接关系的第三人，如与过错方结婚或者同居的第三人，协助过错方实施家庭暴力的第三人等，是否亦应承担相应的民事责任，不在《婚姻法》调整的范围之内，应参照《民法通则》及相关司法解释处理。如双方都有法条所指的重大过错的，原则上应当适用“过错相抵”原则。

3. 损害赔偿的提请及内容

提起离婚损害赔偿的时间，在诉讼离婚中应当区分两种情况。一种情况是无过错方作为原告起诉离婚的，应当在提起离婚诉讼时提出损害赔偿请求。另一种情况是过错方作为原告起诉离婚的，无过错方可以在诉讼中提出损害赔偿请求；如果无过错方不同意离婚，也没有提出损害赔偿请求，人民法院判决离婚的，无过错方可以在离婚后一年内就损害赔偿问题单独提起诉讼，人民法院应当受理。如果无过错方作为被告的离婚诉讼案件，一审时没有提出损害赔偿要求，而在二审期间提出的，二审人民法院应当进行调解；调解不成的，二审法院不对这一请求加以判决，可以告知当事人在离婚后一年内另行起诉。

如果当事人通过行政登记程序离婚，离婚时没有涉及损害赔偿问题，办理离婚登记手续后一年内一方以《婚姻法》第 46 条的规定为由提出损害赔偿请求的，人民法院应当受理；但是，超过诉讼时效或者当事人在协议离婚时已经明确表示放弃赔偿要求的，人民法院不予支持。

在内容上，离婚损害赔偿既包括精神损害赔偿，也包括物质损害赔偿。判定时必须考虑受害人的合理请求，从损害实际出发，不能限定在其中某一种而损害了受害人的其他权利。一般说来，《婚姻法》第 46 条列举的四种过错都能对另一方造成不同性质的损害。在财产损害方面，重婚和与他人同居可能给无过错方造成对夫妻共有财产权利的侵害，家庭暴力和虐待、遗弃可能造成医疗、误工等方面产生的财产损害；而四种行为均可能给无过错方造成精神损害。凡是涉及财产损害的，应当据实计算；凡是涉及精神损害赔偿的，适用最高人民法院《关于确定民事侵权精神损害赔偿责任若干问题的解释》。

（七）离婚后的住所问题

基于夫妻同居义务，婚姻关系存续期间双方通常居住于同一住所。同居义务因离婚而当然解除，必然发生原住所的所有权或者承租权、居住权问题，一些人往往会面临“无家可归”的窘境。这实际上是一个社会性问题。对此，一些国家的法律作出了相应规定。仅以《法国民法典》为例。依其规定：“如家庭住所原属于夫妻中一方个人所有，在下列情形，法官得以租约形式让与他方：第一，如他方受托照管一个或数个子女者；第二，如离婚系应房产所有人一方的请求判为因共同生活破裂时。在第一种情形下，法官得规定租约的期限并得续订租约至最小子女成年时止。在第二种情形下,让与租约不得超过9年,但得根据新的判决加以延长。如受让人重新结婚或公然与他人姘居,租约即可终止”。

在我国现阶段,一些当事人,尤其是女方,常常出现离婚后居住方面的困难。为了切实解决这方面的问题,为离婚当事人排忧解难,我国法律和最高人民法院的司法解释作出了一系列规定。

为了切实保护离婚妇女的合法权益,《妇女权益保障法》第44条规定:“国家保护离婚妇女的房屋所有权。夫妻共有的房屋,离婚时,分割住房由双方协议解决;协议不成的,由人民法院根据双方的具体情况,照顾女方和子女权益的原则判决。夫妻双方另有约定的除外。”如前所述,我国《婚姻法》特别将离婚后无房居住作为“生活困难”的一种表现,司法解释规定了有关问题的处理原则。

同时,实际生活中存在着当事人双方原居住的房屋为承租的公房的情况,对这些房屋离婚后的使用、承租问题,双方应协商解决,协商不成,由人民法院根据案件的具体情况,依法予以妥善处理。《妇女权益保障法》规定:“夫妻共同租用的房屋,离婚时,女方的住房应当按照照顾女方和子女权益的原则协议解决。夫妻居住男方单位的房屋,离婚时,女方无房屋住的,男方有条件的应当帮助其解决”。最高人民法院《关于审理离婚案件中公房使用、承租若干问题的解答》规定了以下处理办法:第一,夫妻原共同居住的公房,具有下列情形之一的,离婚后双方均可承租:婚前由一方承租的公房,婚姻关系存续5年以上的;婚前一方承租的本单位的房屋,离婚时,双方均为本单位职工的;一方婚前借款投资建房取得的公房承租权,婚后夫妻共同偿还借款的;婚后一方或双方申请取得公房承租权的;婚前一方承租的公房,婚后因该承租房屋拆迁而取得房屋承租权的;夫妻双方单位投资联建或联合购置的共有房屋的;一方将其承租的本单位的房屋,交回本单位或交给另一方单位后,另一方单位另给调换房屋的;婚前双方均租有公房,婚后合并调换房屋的;其他应当认定为夫妻双方均可承租的情形。第二,对夫妻双方均可承租的公房,应依照下列原则予以处理:照顾抚养子女的一方;男女双方在同等条件下,照顾女方;照顾残疾或生活困难的一方;照顾无过错一方。对夫妻双方均可承租的公房而由一方承租的,承租方对另一方可给予适当的经济补偿。夫妻双方均可承租的公房,如其面积较大能够隔开分室居住使用的,可由双方分别租住;对可以另调房屋分别租住或承租方给另一方解决住房的,可予准许。第三,离婚时,一方对另一方婚前承租的公房无权承租,而解决住房又确有实际困难的,人民法院可调解或判决其暂时居住,暂住期限一般不超过两年。暂住期间,暂住方应交纳与房屋租金等额的使用费及其他必要的费用。离婚时,一方对另一方婚前承租的公房无权承租,另行租房经济上确有困难的,如承租公房一方有负担能力,应给予一次性经济帮助。

三、离婚在父母子女关系上的效力

(一)子女直接抚养人的确定

婚姻关系的解除结束了夫妻同居的权利和义务,也使父母双方同时与子女共同生活成为不可能,因而必然产生子女随哪一方生活的问题。在许多其他国家的法律中,夫妻离婚会导致监护人变更的后果。按照我国法律的精神,父母双方离婚后,双方对无民事行为能力和限制民事行为能力的子女的监护关系不发生变化,只是需要确定他们的直接抚养方。

确定父母离异的子女的直接抚养方,直接关系到有关当事人和子女的切身利益,也是双方容易发生争执的焦点问题之一。对此,我国《婚姻法》第 36 条第 3 款规定:"离婚后,哺乳期内的子女,以随哺乳的母亲抚养为原则。哺乳期后的子女,如双方因抚养问题发生争执不能达成协议时,由人民法院根据子女的权益和双方的具体情况判决。"其核心是从实际出发,切实保护未成年子女的人身和财产利益。具体而言,应当按照两种不同的情况分别掌握处理的原则:

第一,子女尚在哺乳期内的。法律规定哺乳期内的子女原则上由哺乳的母亲抚养是完全符合子女的利益的。哺乳期间的界定,按最高人民法院 1993 年发布的《关于人民法院审理离婚案件处理子女抚养问题的若干意见》,应是婴幼儿两周岁以内。抚养哺乳期内的子女,既是母方的权利,也是母方的义务,如无特殊原因,母方不得推卸应当承担的抚养责任,父亲也不得无故争夺直接抚养权。但是母方有下列情形之一的,可以判决随父亲生活:母方患有久治不愈的传染性疾病或其他严重疾病,子女不宜与其共同生活的;母方有抚养条件不尽抚养义务,而父方要求子女随其生活的;因为其他原因子女确实无法随母方共同生活的。父母双方协议两周岁以下的子女随父方生活,并对子女健康成长没有不利影响的,自可准许。

第二,子女已经不在哺乳期的。哺乳期后的子女由何方直接抚养的问题,首先应由父母协商,在双方自愿的基础上达成协议。协议不成时,可由人民法院以判决的方式确定抚养关系。不论是协议还是判决,都应当考虑父母双方的思想品质、抚养能力、生活环境、与子女的感情联系等多方面的因素。最高人民法院的有关司法解释规定,在判决离婚时,父方和母方均要求随其生活的,一方有下列情形之一的,可优先予以考虑:已做绝育手术或因其他原因丧失生育能力的;子女随其生活时间较长,改变生活环境对子女健康成长明显不利的;无其他子女,而另一方有其他子女的;子女随其生活,对子女成长有利,而另一方患有久治不愈的传染性疾病或其他严重疾病,或者有其他不利于子女身心健康的情形,不宜与子女共同生活的。如果父方与母方抚养子女的条件基本相同,双方均要求子女与其共同生活,但子女单独随祖父母或外祖父母共同生活多年,且祖父母或外祖父母要求并且有能力帮助子女照顾孙子女或外孙子女的,可作为子女随父或随母生活的优先条件予以考虑。另外,由于十周岁以上的人在法律上已是限制民事行为能力人,对事物有一定的辨别能力,按照法律和有关司法解释的精神,父母双方对他们随父或随母生活发生争执的,应考虑该子女的意见。在有利于保护子女利益的前提下,父母双方协议轮流抚养子女的,可予准许。

(二)子女直接抚养人的变更

抚养关系确定以后,如果父母的条件发生了重大的变化,可以变更直接抚养人。按照最高人民法院有关司法解释的规定,在下列情况下,一方要求变更抚养关系的,应予支持:与子女共同生活的一方因患严重疾病或因伤残无力继续抚养子女的;与子女共同生活的一方不尽抚养义务或有虐待子女行为,或其与子女共同生活对子女身心健康确有不利影响的;十周岁以上未成年子女,愿随另一方生活,该方又有抚养能力的;有其他正当理由需要变更的。因变更抚养关系和变更抚养费发生纠纷的,应当另行起诉,由人民法院单独立案审理。

(三)父母对子女探望权的确定与行使

1. 对子女探望权的确立

在我国,对子女的探望权是指离异的配偶中不与子女共同生活的一方,按照法院的裁定或双方的约定,定期或不定期探望、会见子女的权利。

许多外国法规定,夫妻离婚后,对子女没有监护权的一方享有对子女探视权。我国两部《婚姻法》都没有类似规定,修改后的《婚姻法》增设了有关条款,弥补了原来法律的不足。其第38条规定:"离婚后,不直接抚养子女的父或母,有探望子女的权利,另一方有协助的义务。行使探望权利的方式、时间由当事人协议;协议不成时,由人民法院判决"。但是,我国的有关规定具有两个特点:第一是从汉语习惯用语的使用以及人们的心理因素考虑,为了避免与对在押或者服刑人员的"探视"相区别,使用了"探望权"的专门术语。第二是我国现行法律没有将监护权赋予直接抚养子女的一方,因此,权利主体仍称"不直接抚养子女的一方"。

2. 行使探望权的主体

依照规定,行使探望权的主体是离婚后不直接抚养子女的父亲或母亲。其他亲属(如祖父母、外祖父母)不享有这项权利。对此,社会上有一些不同的意见,主要是认为,从照顾老人感情的角度考虑,应该同时赋予不直接抚养方的父母,也就是子女的祖父母、外祖父母以探望权。应当说这种主张并非毫无道理,但是,无限扩大探望权主体的范围在立法上是不可取的,现行法律将其限定为不直接抚养子女的父母是适当的。同时,父母行使探望权并不意味着禁止其他亲属与被探望者接触，所以这项规定并不等于将孙子女、外孙子女与祖父母、外祖父母完全隔离。在实践中的大多数情况下，即使不共同生活，在不直接扶养子女的一方行使探望权的时候，祖父母、外祖父母还是有机会接触孙子女、外孙子女的。

3. 行使探望权的内容

行使探望权内容主要是探望的时间、地点和方式。这些应当由离婚的父母双方协议，作出妥善的安排。如果协议不成，则由人民法院考虑当事人要求的合理性和实际上的可操作性，尤其是考虑子女的切身利益，作出相应的判决。人民法院作出的生效的离婚判决中没有涉及探望权的，当事人可以就探望权问题单独起诉，人民法院应当受理。

4. 对探望权的保护

探望权在性质上是一项民事权利，也是一项人身权利，一旦确定，即受法律保护。权利人行使该权利的时候，他人不得非法干涉，否则要承担相应的法律后果。探视权受侵害的，权利人也可以向法院起诉。同时，探望权是一项需直接抚养子女的一方协助才能实现的权利，因此直接抚养子女的一方需履行协助的义务。其不履行协助义务，甚至从中加以阻挠，致使权利人的权利不能实现的，构成侵权行为，要承担相应的法律责任。

5. 对子女探望权的中止

现行《婚姻法》规定："父或母探望子女，不利于子女身心健康的，由人民法院依法中止探望的权利；中止的事由消失后，应当恢复探望的权利。"

(1)中止对子女探望权的性质

对子女探望权的中止，是基于法定事由、通过法定程序，暂时停止探望权人行使探望子女的权利。它不同于探望权的消灭或者放弃。探望权的消灭是基于一定的法律事由而终止行使探望权，其中最主要的事实就是探望权人死亡；探望权的放弃是出于探望权人的自愿、主动抛弃探望子女的权利。探望权终止以后无从恢复，探望权放弃则必须有明确的意思表示。由于探望权是法定权利，不仅在确立时需要经过法律程序，而且抛弃也应当履行必要的手续。按照一般的理解，如果是在协议离婚时确定的探望权，抛弃探望权应当以书面形式通知对方和婚姻登记机关；如果是在法院判决中确定的探望权，抛弃探望权应同时书面通知对方和原审法院。

(2)中止探望权的请求权人

按照最高人民法院《婚姻法》司法解释(一)第26条规定，有权向人民法院提出中止探望权的人包括"未成年子女、直接抚养子女的父或母及其他对未成年子女负担抚养、教育义务的法定监护人"。即未成年子女的监护人以外的人不能作为中止探望权的请求权人。

(3)中止探望权的条件

中止不直接抚养子女一方对子女的探望权,无论该项权利是协议确定的还是法院判决的,其原因只能是探视权的行使不利于子女的身心健康。比如拥有探望权的一方染有吸毒恶习,患有严重传染性疾病等。任何其他原因,比如直接抚养人再婚、迁徙,其他亲属的抵制等都不能作为中止另一方行使对子女探望权的理由。

(4)中止探望权的程序

中止探望权是司法行为,非经人民法院依法裁定,任何人不得擅自中止离异父母中不直接抚养子女一方探望子女的权利。当事人在履行生效判决、裁定或者调解书的过程中,请求权人提出中止探望权人行使探望权请求的,人民法院在征询双方当事人意见后,认为需要中止探望权的,应依法作出裁定。

6. 探望权的恢复

探望权的中止仅是因某种原因暂时停止行使权利,而不是对当事人探望权的剥夺。因此,中止的事由消失后,不直接抚养子女的一方,可以向法院申请恢复行使权利。人民法院对当事人的申请进行审查,认为情况属实的,应当作出决定并通知当事人恢复探望权的行使。

另外,应当区别探望权的中止和和探望权行使不能。探望权行使不能是指出于特别的原因而导致权利人无法依照约定或者判决行使对子女的探望权,比如被限制人身自由,因患病、外出等原因无法正常探望子女等。它基于一定的事实而发生,无须用法律程序确定,其原因消失后应当自然恢复。

(四)离异父母与子女的财产关系

1. 子女抚育费的负担

《婚姻法》第37条规定:"离婚后,一方抚养的子女,另一方应负担必要的生活费和教育费的一部或全部,负担费用的多少和期限的长短,由双方协议;协议不成时,由人民法院判决。"显然,和其他方面一样,在子女抚育费的负担上也体现了"协议优先"的原则。按照这一原则,不但应允许双方就抚育费的数额、给付办法、给付期限协商处理,而且允许双方协议子女随一方生活并由抚养方负担全部抚育费。但是,在后一种情况下,如果仅是为了取得抚养权,而其本人的抚养能力不足,无法保障子女生活和受教育所需,这就势必影响子女健康成长,不符合保护未成年人合法权益的原则,自应不予准许。如果双方达不成协议或协议无效需由人民法院判决时,按最高人民法院的有关司法解释,应把握以下尺度:

第一,确定抚育费负担数额的基本根据是子女的实际需要、父母双方的负担能力和当地的实际生活水平。按照最高人民法院有关司法解释,判决离婚时,不直接抚养一方的给付标准,有固定收入的应为月总收入的20%～30%;负担两个以上子女抚育费的一般不超过月总收入的50%。无固定收入的,抚育费数额可依照当年总收入或同行业平均收入,参照上述比例确定。当然,如果有特殊情况,给付的比例可以适当调整。如果一方无经济收入或者下落不明,则可用其财物折抵子女抚育费。

第二,抚育费给付期限,一般至子女18周岁为止。但有两种情况例外。一种是16周岁以上不满18周岁,以其劳动收入为主要生活来源,并能维持当地一般生活水平的,父母可停止给付抚育费。二是虽已成年,但是尚在校接受高中及其以下学历教育的,丧失劳动能力或虽未完全丧失劳动能力其收入不足以维持生活的,以及其他确无独立生活能力和条件的,仍应给付抚养费。

第三,子女抚育费的给付方法,应视给付者的具体情况而定。一般可给付现金,有时也可给付实物。凡有工资收入的,应按月或定期给付,在农村地区可按收益季度或年度给付,在某些特殊情况下,也可以一次性给付。

2. 子女抚育费的变更

协议或判决中原定的抚育费数额,是根据离婚当时子女的实际需要和父母双方的经济状况确定的。如果以后来情况发生重大变化,是允许合理变更的。抚育费的变更表现为增加或者减少和免除。

第一,抚育费的增加。《婚姻法》第37条规定,"关于子女生活费和教育费的协议或判决,不妨碍子女在必要时向父母任何一方提出超过协议或判决原定数额的合理要求"。即如果子女的实际需要有所增加,父母又有相应的能力,子女可以向父母任何一方提出要求,适当增加抚育费用。至于是否增加和增加多少,应由当事人协议;协议不成时由人民法院依法判决。按照最高法院有关司法解释的规定,子女要求增加抚育费有下列情形之一,父或母有给付能力的,应予支持:原定抚育费数额不足以维持当地实际生活水平的;因子女患病、上学,实际需要已超过原定数额的;有其他正当理由应当增加的。

第二,抚育费的减免。抚育费在一定条件下也可以减少或免除。首先,直接抚养子女的一方再行结婚,继父或继母愿意负担子女的生活费和教育费的一部或全部时,另一方的负担可酌情减少或免除。其次,如果负有给付义务的一方确有实际困难,亦可通过协议或判决酌情减免。需要指出的是,抚育费的减少或免除直接关系着子女的权益,所以在决定时必须慎重考虑,严格掌握。上述两种情况只是在一定条件下减少或免除了给付义务,并没有终止父母对子女的抚育义务。因此,在减、免的事实根据消失时,应当恢复给付,以保护子女的合法权益。

另外,父母不得因子女变更姓氏而拒付子女抚育费。父或母一方擅自将子女姓氏改为继母或继父姓氏而引起纠纷的,应责令恢复原姓氏。在离婚诉讼期间,双方均拒绝抚养子女的,可先行裁定暂由一方抚养。

3. 子女对离婚父母的赡养

《婚姻法》第30条规定:"……子女对父母的赡养义务,不因父母的婚姻关系变化而终止。"也就是说,子女不能因父母离婚或再婚而拒绝履行自己的赡养义务。这是因为成年子女对父母的赡养义务取决于双方的血亲关系,而非父母的婚姻状况。父母离异后子女拒绝履行赡养义务的,无劳动能力或者生活困难的父母可以提起赡养费支付之诉,请求人民法院对自己的权利依法给予保护。

4. 父母子女继承权

父母与子女有相互继承遗产的权利。这种权利是亲子关系的一项内容,不因父母离婚而消灭。

第七章　亲　子　法

第一节　概　　说

一、亲子法的历史沿革

亲子法，顾名思义是关于调整亲子关系的法律规范。所谓亲即指父母，所谓子即指子女。亲子关系即父母子女关系，是家庭关系的重要组成部分，它因出生的事实或法律拟制而发生，是最近的直系血亲关系。所以，亲子法就是规定父母子女法律地位和相互间权利义务的法律规范，是亲属法的一个重要组成部分。

亲子关系法律规范形成初期具有浓厚的家长权的实质。因为在原始氏族社会崩溃以后，人类进入了父系家族制度的统治时代。家庭成员须绝对服从父系家长支配。在奴隶制和封建制社会中，亲子关系以家族为本位，父母子女关系完全从属于宗族制度，其特征为父系、父权和父治。亲子关系受家族法的支配，养育子女是为了家长，完全不考虑父母子女的利益。随着生产力的发展，家族范围逐渐缩小，宗族制衰落，父成为一家之长。但亲子法产生以后的很长一段时期内，父权仍具有浓厚的家长专制的实质。罗马法的父权 Patria Potestas 一词原来就是家长权的意思。近代法国的 Puissance Paternelle、德国的 Väterliche Gewalt 才是父权或亲权的意思。此时期亲子法的主流是维护父权即“亲”的权利。虽说“亲”既指父亲也指母亲，但实际上维护的是男性父权。此时的亲子法有所谓“家本位的亲子法”、“亲本位的亲子法”之说。社会发展至现代，随着社会的进步，世界各国法律不断修改。作为亲子关系的核心制度——亲权已从单纯的父权趋于父母间和父母子女间平等的权利和义务关系，例如法国之亲权已表达为 Autorité des père et mère（1987 年修改），意为父母的权利和职责。进而亲子关系也已十分重视子女权利的保护及对子女的教育,故有所谓"子本位的亲子法"的趋势。[1]但是,有的国家仍然规定行使亲权以父为主。

我国古代历来实行家族主义,亲子关系以孝道为本,"父为子纲"被奉为天经地义,子女受家长和其他尊长支配,并须绝对服从父母。长期实行"家本位"的制度。唐代以后,根据各朝代法令的规定分析,还兼有"亲本位"的性质。发展至现代,1930年民国政府制定颁布的民法亲属编从形式上完成了中国亲属法从古代型向近、现代型的过渡。亲子法似已形成以保障子女权益为原则的、父母对子女平等的权利义务关系。但实际内容上仍保留了浓重的男女不平等,以及对一部分子女不利的封建色彩。

新中国成立后,随即颁布了婚姻法,专章规定了"父母子女间的关系"一章,以全法1/6的篇幅规定了以保护子女合法权益为原则的父母子女间平等的相互扶养[2]的权利和义务关系。之后,1980年婚姻法又以7条,全法1/5的篇幅重申了前述规定,并增加了关于子女姓氏、权利请求权及父母对子女的管教、保护权的规定,确定了新型的、以保护未成年子女合法权益为原则、父母子女间平等、相互扶养和相互继承的权利义务关系的亲子关系。[3]

随着改革开放政策的深入发展,中国社会发生了巨大的变化。市场经济的迅速发展,不仅带来了经济的高速发展,人民生活水平的大幅度提高;也带来市场经济和物质利益关系对婚姻家庭、亲属关系的强烈震撼、冲击和渗透。婚姻法中原本就过于抽象、原则的亲子法规定,更显得苍白无力,难以应付这一迅速发展变化的现实。

2001年4月28日九届人大常委会第21次会议通过的婚姻法修正案进一步强调了父母间以及父母子女间民主平等关系的原则。特别将"父母有管教和保护未成年子女的权利和义务"修改为"父母有保护和教育未成年子女的权利和义务"。虽然只是将"管教"改为"教育",将"保护"规定提前,看似一字之差,但其意义重大。它突出了父母对未成年子女的保护、教育职责,着重强调了父母对子女的"亲权"是基于平等、尊重未成年子女人格权为前提的,不是管制约束,而是说服教育。

---

[1] 参见史尚宽:《亲属法论》,台北荣泰印书馆,1980年6月版,第476~477页;陈棋炎等:《民法亲属新论》,台湾三民书局1987年9月版,第247~248页;刘清波:《民法概论》,台湾五南图书出版公司1984年8月版,第108~109页(下册)等。

[2] "亲子法"一章及第九、十章中关于"抚养"、"赡养"、"扶养"各词,除在引用法律条文时分别使用外,在文章论述时统一使用"扶养"一词,以与继承法和国际相一致。

[3] 参见陈明侠:"亲子法基本问题研究",载梁慧星主编:《民商法论丛》(第6卷),法律出版社1997年版,第2~3页。

这是针对中国亲子关系的历史、社会现实和发展的需要而作的重要修改。

此外，关于在未成年人对国家、集体或他人造成伤害时，父母有“赔偿经济损失”的义务规定，修改为“承担民事责任”的义务规定。这不仅保持了与民法通则的一致性；而且也是进一步强化了父母对未成年子女的亲权责任，使其更全面。

2001年修改后的婚姻法虽然对亲子法制度作了一些重要修改，但就父母子女关系制度而言，仍然很不健全，希望能在今后民法典制定过程中进一步探讨，解决这一问题。在保持我国重伦理、重精神的优良传统的同时，吸收外国法制变革中的有益经验，使二者有机地结合起来，完善我国的亲子法制度。

二、父母子女关系的种类

1. 关于父母子女种类的立法例

父母子女的类别，是研究亲子法首先碰到的一个重要问题。关于父母子女的分类，古今法律规定有很大区别，中外也有所不同。我国古代封建社会里，基于纳妾、宗祧制度，以及恩义名分等原因，父母子女的类别繁多。在我国法制史上，父母子女的种类、称谓大致可分为两类，一为出于自然血统，即亲生父母子女包括亲生父母，嫡子女、庶子女、婢生子女、奸生子女；二为源于法律拟制而产生的父母子女包括嗣父嗣子、养父母养子女。至于“三父八母”、“五父十母”……只是礼俗上的称谓，如义父母、义子女等仅是一种名分恩义上的关系。至20世纪30年代国民党政府颁行的民法亲属篇才吸收了外国、主要是大陆法系亲子立法经验，将父母子女关系分为自然血亲和拟制血亲两种。关于父母和子女的种类有父母（有婚姻关系的亲生父母）、生父母（没有婚姻关系的亲生父母）、养父母（收养者），婚生子女、非婚生子女和养子女。新中国成立后，废除了封建法制、纳妾制度，实行男女平等，一夫一妻制。现行婚姻法下父母子女的种类如下：父母有四种，父母（有婚姻关系的亲生父母）、生父母（没有婚姻关系的亲生父母，以及因收养关系成立，养子女对其亲生父母的称呼）、养父母、继父母。子女也有四种，婚生子女、非婚生子女、养子女、继子女。

综观世界各国，一般将父母子女分为婚生父母、子女；非婚生父母、子女；养父母、养子女。

2. 父母子女关系的种类

与父母子女类别相适应，世界上很多国家将父母子女关系分为两大类。一为自然血亲的父母子女关系；二为法律拟制的父母子女关系，主要是指养父母养子女的关系。

在我国现行婚姻法中，父母子女关系可分为：第一，基于出生事实的自然血亲的父母子女关系,包括生父母与婚生子女,生父母与非婚生子女;第二,基于收养或再婚的法律行为,并且形成事实上的扶养关系的法律拟制的父母子女关系,包括养父母与养子女,继父母与有扶养关系的继子女。

自1987年7月,世界第一个试管婴儿路易斯·布朗在英国诞生以来,一种用人工方法,不通过男女自然两性结合而产生后代的现代医疗技术手段,切断了生育与性行为的纽带,打破了传统观念上的生育关系与遗传关系合为一体的生育规律。于是在现有父母子女关系的种类中出现一种“只知其母,不知其父”,甚至“连母也难于知道”的父母子女关系。这确实对传统的以血缘关系为基础的亲子观念提出了挑战和冲击。依照男女生理情况,人工生育子女在现代科学技术条件下,主要有如下几种:一种是同质人工授精,是指采用不同形式使丈夫的精子和妻子的卵子经医疗技术手段,实施人工授精,由妻子怀孕分娩。第二种是异质人工授精,形式又分几种,但主要是指用丈夫以外的第三人提供的精子(供精)与妻子的卵子,或用丈夫的精子与妻子以外第三人提供的卵子(供卵),或同时使用供精和供卵实施人工授精,由妻子怀孕分娩。第三种是代理母亲即指用现代医疗技术将丈夫的精子注入自愿代理妻子怀孕者的体内授精,或将人工授精培育成功的受精卵或胚胎移植入自愿代理妻子怀孕者的体内怀孕,待生育后由妻子以亲生母亲的身份扶养。代理母亲形式也有同质和异质之分,但共同的特征是由妻子以外的另一位女性代理怀孕分娩。[4]

经人工生育手段出生的子女其法律地位如何,父母子女关系如何说明,众说纷纭。有人认为,人工生育子女和父母有血亲关系应按婚生子女对待;有人认为,如用“供精”的人工授精情况,精子不是丈夫的,只能视为或拟定为婚生子女对待;有人认为,人工授精子女应一律视为养子女或继子女对待,即按拟制血亲对待;还有人认为,应根据供精的不同渠道,区别为婚生子女、非婚生子女、养子女等不同的类别。

应该看到,由于精、卵来源、怀孕情况的复杂性,经过医疗技术手段,人工生育子女的情况也比较复杂。同质人工生育比较好说,是婚生子女没有问题。但异质的或代孕的就更为复杂了。他们中有的既非完全是自然血亲,也并非是法律拟制的血亲。但有一个共同的特点即是:他们均是经过现代医疗技术处理而出生的。为了保障人工生育子女和实施人工生育当事人的合法权益,人工生育的子女与之父母及其法律关系(同质且由妻子怀孕分娩的,完全同亲生父母子女的除外)应单

---

〔4〕 参见陈明侠:“亲子法基本问题研究”,梁慧星主编:《民商法论丛》(第6卷),法律出版社1997年版,第6页。

独列项,统称为人工生育的父母子女关系。并且法律明确规定,凡经夫妻双方协议实施人工生育的,其父母子女间的权利义务关系一律视为婚生父母子女关系对待。这样,既明确又便于执行,可避免各种矛盾,有利于保护妇女和当事人的合法权益,有益于人工生育子女的身心健康和愉快成长。

在谈到人工生育子女时,必须提到的是:人工生育技术的成功,的确为人类解决了不少不能自然生育的困难,但就其将对人类婚姻家庭、优生及伦理等方面的冲击和影响是难以预测的。我们人类应极力避免和坚决反对人工生育技术的滥用,反对为传宗接代而进行的非夫妻关系的"繁衍",即所谓"借种",反对"借腹生子",反对"贩卖婴儿"、"种族优生配种",以及生产超代、超世纪婴儿等现象。我国政府已向世界有关组织明确表示,中国反对"代孕"即俗称的"借腹生子"。我们应该避免人为地扰乱人类自然传统,产生反自然的不良现象,使人工生育技术健康发展,为人类造福。[5]

总上,在今后制定民法典,进一步修改完善婚姻家庭法时,可以对父母子女关系和父母子女类别作出如下分类:

第一种,自然血亲的父母子女(亲生父母子女)关系:

(1)父母与婚生子女;

(2)父母与非婚生子女;

(3)经人工生育技术但属同质并由妻子怀孕分娩的子女与父母。

第二种,法律拟制的父母子女关系:

(1)养父母和养子女;

(2)继父母和有扶养关系的继子女。

第三种,人工生育形成的父母子女关系,[6]即人工生育子女及父母。

三、现行婚姻法中关于亲子关系的规定

2001 年 4 月 28 日通过的婚姻法修正案,对亲子关系的修改除前述二点外,还对子女姓氏的决定权、非婚生子女的扶养义务规定作了修改,目的是进一步体现男女平等的原则;并且增加了关于成年子女不得干涉父母再婚及婚后生活,保护父母婚姻权利的规定。

总之,2001 年修改后的现行《婚姻法》中关于亲子关系主要有如下规定:

---

〔5〕 参见陈明侠:"亲子法基本问题研究",载梁慧星主编:《民商法论丛》(第 6 卷),法律出版社 1997 年版,第 6 ~7 页。

〔6〕 同上注,第 7 ~8 页。

(一)父母对子女有扶养的义务

现行《婚姻法》第21条规定:“父母对子女有抚养教育的义务……父母不履行抚养义务时,未成年的或不能独立生活的子女,有要求父母付给抚养费的权利。”法律规定表明,对于父母来讲,“抚养”未成年或不能独立生活的子女既是父母的权利(作为亲权人的一种权利),更是父母应尽的职责和义务,也是一种社会责任,是必须履行的;对子女来讲,接受“抚养”是其享有的一种权利。

1. 扶养的内容

婚姻法所规定的“抚养”,是指父母从物质上、身体上、精神上对子女的养育和照料。如支付子女生活费、教育费、医疗费,在生活上照顾子女等。

作为父母,无论是否离婚,对未成年子女的“抚养”义务是无条件的,但对于成年子女的“抚养”是有条件的。父母对子女的“抚养”一般至子女满18岁为止。

2. 抚养的期限

父母对子女“抚养”的期限为自子女出生时起,至子女能够独立生活时为止。在一般情况下,父母对子女的扶养至18周岁。子女成年并独立生活后,父母在法律上不再负有扶养的义务。如果子女尚未独立,而父母又具有负担能力的,父母仍应负担其“抚养费”,但必须符合下列情况:①成年子女丧失劳动能力,或虽未完全丧失劳动能力但其收入不足以维持生活的;②虽成年但尚在校接受高中及其以下学历教育者。当然,父母自愿给予成年子女一定的经济帮助,是不受法律限制的。

3. 不履行“抚养”义务的法律责任

现行《婚姻法》第21条第2款规定:“父母不履行抚养义务时,未成年的或不能独立生活的子女,有要求父母付给抚养费的权利。”此规定赋予了未成年的或不能独立生活的子女在受扶养权利遭到侵害时,有向父母追索扶养费的权利。其追索扶养费的要求既可以通过义务人所在单位、组织或有关部门调解解决,也可以通过诉讼程序向人民法院提起追索扶养费之诉。法院应根据子女的需要和义务人的扶养能力,通过调解或判决的方式,确定扶养费的数额、给付期限和方法。对拒不履行扶养义务、恶意遗弃未成年子女,情节恶劣、构成犯罪的,依法追究其刑事责任。

最高人民法院在有关司法解释中指出:婚姻关系存续期间,父母双方或者一方拒不履行抚养子女义务,未成年或者不能独立生活的子女请求支付抚养费的,人民法院应予支持。这一解释强调了在常态下的对未成年或者不能独立生活的子女行使受抚养权的诉讼保护。但不应误解为上述子女追索抚养费以其父母在婚姻关系存续期间为前提。子女的父母不具有婚姻关系,或者婚姻关系已经终止,并不影响子女对父母行使受抚养的权利。

4. 禁止任何残害婴儿的违法犯罪行为

现行《婚姻法》第 21 条第 4 款规定:“禁止溺婴、弃婴和其他残害婴儿的行为。”与修改前的 1980 年婚姻法相比,此款增加了“弃婴”的内容。父母扶养子女的义务,自子女出生之时开始,无论男婴女婴,父母都有扶养的义务。溺婴是杀人罪的一种特殊类型,应按《刑法》第 232 条规定判处刑罚。弃婴也是一种违法犯罪行为。此款增加了“弃婴”的内容,是根据社会现实的需要而作出的具体规定。当前社会上仍存在重男轻女的封建思想,弃婴现象屡见不鲜,为了杜绝这种犯罪行为,增加了禁止弃婴的规定。

(二)父母对子女有保护和教育的权利和义务

现行《婚姻法》第 23 条规定:“父母有保护和教育未成年子女的权利和义务。未成年子女对国家、集体或他人造成损害的,父母有承担民事责任的义务。”2001 年《婚姻法》修改时,将父母对未成年子女的“管教”和“保护”规定修改为“保护”和“教育”,将“在未成年子女对国家、集体或他人造成损害时,父母有赔偿经济损失的义务”改为“有承担民事责任的义务”。如前述,修改的虽只是个别字,但其意义重大。

在这里,“保护”主要是指父母是未成年子女的法定监护人,有责任预防和排除来自社会和自然界对未成年子女人身或财产的侵害。当未成年子女人身或财产权益受到侵害时,父母有权以代理人的身份,提起诉讼,请求排除妨害、赔偿损失。在未成年子女从事与其年龄不相称的民事活动时,应征得父母同意或由父母代理其进行民事活动。当不满 14 周岁的子女被人拐骗、脱离家庭时,父母有要求司法机关追究拐骗者的刑事责任,归还子女的权利和义务。

在这里“教育”是指父母在思想、品德、知识等方面,按照法律和道德的要求,关心并指导、培养未成年子女,依法使其接受义务教育,成长为德智体全面发展的未来社会的主人。未成年子女在法律上属于无民事行为能力或限制民事行为能力人,他们还缺乏独立处理事物的智力和能力,父母有义务帮助和教育他们,这是家庭的一个重要职能,父母是子女出生后最初的启蒙教师。家庭是社会的细胞,家庭教育与学校教育均不可缺少。而且,由于父母是子女的第一任教师,父母的引导、培养和言传身教,会对子女产生潜移默化的影响,留下难以抹去的痕迹。因此,尊重子女人格的、民主平等的、正直的、充满爱心的引导和教育是为人父母的法定义务和社会责任。

应该指出的是,修改后的《婚姻法》在第 21 条及第 23 条中均有教育的规定,第 21 条为“父母对子女有抚养教育的义务”,第 23 条为“父母有保护和教育未成年子女的权利和义务”。虽然在不同的地方,可以有不同的解释,但作为法律规定而言,完全可以将两处的"教育"合二而一,第21条只规定"扶养"义务,第23条规定"保护"和"教育"的义务。这样既清楚、简练,又更规范。

(三)子女对父母有扶养扶助的义务

2001年《婚姻法》第21条规定:"子女对父母有赡养扶助的义务";第30条规定:"子女应当尊重父母的婚姻权利,不得干涉父母再婚以及婚后的生活。子女对父母的赡养义务,不因父母的婚姻关系变化而终止"。第30条是2001年修改时新增条款。养老育幼、尊老爱幼是中华民族的传统美德,是建立在新型的互相尊重、平等的亲子关系的基础上的。

1. 子女对父母的扶养扶助义务

子女对父母的扶养义务是指子女在父母需要的时候,在物质上、经济上为其提供必要的生活费用和生活条件;而扶助是指子女给予父母精神上的安慰和生活上的照料和帮助,如日常生活的照料、患病时的陪护等。扶养的义务主体一般是指成年子女,而扶助的义务主体应是所有子女。子女扶养扶助父母是无期限的。只要父母需要扶养扶助,子女就应尽其所能地履行义务。

2. 子女不得干涉父母再婚,不得因父母再婚不履行扶养义务

这是2001年修改婚姻法新增加的内容。如上述第30条的规定,主要有两层含义:(1)规定子女不得干涉父母再婚以及婚后的生活;(2)规定子女不得因父母再婚而终止对父母的扶养义务。婚姻自由是宪法(第49条规定)赋予公民的自由权,任何公民无论年龄多大,均有依法结婚、离婚、再婚的权利。子女应尊重父母的婚姻权利,不得干涉。

婚姻法之所以增加此条款,是社会现实的需要。目前,我国正在进入老龄化社会,丧偶老人已成为一个逐渐扩大的社会群体。为寻求身心的快乐,据调查约有80%的丧偶老人有再婚的需求。但他们再婚十分困难。一则他们本身受传统观念的束缚;二则受到子女的阻挡,难以再婚;三则即使再婚了,或受对方子女的打骂虐待,或自己的子女不尽扶养义务,或双方子女产生矛盾,导致再婚家庭的破裂,等等。这些子女或因传统观念作祟,或因争抢财产,干涉老年人婚姻,干涉再婚老人家庭生活,不尽扶养扶助义务。此问题已成为我国社会中一个值得关注的社会问题。

此条款内容对保障老年人的婚姻自由权和受赡养权有重要的现实意义,但此条款规定在老年人保护法中,还是规定在婚姻法中更恰当?在婚姻法修改过程中是有不同意见的。有专家认为,婚姻法总则中规定的婚姻自由原则包括老年人的婚姻自由,至于子女扶养父母是基于血缘关系、亲子关系而产生的法定义务,与父母的婚姻关系的变化没有直接关系。关于老年人的再婚自由和扶养问题,应当在老年人保护法中加以规定。此问题应在婚姻法进一步完善过程中加以解决。

3. 拒不履行"赡养"义务的子女应承担法律责任

现行《婚姻法》第21条第3款规定："子女不履行赡养义务时，无劳动能力的或生活困难的父母，有要求子女付给赡养费的权利。"父母可以直接向子女索要扶养费，也可以请求有关组织调解，说服教育子女给付扶养费。父母也可以直接通过诉讼程序，向人民法院提起追索扶养费的诉讼。人民法院应当根据父母的实际需要以及子女的负担能力，进行调解或判决确定扶养费数额和给付方法。义务人有能力扶养而拒不履行义务，情节恶劣的，应依法追究刑事责任。对于因丧失劳动能力、生活不能自理而需要劳务扶助，向人民法院提起诉讼的，法院也应受理，以促使负有扶养扶助义务的子女全面履行义务。

(四)父母子女有相互继承遗产的权利

现行《婚姻法》第24条第2款规定："父母和子女有相互继承遗产的权利"。此条2001年修改《婚姻法》时未作变动。此规定是基于双方的特定身份而产生的。具体内容在继承法中有明文规定，故不赘述。

第二节 婚生子女

一、婚生子女的概念

进入一夫一妻制、建立调整婚姻家庭法律制度以来，人类社会的生育行为就有了合乎当时婚姻家庭制度与否的问题，有了合法与非法的区别。所生子女也就随之产生了是否婚生的问题，出现了婚生子女的概念，制定了有关制度。子女婚生的界定最初是出于血统上的传宗接代和确认谁是家庭财产真正继承人的需要，近现代以来，为保证婚姻当事人，特别是子女利益的需要已发生了很大的变化。

何为婚生子女，各国说法及法律规定有所不同，而且随着时代的发展，也有所变化。我国1950年婚姻法和现行婚姻法虽然使用了婚生子女的概念，但并未对婚生子女概念作出明确规定。观历史发展和世界各国立法，均有关于婚生子女推定及相关的法律制度。其目的是尊重婚姻制度，维护合法婚姻家庭关系，保护未成年人权益。

(一)各国立法关于婚生子女概念的表述

各国立法均有关于婚生子女概念的表述即关于子女婚生性的法定标准。例如英国普通法规定子女婚生性的标准比较宽松，即如子女在婚姻关系存续中出生者，不问其是否婚前受胎，只要在出生时，父母之间有合法婚姻关系，子女就取得婚生子女身份；如果在婚姻关系存续中受胎，则不问子女出生前婚姻关系是否已经解消,子女均可取得婚生子女身份,但英国普通法不承认婚后的准正。[7]美国大多数州规定得比英国更宽松一些,如纽约州家庭法第24条第1款规定,父母在子女出生前或出生后,已举行世俗的或宗教的婚姻仪式,或者已按普通法规定完婚,婚姻被认为有效并经婚姻举行地法律认可的,所生子女均为婚生子女。[8]《德国民法典》有关内容在1998年修改前规定,妻于婚前或婚姻关系存续中受胎,而夫于妻之受胎期间内有同居之事实者,其结婚后所生之子女为婚生于女,即使婚姻宣告为无效,亦相同。此外德国民法还承认准正,并设有"婚生宣告"制度。[9]《法国民法典》第1卷第7编第1章、第2章对子女的婚生性标准作了规定,概括讲,只要父母因结婚而为一家,在婚姻关系存续期间受胎或出生的子女均为婚生子女。法国民法也作了子女婚后准正的规定。即使在父母结婚前出生的子女,也可因父母事后结婚或因法院判决而取得婚生子女的身份。[10]比《利时民法典》第312条规定,妻子婚姻期间所怀孕的子女,其夫即为该子女之生父,第314、315条还规定,子女于婚后125天内出生,而夫于结婚前已知其妻怀孕,或子女的出生证书上载有他的名子,或他的署名,或载有他不会签名的声明,或婚姻解除后125~300天之内所生子女无人承认为其父或表示认领的,该子女为其婚生子女。[11]《保加利亚家庭法典》第32条第1款规定,凡在婚姻关系存续期间或在婚姻关系终止后300天内生育子女的妇女的丈夫,应被确认为孩子的生父。[12]这与《瑞士民法典》的规定完全相同。《日本民法典》第772条规定,妻子于婚姻中怀胎的子女,即自婚姻成立起200日后,或自婚姻解除,或撤销之日起300日内所生子女推定为婚生子女。[13]我国台湾地区"民法"第1061条明确规定,称婚生子女者,谓由婚姻关系受胎而生之子女。并且在1062条规定了受胎期间,即从子女出生日回溯第181日起至第302日止。[14]日本和我国台湾地区"民法"的规定比起其他国家和地区的规定,显然要保守,对保障未成年子女利益是很不利的。

值得注意的是,自1997年底到1998年6月底,德国颁布了一系列对家庭法的修改法律。这批1998年7月1日生效的法律,是对亲子法的重大修改,从此《德国

---

[7] 参见陈明侠:"亲子法基本问题研究",载梁慧星主编:《民商法论丛》(第6卷),法律出版社1997年版,第8页之①②两注释。

[8] 参见张贤钰主编:《外国婚姻家庭法资料选编》中《美国纽约州家庭法》,复旦大学出版社1991年版。

[9] 参见《德意志联邦共和国民法典》,上海社科院法学所译,法律出版社1984年版。

[10] 参见《法国民法典》,罗结珍译,中国法制出版社1999年10月版。

[11] 参见张贤钰主编:《外国婚姻家庭法资料选编》,复旦大学出版社1991年版。

[12] 同上注。

[13] 参见《日本民法典》,王书江译,中国法制出版社2000年4月版。

[14] 参见刘清景等主编:《最新详解六法全书》民法典,大伟书局1988年1月修正版。

民法典》中不再有婚生与否的区别。法典中不再出现“非婚生”一词。1998 年修改后的《德国民法典》第 1591 条、1592 条及 1600d 条，关于婚生性的标准规定中，去掉了“婚生”一词，只是提到子女的“母亲”、“父亲”，即实际上规定的是子女的亲生性，而不是婚生性。这恐怕是世界上对子女，特别是对非婚生子女人格最尊重、最宽厚的法律规定，[15]很具进步性，值得各国法律借鉴。

（二）我国应明确规定婚生子女的法定标准

从前述各国及我国台湾地区民法的规定，可以看出关于婚生子女概念，无论其规定宽松或是保守，无论提出“婚生”一词与否，各国均有一个明确的定义。这无论从社会需要，还是从立法技巧上说都是十分必要的。就我国目前而言，如前述，尚未对婚生子女概念作出明确规定，也没有关于婚生子女的推定制度。因此，在实践中发生一些确认子女婚生性的案例无法可依。例如，发生在 20 世纪 90 年代初的一个案例。一青年乔与女青年贞结婚三年，有一子近两岁，面貌酷似其漂亮的母亲贞，生活幸福美满。但在乔偷看了贞以往的日记后顿时怀疑妻有不轨行为，并怀疑孩子不是自己亲生。于是大吵大闹，严重伤害了夫妻感情，妻为自己的清白，夫为所谓的男子汉“尊严”，带孩子做了亲子鉴定，结果乔与其子的亲子关系肯定率为 99.99%。男方后悔之极，但婚姻关系却濒于破裂。这里除去乔不应偷看妻日记、心胸狭窄等原因外，如果我国法律明确规定何为婚生子女，设有婚生子女推定制度，乔根据法律去思考问题，便不会这样轻易地否认亲生子，造成难以挽回的后果了。另有一例，原告 A 与被告 B 于 1982 年结婚，1985 年 7 月 A 生育一男孩 C，由双方共同扶养。1989 年 7 月 B 发现 A 与他人有婚外性行为，遂经 A、B 双方协商，经民政部门协议离婚，男孩 C 由 B 扶养。嗣后，双方因探视 C 发生争议，A 起诉称 B 不是 C 的亲生父亲，要求改变扶养关系。诉讼中经亲子鉴定，确实排除了 B 为 C 生父的可能性。据此 A 撤回起诉，将 C 带回由自己扶养。此案之发生和处理办法，也是由于我国婚姻法尚无婚生子女推定和否认的制度，因而前述案件中 A 只能以变更子女扶养关系为由起诉，并以撤诉结束。此案是以确认 C 为非婚生子女，一方撤诉而告终结的，并且是法院依法定程序判决的。[16]不难看出，在我国社会和司法实践中经常可以遇到子女婚生性确认的问题，虽然经法院做工作得到解决，但没有法律依据，不是依法定程序处理的。前述两案例所涉及的子女身份问题的民事权利问题，既非请求权，又非支配权，是因一定的事实而形成的某种身份关系，是形成权。从民法保护方法上看，既非给付之诉，又非变更之诉，而是一种确认一定

---

〔15〕参见《德国民法典》，郑冲、贾红梅译，法律出版社 1999 年版。

〔16〕参见杨立新：“论婚生子女否认与欺诈性抚养关系”，载《江苏社会科学》1994 年 4 月刊。

身份关系有无的诉讼,是确认之诉。这就关系到了子女婚生性的推定和否认的法制问题。因此明确婚生子女的概念(含义)迅速健全婚生子女推定及有关制度是完善我国亲子法的首要问题,也是保护合法婚姻关系与保障婚姻当事人及未成年子女合法权益的重要问题。

那么,在我国亲子法中婚生子女或曰夫妻之亲生子女的概念如何表述,即认定子女婚生性的标准应该是什么呢?参照以上各国和台湾地区立法例,以规定"于婚姻关系存续期间受胎或出生的子女为婚生子女"比较妥当。此标准的含义:(1)凡于合法婚姻关系存续期间受胎的子女,不问是否在婚姻关系存续期间出生,均为婚生子女;(2)凡于合法婚姻关系存续期间出生的子女均为婚生子女,不问是否婚前受胎(依婚生否认规定,可证明为非婚生子女者除外);(3)子女由生父之妻分娩,且为夫之血统。采用此标准有很多好处:(1)有利于维护合法婚姻关系的稳定;(2)有利于维护婚姻及当事人双方的尊严;(3)特别有利于保护未成年子女的合法权益。[17]

二、婚生推定和否认

(一)婚生推定制度

所谓婚生推定是指子女婚生性的法律强制规定。传统法制观念认为,婚生子女应具备如下条件:第一,该子女须为有婚姻关系之父母所生;第二,该子女必须是其生母之夫所受胎而出生,这就排除了由夫之外的男子受胎所生的子女;第三,该子女须为其生父之妻所生;这就排除了夫与妻之外女子受胎所生之子女;第四,该子女须为生父母婚姻关系确立之后的婚姻关系存续期间受胎之子女,这就排除了婚前受胎,婚姻关系中出生的子女,以及婚姻关系解除后受胎而出生的子女。

以上要件要证明第一条和第三条是比较容易的,一般均可直接根据生母怀胎、分娩的事实和生父母婚姻关系存在的状况给予确认。但是,要证明第二条、第四条要件,就比较困难了。由于男性精子在母体内受精、怀孕是一个很复杂的生理变化,子女与生父间的血缘关系除非面貌酷似,很难从外观上准确判断。因此,子女是否确实出自生母的丈夫,也很难直接从婚姻期间子女出生的事实加以确认。为解决这一难题,世界各国几乎都规定了婚生子女的推定制度。而且随着社会的发展,很多国家法律也有了较大的变化。许多国家已明确规定,婚前受胎,在婚姻存续期间出生的子女因生父母结婚视为婚生子女,或婚前受胎出生,也可因父母结婚

〔17〕　参见陈明侠:"亲子法基本问题研究",载梁慧星主编:《民商法论丛》(第6卷),法律出版社1997年4月版,第11页。

而准正为婚生子女。在这些国家,前述要件实际上已变成婚生子女须为其生父母婚姻关系存续期间受胎或出生。

各国关于子女婚生性规定的标准,其实就是对于子女婚生性的推定规定。从前述列举中,我们可以看到,当前世界各国关于婚生子女的推定大致有三种方法:第一种,子女在婚姻关系存续期间受胎的,推定为婚生子女。其怀孕期间以医学界的研究经验;至少得满6个月,最多不超过10个月。如日本民法规定,自婚姻成立之日起200日后,或自婚姻解除之日起300日内所生子女为婚生子女;第二种,以子女是否在婚姻存续期间所出生为标准,是一种最简单的推定办法如英国的规定;第三种以子女是否于婚姻存续期间或婚姻解除后300日以内出生为推定方法。第一二种方法都有片面性,而第三种方法是由一、二两种方法综合而形成的。此种方法有两方面的含义:(1)如果子女在婚姻关系存续期间出生的,则不问其是否婚前已受胎;(2)如果子女在婚姻关系存续期间受胎的,则只要在婚姻关系解除之后300日以内出生的,一律推定为婚生子女。此方法不仅是对维护夫妻关系、巩固社会秩序有利,重要的是对子女的利益更为有利。当今世界多数国家采用此种立法来推定子女的婚生性。

(二)婚生子女推定的否认

所谓推定的否认是指对婚生推定的限制制度,即是指当事人依法享有否认婚生子女为自己亲生子女的诉讼请求权的制度,简称为否认权。[18]

婚生推定是依据法律条文来确定子女的婚生性的。在事实上,婚生推定并未解决该子女是否真正是婚生子女。在现实生活中也确有受婚生推定的子女为婚外性关系所生的情况,如前面所述A起诉改变扶养关系一案;也有因怀疑婚生子女是否为己所出,发生夫妻争执,导致婚姻破裂,乃至伤害事件的情况,如前面所述乔、贞一案。为了保障当事人的合法权益、保障子女利益、家庭和睦和社会安定,实现法律的公正性,各国法律在规定婚生子女推定制度的同时,也规定了对婚生子女推定的否认制度。

当前世界各国关于婚生否认的制度,因婚生推定制度的不同而有所区别。例如英国普通法规定,如夫能举证“不接近”(non - access)的事实的,可推翻婚生推定,但仅能证明妻与人通奸的,尚不足推翻婚生推定。英国法律没有受胎期间规定,仅就具体场合,由当事人举证,决定是否婚生。关于婚生否认诉讼,既无当事人限制的规定,也无起诉期间限制的规定。美国许多州法已将英国普通法规定条文化。有的州规定,可以事实推翻婚生推定;有的州规定,夫性无能可推翻婚生推定;

〔18〕 参见李志敏主编:《比较家庭法》,北京大学出版社1988年版,第211~212页。

有的州,如路易斯安那州的规定很受法国影响,规定有受胎期间,婚后 180 日以内所生子女不受婚生推定,但又规定若夫明知妻怀胎而结婚,或在出生或洗礼登记簿上签字的,不得否认婚生,并规定否认权限在子女出生一个月内行使,否则丧失此权利。关于否认权行使人,有的州规定夫、妻,或其一方或双方的直系卑亲属,均可成为婚生推定之争讼的当事人。《德国民法典》规定关于婚生推定的否认,只有在证明夫妻于受胎期间无同居事实的,才能成立;或者有明确的证据如血型或遗传生物学的检查,才可否认婚生推定。并规定夫之否认权行使,应于知悉子女非自己亲生子女时二年内提出。《德国民法典》特别规定,撤销子女亲生性必须以判决为之(《德民法典》第 1600d 条第 1 款)。法国民法对婚生否认制度作了比较严格的规定。规定否认之诉有三种。一为否认父性推定之诉,夫应举证在受胎期间不能与妻同居的物理事实,或别居的事实;二为母子关系不存在之诉,即指出出生证书之记载与身份占有实际存在矛盾;三为争执子女婚生性之诉,包括争论"父母婚姻关系是否存在"及"子女受胎或出生是否在婚姻关系存续中"两方面内容。在法国关于母子关系成立否之诉,完全由民事裁判所管辖,检察官不得自行行使其公诉权。《日本民法典》第 774 条规定,在违反婚生推定条件时,夫享有婚生否认权,并在第 777 条规定了婚生否认之诉的提起期限为自知悉子女出生时起一年以内。我国台湾地区"民法"第 1063 条第 2 款规定:"如夫妻一方能证明妻非自夫受胎者,得提起否认之诉。但应于知悉子女出生之日起,一年内为之。"有的国家如保加利亚家庭法对人工生育子女的婚生性问题,专门作了规定。《保加利亚家庭法》第 33 条第 4 款特别规定,在人工生育的情况下,如果子女的生母持有其配偶向有关单位主管人员以书面形式同意的证明时,夫无权提起否认之诉。

综上我们可以看到,当前世界各国关于婚生否认的制度因婚生推定制度不同而有所区别。但基本上均涉及以下三个问题:(1)否认的原因。各国虽有所不同,但一般都只作了概括性的规定,即是凡能举证足以推翻子女为婚生推定的事实的。主要有两点:第一,夫妻在妻受胎期间没有同居事实;第二,夫方有生理缺陷,无生育能力。(2)否认权人。如前述有的国家规定只有丈夫享有否认权;有的国家规定丈夫和子女享有否认权;有的国家规定夫妻和子女均享有否认权。(3)否认请求的时效和限制。在各国法律中,否认请求均规定有时间限制,其目的是促使当事人及时行使权利,尽快确定子女的法律地位。但是,关于时间限制的计算方法各国规定有所区别。有的国家为 1 个月,有的国家为 90 天,有的国家为 6 个月,有的国家为 1 年,还有的国家为 2 年。有的国家还作了诉权消灭的具体时间的规定。至于时间限制起始的计算方法各国也不禁相同。大多数国家规定从知悉需要行使权利时开始,也有个别国家规定否认权于子女出生时在出生地为起算时间,如出生时不在出生地的,以其返回出生地时起算,等等。

三、建立我国的婚生子女推定制度

通过前面对英、美、法、德法及日本法和其他一些国家及地区民法、婚姻家庭法关于婚生推定制度的介绍,我们可以看到,英美法是以法律上的亲子关系尽量能符合自然的亲子为目的,其婚生推定主要是依自由的举证方法来否认,对否认权人及起诉时间并设有一定限制。在德国法和一些有相似规定的国家立法中,原则上婚生否认权行使者仅限于丈夫。日本也如是规定。但德国于1938年增加检察官基于公益立场,也可撤销对子女婚生性的确认,有向真实主义立法方向转化的倾向,[19]至1998年德国法已规定父亲、母亲及子女本人均有权提出婚生否认之诉(《德国民法典》第1600条)。法国民法、美国的一些州法、比利时民法等,对婚生性的确认和否认上,都作了比较严格的限制。比较着重法律上的亲子身份,维护现有的亲子关系和家庭的稳定,比较偏重法律主义。

亲子关系,原则上应以生物的血缘关系为基础,这是确认子女婚生性的首要原则和依据。但在社会实际生活中,如果当事人间已发生亲子般的亲情和父母子女关系的事实,仍毫无限制地硬要切断这一联系,一概必须恢复原来的真实的亲子关系,恐怕既伤害当事人之间的感情,妨害未成年人的健康成长,也无益于社会秩序的稳定。所以,有的学者认为,若能通过对举证方法、起诉权人、起诉期间等权利实现条件加以适当的限制,将已有的健康、良好的父母子女关系确认下来,还是有积极意义的。此观点值得考虑。

各国关于婚生推定及限制制度五花八门,各有特色。我国应建立怎样的婚生推定及限制制度呢?参考世界各国立法例,结合我国文化传统、广大群众文化、法律知识水平及接受能力,从我国社会实际需要出发,我国的婚生(或曰亲生,为了法理上叙述的方便,使用婚生、非婚生的概念)推定制度至少应包含以下几项内容:

(一)婚生子女的概念

婚生子女是指在婚姻关系存续期间受胎或出生的子女。

(二)婚生子女推定原则

(1)妻于婚姻关系存续期间受胎所出生之子女;

(2)妻于婚姻关系存续期间所生之子女;

(3)妻于婚姻关系解除10个月内出生之子女。

---

〔19〕 参见陈棋炎:“亲属、继承法基本问题”,载《台湾大学法学丛书》(四),三民书局1980年版,第202页。

(三)婚生推定的否认

1. 婚生否认的构成要件

第一,提起婚生否认之诉的权利人必须适格。借鉴外国立法经验,我国可规定夫、妻和子女均有提起婚生否认之诉的权利。

第二,必须是对可依法推定为婚生子女者,提起婚生否认之诉。因此,对非婚生子女不发生婚生否认问题。

第三,必须有子女非婚生的客观事实。否认之诉的性质也是确认之诉,是对血缘关系的否认,即是对无血缘关系这一事实的确认。因此,夫妻之一方能证明妻所生之子女非夫所受胎的,或子女可证明非"父"、"母"所生的事实的,才得提起"婚生否认之诉"。

2. 婚生否认之诉的除斥期间

关于婚生否认的时间应加以限制。吸取一些国家和地区的经验,结合我国国情,婚生否认的时间可规定为得知子女出生后一年以内,或子女成年后得知自己出生情况一年以内为宜。

3. 婚生子女否认诉权的消灭

各国法律一般规定在下述三种情况,即除斥期间期满;子女死亡;夫承认或同意承认子女为婚生时,否认诉权消灭。我国可借鉴上述立法例规定:子女死亡、除斥期间期满及夫同意承认子女为婚生时,否认诉权消灭。

(四)确认子女生父之诉

夫妻关系解消后,妻再婚,或重婚时,于原夫妻关系解消后十个月内出生的子女的婚生问题;往往由于婚生否认之诉,使子女成为非婚生子女,对子女的健康成长极为不利。所以应设有"确定子女生父之诉",前夫、妻、后夫均有权提起确认之诉,以确保子女的婚生性,保障当事人及子女的合法权益;但是,从子女利益出发,应规定时间限制。以得知子女出生后一年以内为宜。

总之,关于婚生推定,还是规定得比较宽松为宜,如前述,不作受胎期间的规定。其主要理由是:第一,现代医学科学技术不断发展,采用现代医学科学技术可以提高不足月胎儿出生后的成活率,关于受胎最短时期很难作出确切的规定;第二,一些胎儿是夫妻在婚前受胎,婚后出生的,如果由于卡算受胎期间,而产生对子女婚生性的怀疑,对子女是不公平的,对当事人及社会秩序的安定都是不利的。规定较为宽松的婚生推定原则,同时又规定比较严格的婚生否认制度,比较符合我国国情,既可保障当事人的利益,特别是保障未成年子女的利益,又可维护良好的社会秩序和家庭的稳定。

我国最高人民法院在有关司法解释中指出:夫妻一方向人民法院起诉请求确

认亲子关系不存在,并已提供必要证据予以证明,另一方没有相反证据又拒绝做亲子鉴定的,人民法院可以推定请求确认亲子关系不存在一方的主张成立。当事人一方起诉请求确认亲子关系,并提供必要证据予以证明,另一方没有相反证据又拒绝做亲子鉴定的,人民法院可以推定请求确认亲子关系一方的主张成立。

第三节　非婚生子女

一、非婚生子女的概念及法律地位的沿革

非婚生子女是指没有婚姻关系的男女所生的子女。非婚生子女俗称“私生子”,是含有鄙视之意的称谓。现代社会均已称为“非婚生子女”。

自一夫一妻制以来,随着私有制的发展,婚姻成立的要件越来越严格,生育非婚生子女的情况逐渐增多。但在社会实际生活中,一方面尊重婚姻制度,轻视非婚男女性关系,但又不完全禁止私通;另一方面,随着私有财产制度的发达,在继承法上父系家族要求家庭财产必须传给嫡亲,不得落入“外人”手中,因而造成婚生子女与非婚生子女间的利益冲突,势必排斥非婚生子女,以致长期以来,非婚生子女在世界各国,无论在法律上还是在实际生活中均遭受歧视和虐待。中国封建法律亦对“婢生子”、“奸生子”倍加歧视。清末颁行的《大清现行刑律》中还规定“奸生子”、“婢生子”不得继承宗祧。继承财产时,“奸生子、婢生子,依子量予半分”。近代社会对于非婚生子女态度已有了很大转变,认识到无论是婚生还是非婚生,都与子女无关,是其父母所为,没有理由歧视非婚生子女。即使如此,在早期资本主义国家立法中,仍然对非婚生子女倍加歧视。英国普通法上规定非婚生子女不属于任何人的子女,其父不负有扶养义务。法国 1804 年民法典还规定非婚生子女不得请求其父认领;非婚生子女不得主张婚生子女的权利;非婚生子女不得为继承人。即使经过认领的非婚生子女,如与婚生子女同时继承,其应续份只为婚生子女的 1/3。[20] 20 世纪初,首先法国取消了禁止“搜索生父”的规定。德国魏玛宪法也作出了法律对非婚生子女的身体的、精神的以及社会的发育上,与婚生子女待遇相同的规定。以后,各国民法均仿效之,非婚生子女的法律地位有了改善。

特别是 1918 年苏俄新的婚姻家庭法典明确规定非婚生子女与婚生子女没有任何区别,从法律上根除了对非婚生子女的歧视。但就世界来讲,改善的程度,各

---

〔20〕　参见李浩培等译:《法国民法典》(拿破仑法典),商务印书馆 1979 年版,第 338、340、756、757 条。

国情况很不相同。例如直到 1926 年英国才颁布《准正法》,承认非婚生子女因事后父母结婚准正取得婚生子女的地位。日本现行民法第 900 条第 4 款仍然规定,非婚生子女在继承时,其应继分为婚生子女的 1/2。

二、非婚生子女的认领制度

非婚生子女的法律地位如何,或者说非婚生子女与事实上的父母间关系如何的社会问题,也是世界各国法律上和社会实践中不可回避的一个重要问题。为了更好地确定非婚生子女的法律地位,保护其合法权益,当前世界上绝大多数国家都建立了确认非婚生子女法律地位的认领制度。其形式可分为三种:

第一种,不需经过任何具体形成行为,在生父、生母与非婚生子女之间即可以赋予一定的权利义务关系,但这种权利义务是有限的。例如:(1)有的国家是以特别法的形式规定之。如英国和美国。英国制定有 1926 年《准正法》、1959 年、1962 年政府法规和 1976 年《非婚生子女获取合法地位法》,规定非婚生子女可因其父母的事后结婚而取得合法地位,变为婚生子女,享有与婚生子女相同的一切权利。美国各州规定不一,但可分别根据《救贫法》、《刑事法》、生母或第三人提起民事诉讼、法院强制生父扶养非婚生子女(即非婚生子女诉讼或确定生父之诉)等法律法规或诉讼,解决非婚生子女的法律地位和扶养问题。[21] (2)有的国家以民法具体规定之。如德民法第 1705 条规定非婚生子女与生母及生母血亲间关系同婚生子女;第 1600a 至 o 条各款,1710 条、1711 条、1719 条、1723 条、1724 条、1740a 至 g 等条规定了生父对非婚生子女的认领、"婚生宣告"及"准正"制度,规定了生父对非婚生子女的扶养义务。非婚生子女不得继承生父遗产,但可享有遗产补偿请求权(德民法第 1934a 至 e 条)。但 1997~1998 年间《德国民法典》有关部分作了重大修改,1600 条只留 a 至 e 条,且做了修改,而 1705 至 1711 条、1719 至 1740g 条全部废除。在父母照顾权(即亲权)、出身、子女姓氏、监护权以及生活费请求权等方面彻底消除了非婚生子女与婚生子女的差别。现行法律规定,生父可以认领子女,但需经生母同意,并且对未婚而同居的父母及子女关系作了特别规定,以保障生母和子女的基本生活。[22]

第二种,必须经过一定的形成行为,才能承认生父、生母和非婚生子女间的权利义务关系,而且被认领的非婚生子女的继承权利仍受到限制。例如美国部分州、法国、日本等就是这样规定的。《法国民法典》第 329 条规定,非婚生子女只要依

---

〔21〕 参见陈棋炎:"亲属、继承法基本问题",载《台湾大学法学丛书》(四),三民书局 1980 年版,第 218 ~ 219 页。

〔22〕 参见《德国民法典》,郑冲、贾红梅译,法律出版社 1999 年版。

法确立亲子(女)关系,均可取得婚生子女资格,即经过1993年1月8日第93—22号法律规定的程序,非婚生子女可获得婚生子女的地位。1979年修改后的《法国民法典》第334条规定,非婚生子女与其父母关系中,一般享有与婚生子女同样的权利义务。[23] 其所谓一般,即在父母尚有其他婚生子女情况下,非婚生子女的应继份只是该婚生子女的1/2。日本法的规定与1993年修改前的法国法几乎相同,但其认领方式和法律效果略有区别。

第三种,综合了上述两种方式,即非婚生子女与其生母因子女出生而视为婚生子女,无须经过认领的形成行为,非婚生子女生父母结婚的,视为婚生子女;但非婚生子女与其生父之间的权利义务关系则须经认领的形成行为。与前两种不同的是,非婚生子女与其生母及经过认领的生父母之间的权利义务关系同婚生子女完全相同。我国台湾地区民法亲属编就是这样规定的。应该说经过1985年修改后的我国台湾地区民法亲属编关于非婚生子女认领制度,从整体上看,在世界上还是比较先进的。

三、建立我国的非婚生子女认领制度

由于种种原因,我国尚未建立非婚生子女的认领制度。2001年修改后的我国现行《婚姻法》第25条中规定:"非婚生子女享有与婚生子女同等的权利,任何人不得加以危害和歧视。不直接抚养非婚生子女的生父或生母,应当负担子女的生活费和教育费,直至子女能独立生活为止。"上述规定与1980年婚姻法的主要区别在于增加了"不直接抚养"及不直接扶养非婚生子女的"生母"也有负担非婚生子女生活费、教育费的义务。其含义是:(1)对非婚生子女,任何人不得歧视和危害;(2)非婚生子女的生父和生母均负有扶养教育非婚生子女的义务;(3)非婚生子女有扶养和扶助生父母的义务;(4)非婚生子女与生父母间有相互继承遗产的权利,非婚生子女继承生父母遗产的应继分与婚生子女相同。可以看出,我国婚姻法关于非婚生子女法律地位的规定是世界上最彻底、最先进的。在现行婚姻法下;关于非婚生子女地位婚生化的做法是:基于分娩的事实,非婚生子女与生母之间的关系一般无须加以特别的证明,非婚生子女按生母的婚生子女对待。非婚生子女与生父之间关系,一般可由生父表示认领,亦可通过生母提出的证据或其他人证、物证加以证明。对于不履行扶养义务的生父,非婚生子女或其生母有要求给付扶养费的权利。如经生母同意,生父也可将子女领回扶养。如扶养非婚生子女的生母与他人结婚,其夫愿负担该子女生活费和教育费一部或全部,非婚生子女生父的负担

〔23〕 参见《法国民法典》,罗结珍译,中国法制出版社1999年版(后文涉及该法典之处不再另加注)。

可酌情减少或免除。成年的非婚生子女,也同样有扶养和扶助生父母的义务。[24]生父母与非婚生子女之间有继承权,适用我国《婚姻法》第24条和继承法的有关规定。但由于我国尚无认领制度,法律规定过于原则,在具体执行上难免发生一系列问题。造成尽管法律原则很进步,但在实际中却很难贯彻执行,非婚生子女利益难以得到切实保障。因此,依据我国国情及社会实际需要,建立非婚生子女认领制度十分必要。

在建立非婚生子女认领制度时,应包含以下几项内容:[25]

(一)规定非婚生子女认领制度的基本原则

1. 充分保护非婚生子女权利的原则。子女的婚生与否,不是子女个人意志所能决定的,子女是无辜的。非婚生子女与婚生子女同是生父母的亲生子女,其法律地位是平等的,否则是不公平的,是无视非婚生子女人权的。因此,在制定认领制度时,必须从充分保护非婚生子女权利,使其健康成长的原则出发,切实保障非婚生子女享有与婚生子女完全同样的权利和义务。

2. 尊重事实的原则。认领行为,不管是自愿认领还是强制认领,都有一个基本的前提,即事实上的血缘关系。被认领的非婚生子女是认领人的亲生子女。这是发生认领的基础。

3. 男女平等和保护妇女合法权益原则。在制定认领制度时应强调,生父母与非婚生子女之间无论是否经过认领的形成行为,生父和生母与非婚生子女之间的权利义务平等;在维护生父的自愿认领权的同时,要以征得生母同意为前提;非婚生子与非婚生女享有的权利义务平等。

4. 维护社会公序良俗的原则。认领行为是亲属法领域的一项重要的身份行为。无论对非婚生子女、对亲生父母及对社会都会产生一定影响,所以必须遵循良好公共秩序和良风美俗即善良风俗的原则,维护社会的安定和进步。

(二)行使认领非婚生子女的权利主体

关于行使认领非婚生子女的权利主体即认领人,根据前述基本原则我国亲子法应规定得较宽一些,包括生父、生母、其他非婚生子女的法定代理人(监护人),也包括非婚生子女本人。需要提出的是生母与非婚生子女本不需专门认领程序,依出生事实而自然生成。但现实生活中,我们不能不注意到,由于种种原因,非婚生子女并未全部随生母生活。基于此事实及男女平等的原则,生母与非婚生子女

〔24〕 参见陈明侠:"亲子法基本问题研究",载梁慧星主编:《民商法论丛》(第6卷),1997年版,第24~25页。

〔25〕 同上注,第25~28页。

之间的关系,也应经过认领。不过生母与非婚生子女婚生性的成立,只需证明非婚生子女确系生母所分娩的事实即可,如出生证、产院出生记录等。

（三）认领的条件

为达到认领的准确性、有效性及保障妇女和未成年非婚生子女的利益,参考外国有效经验,似应对认领规定如下几点:

1. 认领人须具有完全民事行为能力,且为真实意思的表达。

2. 生父母认领非婚生子女须征得对方(特别是生母一方)的同意,或非婚生子女法定代理人(监护人)的同意。此处特别提出要征得生母同意的原因在于,生母受胎而生产非婚生子女的原因十分复杂。在生母非自愿或出于某种特殊原因而受胎的情况下,生父提出认领非婚生子女,不仅对生母是十分痛苦的事情,而且对非婚生未成年子女的健康发展十分不利。因此,规定生父认领必须经生母同意是十分必要的。

3. 非婚生子女成年以后,生父母认领非婚生子女时,要征得非婚生子女本人同意。

（四）认领的种类和方式

关于认领的种类和方式,如前述,各国有不同的规定。根据我国的社会需要及群众的接受能力,是否可以分为如下几种:

1. 因亲生父母结婚,非婚生子女自然取得婚生子女地位,称为生父、母共同认领,按户口登记制度进行申报登记。我国现行法律已规定非婚生子女的地位与婚生子女完全一样,无论是因生父母事后结婚,还是生父母分别认领,其法律地位与婚生子女全无任何差别,是世界上最先进的法律原则,所以无须再单设什么准正制度,而且法律条文中只规定"因亲生父母结婚,非婚生子女自然取得婚生子女地位,按户口登记制度进行申报登记"即可,完全不必要采用台湾法"视为婚生子女"字样。

2. 生母自愿认领非婚生子女,只依子女出生证或其他能说明子女由己身分娩的事实证明(如医院出生记录等),即为自愿认领,与非婚生子女自然发生亲生母子女关系,非婚生子女亦自然取得婚生子女地位。非婚生子女与其生母共同生活的,依户口登记制度进行申报登记。

3. 关于生父自愿认领非婚生子女的问题,由于子女并非出自于父身,生母受胎非婚生子女情况较为复杂,所以生父认领非婚生子女的方式势必复杂一些。应规定两种认领方式:(1)生父自愿认领。生父认领非婚生子女必须为自己真实意思之表达。生父认领非婚生子女,在子女未成年时,必须取得生母或其法定代理人(监护人)的同意;在子女成年时,必须取得成年非婚生子女本人的同意。生父认领非婚生子女,须采用公证、书面或 2 名第三人在场下的口头形式进行认领。

(2)生父自愿承担扶养教育责任。经生母、非婚生子女法定代理人或非婚生子女本人同意,生父承担非婚生子女的扶养教育责任。生父承担非婚生子女的扶养教育责任,亦即在事实上承认该非婚生子女为己之亲生子女,也就在事实上认领了该非婚生子女。该非婚生子女在事实上已取得了婚生子女的地位,视为自愿认领。

经认领后,与非婚生子女在一起生活的生父应依户口登记制度,进行户口申报登记。

认领亦可依遗嘱方式进行,于立遗嘱人死亡后生效,但遗嘱不得侵害其他被继承人的应继份。

4. 强制认领。对有充分事实说明当事人为非婚生子女的生父母,而当事人不予认领的,经请求人民法院确认其父(母)子女关系,即确认其与非婚生子女的血缘关系,令其认领的,称为强制认领。此处的"充分事实"是指被强制认领人与非婚生子女有血缘关系的事实。强制认领的请求人可以是生母(大部分是生母),也可以是非婚生未成年子女的法定代理人(监护人)或非婚生子女本人(须10岁以上);在极少数情况下,例如生母遗弃婴儿等情况下,也可能是生父。

关于强制认领请求权发生原因的规定,应采用概括式。因为无论是何种原因致使生母受胎而生产的非婚生子女,对这些原因不负任何责任。他们都是人,都应该享有受扶养教育及其他一切充分的、平等的人权。因此追究其具体原因,不仅是不应该的,而且对子女是不人道、不公平的。出于对儿童生存、发展权的全面保护,应规定凡能以充分事实(证据)证明当事人为非婚生子女的生父母的,得请求其生父母认领,即提起认领之诉。

强制认领,除当事人抛弃认领请求权或被认领人死亡又无未成年直系卑亲属外,无除斥期间。

(五)认领的无效、否认和撤销;认领权的消灭和抛弃

1. 认领的无效。[26] 为坚持保护未成年人利益、维护社会稳定等原则,应明文规定自愿认领在下列情况下为无效:第一,认领人无意思表达能力,如精神病未恢复正常期内的认领、无行为能力人的认领等;第二,违反真实原则,被认领人与认领人之间无血缘关系的;第三,对已受婚生推定的子女的认领无效;第四,违背遗嘱原则、方式的遗嘱认领无效。虽有上述情况,并非当然无效,而应是在利害关系人据此提起无效之诉时,法院依法判决后,该认领属自始无效。

2. 认领的否认。关于认领的否认,主要是针对生父的认领而言。台湾地区等

〔26〕 参见陈棋炎:"亲属、继承法基本问题",载《台湾大学法学丛书》(四),三民书局1980年版,第259~263页。

地设有此制。因台湾规定生父认领子女为任意认领,无须经生母、非婚生子女法定代理人(监护人)或非婚生子女同意,因此法律明文规定非婚生子女或生母对生父认领有否认权,提起否认之诉。其根据是违反血缘关系事实,这是必要的;但对保障妇女、儿童权益是有欠缺的。我国如规定生父认领必须经生母、非婚生子女法定代理人(监护人)、非婚生子女本人同意的话,就完全不必要设置认领否认制度。

3. 认领的撤销。所谓认领的撤销是指自愿认领得撤销与否的问题。依《日本民法典》第785条,台湾地区"民法"第1070条规定,认领后不得撤销其认领。对此学界有两种不同看法,一为得撤销[27],一为不得撤销。[28]我国还是规定不得撤销为宜。因为认领行为是一项重要的身份行为。是否有血缘关系是能否发生亲子关系的关键,是对一种身份关系事实的确认,是十分严肃的事情。已确认的事实,怎么能随意撤销呢?因此,如果确是因受欺诈或其他原因认领了非自己血统的非婚生子女,可通过法律程序主张该认领违反真实原则,确认该认领无效。[29]

4. 认领权(包括认领请求权)的灭亡。基于前述建立认领制度须遵循的原则,认领行为必须首先从保护非婚生子女特别是未成年非婚生子女利益出发;如果非婚生子女已经死亡,而又无未成年直系卑亲属的情况下,此项权利应规定予以消灭。

5. 认领权的抛弃。既然认领权(包括认领请求权)是一项身份权利,是以事实为基础的,依照一般原则,无所谓权利的抛弃问题。但应该注意的是,建立认领制度的基本原则有四项,而非事实一项。所以如果从其他各项原则出发,特别是从非婚生子女利益出发,抛弃认领权(包括认领请求权)对非婚生子女无不利因素,又对未成年非婚生子女有妥善安排的,应规定允许。

(六)认领的效力

认领,不论是自愿认领(包括抚育)或是强制认领,均是以亲子血缘关系的事实为前提的,一旦认领行为发生,非婚生子女与生父母不仅在事实上,而且在法律上也确认了亲子关系,即取得了婚生子女身份。其效力各国规定有所不同。我国在非婚生子女法律地位的立法原则上是先进的。我们应坚持规定非婚生子女取得婚生子女地位后,便取得了基于亲子关系即父母子女关系的一切身份上、财产上的权利(包括继承权)和义务,和其他婚生子女同等对待。并应规定,这一效力具有

---

〔27〕 参见陈棋炎:"亲属、继承法基本问题",载《台湾大学法学丛书》(四),三民书局1980年版,第263~264页,含注47。

〔28〕 同上注,第264~265页,含注48。

〔29〕 参见刘清波:《民法概论》,台湾五南图书出版公司1984年版,下册,第122~123页。

溯及力,即溯及自该非婚生子女出生之时。

第四节　养子女、继子女与人工生育子女

一、养子女的概念及收养制度

收养制度是一种经法律拟制而成立父母子女关系的法律制度。是婚姻家庭法制的一项重要的身份制度。收养法颁布实施以来,对保护合法收养关系,正确处理收养纠纷,防止以收养为名引发的违法犯罪行为,稳定婚姻家庭关系,起到了良好的作用。但是由于种种原因,现行《收养法》尚存在一些必须尽快解决的问题。如收养成立的形式要件混乱,难以执行,也不利于保护未成年人的利益;一些条款规定得过于原则,难以执行等。因此,作为婚姻家庭法的一个重要组成部分,我国应进一步完善收养制度。

关于收养的概念,养父母养子女关系问题,详见第八章。

二、继子女的概念及继父母继子女制度

(一)继子女的概念和继父母与继子女关系的法律含义

继子女,是指丈夫对妻与前夫所生子女或妻子对夫与前妻所生子女的称谓。

所谓继父母与继子女关系,是指因父母一方死亡,他方带子女再行结婚;或因父母离婚,抚养子女的一方或双方再行结婚,从而在继父母与继子女间形成的亲属关系。这种关系中有两种可能或两种性质:(1)姻亲性质上的继父母与继子女(即配偶的血亲)关系。这种性质的亲属关系由继父母结婚这一事实决定的,即只需有继父母结婚这一法律事实,此时的继父母与继子女关系并不受法律对父母子女关系所规定的权利义务调整,只是姻亲关系;(2)拟制血亲性质的继父母与继子女关系。这种性质的亲属关系,即继父母与继子女关系,除需具备继父母结婚这一法律事实外,还需要具备法律所规定的特定事实,即继父母与继子女相互间有扶养的事实行为发生。这一法律行为使姻亲意义上的继父母继子女关系转化为拟制血亲性质。此时,继父母与继子女关系在法律上的后果与养父母与养子女关系大致相同。我国现行婚姻法与继承法所调整的、制约的对象就是此种意义上的继父母继子女关系。在外国,绝大多数国家都是通过鼓励继父母收继子女为养子女的方法,完成此种转化来调整继父母继子女关系的,没有单独对继父母继子女关系作出规定。当然,也有些国家法律和我国一样,对继父母继子女间的扶养义务作了专门的规定。如苏联苏俄婚姻家庭法典第80条、第81条。

（二）我国关于继父母继子女关系的法律规定及修改完善

在旧中国，继子女往往遭到歧视和虐待。继父母年老时，也有遭到继子女虐待的。此种恶习流传久远。1950年婚姻法虽没有明确提出“继子女”的称谓，但在第16条中作了“夫对于其妻所抚养的与前夫所生的子女或妻对其夫所抚养的与前妻所生的子女，不得虐待或歧视”的规定。1980年婚姻法明确规定了继父母继子女的法律关系。并且在第21条第1款规定：“继父母与继子女间，不得虐待或歧视”。第2款规定：“继父或继母和受其抚养教育的继子女间的权利义务，适用本法对父母子女关系的有关规定”。2001年修改后的婚姻法此条改为第27条，内容未变。在这里第1款指的是因生父母与继父母结婚而形成继父母继子女关系的全部情况，既包括因生父母与继父母结婚而形成的单纯的姻亲关系者，也包括继父母与继子女间发生扶养关系者；而第2款专指继父母和接受其扶养教育的继子女间的关系，即产生有如收养的拟制血亲关系的情况。这就使得继父母继子女作为父母子女之一种类型，在我国婚姻法中规定下来。但是此种拟制血亲关系的规定与收养关系的规定不同。这种拟制血亲关系并不解除继子女与其生父母间的权利义务关系；因而，凡是与继父母形成了扶养关系的继子女，与其继父母、生父母间存在双重权利义务关系。

必须看到我国婚姻法虽然作了如上规定，但形成扶养关系的继父母继子女关系建立的标准及能否解除，继父母婚姻关系终止后继父母子女关系产生的法律后果等问题都没有作出明确、详细的规定，执行中往往发生一些困难。因此有的学者认为，我国关于继父母继子女的立法规定在理论上和实践中存在着种种混乱和弊端：(1)我国婚姻法仅以继父母继子女形成扶养关系的事实为根据，忽视了当事人的意愿。仅以继父母继子女形成扶养关系的事实就推定继父母继子女间有建立亲子关系的意愿，是很勉强的。因为在现实生活中，继父母对继子女进行扶养的情况十分复杂，并非均是继父母继子女的意愿。(2)继父母继子女是否形成了扶养关系难以确认。婚姻法对在什么情况下继父母与继子女才算形成扶养关系没作出明确规定，即使在理论和实践中，也未形成统一的标准，易产生纠纷。(3)此种立法减轻了父母的责任，加重了继子女的义务，对继子女不利。因此主张，按照现行收养法第14条规定，只要继父母、生父母同意，继父母就可以将继子女收为养子女，按婚生子女对待（子女10周岁以上的须经子女同意），即建立正式的收养关系，消除与亲生父母的权利义务关系。

但是又不能不看到，由于建立收养关系必须得到继父母和生父母乃至10岁以上儿童的同意、缺一不可；而在离婚的情况下，很难达到三方意见一致；所以不是所有的，甚至不一定是大部分的继父母继子女之间均能建立起收养关系。而且根据我国的国情和历史传统,维持现存的继父母继子女制度是可以的,但需要修改完善。第一,在今后修改婚姻法过程中,修改完善关于继父母继子女关系的规定,使其规定与收养法的规定衔接,鼓励继父母继子女间建立拟制血亲关系,即养父母养子女关系,以便在法理上解释得通,在实践中易于执行。第二,明确规定继父母与继子女形成扶养关系的标准并规定形成扶养关系的形式和种类;规定形成扶养关系的继父母继子女间的权利义务以及与生父母间的权利. 义务关系;规定在继父母婚姻关系终止的情况下,继父母继子女关系变化的法律后果。从而减少纠纷,以便促进良好的继父母继子女关系。第三,也可以考虑在收养制度中增加不完全收养的类型,明文规定继父母可以依不完全收养的法定形式收养继子女。这样既不太影响继子女与生父母之间的关系(特别是在生父母离婚而又不愿完全失去与子女的亲子关系的情况下),又有利于继父母与继子女关系的和谐,更有利于儿童身心的发展。

综上所述,在我国,继子女与继父母间可形成以下几种关系:(1)没有任何扶养或收养关系的继父母与继子女的姻亲关系;(2)继子女与继父母之间按照法律规定,建立起一种事实上相互扶养的、继父母子女间法律拟制的父母子女关系,但并不丧失与原生父母的部分权利义务;(3)继子女与继父母间按照不完全收养的方式,继子女在保留与亲生父母的一定权利义务关系下建立不完全收养关系,继子女和继父母间形成养父母子女关系;(4)继子女与继父母间按照完全收养的方式形成拟制血亲的婚生父母子女的关系,消除与亲生父母之间的一切权利义务。当然,在不能建立完全收养关系的继父母子女中,如果能实行不完全收养制度,可能对继父母继子女关系的调整是比较理想的。生父母、继父母、继子女的利益均可得到保障。关键是法律规定要明确、具体,易于执行。

三、人工生育子女的法律地位

如第一节所述,由于精、卵来源及怀孕情况的复杂性,人工生育子女的情况也比较复杂。但不外分为同质人工生育子女和异质人工生育子女两大类。虽说人工生育子女是极少数的情况,但人工生育子女与父母的关系及其法律地位仍是必须解决的问题,也是婚姻家庭法中应明确规定的问题。关于同质人工生育子女,毫无疑问就是婚生子女,其与生父母之间是完全的自然血亲关系,享有婚生子女的一切权利和义务。这在学术界和实践中没有什么分歧。关于异质人工生育的子女,情况比较复杂,人工生育子女与其父母的关系则众说纷纭;究其实质不外乎两种情况,应分别作出规定:第一,实施人工生育方法是经夫妻双方协议的,其协议形式无论是书面的,还是口头的,所生子女均为夫妻的婚生子女,享受婚生子女的一切权利和义务；第二，实施人工生育方法未经夫妻双方协议，所生子女为实施人工生育方法一方的婚生子女；对另一方来讲是非婚生子女；可经过收养的法律行为收为自己的养子女，同样享受婚生子女的一切权利和义务。

第五节　亲　权

一、亲权的概念和性质

亲权是指父母对于未成年子女之身体上和财产上的养育、教育和保护管理的权利义务制度正如日本著名法学家我妻荣所说的，现代法亲子关系的核心内容是父母对子女哺育、监护、教育的职责，在民法上规定为“亲权”。[30] 他又讲：把子女养育成为社会健全的人是父母之天职，亲权的内容就是为实现此天职的目的所涉及的必要事项。[31]

亲权的含义有三点：(1)亲权是基于父母子女身份关系而产生的，其中既包括基于自然血亲关系而产生的，也包括拟制血亲关系和人工生育而产生的；(2)亲权是基于养育子女是父母必须承担的社会义务，是父母之所以称为人类的一种天职；(3)亲权是由法律，具体讲是由民法、婚姻家庭法加以规定的一种民事法律制度。

现代亲权，已失去了以往父权的含义，内容和性质都有了很大变化。亲权既是权利又是义务。亲权是基于父母子女的身份关系而产生的权利和义务的结合体。在现代社会条件下，设立亲权制度的目的是专门为保护未成年子女利益的，是亲属法(婚姻家庭法)中一个十分重要的组成部分。在制度规定上用“亲权”的词语，抑或“父母的照顾权”等词语，均可根据各国自己的情况，有所不同。如德国民法经过多次修改至1998年已完全用“父母照顾权”一词代替“亲权”。但就父母子女关系而言，以父母对未成年子女的养育、保护、教育等权利义务为内容的制度是必不可少的。我们就仍称其为“亲权制度”。

二、亲权制度的沿革

如前述，亲权在德语中表述为 väterliche gewalt，是父母权力的意思。在法语中

---

〔30〕 参见[日]我妻荣：“亲族法”，载《法律学全集》23，有斐阁1974年版，第25次印刷本，第316页(日文版)。

〔31〕 同上注，第328页。

原来表述为 puissance paternelle,修改后的《法国民法典》中表述为 autorité des père et mère,是父母权能的意思。而英语表述为 parental power 是双亲的权力的意思。亲权源于罗马法和日耳曼法。罗马法称其为家父权,日耳曼法还有家父对子女的保护权力的意思。现代国家的亲权制度一般继受日耳曼法。现代亲权以保护、抚育未成年子女为中心,不仅表现为权利,而且更多地表现为义务。各国关于亲权的规定,因时代、国别的不同,各有自己的特点。

从世界范围来讲,现代各国法律对亲权的规定,各有不同的特点。例如大陆法系国家德、法、日、瑞士、秘鲁等国家设有亲权制度,在其民法中对亲权作了明确规定;英美法系国家英、美、加拿大、澳大利亚、印度等国家法律并未明确设立亲权制度。亲权与监护权不分,总称为监护,父母为当然监护人。无父母时另设监护人;前苏联、东欧各国民法或婚姻家庭法典,以及我国婚姻法中没有专门设立亲权制度,但均规定了有关亲权的内容。

如前述亲权源于罗马法和日耳曼法,经历了两千多年的历史,其间有了很大的改变。罗马法本身也在不断变化,至罗马共和国后期,家父权相对减弱。成年男子在民事上逐渐享有权利能力,可以拥有少量财产,当父亲滥用亲权时,儿子可以向行政长官请求保护,长官在一定程度上可以制止父亲的行动,必要时得剥夺"父权"[32]。日耳曼法是日耳曼习惯和罗马法相融合而形成的。日耳曼法规定,个人权利义务的行使要受家庭、氏族、公社的约束。但当日耳曼人民族解体时期,日耳曼法则更重视家长权,特别是男性家长权利,其代表全家利益。之后,家长权逐渐为父亲的权利所替代。[33]

亲权在近现代立法中与古代社会立法相比,有了很大的改变。首先,从父权发展成为父母共同享有的权利。发展至今,亲权已成为为保护未成年子女利益,而由父母共同行使的权利与义务。即亲权从一种父权(对子女享有管教、惩戒、主婚等权利)的统治权力,转变成为父母扶养、教育和保护未成年子女的不可推卸的权利和义务。[34]法律并规定了当父母违背职责,或侵害了子女的权利时的法律救济方法。例如,德国资产阶级革命胜利初期,德民法规定仅以父为亲权人(德民法第1627条、第1634条),[35]至1957年6月《有关民法上的男女平权法》颁行后,德民法第1626条以下均改为父母共同亲权或曰父母照顾权。第1627条规定父母意见

---

〔32〕　参见《外国法制史》编写组:《外国法制史》,北京大学出版社1982年版,第65页。

〔33〕　同上注,第75页。

〔34〕　参见刘素萍、陈明侠:"健全我国亲子法制度",载巫昌祯、杨大文主编:《走向21世纪的中国婚姻家庭》,吉林人民出版社1995年12月版,第154~155页。

〔35〕　参见《德国民法典》,载《民法资料汇编》第七辑,人民大学出版社1955年版。

不一致时，应努力协调。但在第 1628 条又规定协议不一致时，由父决定……仍违背男女平等原则。后于 1979 年 7 月 29 日，此原则被判为违宪后，德民法第 1628 条改为父母意见不一致，协调不成时，由家庭法院决定。至此，德国才确立了男女平等的共同亲权原则。德民法第 1626 条规定父母对子女有监护的权利和义务，包括人身方面（教养、监督及居所指定权、代理权利义务）和财产方面（对子女财产的管理权）的权利和义务。德民法在第 1666 条规定亲权人对子女利益造成损害，而父（母）又不愿不能制止损害时，可由监护法院采取措施制止损害，也可由法院剥夺其父母的亲权，待损害消除时，恢复亲权。同时德民法还在第 1666a 条规定亲权的剥夺，有子女身上照顾权的单独剥夺的，也有与财产管理权一并剥夺的，还有就子女财产管理权之单独剥夺的。[36] 又如日本明治旧民法第 877 条规定子女在家时服从父的亲权，已独立的成年人不在此限。同时规定了对母亲亲权的限制，以及户主权和亲权的代行。[37] “二战”后，日本民法亲属篇作了根本性修改，实行父母享有平等的亲权制度（日民法第 818、819 条）。日民法还规定行使亲权人有监护、教育子女的权利及义务（日民法第 820 条），有居所指定权（日民法第 821 条）；惩戒权（日民法第 822 条）、职业许可权（日民法第 823 条），还有财产管理权与代表权（日民法第 824 条），等等。为保障子女的利益，日本民法也规定了亲权的丧失和辞任的制度（日民法第 834、835、837 条）。当父（母）滥用亲权或有显著劣迹时，家庭法院可根据子女的亲属或检察官的请求，宣告其丧失亲权。但当前述情况消灭时，家庭法院可依法撤销失权宣告（日民法第 836 条）。日民法根据其传统习俗规定了亲权辞任制度。亲权是不可推卸的一种权利义务，本不得以自己的意思而任意消灭。但日民法规定在父（母）有不得已事由时，经家庭法院的许可，可辞去亲权或管理权，一旦不得已事由消灭时，还可经家庭法院许可予以恢复。[38]

在我国亲属法的历史上，从未专门用过“亲权”的名词，但亲权是存在的。我国古代礼法处理父母子女关系的基本原则为儒家推崇的“亲亲”、“爱亲”。亲亲就是“仁”，而“孝悌”为仁之本。“孝”在我国古代社会为百行之首，百善之先。唐律及后世法律都把“不孝”作为十恶之一。“孝”包含着对长辈的敬爱、供养，这里有优良的民族传统；但“孝”作为一种思想体系则仅是为维护宗法血缘关系服务的。父母有权教令、惩戒，甚至杀死子女。子女成人之后，生死问题仍要唯家长之命是从。封建家长不仅可以行使亲权限制子孙的人身自由，而且可借助法律的力量永

〔36〕 参见《德国民法典》，郑冲、贾红梅译，法律出版社 1999 年版。

〔37〕 参见《日本民法》，曹为、王书江译，法律出版社 1986 年版，附录一。

〔38〕 参见《日本民法典》，王书江译，中国法制出版社 2000 年 4 月版。

远剥夺其自由,放逐边疆。[39] 我国封建法律还规定,家庭财产由家长掌管,有祖父母、父母在,子孙不得别籍异财、分家另过。否则为不"孝"的一项内容。唐律和后世封建法律皆确定了这一礼制原则,无所谓代管子女财产一说。[40] 虽然随着社会的发展,家长特别是父系家长所享有对子女的生杀大权有所减弱,但在中国封建社会里父权(即亲权)得到了法律的确认。父权又服从于君权,从而维持了整个封建社会秩序的稳定。也正因为如此;在中国,父权延续了很长的时间。近代社会以来,虽然中国近代婚姻家庭立法始于清末,但直到 1930 年公布的国民党政府的民法亲属编,才从形式上完成了中国亲属法从古代型向近代、现代型的过渡。在法律条文中没有"亲权"的名称,但对亲权的传统内容都作了规定。而且在其民事诉讼法第 592 条中还作了关于停止亲权之诉的规定。但必须提到的是,在国民党民法亲属篇中关于亲权的规定,特别是关于亲权行使的规定,尚有男女不平等的内容。不仅如此,在半封建半殖民地的旧中国,这部法律根本没能在社会中得以贯彻,封建的父权统治的亲子关系仍占据统治地位。

现我国台湾地区继受了原国民党政府民法。亲属篇虽经 1985 年修改,但亲权部分改动不大。主要作了如下规定:第一,对亲权原则作了总的规定。第 1084 条规定父母对于未成年子女,有保护及教养之权利义务。第二,规定了亲权的内容,如父母对子女有惩戒权(台湾地区"民法"第 1085 条),有住所决定权(台湾地区"民法"第 1060 条)。第三,规定父母为未成年子女的法定代理人(台湾地区"民法"第 1086 条),主要指在财产方面。父母有代理权,或对子女自为法律行为予以同意或承认(台湾地区"民法"第 76 条、第 77 ~ 79 条)。此外,在第 974 条、第 1006 条、第 1049 条、第 1079 等条对有关身份法方面的婚约同意权、结婚同意权(指未成年子女),夫妻(未成年夫妻)离婚同意权、收养同意权等等作出了规定。第四,父母对未成年子女的特有财产的共同管理权。规定父母对未成年子女的特有财产有共同管理权、使用权、收益权(台湾地区"民法"第 1087、第 1088 条)。同时明确规定,非为未成年子女的利益不得进行处分。第五,规定了父母对子女亲权的行使方法。其中规定对子女亲权由父母共同行使,但又规定当父母对于权利的行使意思不一致时,由父行使,就是说在行使亲权中,父有最后决定权。很明显的男女不平等规定。至今此规定尚未改变(台湾地区"民法"第 1089 条)。第六,台湾地区"民法"还规定了对父母滥用亲权的处理规定。规定近亲属或亲属会议可纠正父母滥用亲权行为;纠正无效时,得请求法院宣告停止其亲权的一部或全部(台湾地区

---

〔39〕 参见瞿同祖:《中国法律与中国社会》,中华书局 1981 年版,第 5 ~ 15 页。

〔40〕 参见李志敏:《中国古代民法》,法律出版社 1988 年版,第 52 ~ 53 页。

"民法"第 1090 条)。台湾地区"民事诉讼法"在第 592 条专门规定了宣告停止亲权之诉和撤销其宣告之诉的管辖法院。[41] 并规定父母亲权均被停止时,可依利害关系之人请求,法院依法选定监护人(台湾地区"民法"第 1094 条)。

三、建立我国的亲权制度

新中国成立后,立即制定颁布了 1950 年《中华人民共和国婚姻法》。1950 年《婚姻法》彻底废除了旧中国遗留下来的封建主义婚姻制度,废除了漠视子女利益的家庭制度;实行了男女婚姻自由、一夫一妻、男女平等、保护妇女和子女合法权益的新民主主义婚姻家庭制度。1950 年《婚姻法》对父母子女关系作了专章规定。规范了父母子女间的相互权利和义务关系,并且在第 13 条规定父母对于子女有扶养教育的权利和义务。这实际上就是关于亲权的规定,虽然过于简单,但父母对子女的权利,或更多地表现为义务的思想已十分明显。但当时并未提出"亲权"之词。1980 年《婚姻法》扩大了亲属关系的法律调整。增加了父母对未成年子女的管教、保护等规定。如除第 15 条规定:"父母对子女有抚养教育的义务"外,第 17 条还规定:"父母有管教和保护未成年子女的权利和义务。在未成年子女对国家、集体或他人造成损害时,父母有赔偿经济损失的义务"。此时关于父母对未成年子女的"亲"的权利和义务的规定更加明确了。突出了父母对子女扶养、教育、管教、保护和代理的权利和义务。但是,1980 年婚姻法仍未提到"亲权"一词,也未对亲权作出明确、系统的规定。

进入 20 世纪 80 年代以来,随着改革开放政策的实施,我国社会发生了巨大的变化。市场经济迅速发展,不仅带来了经济的高速发展,人民生活水平的不断提高,家庭财产的增多,也带来了市场经济对婚姻家庭、亲属关系的强烈震撼、冲击和渗透。对未成年人的教育扶养、保护及对子女财产的管理等问题日渐突出,特别是在一些离婚案件中更为明显。例如,有的父母争抢对子女的直接扶养权;有的父母双方均推卸扶养、教育子女的责任。因此,如何强调父母对未成年子女的权利和义务,完善对未成年人的家庭保护,以利于未成年人的发育成长,急需有明确的法律规范进行调整。但是,正如前面所叙述的那样,我国现行婚姻法虽然有关于父母扶养教育子女,以及父母管教和保护未成年子女的权利义务的原则规定,但却极为抽象,权利义务要求也极不明确,有亲权的内容而无亲权的名称。此外,《民法通则》中虽有关于监护的规定,《刑法》中也有相关的规定,但均不是关于亲权的专门规定。2001 年修改后的婚姻法,仍未对亲权制度作出明确规定。虽然如本章第一节

---

〔41〕 参见刘清景等编著:《最新详明六法全书》,大伟书局 1988 年修订,《民事诉讼法》。

所述,法律在父母子女关系的民主平等和保护未成年人权利方面有了进步,但父母在扶养教育未成年子女的权利、职责、义务方面仍不够具体、明确。因此,建立健全我国的亲权(或曰父母照顾权)制度以保护未成年人得以健康成长,是一个十分迫切、十分重要的问题。

(一)亲权制度立法的基本原则

我国在制定亲权制度时,起码应遵循下列两项原则:

1.保护未成年子女合法权益原则

前面已简述过亲权的历史变化,随着社会文明的发展,当今世界亲权已从一种父性统治权力发展成为保护未成年子女权益的权利与义务结合体。未成年人年幼无知,无论从身体到其他各方面均易受到伤害,影响其身心发展和利益的享有。父母是子女一出生就与其生活在一起的、最亲近的人,也是其最初的启蒙教师和利益的保护人。父母教养、保护未成年子女的权利和责任是不可推卸的。特别是在当前我国现有经济发展状况下,父母养育、引导教育、保护子女的责任更为重大,关系到子女能否健康发展、顺利成长为未来社会主人的问题。因此亲权立法必须以保障未成年子女合法权益为其出发点和目的,并自始至终贯彻这一原则。这也是当今世界各国建立亲权或监护制度的目的。

2.男女平等原则。

虽说男女平等原则,从资本主义革命开始,至今已喊了几百年,但在当今世界上,男女平等不仅在事实上远未实现,而且,即使在法律上,也还有国家规定了明显的男女不平等或看似中立而实质不平等的条款。有关亲权行使的规定,就是一例。前述1900年实施的德国民法、台湾地区“民法”亲属篇中,都作了父母行使亲权不一致时,父有最后决定权的规定(1900年实施的德国民法第1628条,台湾地区“民法”第1089条)。1979年以后,德国才改变了这一男女不平等规定,作了由监护法院调解决定的规定。日本民法对此没有明确规定,只是在第819条规定父母离婚的,子女出生后,可以父母协议,确定父为亲权人。我国1950年、1980年婚姻法规定的父母子女关系法律条文贯彻了男女平等的精神,在建立亲权制度时,仍应坚持。在亲权人的决定、亲权人意见不一致时的决定权等问题上,一定要贯彻男女平等的原则。

(二)亲权的主体及其行使

1.亲权的主体

吸收德、日等国的有关经验及前述原则,我国亲权制度还是规定,亲权主体为父母双方(包括养父母、夫妻一方收养对方子女等情形时的夫妻双方、非婚生子女的生父母双方、人工生育子女的父母双方)为宜。即使在父母离婚时,父母任何一方的亲权只要未被剥夺，仍属父母双方所有。只不过在亲权行使上由于一方未与子女共同生活，其亲权的部分内容之行使受到限制，或暂时停止而已。父母协议离婚的，或经法院调解达成离婚协议的，父母应协商确定一方为亲权行使的主要担当人。如协议不成或不能协议的，法院可根据父（母）的请求，判决由一方为亲权行使的主要担当人。判决离婚的，由法院确定父母一方为亲权行使的主要担当人。之所以这样规定，理由有二：第一，从法理上讲，亲权是一种专属的、以父母子女关系为前提的并且是从父母对子女的角度出发的、自然的权利与义务。只不过是社会从法律上确认并赋予了亲权的称谓。此权利原则上是不可剥夺的（亲权人严重侵犯子女利益而构成对子女犯罪的除外）。即使是受到一般刑事制裁，劳改入狱的犯人，只要未被剥夺亲权，其亲权的行使虽受到限制而暂时停止，其对子女的亲权仍然存在。第二，从伦理、情感上讲，无论父还是母，都是子女最亲近的人，在他们未侵犯子女利益或可能严重危害子女利益，因而确实需要剥夺其亲权的情况下，剥夺任何一方的亲权都是违背人伦感情的，是不合情理的，无论对父母任何一方还是对子女都是十分残酷的事情。[42]

2. 亲权的行使

亲权的行使，即指由谁来具体实施亲权，亦即谁为未成年子女的法定代理人。亲权的行使人有如下两种情况：

（1）父母共同行使亲权。亲权的主体既然是父母双方，亲权的行使自然也应由父母共同承担，成为行使亲权的共同担当人。即在婚姻关系存续期间，对子女亲权（诸如扶养、教育、保护、财产管理等）的行使均应依父母共同的意思决定，对外为子女的共同代理人。但父母共同行使亲权时不免会产生一些分歧，最好的解决办法是相互协商，合理解决。如遇有重大问题，不能协调一致，一方或双方可要求法院裁决。

（2）父母一方单独行使亲权。如果父母虽处于婚姻关系存续之中，但由于各种原因一方不能行使亲权（如长期不在、下落不明，或重病、服刑，或行为能力受限制、亲权被剥夺等情况），或者父母离婚后，或者非婚生子女在一方认领的情况下，应规定子女的亲权由父母一方行使，作行使亲权的单独担当人。

（三）亲权的主要内容

如前所述，亲权的含义包括了亲权的主要内容，即包括了对未成年子女身上的和财产上的权利和义务。我国亲权立法在婚姻法原有规定的基础上，似应在如下两方面作出明确的规定：

---

〔42〕 参见陈明侠："亲子法基本问题研究"，载梁慧星主编：《民商法论丛》（第6卷），法律出版社1997年版，第66页。

1. 身上的权利和义务

亲权在未成年子女身上的权利和义务(以下简称身上权),主要是扶养、教育、保护的权利和义务。具体包括:

(1)扶养权。亲权行使人哺育、照料未成年子女的生活,使其享有必要的生活条件,从而使其生存权得到基本保障,并得以健康成长,称为扶养的权利和义务,简称为扶养权。如同前述,亲权是父母双方共同享有的权利义务一样,扶养权是亲权的一部分,也是父母双方共同享有的权利和义务。当亲权为父母共同行使时,双方共同为亲权行使担当人,共同行使扶养权,直接地养育、照料子女,为子女提供必要的生活费用。当父母一方为亲权行使的主要担当人时,父母扶养权的行使就分成了两个部分,一为与子女生活在一起的父母一方直接地履行扶养权利和义务;二为不与子女生活在一起的父母的另一方间接地提供扶养费、履行部分照料子女的权利与义务(即提供扶养费并享有探视权等)。这时不与子女生活在一起的另一方的亲权只是其行使受到了限制,或暂时被停止(被剥夺亲权的父母除外)。基于扶养权,亲权行使担当人(父母双方或一方)应为儿童提供必要的生活条件,其中包括提供适当的住所。因此担当人应享有为儿童指定住所的权利和义务,以保障未成年子女的安全成长。

(2)教育子女的权利与义务。亲权行使人应按照国家法律规定,使未成人接受义务教育,并以健康的思想、品行和适当的方法教育子女德、智、体全面发展,预防和制止未成年子女吸烟、酗酒、流浪以及聚赌、吸毒、卖淫等不良行为。在行使亲权时,亲权行使人在法律允许的范围内,可以采取说服教育、斥责等必要手段。子女有劣迹的,行使亲权人可将其送入工读学校接受特殊教育,也可经有关部门批准,送交政府有关部门教养。此外,未成年子女就业必须经过亲权行使人的同意。可称为职业许可权。

(3)保护和身份代理权。父母有保护子女生命健康、安全和愉快成长的义务,同时父母有代理未成年子女民事活动的身份代理权。身份代理权,即父母为其未成年子女的法定代理人。依据《民法通则》第63、64条和其他有关法律规定,父母代理未成年子女进行民事活动。这主要是指对无民事行为能力的未成年子女的民事活动代理,对限制民事行为能力的未成年子女除从事与他年龄和智力及精神健康状况相适应的民事活动外的其他民事活动的代理或同意。例如子女被收养的代理或同意权;在子女造成对国家、集体和他人的损害时,承担民事责任;在子女权益受到侵害(主要指未成年子女人身权如人身自由权、生命健康权受到侵害,以及未成年子女精神受到损害如姓名权、肖像权、名誉权、荣誉权等受到损害)时,代理子女进行交涉、诉讼活动,获得损害赔偿。例如,子女被不法分子扣留时,父母有要求不法分子交还子女，使其获得人身自由的权利。此权可称为子女交还请求权[43]，等等。与之同时，父母在子女未成人前有子女姓氏的决定权。

2. 财产上的权利和义务

亲权在未成年子女财产上的权利与义务（以下简称财产代理权）主要指父母作为未成年子女的法定代理人，在财产行为方面，既可以直接代子女为法律行为，又可使子女自为法律行为而予以同意或承认。包括如下几点：

（1）关于在带有身份法色彩的财产行为方面的代理权和同意权如继承的抛弃、遗产的分割、家族共有财产的分割，等等。

（2）对子女特有财产的管理权。在这里首先应确认子女由于继承、赠与或其他方式而无偿取得的财产为特有财产。例如遗赠、因时效取得的财物，等等。对于子女的特有财产，从保障子女利益出发，父母对其有管里权，包括使用、收益的权利，以及为了使子女财产增值的处分行为，如不是为了子女的利益，就不得对财产进行处分。例如未成年子女 A 有一套三居楼房为特有财产，其父母 B、C 为其法定代理人，B、C 对其房屋有使用、收益权，但如果以此房作为 B、C 担保债权的抵押使用，就违反了为子女利益之法律行为的原则，是不允许的，这是对其亲权的滥用。

（3）在财产代理权方面的一种特别情况，即作为未成年子女法定代理人的父母，根据需要可允许限制民事行为能力的未成年子女（我国《民法通则》规定为 10 周岁以上者）处分一定的财产，或者同意、承认其依法就业或独立从事一定经营活动。一旦同意或承认后，就有两点必须注意：第一，被允许的未成年子女对允许处分的一定财产有处分的能力；第二，对被允许就业或独立从事经营活动的财产，未成年子女有管理处分的权利。对此，父母若进行干预，应征得未成年子女的同意。

（4）关于设立特别监护人（或特别代理人）的问题。设立特别监护人（特别代理人）的目的是防止亲权行使人滥用亲权，损害未成年子女的利益，对保护子女合法权益，是有积极意义的。我国亲权法也应考虑到如果父母的财产利益与未成年子女的财产利益相反；或父母代行子女赠与他人财产；或有数个未成年子女，其间利益有矛盾，而父母要保护其中之一个子女的利益；或者当第三人赠与未成年子女财产时指明不得由其父母管理的种种情况，如何处理得当。应参考一些国家和地区经验，在部分专门项目上建立特别监护人（或特别代理人）制度，代理未成年子

---

〔43〕 参见陈明侠："亲子法基本问题研究"，载梁慧星主编：《民商法论丛》（第 6 卷），法律出版社 1997 年版，第 67～68 页。

女管理该项财产,或者经监护监督机构,或者经法院[44]许可,亲权人才得为其法律行为。从而切实保障未成年子女的合法权益。

(四)亲权的消灭、停止和剥夺[45]

亲权,作为权利是基于父母子女关系而成的自然权利,除未成年子女死亡或已达成年时绝对消灭之外,无论何人或任何机关均不得剥夺。这只是问题的一方面。另一方面,基于亲权的特殊性质;亲权同时更是义务。因此,父母不得随意将亲权让与他人,或者任意抛弃,也不得滥用亲权。此外,在实际生活中,有时也会发生父母为无民事行为能力人或限制民事行为能力人的情况,或者因为某种原因无法行使亲权的情况。因此就产生了对亲权行使加以限制的问题。为了解决上述问题,参考各国立法例,我国也应设立亲权的消灭、停止和剥夺制度,以更好保护未成年子女的合法权益,使其得以健康成长。

1. 亲权的消灭

亲权的消灭可分为绝对消灭和相对消灭两种:第一,绝对消灭,即子女死亡或者子女成人,因亲权成立的法定要件消灭而消灭。第二,相对消灭,即指亲权主体父母一方死亡,死亡一方的亲权消灭但他方的亲权仍存在;父母双方死亡,还可另设监护人,照料、保护未成年子女。此两种情况只能视为亲权相对消灭。

2. 亲权的停止

关于亲权的停止,有如下几种情况:第一,父母一方或双方为限制民事行为能力人或无民事行为能力人,无能力行使亲权,视为亲权停止。如父母双方均有上述情况,应为未成年子女另设监护人。一旦情况改变,亲权便可恢复。第二,父母离婚,不与未成年子女生活在一起的父母一方,亲权行使受到限制,部分亲权被停止,但扶养、探视等权利义务保留(即未与子女生活在一起的父母一方享有扶养权和探视权)。在情况改变,需要该方担任亲权行使担当人时,该方与子女生活在一起,可恢复完全的亲权行使权。第三,父母一方或双方(双方时应为未成年子女设置监护人)重病或长期外出,不能与未成年子女生活在一起,或下落不明,或者一方或双方(双方时应为未成年子女设置监护人)因受刑事处分不能与未成年子女生活在一起,亲权暂时停止。待到行使亲权的限制阻力消除后,再恢复亲权行使的

---

[44] 随着我国社会经济的发展以及婚姻家庭法的修改,家庭继承案件及相关事宜会越来越多,似应在各级法院成立专门的家事庭,或建立专门的家庭法院来处理各类婚姻、家庭、监护、继承案件及与之有关的事宜为好。文中所述之事宜,就可纳入其处理范围,经法院许可,亲权行使人才可进行其有关法律活动。

[45] 以下参见陈明侠:"亲子法基本问题研究",载梁慧星主编:《民商法论丛》(第6卷),法律出版社1997年版,第69~71页。

权利。

3. 亲权的被剥夺

亲权被剥夺主要有两种情况：第一，父母一方或双方对未成年子女有重大犯罪行为，严重损害未成年子女利益的，例如危害未成年子女生命健康、对未成年子女实施流氓犯罪活动等，得永远剥夺其亲权。第二，父母一方或双方对未成年子女亲权行使上有滥用行为的（如违法惩戒未成年子女，影响子女的身心健康、严重侵害未成年子女特有财产权益，等等），得剥夺其亲权。根据情况可部分剥夺，也可全部剥夺。但是，情况改变后，可以恢复亲权。

亲权的剥夺必须经过法院作出决定，才可以执行。

第八章 收 养 法

第一节 概 说

一、收养的概念和收养制度的沿革

（一）收养的概念

在亲属法学中，往往从两种不同的意义上使用收养一词，一是指收养行为，这是就拟制血亲的亲子关系借以发生的法律事实而言的，二是指收养关系，这是就拟制血亲的亲子关系本身而言的。

从法律事实的角度，可将收养的概念大致表述如下：收养，是公民（自然人）领养他人的子女为己之子女，依法创设拟制血亲的亲子关系的民事法律行为。收养行为的当事人是收养人、被收养人和送养人。需要说明的是，被收养人是收养行为的主体，而不是收养行为的标的。基于收养制度的宗旨，只能将设定拟制血亲的亲子关系作为收养行为的标的。至于送养人，在法理上可以解释为是作为未成年被收养人的法定代理人而参与收养行为的。

收养关系即拟制血亲的亲子关系，是基于收养行为的法律效力而发生的。在收养关系中，收养人为养父、养母，被收养人为养子、养女。双方之间具有与自然血亲的亲子相同的权利和义务。送养人虽然是收养行为的参与者，但并不是收养关系中的一方主体。

收养行为具有不同于其他民事法律行为的自身特征，它是一种依法变更亲子关系、转移亲子间的权利和义务的身份法上的行为，具有法定的拟制效力和解销效力。正因为如此，收养关系只能发生于非直系血亲的自然人之间。自然人以外的权利主体，不可能具有收养人和被收养人的身份。直系血亲之间的收养和被收养，既不符合收养制度的宗旨，又没有任何实际意义。

收养行为创设的拟制血亲的亲子关系，虽然具有与自然血亲的亲子关系相同的法律意义,但是子女为他人收养后,原有的自然血亲关系仍然存在。基于出生的事实而形成的血缘关系,是不可能人为地加以变更的。正因为如此,收养的效力不及于自然血亲关系,法律中有关自然血亲的一些规定,如禁止结婚的血亲关系等,在适用上不受收养的影响。自然血亲的亲子关系只能因死亡而终止,收养行为创设的拟制血亲的亲子关系则是可以依法解除的。

应当指出,收养在性质上同寄养有着严格的区别。寄养只是父母委托他人(往往是亲友)代其抚养子女,受托人和上述子女间并不发生拟制血亲的亲子关系,子女与其父母仍有亲子间的权利和义务。在这种情况下,抚养子女的形式虽有变化,但亲属身份并未变更,权利义务并未转移。两者的性质和后果,都是迥然不同的。

(二)收养制度的历史沿革

收养制度历史悠久,源远流长,早在原始社会末期便为当时的习惯所确认。最初,收养是氏族成员的共同行为。收养外来人为本氏族的成员,是壮大本氏族的重要手段。胜利者收养被俘获的未成年者入族,也是当时的部落冲突中常见的现象。进入阶级社会以后,收养制度被许多国家以法律形式肯定下来,成为亲属制度的重要组成部分。

按照传统的亲属法学中的通说,收养制度可分为为族的收养、为家的收养、为亲的收养和为子女的收养等不同发展阶段。这在一定程度上反映了收养制度发展的历史顺序性和收养宗旨的变化。但是,将为亲的收养和为子女的收养截然分开,在事实上和法理上都是不尽妥当的。

从世界范围来看,收养制度在奴隶制时代已经相当盛行,古巴比伦的《汉谟拉比法典》规定,自由民得收养被遗弃的幼儿为子。若不将收养的幼儿视同亲生子女,得将其归还于生父之家。养子若不承认养父,得割去其舌。罗马法中的亲属制度,将收养分为自权人收养和他权人收养,完全收养和不完全收养,并规定了相应的收养条件、程序和效力,其中的一些规定对后来大陆法系各国亲属立法中的收养制度,具有重要的影响。在封建时代的欧洲,日耳曼习惯法中亦有收养制度,将被收养作为加入另一个血族团体(Sib)的重要途径。

近、现代资本主义国家的收养制度,反映了从以家族为本位的收养到以个人为本位的收养的变化。1923 年修订的法国民法典第 343 条规定:"收养除有正当之事由且为子女之利益外,在所不许。"但是,并非所有的国家和地区都是历来便实行收养制度的,某些国家基于历史传统等方面的原因,有的直到中世纪还不承认收养制度,有的直到 20 世纪初才承认收养制度。例如:英国原来不承认收养,自 1926 年颁行《养子法》(Adoption of Children Act,或译作儿童收养法)后,已由不承认转为承认。俄国曾于1891年颁行收养法;1917年十月革命后,1918年的《俄罗斯联邦户籍登记、婚姻、家庭和监护法典》废止了收养制度,1926年的新法典颁行后,收养制度重新恢复。

中国古代的收养制度有其自身的特点,它从属于宗法家族制度,收养的主要目的是出于"传宗接代"的需要,以祭祀不绝、宗嗣延续为其最高宗旨。所以,立嗣制度很早就发达于世,成为收养的一种特殊形式。

立嗣是以男性为中心的宗祧继承的必然产物,同近、现代的收养有着严格的区别。首先,立嗣是为了传宗接代,保证父系、父权、父治的家统永世不绝,故只有男子无后始得立嗣,所立者也仅限于男子。在宗祧继承中,女子是不具有主体资格的。其次,嗣子(亦称过继子)为嗣父之继体,其地位同于亲生子,高于他种收养的被收养人。最后,立嗣可由需立嗣者生前进行,亦可在其死后,由配偶或族中尊长代为择立。立嗣的条件十分严格,应当在辈分相当的同宗近支内按一定的顺序择立。例如,按照《大清律例·户律》的规定:"无子者,许令同宗昭穆相当之侄承继,先尽同父周亲,次及大功、小功、缌麻;如俱无,方许择立远房及同姓为嗣。"立异姓男为嗣,为礼、法所不许,因为祖先是"不歆异类"的。

除立嗣外,中国古代还有其他的收养形式,被收养人称为同宗抚养子或异姓养子。前者指以同宗辈分相当的卑亲属为养子而不立其为嗣子,后者则大多是自幼收养的。《唐律·户婚》规定:"其遗弃小儿,年三岁以下,虽异姓,听收养,即从其姓。"在上述情况下,并不以无后作为收养的必要条件。但是,这些养子的地位远较嗣子为低。至于收养异姓女子,礼,法均不禁止。养女无关宗祧,在家族中的地位也是无足轻重的。

自清朝末年以来,历次民律草案中均设有收养制度,但这些草案并未公布施行。1930年公布的国民党政府民法亲属编,在法律形式上实现了收养制度的近代化,废止了立嗣制度。但是,在有关规定中仍有歧视养子女的内容。养子女的继承顺序虽然与婚生子女相同,但应继份仅为婚生子女之半。同时,在法律上还设有指定继承人制度。国民党政府民法第1143条规定:"无直系血亲卑亲属者,得以遗嘱就其财产之全部或一部指定继承人。"同法第1071条规定:"依第1143条之规定指定继承人者,其继承人与被继承人之关系,除法律另有规定外,与婚生子女同。"对此,当时就有一些法学家指出:"此种制度,足以救嗣子之穷","为过去立嗣之变相。"经过1985年"台湾立法当局"的修正,这些落后于时代的规定始被删除。

在新中国的亲属法制建设中,从解放前的革命根据地时期到中华人民共和国成立以后,对收养关系在法律上和事实上都是予以承认和保护的。但是,在一个相当长的时期内,收养制度还不够完善。20世纪90年代初《收养法》的颁行才使我国的收养制度有了比较完备的法律形式。

二、《中华人民共和国收养法》及其原则

(一)我国收养法的概念和《收养法》的体系结构

我国收养法的概念可以大致表述如下:收养法是规定收养关系的发生和终止、收养关系主体之间的权利义务和其他相关事项的法律规范的总和。

收养法是民事法、身份法,是亲属法的一个组成部分。在我国,形式意义上的收养法是《中华人民共和国收养法》;实质意义上的收养法则不以这一法律为限,还包括《婚姻法》及其他法律、法规、规章和司法解释等规范性文件中的有关内容。上述概念,是就实质意义上的收养法而言的。

我国收养法以收养关系为其特定的调整对象,它主要是通过规定收养关系借以发生和终止的法律事实,以及收养关系的效力,包括及于收养关系双方的效力和及于双方的其他近亲属的效力,实现其调整作用的。

《中华人民共和国收养法》是1991年12月29日公布,自1992年4月1日起施行的。1998年11月4日按立法程序作了若干重要的修正,包括原则的增补、收养条件和收养程序的修改等。该法分为六章,共34条。第一章总则,是有关立法宗旨和立法原则的规定。第二章收养关系的成立,是有关收养的实质要件和形式要件的规定。第三章收养的效力,是有关收养的法律后果(收养的拟制效力和解销效力)的规定,以及无效收养行为的规定。第四章收养关系的解除,是有关解除收养的条件、程序和法律后果的规定。第五章法律责任,是有关制裁办法的规定。第六章附则,是有关该法在民族自治地方的适用,制定实施办法,以及施行日期的规定。

可见,《收养法》对收养关系的调整是相当全面的,与《婚姻法》中的有关收养的原则规定相比较,具有更强的规范性和可操作性。

(二)我国《收养法》的原则

《中华人民共和国收养法》第2条规定:"收养应当有利于被收养的未成年人的抚养、成长,保障被收养人和收养人的合法权益,遵循平等自愿的原则,并不得违背社会公德。"第3条规定:"收养不得违背计划生育的法律、法规。"上述规定中宣布的五项原则,反映了该法的立法宗旨和我国收养制度的社会主义本质。应当指出的是,收养法是我国亲属法的组成部分,亲属法的基本原则,如男女平等、保护妇女、儿童和老人的合法权益等,在《收养法》中同样也是必须遵循的。

现将《收养法》规定的各项原则分别略述于下:

1. 有利于被收养的未成年人的抚养、成长的原则

收养制度是家庭制度的必要补充;实行收养制度的首要目的,是为了使未成年

的被收养人,包括丧失父母的孤儿,查找不到生父母的弃婴和儿童,以及出于某些原因不能受父母抚育的子女,能够在收养人的抚育下健康成长。《收养法》中有关收养条件特别是收养人的能力的规定,对收养孤儿、残疾儿童、查找不到生父母的弃婴、儿童和继子女放宽条件的规定,以及收养人在被收养人成年前不得单方解除收养关系的规定等,都是这一原则的具体表现。

2. 保障被收养人和收养人的合法权益的原则

收养制度既要保障被收养人的合法权益,又要保障收养人的合法权益。养父母养子女关系,适用法律对父母子女关系的规定;养子女的权益同于生子女,养父母的权益同于生父母,被收养人和收养人的权益同受法律的保障。《收养法》有关收养效力的规定,是这一原则的集中表现。有关收养的成立和解除的一些规定,也是这一原则的具体表现。

3. 平等自愿的原则

平等自愿是我国民事立法的基本原则,收养法也不例外。具体说来,收养行为的当事人、收养关系的主体都处于完全平等的法律地位。收养关系的成立和收养关系的协议解除都必须出于当事人的完全自愿。《收养法》中有关收养人收养和送养人送养须双方自愿的规定,收养年满10周岁的未成年人应当征得被收养人同意的规定,以及有关收养人和送养人、养父母和成年养子女协议解除收养关系的规定等,都是这一原则的具体表现。

4. 不得违背社会公德的原则

收养子女和送养子女并不仅仅是公民个人的私事,而且关系到社会秩序和社会公共利益。在收养关系的成立和解除等问题上,我们的法律标准和道德标准是完全一致的。处理有关收养的各种具体问题,既要依法办事,又要符合社会公德。因此,在收养问题上应当对有关当事人的行为加以必要的约束,不能任其妨害公序良俗。《收养法》有关收养人应当有抚养教育被收养人的能力(其中也包括道德品质方面的要求)的规定,无配偶的男性收养女性须有法定年龄差的规定,以虐待、遗弃为解除收养的法定理由的规定等,都是这一原则的具体表现。

5. 不得违背计划生育法律、法规的原则

生育制度和家庭制度具有密切的内在联系;对生育关系的法律调整和对收养关系的法律调整应当协调一致。实行计划生育是我国的基本国策,是社会主义制度下人口再生产的客观要求,也是我国进行社会主义现代化建设,实现可持续发展的重要条件。从我国的国情和人口现状出发,必须有计划地控制人口数量,提高人口素质。处理收养领域里的一些具体问题,也不能违背计划生育法律、法规的要求。《收养法》中有关不得以送养子女为理由违反计划生育的要求再生育子女的规定,无子女者始得收养一名子女的规定,以及年满 30 周岁始得为收养人的规定等,都是这一原则的具体表现。

第二节 收养关系的成立

一、收养成立的实质要件

收养行为是民事法律行为的特定种类,收养成立的实质要件既要符合民法中有关民事法律行为的一般规定,又要符合收养法中有关收养行为的专门规定。当代各国的收养法中有关收养成立的实质要件有不同的立法例,一般说来:收养人必须是有抚养能力的成年人;多数国家规定被收养人必须是未成年人,有些国家还允许收养成年人;收养人与被收养人须有一定的年龄差距;收养须经有关当事人同意等。各国收养法中常见的收养禁例主要有:一人不得同时被数人收养;监护人不得收养被监护人,直系血亲间、兄弟姊妹间不得为收养行为等;此外,一些国家的收养法中还有基于宗教、国籍、收养人的品德等方面的原因所作的禁止性规定。

关于收养成立的实质要件,我国《收养法》对被收养人、送养人、收养人的条件和收养合意等问题都作了明确的规定。同时还针对某些具体情形,对收养当事人的条件作了若干特别规定。这些特别规定中的收养条件是宽于一般规定的。现将以上各条件分述于下:

(一)被收养人的条件

我国《收养法》第 4 条规定,下列不满 14 周岁的未成年人可以被收养:

1. 丧失父母的孤儿

何谓孤儿?按照我国民政部在《关于办理收养登记中严格区分孤儿与查找不到生父母的弃婴的通知》(1992 年 8 月 11 日)中所作的解释,孤儿系指其父母死亡或人民法院宣告其父母死亡的不满 14 周岁的未成年人。

2. 查找不到生父母的弃婴和儿童

这里所说的弃婴和儿童,系指被父母遗弃的初生儿和其他未满 14 周岁的未成年人。遗弃婴儿和儿童的,一般为生父母。在有的情况下,也可能是养父母。作为被收养人的弃婴和儿童,应以其父母查找不到为必要条件。

3. 生父母有特殊困难无力抚养的子女

生父母有无特殊困难,是否无力抚养?这方面的具体情形在法律中是不可能一一列举的,只能根据当事人的具体情况来认定。一般说来,如父母出于无经济负担能力、患有严重疾病、丧失民事行为能力等原因,以至无法或不宜抚育子女,均可视为有特殊困难,无力抚养。

关于被收养人的年龄问题,有些国家的规定与我国相似,另一些国家的规定则与我国不尽相同。按照法国民法典第345条的规定,可以作为收养对象的,一般以15周岁以下的未成年人为限(以15周岁以上的未成年人为被收养人,只限于在15周岁以前已有收养的事实,并须补办收养手续)。按照西班牙民法典第178条的规定,已被遗弃3年以上的14岁以下的未成年人,得为被收养人。英国1926年的《养子法》规定,被收养人以未满21岁的未婚男女为限(按:英国法以满21岁为成年)。爱尔兰1952年的《收养法》有关被收养人的规定更是别具特色,它要求被收养人的年龄须在6个月以上、7岁以下,而且必须是非婚生子女或孤儿。此外还有一些国家的收养法是允许收养成年人的。《德国民法典》第1767条规定:"如收养成年人在道义上是正当的,成年人得被作为子女收养。"《日本民法典》第793条仅规定:"不得将尊亲属和年长者收养为养子女。"这一规定只是禁止以辈分高于、年龄大于收养人者作为被收养人,并没有一般地禁止收养成年人。

(二)送养人的条件

我国《收养法》第5条规定,下列公民、单位可以作为送养人。

1. 孤儿的监护人

孤儿已丧失父母;处于他人监护之下,以监护人为送养人是出于保护孤儿权益的需要。在我国,孤儿的监护人的选定,适用《民法通则》第16条的规定。具体说来,孤儿以具有监护能力的祖父母、外祖父母、兄、姊或其他关系密切的亲属、朋友(此处显然是指其父母生前的朋友)为监护人。关系密切的其他亲属、朋友担任监护人,以本人自愿和有关单位同意的为限。没有上述监护人的,可由有关组织担任监护人,包括父、母的所在单位,孤儿所在地的居民委员会、村民委员会和民政部门。

监护人送养受其监护的孤儿,须受我国《收养法》第13条规定的限制。该条指出:"监护人送养未成年孤儿的,须征得有抚养义务的人同意。有抚养义务的人不同意送养、监护人不愿意继续履行监护职责的,应当按照《中华人民共和国民法通则》的规定变更监护人。"此处所说的有抚养义务的人,系指我国《婚姻法》第28条、第29条中所说的有负担能力的祖父母、外祖父母和兄、姐。

2. 社会福利机构

我国的社会福利机构,主要是指各地民政部门主管的收容、养育孤儿和查找不到生父母的弃婴、儿童的社会福利院。这些机构事实上也在履行监护孤儿、弃婴和儿童的职责,以其为送养人是理所当然的。

3. 有特殊困难无力抚养子女的生父母

以有特殊困难无力抚养子女的生父母为送养人，是同以生父母有特殊困难无力抚养的子女为被收养人的规定相一致的。在这种情况下，通过送养变更亲属关系对子女的健康成长是有利的。

关于以生父母为送养人的问题，我国《收养法》中还有下列相关规定：

第一，《收养法》第10条第1款规定："生父母送养子女，须双方共同送养。生父母一方不明或者查找不到的可以单方送养。"子女是父母双方的子女，变更亲子法律关系事关重大，自应取得父母双方同意。只有在客观上无法共同送养时，始得单方送养。在现实生活中，上述的单方送养主要出于非婚生子女的生父不明或生父母一方已失踪等原因。基于同样的理由，生父母一方已死亡的，另一方自可为单方送养，但须受《收养法》第18条规定的限制。

第二，《收养法》第18条规定："配偶一方死亡，另一方送养未成年子女的，死亡一方的父母有优先抚养的权利。"这里所说的死亡一方的父母，是另一方的公、婆或岳父、岳母，即被送养者的祖父母或外祖父母。按照我国《婚姻法》第28条的规定，祖父母、外祖父母是被送养者的第二顺序抚养义务人。如果祖父母或外祖父母确有抚养孙子女或外孙子女的意愿和能力，自应予以优先抚养权。这一权利的行使，是生存的父或母送养子女的法定障碍。上述规定有利于对未成年子女权益的保护，也是符合我国人民的传统习惯的。

我国《收养法》第12条还规定："未成年人的父母均不具备完全民事行为能力的，该未成年人的监护人不得将其送养，但父母对该未成年人有严重危害可能的除外。"本条对监护人送养所作的限制，是出于保护父母权益的需要。在一般情形下，父母丧失民事行为能力时变更亲子关系对父母是不利的（如子女为他人收养后，便失去了可期待的受赡养扶助的权利等）。但书以下的规定，则是出于保护子女权益的需要；为了免受严重危害，自以准予送养为宜。

当代西方国家多用契约说去解释收养行为，视送养人为被收养人的法定代理人，故一般均以亲权人或监护人为送养人。例如：《日本民法典》第797条规定："未满15岁的人作养子女时，其法定代理人可以代其承诺收养。"

（三）收养人的条件

我国《收养法》第6条规定，收养人应当同时具备下列条件：

1. 无子女

这里所说的无子女，包括未婚者无子女，已婚者尚无子女以及因欠缺生育能力而不可能有子女等各种情形。在解释上，子女既包括婚生子女，也包括非婚生子女和拟制血亲的子女。我国《收养法》第8条规定："收养人只能收养一名子女"（法律另有规定的除外,详后)。由此可见,已有养子女者是不能再为收养的。

2. 有抚养教育被收养人的能力

这里所说的能力,是就其总体而言的,而不是就其某一方面而言的。衡量是否具有抚养教育被收养人的能力时,不能仅考虑收养人的经济负担能力,还要考虑在思想品德等方面有无抚养教育能力。例如:品德恶劣、行为不端致不堪为人父母的,有其他情形不利于被收养人健康成长的,均应认为抚养教育能力的欠缺。我们认为,在处理具体问题时,对收养人的能力的要求,一般应不低于对监护人的监护能力的要求。

3. 未患有医学上认为不应当收养的疾病

禁止特定的疾病患者收养子女,是保护被收养人健康成长的必然要求。这里所说的疾病,主要是指足以危害养子女健康的传染性疾病,以及危及养子女人身安全的精神病等。

4. 年满 30 周岁

法律对收养人的最低年龄作上述规定,是出于对收养关系的性质和生育时间的考虑。30 周岁以下的人,生育子女的机会尚多,不必急于收养他人子女作为自己的子女。到达相当年龄后再收养子女,能够更好地承担养父母的职责。基于我国的人口现状和人口政策,规定年满 30 周岁始得收养子女是比较适宜的。

关于收养人的条件,我国《收养法》中还有下列几项规定。

第一,《收养法》第 9 条规定:"无配偶的男性收养女性的,收养人与被收养人的年龄应当相差 40 周岁以上。"这一规定是出于伦理道德上的考虑和保护被收养人的需要。有的学者提出,无配偶的女性收养男性的,也应有相当的年龄差距。我们认为这一主张是不无理由的,至于年龄应相差多少岁,可以进一步研究。

第二,《收养法》第 10 条第 2 款规定:"有配偶者收养子女,须夫妻共同收养。"这一规定的立法精神是不难理解的。被收养人是收养人的家庭成员,与养父母共同生活;如果有配偶者置其配偶的意愿于不顾,单方收养子女,另一方不予承认,势必对家庭关系带来种种不利的影响,这是有悖于收养制度的宗旨的。

此外,《收养法》还对收养人作了只能收养一名子女的数量限制(第 8 条)。为了坚持计划生育原则,同时也为了保证收养人具有足够的抚养教育条件,这一限制是很有必要的。

由上可见,与外国的有关立法例相比较,我国《收养法》中收养人的条件是相当严格的。就收养人必须达到的最低年龄而言,我国的规定也是较高的。例如:《德国民法典》第 1743 条规定:"(1)夫妻双方实行收养时,一方应满 25 岁,另一方应满 21 岁。(2)独自收养子女者,应满 25 岁。"《日本民法典》第 792 条规定:"已达成年者可以收养子女”。俄罗斯联邦婚姻、家庭法典第99条规定:“除了被剥夺亲权的人,以及依法定程序被宣告为无行为能力的人或行为能力受限制的人以外,成年公民都可以充当收养人。”这方面还有一些比较特殊的立法例。《秘鲁家庭法》第326条规定:收养人应在50岁以上,并享有良好的名誉。按照《智利收养法》第2条的规定,收养人年龄的下限为40岁,上限为70岁。关于收养人与被收养人的年龄差距,《法国民法典》第344条要求,收养人必须较其拟收养的儿童大15岁;如被收养人为其配偶原有的子女,年龄差距可以降低至10岁。荷兰民法第228条则要求,收养人与被收养人的年龄差距,至少为18岁,最多不超过50岁。关于在收养人与被收养人之间是否需要规定最大的年龄差距问题,亲属法学家意见纷纭,仁智互见。

(四)当事人的收养合意

收养关系的成立,以有关当事人的意思表示一致为其必要条件。按照我国《收养法》第11条的规定,法律对收养合意问题有下列两个方面的要求。

1. 收养人收养与送养人送养须双方自愿

具体说来,上述双方须在平等、自愿的基础上,达成有关成立收养的一致协议。有配偶者送养或收养子女,须夫妻共同送养或共同收养(参见前文对《收养法》第10条第1、2款的说明)。收养社会福利机构抚养的孤儿、弃婴和儿童,应当征得该社会福利机构的同意。

2. 收养年满10周岁以上的未成年人应征得被收养人的同意

10周岁以上的未成人已具有部分民事行为能力,被收养是有关变更其亲子法律关系的重大问题,征得本人同意是完全必要的。对收养10周岁以下的未成年人则无此要求。

关于收养合意问题,外国法中也有类似的立法例。按照多数国家的规定,当事人的合意是指收养方和送养方的意思表示一致;如收养方或送养方为有配偶者,须得配偶双方同意。在一定条件下,须得有识别能力的被收养人本人同意。《日本民法典》第795条规定,有配偶者,不与其配偶共同为之,不得收养子女。《法国民法典》第343条规定,如收养人已婚而并未分居,必须取得其配偶的同意始得收养子女。许多国家在法律上还规定了允许单方收养的各种具体情形。《日本民法典》第795条规定,夫妻一方将另一方的子女(此处系指前婚的子女,按照我国的称谓,是收养人的继子女)收养为子女的,可以单方收养。《德国民法典》第1741条规定,夫妻一方可以单方收养自己的非婚生子女。在配偶一方死亡、丧失行为能力、下落不明、丧失亲权、被宣告为禁治产人等情况下,单方收养也是为法律所允许的。罗马尼亚、法国、德国和日本的法律中均有此类规定。在被收养人到达一定年龄时,收养关系的成立须得其本人同意,这也是许多收养立法的通例,但是对同意年龄的具体规定则是不尽相同的。有的规定为 14 周岁以上,如《秘鲁家庭法》第 326 条;有的规定为 13 岁或 15 岁以上,如《法国民法典》第 345 条、第 360 条,两种同意年龄分别适用于完全收养和不完全收养。有的规定为 10 岁以上,如俄罗斯联邦婚姻和家庭法典第 103 条。

(五)关于在若干具体情形下放宽收养条件的规定

作为收养条件一般规定的例外,我国《收养法》规定在若干具体情形下可以适当放宽收养条件。放宽条件的原因是多方面的,或出于对近亲收养的历史传统的考虑,或出于对侨胞的利益的关切和照顾,或出于对收养孤儿、残疾儿童、弃婴和儿童的鼓励,或出于稳定家庭关系的要求。

1. 关于收养三代以内同辈旁系血亲的子女的规定

《收养法》第 7 条第 1 款指出:"收养三代以内同辈旁系血亲的子女,可以不受本法第 4 条第 3 项、第 5 条第 3 项、第 9 条和被收养人不满 14 周岁的限制。"按此规定,在收养兄弟姊妹的子女、堂兄弟姊妹的子女、表兄弟姊妹的子女时,条件放宽之处有四:第一,其生父母无特殊困难、有抚养能力的子女,亦可为被收养人。第二,无特殊困难、有抚养能力的生父母,亦可为送养人。第三,无配偶的男性收养女性,不受收养人与被收养人间须有 40 周岁以上年龄差的限制。第四,可以收养年满 14 周岁的未成年人。

需要指出的是,对于以上所说的第四点,一些学者在理解上是有歧见的。我们认为,基于收养制度的宗旨,这里所说的只是 14 周岁以上、18 周岁以下亦可为被收养人,而不能理解为 18 周岁以上的成年人亦可为被收养人。只有这样解释,才符合这一规定的本意。

《收养法》第 7 条第 2 款还指出:"华侨收养三代以内同辈旁系血亲的子女,还可以不受收养人无子女的限制。"收养人如为华侨,除适用本条第 1 款的规定外,即使已有子女,甚至子女不止一人,也不妨碍其收养三代以内同辈旁系血亲的子女。

2. 关于收养孤儿、残疾儿童或者查找不到生父母的弃婴和儿童的规定

《收养法》第 8 条第 2 款指出:"收养孤儿、残疾儿童或者社会福利机构抚养的查找不到生父母的弃婴和儿童可以不受收养人无子女和收养一名的限制。"这一规定的立法精神是十分清楚的。上述儿童为他人收养,有利于其在养父母的抚育下健康成长。放宽条件既是出于保护上述儿童的需要,也是对此类符合社会公共利益的收养行为的肯定和鼓励。当然,在处理具体问题时应当充分考虑收养人自身的抚养能力和其他条件,收养子女过多是不适宜的。

3. 关于继父母收养继子女的规定

《收养法》第 14 条指出:“继父或者继母经继子女的生父母的同意,可以收养继子女,并可以不受本法第 4 条第 3 项、第 5 条第 3 项、第 6 条和被收养人不满 14 周岁以及收养一名的限制。”

继子女随其生母或者生父与继父或继母同居一家,关系十分密切。放宽条件鼓励此种收养行为,可以变继父母继子女关系为养父母养子女关系,消除继子女与继父或继母间、与生父或生母间的双重权利义务,使亲子法律关系单一化,这对稳定家庭关系是十分有利的。

外国收养法中也有一些放宽收养条件的特别规定,主要适用于收养非婚生子女、继子女以及事实收养等情形。

二、收养成立的形式要件

收养是拟制血亲关系借以发生的法定途径。变更亲子法律关系事关重大,故各国法律均以收养为要式法律行为,只有符合法定形式,收养的成立才产生法律效力。综观各国收养制度的立法例,对收养成立在形式要件上的要求有两种不同的类型,一是收养依司法程序而成立,二是收养依行政程序而成立。一般说来,依司法程序而成立的,收养当事人须向有管辖权的法院呈送申请书和提供有关证件,经法院决定认可后,收养即告成立。德国、法国、英国、美国等均采用此制。依行政程序而成立的,收养当事人须向主管的行政机关申报并提供证件,经行政机关审查批准后,收养即告成立。日本、瑞士、原苏联各加盟共和国等均采用此制。

我国《收养法》曾为收养关系的成立规定了不同的法律程序,各有其适用范围。经修正后,国内公民之间的收养统一为收养登记程序。《收养法》第 15 条规定:收养应当向县级以上人民政府民政部门登记。收养关系自登记之日起成立。收养查找不到生父母的弃婴和儿童的,办理登记的民政部门应为在登记前予以公告。收养当事人愿意订立收养协议的,可以订立收养协议。收养关系当事人各方或者一方要求办理收养公证的,应当办理收养公证。按此规定,收养登记是收养成立的法定形式要件。收养协议和收养公证则是出于当事人的意愿、要求而采用的。现分述于下。

(一)收养登记

当事人各方均符合收养成立的实质条件只意味着成立收养关系的可能性,通过收养登记才能使这种可能成为现实。收养行为是当事人用以变更身份关系的民事法律行为;准予收养登记则是国家主管机关的具体行政行为,通过这种认可,收养关系才得到法律的承认和保护。关于收养登记的具体事项,应按民政部颁行的

《中国公民收养子女登记办法》(1999 年 5 月 25 日)和其他相关规定办理。

1. 办理收养登记的机关

办理收养登记的机关,是县级以上人民政府的民政部门。在地域管辖上,又可分为以下各种情形:(1)收养社会福利机构抚养的查找不到生父母的弃婴、儿童和孤儿的,在社会福利机构所在地的收养登记机关办理。(2)收养非社会福利机构抚养的查找不到生父母的弃婴和儿童的,在弃婴和儿童发现地的收养登记机关办理。(3)收养生父母有特殊困难无力抚养的子女或者由监护人监护的孤儿的,在被收养人生父母或者监护人常住户口所在地(组织作为监护人的,在该组织所在地)的收养登记机关办理。(4)收养三代以内同辈旁系血亲的子女,以及继父或者继母收养继子女的,在被收养人生父或者生母常住户口所在地的收养登记机关办理。

2. 收养登记的具体程序

(1)申请。收养登记须由当事人亲到收养登记机关办理,这里所说的当事人,包括收养人、送养人和年满 10 周岁以上的被收养人。夫妻共同收养、共同送养子女,一方不能亲自到场的,应出具有效的委托书。

申请收养登记时,收养人应当向登记机关提交收养登记申请书,其内容应包括收养人、送养人、被收养人的基本情况,收养的目的,以及收养人所作的不虐待、不遗弃被收养人和抚育被收养人健康成长的保证等。

申请登记时,收养人,送养人应提交为办理登记所必需的各种证件和证明,其目的在于证明收养行为的合法性。基于被收养人、收养人和送养人的不同情况,对证明有不同的要求,详见《中国公民收养子女登记办法》中的有关规定,此处从略。

(2)审查。这是办理收养登记的中心环节,审查的内容包括各方主体的条件是否符合法律的规定,证件、证明是否齐全、有效,收养的目的是否正当,当事人的意思表示是否真实等。审查期限为 30 日,自收养登记机关收到收养登记申请书及有关材料的次日起算。收养查找不到生父母的弃婴和儿童,公告期间(60 日)不计入审查期限。

(3)登记。经审查,对符合《收养法》规定条件的,应当准予收养登记,发给收养登记证,收养关系自登记之日起成立;对不符合《收养法》规定条件的,不予登记,并应对当事人说明理由。

按照《收养法》第 16 条的规定,收养关系成立后,公安部门应当依照国家有关规定为被收养人办理户口登记。

(二)收养协议和收养公证

按照我国《收养法》的规定,收养协议和收养公证,并非国内公民之间成立收养关系的法定形式要件。是否订立协议、办理公证,可由当事人自行选择。

收养协议是当事人自行订立的。协议的当事人须合格,意思表示须真实,其内容不得违背法律和社会公共利益。协议应作成书面形式。在现实生活中,此种协议一般是在办理收养登记以前订立的。

收养公证是出于当事人各方或一方的要求而办理的,其目的在于证明收养关系的合法性。因此,这种登记应在准予收养登记后办理。如果尚未办理收养登记,仅就收养协议办理公证,只能证明协议是真实、合法的,并不能证明收养关系已经依法成立。

三、与收养成立相关的其他规定

(一)子女由亲朋抚养不适用收养关系

《收养法》第17条规定:"孤儿或者生父母无力抚养的子女,可以由生父母的亲属、朋友抚养。""抚养人与被抚养人的关系不适用收养关系。"

这种不具有收养性质的抚养,并不变更亲子法律关系;抚养人和被抚养人间,是不发生养父母与养子女的权利和义务的。

(二)不得以送养子女为由超计划生育

《收养法》第19条规定:"送养人不得以送养子女为理由违反计划生育的规定再生育子女。"这一规定是符合我国国情的,是坚持计划生育原则的必然要求。如果允许送养人在送养子女后再生育子女,势必不利于有计划地控制人口增长。

(三)严禁买卖儿童或借收养名义买卖儿童

《收养法》第20条对此作了明确的规定。为了保护儿童的合法权益,任何人不得借收养、送养之名,行买卖儿童之实。借收养名义拐卖儿童或出卖亲生子女构成犯罪的,须依法追究刑事责任。

(四)关于保守收养秘密的问题

《收养法》第22条规定:"收养人、送养人要求保守收养秘密的,其他人应当尊重其意愿,不得泄露。"

这一规定表明了法律对当事人意愿的尊重,同时也是保护当事人权益和稳定家庭关系的需要。但是,我国现行的法律、法规中对泄露收养秘密的法律责任问题尚无规定。在完善收养立法时,似应对此增设必要的条款。

第三节 收养的效力

收养关系一经成立,便引起一系列的法律后果,收养的效力,是因收养的成立而引起的法律后果的总称。

我国现行的收养制度,在性质上属于单一的完全收养,没有兼采不完全收养。《婚姻法》第 27 条第 2 款规定的有扶养关系的继父母继子女,其性质与某些国家亲属法中的不完全收养相似,但现行法中并无不完全收养这一概念。

《婚姻法》第 26 条规定:“养父母和养子女间的权利义务,适用本法对父母子女关系的有关规定。”“养子女和生父母间的权利和义务,因收养关系的成立而消除。”该条仅指出收养成立的直接后果,即及于养父母与养子女,养子女与生父母的效力。《收养法》则进一步明确规定,收养的效力不仅及于养父母与养子女、养子女与生父母,还及于养子女与养父母的近亲属,养子女与生父母以外的其他近亲属。后者可称为收养成立的间接后果,这些后果是以收养关系为中介而发生的。

按照我国《收养法》第 23 条的规定,可将收养的全部效力分为拟制效力和解销效力两个方面。同时,有关条文还对无效收养行为及其法律后果作了明确的规定。

一、收养的拟制效力

这里所说的拟制效力,是指收养依法创设新的亲属关系及其权利义务的效力,故不妨称其为收养的积极效力。在当代各国的收养法中,对收养的拟制效力有不同的立法例。有的国家规定,收养的拟制效力仅及于养父母与养子女及收养关系存续期间养子女所出的晚辈直系血亲,而不及于养父母的血亲,如德国、瑞士、法国、奥地利等。有的国家则规定,收养的拟制效力同时及于养父母的血亲,如日本、韩国等。按照我国《收养法》的规定,收养的拟制效力不仅及于养父母与养子女,也及于养子女与养父母的近亲属。

(一)对养父母与养子女的拟制效力

我国《收养法》第 23 条第 1 款指出:“自收养关系成立之日起,养父母与养子女间的权利义务关系,适用法律关于父母子女关系的规定”。

按此规定,基于收养的拟制效力,养父母养子女关系与自然血亲的父母子女关系具有同等的法律意义,前者和后者,在亲子间的权利义务上是完全相同的。例如,《婚姻法》中有关父母对子女的抚养教育、保护,子女对父母的赡养扶助等规定,《继承法》中有关父母与子女互为第一顺序的法定继承人的规定,均适用于养父母与养子女。

收养的拟制效力,同样也表现在养子女的称姓问题上。养子女的姓随养亲,这是当代各国亲属法的通例。例如日本民法典规定:“养子女使用养父母的姓氏。”俄罗斯联邦婚姻和家庭法典规定:“在作出收养决定时,得根据收养人的请求,将被收养人的姓改为收养人的姓,并以收养人的名为其父名。"同时还规定,更改年满10周岁的被收养人的姓、父名以及本名,除法律另有规定外,均应征得本人同意。按照《法国民法典》第357条、第363条的规定,不论是完全收养还是不完全收养,被收养人均使用收养人的姓。但又规定,夫妻共同收养,被收养人使用夫姓。我国《收养法》第24条指出:"养子女可以随养父或养母的姓,经当事人协商一致,也可以保留原姓。"养子女的姓既可随养父,也可随养母,这同《婚姻法》第22条有关子女称姓问题的规定是完全一致的。上述规定既符合收养制度的宗旨和男女平等的原则,又具有一定的灵活性。

(二)对养子女与养父母的近亲属的拟制效力

我国《收养法》第23条第1款还指出:"养子女与养父母的近亲属间的权利义务关系,适用法律关于子女与父母的近亲属关系的规定。"

养子女与养父母的近亲属间的权利义务关系,是养亲子关系在法律上的延伸。具体说来,养子女与养父母的父母间,有祖孙间的权利和义务;养子女与养父母的子女间,有兄弟姐妹间的权利和义务。上述近亲属间的抚养、赡养和扶养适用《婚姻法》第28条、第29条的规定;法定继承适用《继承法》第10条及其相关规定。养兄弟姐妹、养祖父母、养外祖父母为第二顺序法定继承人;养孙子女、养外孙子女可以代位继承其养祖父母、养外祖父母的遗产。

关于养子女的晚辈直系血亲与养父母间的权利义务关系问题,我国现行法中未设明文。我们认为,根据收养法理和广大群众的习惯,应当肯定这种权利义务关系,已超过近亲属范围的除外。

二、收养的解销效力

这里所说的解销效力,是指收养依法终止原有的亲属关系及其权利义务的效力,故不妨称其为收养的消极效力。在当代各国的收养法中,关于收养的解销效力的规定因完全收养和不完全收养而异。在完全收养的情形下,养子女与生父母及其他近亲属间的权利义务关系基于收养的效力而消除。在不完全收养的情形下,养子女与生父母及其他近亲属间仍保有法定的权利义务关系。按照我国《收养法》的规定,收养均属于完全收养的性质,收养的解销效力不仅及于养子女与生父母,也及于养子女与生父母以外的其他近亲属。

(一)对养子女与生父母的解销效力

我国《收养法》第23条第2款指出,养子女与生父母间的权利义务关系,因收养关系的成立而消除。

按此规定,收养的解销效力所消除的,仅为法律意义上的父母子女关系,而非自然意义上的父母子女关系。养子女与生父母间基于出生而具有的直接血缘联系,是客观存在的,不能通过法律手段加以改变。因此,我国《婚姻法》中有关禁止直系血亲结婚的规定,对养子女与生父母是仍然适用的。

(二)对养子女与生父母以外的其他近亲属的解销效力

我国《收养法》第23条第2款还指出,养子女与生父母以外的其他近亲属间的权利义务关系,亦因收养关系的成立而消除。

按此规定,子女被他人收养后,与生父母的父母不再具有祖孙间的权利义务关系;与生父母的其他子女间,不再具有兄弟姐妹间的权利义务关系。

基于前文中业已说明的理由,我国《婚姻法》中有关禁止直系血亲和三代以内旁系血亲结婚的规定,对养子女与生父母以外的其他近亲属也是仍然适用的。

关于收养的解销效力不及于禁婚亲的问题,外国收养法中也有此类规定。例如,《罗马尼亚家庭法典》指出:收养关系成立后,在被收养人和原血亲间,法律有关禁止近亲婚的规定仍然有效(按照该法典第79条第2款的规定,禁止直系血亲和四代以内的旁系血亲结婚)。

三、无效收养行为

(一)无效收养的概念与原因

无效收养行为是欠缺收养成立的法定要件的收养行为,这里所说的要件,包括实质要件和形式要件;这种行为不具有收养的法律效力,是一种无效民事行为。我国《收养法》第25条第1款规定:"违反《中华人民共和国民法通则》第55条和本法规定的收养行为无法律效力。"在我国,判断一收养行为是有效还是无效的,只能以《民法通则》有关民事法律行为要件的规定和《收养法》有关收养关系成立要件的规定为依据。

有的国家对欠缺法定要件的收养行为兼采无效和撤销两种制度。例如:按照日本民法的规定,以当事人间无收养的意思、当事人未为收养的户籍申报,作为收养无效的原因(《日本民法典》第802条第1款、第2款);以收养人为未成年人、被收养人为收养人的尊亲属或年长者、监护人收养被监护人未得家事裁判所的许可等,作为收养得撤销的原因(《日本民法典》第803条及其相关条款)。我国《收养法》对欠缺法定要件的收养行为采用单一的无效制,不作无效和可撤销的区分。

在我国收养制度中,收养无效的原因和收养成立的要件是互相对应的。这里所说的要件,包括一般的、所有民事法律行为均须具备的要件,也包括特定的、收养法律行为必须具备的要件。具体说来,收养因收养人、送养人不具有相应的民事行为能力而无效;因违反法律(被收养人、送养人和收养人不符合法律规定)和社会公共利益而无效;因欠缺收养的合意(包括当事人的意思表示不真实)而无效;因不符合收养成立的法定方式而无效。当然,不符合法定方式也是违反法律规定,但此处是仅就收养成立的法定形式要件而言的。

(二)确认收养无效的程序

按照我国现行法律、法规的规定,确认收养无效的程序有两种,即人民法院依诉讼程序确认收养无效和收养登记机关依行政程序确认收养无效。《收养法》中,仅有依诉讼程序确认收养无效的规定,关于依行政程序确认收养无效的问题,是以我国民政部关于办理收养登记的有关规定为依据的。

在审判实践中,依诉讼程序确认收养无效有以下两种情形:一是当事人或利害关系人提出请求确认收养无效之诉,由人民法院依法判决收养无效;二是人民法院在审理有关案件的过程中发现无效收养行为,在有关判决中确认收养无效。拟制血亲的亲子关系和自然血亲的亲子关系一样,是赡养、抚养、监护、法定继承等借以发生的基础法律关系。认定收养行为是否有效,是正确处理有关案件的必要前提。

我国民政部在有关收养登记的规定中指出,当事人弄虚作假骗取收养登记的,收养关系无效。至于当事人和利害关系人能否依行政程序申请确认收养无效的问题,并无规定。

(三)收养无效的法律后果

我国《收养法》第25条第2款规定:“收养行为被人民法院确认无效的,从行为开始时起就没有法律效力。”收养行为经收养登记机关依行政程序确认无效,同样也是自始无效的。关于确认收养无效的司法判决和行政决定具有溯及既往的效力,这是收养无效和收养关系解除的重要区别。

无效收养不发生收养的法律效力,致使当事人不能实现其预期的目的,这一点正是其法律后果在亲属法领域的集中表现。根据不同情形,无效收养有时还会发生并非当事人预期的,依法追究其法律责任的后果,包括行政法上的和刑法上的后果。当然,这些后果是在无效收养的责任主体有违法、犯罪行为的情形下发生的。

第四节 收养关系的解除

收养关系终止的原因有二:一是收养人或被收养人死亡,因主体缺位而自然终止;二是收养关系依法解除,通过法律手段而人为地终止。就法理而言,因死亡而终止的,以该收养关系为中介的其他亲属关系并不终止;因依法解除而终止的,以该收养关系为中介的其他亲属关系随之终止。

当代各国对收养关系的解除有不同的立法例。有些国家采取禁止主义或部分禁止主义,有些国家则采取许可主义。葡萄牙民法、阿根廷民法、玻利维亚家庭法等均禁止解除收养关系。现行的《法国民法典》规定,完全收养不得解除,不完全收养则可有条件地解除;申请解除时须证明有重大理由,如收养人一方提出解除,只有在被收养人年已超过15岁的情形下始得受理。按照俄罗斯联邦婚姻和家庭法典的规定,可以根据养子女的生父母的请求,或者根据监护和保佐机关或检察长的请求,解除收养关系;被收养人已届成年后,非经有关当事人(收养人、被收养人及其生父母)全体同意,不得解除收养关系。《日本民法典》第811条规定,收养的当事人可以协议解除收养。第814条规定,有下列情形之一的,收养当事人一方可以提出解除收养之诉:(1)被他方恶意遗弃的;(2)养子女生死不明达三年以上的;(3)有其他难以继续收养的重大事由的。

按照我国《收养法》的规定,根据当事人对解除收养所持的一致或相反的态度,收养关系的解除可经由两种不同的方式处理。一是收养关系依当事人的协议而解除;二是收养关系依当事人一方的要求而解除。

一、收养关系依当事人的协议而解除

我国《收养法》第26条第1款规定:“收养人在被收养人成年以前,不得解除收养关系,但收养人、送养人双方协议解除的除外,养子女年满10周岁以上的,应当征得本人同意。”此外,按照同法第27条的规定,养父母与成年养子女也是可以协议解除收养关系的。禁止收养人在被收养人成年以前单方解除收养,是出于稳定收养关系,保护养子女合法权益的需要。如果出现某种重大事由致使收养关系确实无法维持,收养人和送养人在双方自愿的基础上达成解除收养的协议的,自当依法准许。在养父母与成年养子女协议解除收养的问题上,应尊重双方的共同意愿。

(一)协议解除收养关系的条件

在养子女成年以前,解除收养须得收养人和送养人同意;双方在解除收养的问题上,意思表示完全一致。养子女满10周岁以上的,还应征得本人同意。10周岁以上的未成年人已有部分民事行为能力,对解除收养的意义和后果,是有一定的识别能力的。是否解除收养,事关该子女的切身利益,取得其同意是完全必要的。

在养子女成年以后,协议解除收养关系须得收养人和被收养人即该养子女的同意;双方在解除收养的问题上,意思表示完全一致。成年养子女具有完全民事行为能力,能够以自己的行为独立地与收养人达成解除收养的协议,因此,无须以原送养人的同意为解除收养关系的必要条件。

协议解除收养关系的，当事人应就解除后的财产和生活等问题一并达成协议。

（二）协议解除收养关系的程序

按照我国《收养法》第28条的规定，当事人协议解除收养关系的，应当到民政部门办理解除收养关系的登记。按照民政部的有关规定，办理解除收养的登记，当事人应持居民户口簿、居民身份证、收养登记证和解除收养关系的书面协议，共同到被收养人常住户口所在地的收养登记机关办理。收养登记机关收到解除收养关系登记申请书及有关材料后，应当自次日起在30日内进行审查；对符合《收养法》规定的，为当事人办理解除收养关系的登记，收回收养登记证，发给解除收养关系的证明。收养关系自发给上述证明之日起解除。

二、收养关系依当事人一方的要求而解除

这里所说的一方，是指收养人、送养人或已成年的被收养人。由于解除收养的要求仅由一方提出，未获另一方当事人同意，因而在当事人间发生有关解除收养的纠纷。在这种情形下，只有基于法定理由始得解除收养关系，并须经法定的程序办理。

（一）一方要求解除收养关系的法定理由

按照我国《收养法》第26条第2款的规定，收养人不履行抚养义务，有虐待、遗弃等侵害未成年养子女合法权益行为的，送养人有权要求解除养父母与养子女间的收养关系。送养人、收养人不能达成解除收养关系协议的，可以向人民法院起诉。

按照我国《收养法》第27条的规定，养父母与成年养子女关系恶化，无法共同生活的，可以协议解除收养关系。不能达成协议的，可以向人民法院起诉。

据此，收养人、送养人、成年养子女均可在具有法定理由的情形下，向人民法院提出解除收养关系的诉讼请求。

（二）一方要求解除收养关系的程序

当事人一方要求解除收养关系的，应当经由诉讼程序办理。人民法院审理要求解除收养关系的案件，应当查明有关事实，根据《婚姻法》、《收养法》的有关规定，正确处理收养纠纷，保护当事人的合法权益，特别是未成年养子女的权益。在养子女已经成年，养父母因年老、丧失劳动能力而生活困难的情形下，应注意保护养父母的权益。

一般说来，首先应对此类纠纷做好调解工作，促使原、被告双方在自愿的基础上达成保持或解除收养关系的协议。调解无效时，依法作出准予或不准解除收养关系的判决。依诉讼程序解除收养关系的,收养关系自准予解除收养的调解书或判决书生效之日起解除。

在诉讼程序中以调解方式解除收养关系的,其性质亦为协议解除。但是诉讼程序中达成的解除收养关系的协议不同于诉讼外解除收养关系的协议。人民法院已将解除收养关系的协议载入调解书,当事人无须另行办理解除收养关系的登记。

三、解除收养关系的法律后果

(一)对养子女与养父母及其近亲属的后果

我国《收养法》第29条规定:收养关系解除后,养子女与养父母及其他近亲属间的权利义务关系即行消除。

解除收养关系的直接后果是养父母养子女关系的终止,双方不再具有父母子女间的权利义务。养子女与养父母的近亲属的关系,本来就是以收养关系为中介的,解除收养关系,他们之间就不再具有子女与父母的近亲属间的权利义务关系。

(二)对养子女与生父母及其他近亲属的后果

《收养法》第29条还规定:收养关系解除后,养子女与生父母及其他近亲属间的权利义务关系自行恢复,但成年养子女与生父母及其他近亲属间的权利义务关系是否恢复,可以协商确定。

可见,关于养子女与生父母及其他近亲属间的权利义务关系的恢复问题,《收养法》是以养子女是否已经成年为界限,区别对待,分别处理的。在子女未成年时,自行恢复,在子女成年后,可协商确定。如果成年养子女与生父母协商确定恢复父母子女间的权利义务关系,该子女与其他近亲属间的权利义务关系即随之恢复,要求该子女与所有的近亲属去协商是没有必要的。

(三)与解除收养关系有关的其他规定

我国《收养法》第30条,对解除收养关系后成年养子女的生活费给付义务和养父母的补偿请求权作了明确的规定,其立法精神主要是保护收养人的合法权益,妥善地处理解除收养关系的善后事宜。

1. 成年养子女的生活费给付义务

该条规定:"收养关系解除后,经养父母抚养的成年养子女,对缺乏劳动能力又缺乏生活来源的养父母,应当给付生活费。"

关于生活费的数额,应视养父母的实际生活需要和成年养子女的负担能力而定。一般说来,应不低于当地居民普通的生活费用标准。

2. 养父母的补偿请求权

该条还规定:"因养子女成年后虐待、遗弃养父母而解除收养关系的,养父母可以要求养子女补偿收养期间支出的生活费和教育费。”“生父母要求解除收养关系的，养父母可以要求生父母适当补偿收养期间支出的生活费和教育费，但因养父母虐待、遗弃养子女而解除收养关系的除外。”

按此规定，养父母的补偿请求权，得分别情形，向成年养子女主张或向生父母主张。养父母对养子女的虐待、遗弃，是向生父母主张补偿请求权的法定障碍。

第九章　监　护　法

第一节　概　　说

监护制度是一项重要的民事法律制度。它关系着对未成年人和处于特殊情况下的成年人合法权益保障的问题。而作为社会中的人,均是生活在一定家庭之中的,所以在研究婚姻家庭法时,监护制度作为一项重要的民事法律制度,便是一个必不可少的研究对象。

一、监护的概念

监护,就是指依照法律规定,对特定自然人的人身权益和财产权益进行监督和保护的法律制度。根据监护范围的宽窄,监护可分为广义和狭义的两种不同解释。

广义上的监护制度是指对一切未成年人和限制民事行为能力人及无民事行为能力成年人(或曰禁治产人)的人身和财产权益进行监督和保护的法律规范之总和。其中规定父母为未成年子女的法定监护人。英美法系的很多国家采用了这一体例。我国《民法通则》第 16 条也作了类似的规定。狭义上的监护制度是指对无父母,或父母不能照护的未成年人(亦即不在亲权保护下的未成年人),以及其他限制民事行为能力人或无民事行为能力人即禁治产人的人身和财产权益进行监督和保护的法律规范的总和。这一概念中排除了父母对未成年子女的人身和财产上的监督和保护的权利和义务内容,对此种权利义务另设亲权制度加以规定。大陆法系各国大都作了这样的规定,前苏联、罗马尼亚等国的民法典或婚姻家庭法典也作了类似的规定。不少国家还设立了保护制度或保佐制度。保护一般是指对禁治产人或需要特殊保护的成年自然人的人身和财产权益的监督,或者是指对亲权人一方或双方不能实施亲权的未成年人的监护。如苏联和日本等国就设有保护制度。保佐实际上有两种情况。一种与保护大致相同,只是用词和范围的区别;另一种是在特殊情况下，对实行监护受到阻碍时采取的一种补救，或是对特别的人，或一定的特别财产实行的监督和保护。

二、监护的目的和性质

（一）监护的目的

监护以保护未成年人或其他限制民事行为能力、无民事行为能力的成年人（即禁治产人）的合法权益为目的。

（二）监护的性质

关于监护的性质有两种看法。一种看法认为监护是一种权利。此观点认为只有视监护为一种权利，才能使监护人正确、主动地行使权利，履行保护被监护人的义务，达到监护的目的。另一种看法认为监护是一种职责，是权利义务的统一，监护人既享有权利又负有义务。

若对监护的概念进行分析，可以看出，监护承担着监督和保护被监护人的责任，因此应该承认为完成监护的责任，监护人是享有一定权利的。但是，此权利正是履行监护责任的一部分内容。很显然，前述对监护性质的两种看法都有不妥之处。监护应是权利与义务紧密联系、不可分离，以义务为主要内容的一种社会职务。

监护制度有其自身发展的历史沿革过程，监护的性质也随之变化。监护制度发展到当今时代，其中心变革如前所述，监护已从单纯的权利发展成权利与义务相结合，而以义务为中心内容的一种社会职责。从世界各国法律关于监护人报酬的问题上也可以看出其性质的这一变革。《德国民法典》第1836条及1836 a—e条专门规定："(1)执行监护为无偿的。(2)监护法院得批准给予监护人或出于特殊原因给予监护监督人适当的报酬。(3)仅在受监护人的财产以及监护事务的范围和意义证明给予报酬为合理时，始得作出上述批准。(4)对将来的报酬得随时变更或取消之。"同条还规定，不得批准给予青少年事务局或社团以报酬。[1] 日本民法、法国民法虽规定给予监护人一定报酬或财产管理费用，但都作了极为严格的限制规定。苏联苏俄婚姻和家庭法典第126条还明确规定，监护和保护义务，应无偿地履行。综上可以说明，监护职务不是为获取劳动报酬或什么特别权利的一种职业，或者特权；而是为保护被监护人利益的一种社会公益性的职责，是以尽义务为中心内容的社会公职。即使有报酬，也是为监督、代理、保护被监护人的一种正常支出和财务管理费用。

---

〔1〕 参见《德国民法典》，郑冲、贾红梅译，法律出版社1999年版。

三、监护制度的沿革

监护制度起源于罗马法。早在奴隶社会,公元前450年古罗马颁布的有文字可考的第一部成文法典《十二铜表法》中就作了规定。《十二铜表法》第五表《继承及监护》中专门作了关于监护法的规定。[2]随着罗马帝国的发展,在《罗马法》中还对监护和保佐、监护的内容,监护人的职责和法律责任、变更保佐人等事项作了规定。[3]

监护制度是在宗族制和家长制基础上出现的,大约经历了四个发展阶段。第一阶段,它是为了家族利益而设立的代行家长权的、具有家长辅佐人、代表人性质的一项民事制度。第二阶段,随着宗族制和家长制的逐步瓦解,亲权和夫权逐渐独立于家长权之外。监护和保佐渐渐演变为一种社会的"公职",对不在亲权之下的未成年人及不在夫权之下的妻子也开始设置监护人。监护人往往是家族内的成员,与近代的亲权有类似之处。罗马法中既有对未成年人的监护,亦有对妇女的监护规定。此时期监护制度仍带有浓重的父权家族法性质。第三阶段,近现代意义上的监护制度。此阶段监护制度是随着资产阶级革命胜利和近代工业化的发展,随着商品经济日益发达而逐步健全完善起来的。这一时期,为适应生产关系、社会结构和思想观念变化的需要,世界上很多国家逐步摒弃了家长制度。与此同时,随着监护人与被监护人财产的相对独立,监护制度"社会公职"性质明显化,未成年人的法律地位有所提高,男女不平等状况也在逐渐改变。苏联在1926年公布了苏俄婚姻家庭和监护法典。在保护未成年人利益及男女平等方面,前进了一大步。第四阶段,监护制度进一步现代化。第二次世界大战留下了大量的孤儿,这对监护制度的发展起到了重要的推动作用。东欧诸国大多借鉴苏联婚姻家庭监护法典,修改了监护制度。同时,世界绝大多数国家对监护制度作了多次修改,废除了大量旧的、落后的条款,使监护制度向保护儿童和妇女权益方面大大前进了一步。但是,世界各国监护制度发展情况不尽相同。有的国家和地区监护法律制度仍存留较浓的封建色彩,保留了亲属会议制度及男女不平等原则。

我国古代宗法思想严重,家庭统属于家长。一家之内,子必从父,弟必从兄,妻必从夫,家属必从家长,即所谓"家无二主"、"天无二日,国无二君,家无二尊"[4]。《唐律疏义》中有祖父母、父母在,别籍异财,若供养有阙视为不孝,为十恶之一的

---

〔2〕 参见《中国大百科全书》(法学卷),中国大百科全书出版社1984年版,第397页。

〔3〕 参见《民法大全选译Ⅱ·家庭》,费安玲译,中国政法大学出版社1995年版,第97~120页。

〔4〕《礼记·坊记》、《孔子家语·本命解》。

规定。在家长制极为发达的情况下,家族中若有未成年人或无民事行为能力人、限制民事行为能力人时,也无须设置专职监护人。当家长本人年幼或其他原因无法操持家务、管理家政时,多以“管家”、“顾命”、“托孤”等形式委托他人进行辅佐,但并没有形成一定的制度。至清末,进行法制改革,依照德国、日本法例于1911年起草完成了《大清民律草案》。其中第四篇亲属部分开始规定有监护的内容。如规定:“未成年人无行亲权人或行亲权人不得行其亲权时,须设监护人。”“受准禁治产之宣告者,须置保佐人。”“成年人受禁治产之宣告时,须置监护人。”并规定以亲属会议对监护人、保佐人的监护进行协助、监督等。[5]该草案将亲权、监护、保佐作为对未成年人及其他无民事行为能力人、限制民事行为能力人(即禁治产人)进行保护的民事法律制度。虽具有浓重的封建性,却是我国监护立法之发端。虽然这部法律随着清王朝的灭亡而未付诸实行,但却可以看到我国监护制度是继受西方法学思潮,以德国、日本,特别是德国民事立法体系为蓝本制定的。至1930年公布的旧中国民法典《亲属编》专章规定了监护制度。将监护分为不在亲权下的未成年人的监护和禁治产人(即无民事行为能力人或限制民事行为能力人)的监护。规定:“未成年人无父母或父母均不能行使、负担对于其未成年子女之权利义务时,应置监护人。”“禁治产人应置监护人。”[6]并规定将亲属会议作为监护机关。

1949年新中国成立后,1986年颁布的《民法通则》第二章第二节对监护制度作了原则性的规定,基本上采用了广义上的监护含义,父母为未成年子女的法定监护人。

四、监护制度的比较

如前所述,观世界各国立法,由于对监护含义的不同认定,各国监护法律制度亦有所区别。现以德、法、日、前苏联、英、美等国为例,观察其监护制度的不同特点:

(一)英美法系国家取广义监护的含义,没有将监护与亲权分开,统称为监护

英美法国家由一系列单行法律、法规调整监护关系。例如英国,根据1971年和1973年《未成年人监护法》,父亲和母亲具有照管和监护他们未成年子女的平等权利。如果父母一方死亡,其义务便转移给生存者。当父母发生争执时,或发生离婚诉讼时,可以向法院提出诉请。法院(根据英国1970年《法律执行法》,监护管辖权由大法官分院移交给家事分院)将审查各种细节和决定监护事项。首先考

[5] 《大清民律草案》,中国社会科学院法学所藏书。

[6] 1930年国民党“民法典”亲属编第四章监护,第1091条、第1110条,中国社会科学院法学所藏书。

虑的是未成年人的福利。关于监护人的指定主要有两方面规定:(1)由父母之一的契约文件或遗嘱而指定;(2)当契约或遗嘱没有指定监护人和没有父母、监护人或其他人对未成年人实施管束时,由高等法院、郡法院或治安法院指定之。《未成年人监护法》还规定,当未成年人已成为"法院监护的未成年人"(由于父母死亡或父母离婚的结果)时,所有影响到未成年人的重要决定,例如有关他的抚育、财产、投资等问题的决定,只有经过法院通常是家事法院的许可才能作出。该法还规定了其他的监护事项,如:(1)法院可以指定任何人为监护人。因此父母之一可以被指定为"监护人",但应在法院管束之下行使监护。(2)干涉受法院监护的未成年人或监护人,视同于藐视法庭罪,可以判处监禁。(3)没有法院的指令,受法院监护的未成年人不能结婚或出国。(4)受监护人拒绝执行法院指令,可按藐视法庭罪予以惩罚。[7]又如美国,1968年制定有《统一未成年子女监护管辖法》等单行法规和关于监护的一系列案例调整监护关系。法律和案例载明,对离婚或双亲法定分居时,未成年子女的监护将交与双亲之一,双方有平等的权利。选择的标准是"孩子的最大利益"。在美国,监护发生争议的主要问题之一是牵涉到法院改变监护裁决的管辖权问题。各州规定不一。有的当事人就利用这一空隙申请改变监护裁决。因而《统一未成年子女监护管辖法》中已规定对监护判决实行州际登记、对在不同州平行提出的修改申请加以废除或限制,以及进行司法合作,以实现州法律的一定的统一化。但未能取得很好的效果。[8]

(二)大陆法系国家一般取狭义监护的含义,设亲权和监护两种制度

1. 亲权与监护的区别

按狭义监护概念进行法律操作的国家明确区分了亲权和监护。从法理上讲,监护可以说是"亲权的延长"。但是,必须看到,监护不仅包括对未成年人,还包括受禁治产宣告(即无民事行为能力或限制民事行为能力)的成年人。因此,实际上监护和亲权并不是一回事。从范围来讲,监护的对象远大于亲权。就未成年人来讲,监护和亲权的行使也有很多区别。例如:第一,关系不同,亲权的行使以亲子关系为基础,而监护人与被监护人之间没有这种特定的人身关系和权利义务关系;第二,法律关于亲权人对于子女的财产进行处分的限制较宽,并多享有对该财产的用益权,相反,监护人则受到严格限制,并不享有对被监护人财产的用益权;第三,监护人因其监护活动可以得到报酬,而亲权人不可以;第四,亲权人因亲子关系而自然取得对其未成年子女的亲权,只有在特殊情况下,才会受到限制,而监护权必须

---

〔7〕 参见李启欣:"当代英国婚姻家庭里法"(下),载《广东法学》1988年第2期。

〔8〕 《美国法律概论》,沈宗灵译,北京大学出版社1983年版,第129~130页。

经法定程序才能够取得;第五,行使亲权一般不需要设专门监督机构,而监护人行使监护权必须受一定监督机构的监督;第六,监护人在监护开始时就必须对被监护人的财产开出清单,并受监督机构的监督,而亲权则不需要。由此可知亲权和监护权是不相同的。监护一般是对不在亲权下的未成年人和其他出于特殊情况下的人才实施的保护措施。[9]

2. 德国的监护和保佐

德国的监护制度,包括监护和保佐两方面的内容。监护又分为对于不在亲权之下的未成年人的监护和对被宣告禁治产(即无民事行为能力或限制民事行为能力)[10]的成年人的监护。20 世纪六七十年代,德国民法修改了以往的规定,赋予了非婚生子女生母的亲权(《德国民法典》第 1705 条)。这是具有进步意义的。但是,当时德国民法同时规定了关于确定父子关系和一切其他与确定或变更父母与子女关系或子女家族姓氏等有关事务、主张扶养请求权等事宜、处理子女在其生父及生父的亲属死亡时享有的应继分和特留分权利的情况下,仍应为非婚生子女设置保佐人(《德国民法典》第 1706 条),规定生母只有关于保佐关系不得开始、撤销保佐或限制保佐人作用范围的申请权。这一切做法的前提是,不违反子女利益。从 1997 年底到 1998 年 6 月底短短的半年之间,德国民法亲属篇作了重大修正,颁布了《子女身份法改革法》、《非婚生子女在继承法上的平等法》和《未成年子女生活统一法》等一系列法律,对非婚生子女地位的法律规定作了重大修改。其关于监护权方面也彻底消除了非婚生子女与婚生子女的差别。德民法中,不再出现"非婚生"一词,原民法第 1705 ~ 1711 条即第六节全部废除。[11] 德国民法关于监护的一个特点是,青少年事务局担任公职监护人。德国民法规定,在没有适合于担任监护人的人选时,可任命青少年事务局作为官方监护人。子女需要监护人而父母未结婚的,青少年事务局作为法定的官方监护人,任命须由监护法院以书面命令为之(德国民法第 1791b 条、第 1791c 条)。上述规定可以看出,德国很重视未成年子女权益的保护,并作了细密的规定,而且修改后的德国民法加强了公权力对监护的监督。

德国监护制度于监护人之外,还设置监护监督人辅助监护法院对监护人进行监督。

---

〔9〕 参见刘素萍、陈明侠:"监护与扶养",载巫昌祯、杨大文主编:《走向 21 世纪的中国婚姻家庭》,吉林人民出版社 1995 年版,第 172 ~ 173 页。

〔10〕 以下均称禁治产人,不再加括号说明。

〔11〕 参见《德国民法典》,郑冲、贾红梅译,法律出版社 1999 年版。

德国所设保佐人制是指限定一定范围的监护。其目的是将其作为亲权、监护权的一种补充,或为扩张监护的范围,如对胎儿的保护,对残疾人的保护等。

德国监护立法比较繁杂,但体系较为完备。我国监护立法虽不必像德国那么繁多,但德国民法对监护的重视及一些具体制度是值得我们借鉴的。

3. 法国——亲权与监护并存的监护制度

法国的监护机关有监护人、监护监督人、亲属会议和民事裁判所(法院)。监护人代理被监护人参加民事活动,管理被监护人的财产。监护人可以依照法律的规定产生即法定监护人,可以依父或母的遗嘱指定产生即指定监护人,也可以由亲属会议选任为选定监护人。监护监督人除对监护人进行监督外,还起着对监护事务协助、补充的作用。亲属会议主要由被监护人的亲属构成,其主要职能是进行监护人、监护监督人的选任和辞退、就与被监护人有重大利害关系的问题作出决定等。法院解决因亲属会议的构成、亲属会议所作决定,监护人选任、辞退是否得当等问题发生的争议,并对亲属会议作出的有关重要决议进行认可。

法国监护制度最显著的特点为亲权与监护并存。未成年人的父母双方均生存的,对该未成年子女财产的管理,在法律上也视为一种监护,因而其管理行为亦相应地受到一定限制。如父母任何一方死亡,都得对未成年子女的财产管理设置监护人。其身体上的照顾仍由亲权人担任。但在实际生活中普遍未实行,只是财产管理的行使须受监护监督人和亲属会议的监督。在法国,亲权与监护的区别主要在于亲权人对子女身体上照顾权利不同于一般监护人,在财产的管理上,亲权人和一般监护人几乎完全相同。可以看出法国对财产关系的调整是比较重视的。

4. 强调公权介入的日本监护制度〔12〕

日本监护制度包括了对无亲权下的未成年人的人身权和财产权的监护和对禁治产人以疗养看护及财产管理为主要内容的监护。日本民法重视公的权力在监护关系调整中的作用。监护人除父母以遗嘱指定的未成年子女监护人和禁治产人监护人外,都须由家庭裁判所选任。第二次世界大战后,日本民法废除了亲属会议,以家庭裁判所和监护监督人作为监护监督机构,此外还有依照儿童福利法实施的公法的监督。

日本有对禁治产人的监护,还有对准禁治产人的保护(保佐)制度。所谓对准禁治产人的保护是指保护人不享有对受保护人财产管理的法定代理权,只是受保护人在从事一些民事行为时,应得保护人同意。如果保护人与受保护人有利害冲突时,家庭裁判所应就该事项为受保护人设临时保护人。

---

〔12〕 以下参见平成六年《小六法》,有斐阁日文版民法,第4编第5章。

日本监护制度公权介入的特点反映了现代法律对社会关系的调整已日益广泛深入,国家公权已介入社会各个领域。监护涉及的对象,无论是未成年人,还是无民事行为能力人、限制民事行为能力人或残疾人,都是更应受到社会保护、国家保护的群体。所以公的权利的介入已日益成为世界各国立法者的共识。此点对完善我国监护法律制度也是很有意义的。

5. 苏联实行狭义的监护制度

苏联曾专门制定婚姻家庭监护法典,1968 年修改为《苏俄婚姻和家庭法典》,[13] 该法第 13 章专门规定了“监护和保护”制度。该法典规定:“为了对由于父母死亡、被剥夺亲权、患病或其他原因而没有父母照管的未成年的儿童进行教育,并保护他们的人身和财产的权利和利益,特规定监护和保护制度”(《苏俄婚姻和家庭法典》第 119 条)。同时规定“规定监护和保护制度,还为了保护由于健康状况不能独立行使其权利和履行其义务的成年人的人身和财产的权利和利益”(同前法典第 119 条第 2 款)。足见苏联实行狭义的监护制度。苏联虽未单独设立亲权制度,但在实际上有关于亲权的法律规定,在执行中是将父母的亲权和监护分开的。

该法典规定区(市)、镇或村劳动人民代表苏维埃执行委员会是监护和保护机关。

该法典规定了“对完全由保育机构进行教育的儿童,以及需要监护或保护而被安置在相应机构的成年人,无须指定监护人和保护人。对于这些人,由被监护人所在单位的行政部门负责履行监护人和保护的义务。为保护这些人的财产权益(领取抚恤金、管理财务等),在必要时可指定财产监护人”(《苏俄婚姻和家庭法典》第 127 条)。

该法典还规定了监护人的职责、监护和保护的解除和终止,并明确规定监护和保护义务应无偿地履行。

前苏联监护立法在某些方面,如受监护或保护人所在机关行政部门可为监护人等的规定,反映了计划经济条件下监护立法的种种特点。我国《民法通则》中关于监护的规定,在上述一些方面,吸取了前苏联立法的经验,值得进一步研究讨论。

五、我国现行监护制度的特点

我国《民法通则》第 2 章第 2 节第 16 ~ 19 条,以 4 条的篇幅作了关于监护的原则性规定。其他如:《婚姻法》、《收养法》、《未成年人保护法》、《妇女权益保障法》

〔13〕 参见张贤钰主编:《外国婚姻家庭法资料选编》,复旦大学出版社 1991 年版,《苏俄婚姻家庭法典》。

等法律,以及1984年最高人民法院《关于贯彻执行民事政策法律若干问题的意见》,1988年最高人民法院《关于贯彻执行〈中华人民共和国民法通则〉若干问题的意见(试行)》(以下简称为《意见》),1993年最高人民法院《关于人民法院审理离婚案件处理子女抚养问题的若干具体意见》(以下简称为《抚养意见》)等司法解释,也作出了若干与监护相关的较具体的规定。但是,《民法通则》是将监护作为民事主体制度的一部分加以规定的,具有总则性质,而不是作为家庭法制的一部分加以规定的,而且尚未形成完整的制度体系。其主要内容如下:

(一)监护和亲权不加区分

《民法通则》第16条第1款规定,未成年人的父母是未成年人的监护人。父母以监护人的资格对未成年子女行使监督保护职责,在法律上其权利义务与一般监护人相同,即将监护混同于亲权,将特殊监护混同于一般监护。

(二)监护人的确定

未成年人的监护人和被宣告无民事行为能力或限制民事行为能力的精神病人的监护人依照法律规定:或父母,或祖父母、外祖父母、兄姐、配偶、成年子女、关系密切的其他亲属,或有关单位,或被监护人住所地居民委员会、村民委员会,或者民政部门担当监护人(《民法通则》第16条第2、3、4款,第17条),没有规定遗嘱监护人。

(三)监护人的顺序问题

关于确定监护人顺序问题,对传统民法规定有所突破。首先按照一定顺位,在近亲属中依法律规定产生监护人。若其中没有符合条件的监护人,则依选任而产生监护人,选任过程中又强调被选任者的自愿。所以,若无此类监护人,可依法律规定由有关单位行政部门作为监护人。采用选任监护人优先于法定监护人中某一顺位监护人的形式比较灵活。[14]

(四)有关政府部门(指民政部门)可以作监护人

大多数国家规定,除特殊情况外,法人不得为监护人。德国民法规定青少年事务局可担任监护人、保佐人,但青少年事务局是德国负责青少年保障事务的专门性机构。根据我国《民法通则》第16条第4款、第17条第3款的规定,民政部门可以担任监护人。我国的民政部门是各级政府的一个工作部门,职能机构,负责所在政府的一切有关民政方面的工作。民政部门直接担当监护人的职责是否妥当,是值得研究的。

(五)明确规定的监护机关只有监护人

在我国《民法通则》中明确规定的监护机关只有监护人。没有监护监督人的

---

〔14〕 参见刘素萍、陈明侠:"监护与扶养",载巫昌祯、杨大文主编:《走向21世纪的中国婚姻家庭》,吉林人民出版社1995年版,第177页。

称谓,没有明确规定监护监督官署,也没有明确规定法院除裁决外的监督作用。

(六)关于监护人的职责和撤销的原则规定

《民法通则》第18条对监护人的职责以及监护人资格的撤销问题作了原则性的规定:“监护人应当履行监护职责,保护被监护人的人身、财产及其他合法权益,除为被监护人的利益外,不得处理被监护人的财产。监护人依法履行监护的权利,受法律保护。监护人不履行监护职责或者侵害被监护人的合法利益的,应当承担责任,给被监护人造成财产损失的,应当赔偿损失。人民法院可以根据有关人员或者有关单位的申请,撤销监护人的资格。”此规定过于原则,难以执行。

在我国,长期以来,家族观念根深蒂固,漫长的农业经济时代给人们心理带来的影响,短期内很难改变。由于对家庭关系的注重,使对无民事行为能力和限制民事行为能力人的照料基本上由家庭承担,监护成为纯粹家庭内部的事务,排斥了国家权力对监护的干预;而且由于整个社会经济条件的限制,被监护人也没有自己独立的财产,也很少以自己的名义参与民事活动,因此,长期以来,实际生活中没有产生完善监护制度的迫切需要。所以当时即使创设了一套完整的监护制度,也难以执行。因此,除我国立法上的主观原因以外,这种客观原因也决定了我国监护立法的滞后性。

随着改革的深入,工业现代化程度的加深,大家庭的分化及个人私有财产的丰富,即使是未成年人或精神病人或其他无民事行为能力人、限制民事行为能力人也可以通过继承、遗嘱、赠与等方式获得自己独立的财产。这样,家庭内部关系也变得复杂起来。不在亲权下的未成年子女应如何教育、保护,无民事行为能力人或限制民事行为能力人的民事活动代理等等问题的出现,对法律调整的依赖性日益突出。国家权力的介入已成为必要。同时随着社会的发展而越来越注重个人权利的情况,使个人的权益日益受到法律的重视,农业社会中以家庭作为法律调整基本单位的情况已转变为个人作为法律调整的主体。国家公权日益深入地介入到家庭内部关系中。上述发展趋势已经为各国立法状况所证明,而我国目前仍主要依靠家庭内部对被监护人进行监督保护,显然已不符合我国已经发展变化了的国情的需求。再则,我国目前的流浪人口中很大一部分是不在亲权监护下的、监护人失职的或父母失职的未成年人和精神病人。民政部门每年为遣返这些流浪儿童、精神病和严重智障病人要耗费大量的人力物力,而且流浪的未成年人极易受到社会上不良风气的影响,对社会治安和稳定极为不利。监护制度的建立和完善具有重要意义。监护制度是调整家庭、亲属关系的一项重要民事制度。2001年4月通过的婚姻法修正案未对监护问题做出具体明确规定,仍保留原《民法通则》的原则规定。这不能不说是此次婚姻法修改的一个遗憾。在今后民法典制定过程中,应在婚姻家庭法编中增加“监护”一章。在现有监护制度几项基本原则规定的基础上,借鉴外国的有益经验,将监护作为婚姻家庭法的一个重要组成部分尽快完善起来。

第二节 监护的设立[15]

监护的设立,是指应设置监护人(或曰监护开始)的原因,亦即设置监护的要件。

监护与亲权不同,不是根据父母子女身份关系而自然发生的,而是依据法律规定的原因,符合法律规定要件的才能设立。

一、对未成年人设立监护的原因

(一)不在亲权照顾下的未成年人需设立监护

不在亲权照顾下的未成年人主要指未成年人无父母的情况。其中可能是子女出生时父母皆死亡,或子女出生后父母死亡,也可能是父母不明者,如弃儿。在此情况下未成年子女无行使亲权人,应设立监护。

(二)对父母均不能行使亲权的未成年人需设立监护

在父母均不能承担对未成年子女行使亲权时,应为该未成年子女设立临时监护。其中包括事实上的不能,如父母均失踪;法律上的不能如父母均为禁治产人即为无民事行为能力人或限制民事行为能力人,父母为依法被宣告停止亲权、剥夺亲权的人;或者由于子女上学、父母工作地点问题使父母子女相隔遥远不能直接行使亲权的情况。

关于设立监护的原因各国法律规定大致相同。我国民法通则没有专条规定监护开始(即设立监护)的原因,只在监护人条款中规定了上述内容。今后修改婚姻家庭法时,应将在亲权下的未成年人的监护放入亲权一节中规定。监护一章只规定对不在亲权照顾下的未成年人和父母不能行使亲权的未成年人设立监护。并具体列举以下几个方面:(1)未成年人的父母死亡或被宣告死亡、宣告失踪;(2)未成年人的父母不明,如弃儿等;(3)未成年人的父母被剥夺亲权;(4)未成年人的父母不能行使亲权。如未成年人父母丧失民事行为能力、或被判刑、患病、远离未成年人住所地及其他不能照顾子女的情况。作为设置监护人的原因。

---

〔15〕 以下监护的各项制度均以大陆法系、设有亲权制度国家的立法例为参考进行讨论,除必要外,不一一注明各法典出处。

二、对成年人设立监护的原因

各国法律均规定，当成年人被宣告为禁治产人时，应开始受监护。所谓禁治产人即指被宣告为无民事行为能力人或限制民事行为能力人。关于何为禁治产人，各国法律亦都作了规定。如《德国民法典》规定："有下列情形之一的得宣告为禁治产人：因精神病或精神耗弱致不能处理自己事务者；因挥霍浪费致自己或其家属有陷于贫困之虞者；因酗酒成癖或吸毒不能处理自己事务，或致自己或其家属有陷于贫困之虞，或危及他人安全者"（第 6 条）。现行德国民法已将第 6 条删除，但在第 1896 条对成年人设立监护的原因作了明确规定，称为照管。[16]《法国民法典》规定，成年人，如其个人官能衰退以致无法独自保障其利益者，得或在某一特别行为时，或以持续的方式，受法律保护。成年人，如因其挥霍、浪费或游手好闲，以致陷入贫困或影响履行家庭义务者，亦同样得受法律保护（第 488 条，据 1974 年 7 月 5 日第 74—631 号法律修改）。《日本民法典》规定："对处于心神丧失常态的人，家庭法院因本人、配偶、四亲等内的亲属、监护人、保护人或检察官的请求，可以实行禁治产宣告。""对于禁治产人，应设置监护人"（第 7 条、第 8 条）。《苏俄婚姻和家庭法典》从规定监护的目的角度规定："规定监护和保护制度，还为了保护由于健康情况不能独立行使其权利和义务的成年人的人身和财产的权利和利益"（第 119 条）。我国也有关于无民事行为能力和限制民事行为能力的宣告制度："精神病人的利害关系人，可以向人民法院申请宣告精神病人为无民事行为能力人或限制民事行为能力人"（《民法通则》第 19 条）。《民法通则》还规定：无民事行为能力或限制民事行为能力的精神病人，由下列人员担任监护人……（第 17 条）。显然其关于无民事行为能力人和限制民事行为能力人的规定的范围太狭窄了。此条应借鉴前述有关国家的规定加以修改、完善。以下两种情况应明确规定需设监护人：(1)对于心神丧失常态的人，如精神病人；(2)对于精神耗弱，不能处理自己事情，无法独自保障其权益者，如严重智障者等。

三、监护开始的时间

从理论上讲，监护的开始，应该在法律规定发生监护的原因出现时即开始。但在实际生活中，只有在确定了监护人并由监护人正式进行监护活动时，监护才算正式开始。实践中当监护的原因发生后，由于各种原因，监护人往往不能马上确定。由此，在监护人确定之前，对被监护人的教育、监督和保护就出现了空白。这段时

---

〔16〕 参见《德国民法典》，郑冲、贾红梅译，法律出版社 1999 年版。

间的监护问题如何解决,法律上应有明确规定。这是世界各国在监护中均发生的情况。对此,有的国家设有临时处理监护事务的规定。如《瑞士民法典》第386条第1款规定,如在决定监护人人选之前,有进行监护事务的必要时,监护官署应依职权进行必要的处分〔17〕。《苏俄婚姻和家庭法典》第122条第2款规定,监护和保护机关在解决确定监护或保护的问题之前,保证对未成年人给予临时安置。我国《民法通则》对此没有加以规定,在我国监护制度中应加以明确规定。可规定在确定监护人之前,应由该被监护人的近亲属或住所地居民委员会、村民委员会请求监护官署(或法院)指定临时监护人,代行监护职责,直至正式监护人开始履行监护为止。

第三节 监护机关

一、监护机关的概念和种类

监护机关,是指行使监护职能的机构。监护机关的完善是实现监护立法目的的组织保障。

观世界各国及我国立法情况,监护机关一般分为监护人、监护监督人、亲属会议(现在大多数国家均已废除)、监护官署、监护法院(或民事裁判所、家庭裁判所)等。

二、监护人

监护人乃具体执行监护事务的自然人,在特殊情况下也可为法人。

因产生方法的不同,监护人的类别也有所不同。

(一)未成年人的监护人

未成年人的监护人可分为指定监护人、法定监护人、选定监护人和委托监护人四种。除委托监护人外,一般以指定监护人为第一顺位,法定监护人为第二顺位,选定(选任)监护人为第三顺位。德国、法国、日本等国家均作了如上规定。

1. 指定监护人

指定监护人又称遗嘱监护人。监护人可依父母指定。一般是指后死亡的父或母以遗嘱的形式指定的监护人。《德国民法典》第1776—1777条,《法国民法典》第397条,《日本民法典》第839条均作出了父母可以遗嘱指定监护人的规定,为

〔17〕 参见《瑞士民法典》,殷生根译,法律出版社1987年版(以下同)。

遗嘱监护人。但也有的国家不承认父母有指定监护人的权利，而规定原则上由监护官署选任，但在选任时应尊重被监护人及其父母的意愿(《瑞士民法典》第379条、第385条)。

遗嘱指定监护人必须具备三个条件：第一，遗嘱须依法定方式为之；第二，必须是有亲权的父或母，如若亲权已停止或本人不能行使亲权的，不能以遗嘱指定监护人；第三，必须是后死的父或母以遗嘱方式指定的。

我国《民法通则》关于监护人种类中没有规定父母有权以遗嘱形式指定监护人。《民法通则》只在第16条第3款规定，对担任监护人有争议的，由未成年人的父或母的所在单位或者未成年人住所地的居民委员会、村民委员会在近亲属中"指定"。"对指定不服提起诉讼的，由人民法院裁决"。从文字看似乎有指定监护人之说，其实，这里的"指定"、"裁决"实际是一种确认的性质。是法院和单位对其本来应具有的法定监护人资格的一种确认，或者可以认为是由前述单位在被监护人的近亲属及其好友中选任监护人。

父母与子女之间具有最亲密的血缘关系，允许父母选择自己最信任的、对其子女成长最有利的人担任监护人，并通过遗嘱进行指定。这样指定的监护人对未成年人的监督保护，应该是最合适的，具有法定监护人和选任监护人不易具备的特殊优势。

因此，我国监护制度中应确立遗嘱指定监护人为第一顺位监护人。指定监护人的遗嘱生效条件为：(1)遗嘱人须为被监护人的后死亡的父或母，且该父(母)在立遗嘱时享有亲权；(2)遗嘱的实质要件和形式要件合法。

2. 法定监护人

法定监护人即在未成年人无监护人时，由法律规定为其监护人的。对此，《法国民法典》第402条、403条，还有奥地利等国民法均作了有关规定。台湾地区"民法"也作了法定监护人的规定，规定父母均不能行使、负担对于未成年子女之权利义务，或者父母死亡而无遗嘱指定监护人时，依下列顺序定其监护人：(1)与未成年子女同居的祖父母(外祖父母)为共同监护人；(2)家长(管理家务，居于一家领导地位的人)；(3)不与未成年子女同居之祖父母(外祖父母)；(4)伯父或叔父、舅父，若有数人时，以年长者为监护人。[18]我国民法通则中规定，未成年人的父母已经死亡或者没有监护能力的，由下列人员中有监护能力的人担任监护人：(1)祖父母、外祖父母；(2)兄、姐；(3)关系密切的其他亲属、朋友愿意承担监护责任，经未成年人的父、母所在单位或者未成年人住所地的居民委员会、村民委员会同意的

〔18〕　参见《最新详明六法全书》，大伟书局1988年版，民法亲属编第1094条。

(参见《民法通则》第 16 条)。

3. 选定或选任监护人

由监护监督机构选定或选任的监护人为选定(选任)监护人。《德国民法典》在 1969 年修改后的第 1779 条规定了由监护法院选择监护人的条款:(1)如监护应委托给非遗嘱监护人的被委派者时,监护法院应在听取青少年事务局的意见后选择监护人;(2)监护法院应选择按照本人情况、财产状况以及其他情况适合于执行监护事务的人,在选择时应考虑受监护人的宗教信仰,应首先考虑受监护人的血亲和姻亲……《法国民法典》第 404、405 条等规定亲属会议有权选定监护人,并规定了亲属会议的组成及未成年人住所地治安审判员有召集亲属会议,选任监护人的权利。《日本民法典》在第 841 条则规定,无指定监护人时,家庭裁判所因被监护人的亲属或其他利害关系人的请求,选任监护人。苏联也于其婚姻家庭法典第 126 条规定,监护和保护机关得指定[19]监护人或保佐人。同条还规定了指定监护人的期限为监护机关得知必须确定监护人情况之后 1 个月内。我国《民法通则》第 16 条规定:"(三)关系密切的其他亲属、朋友愿意承担监护责任,经未成年人的父、母的所在单位或者未成年人住所地的居民委员会、村民委员会同意的。"同条又规定:"对担任监护人有争议的,由未成年人的父、母的所在单位或者未成年人住所地的居民委员会、村民委员会在近亲属中指定。[20]对指定不服提起诉讼的,由人民法院裁决。"这些规定实际就是有关监护人的选任,在新修改后的监护制度中,应明确规定有选任(选定)监护人。

4. 关于社团等组织担任监护人问题

前述有的国家还规定,在没有适合的人选作监护人的情况下,有关社团或组织可作监护人,或者由青少年保护单位作为公职监护人,监护监督人也可暂为监护人。例如德国民法规定有社团监护和青少年事务局的公职监护(见德民法第 1791a 条、第 1791b 条和第 1791c 条)。我国《民法通则》也规定:"没有第一款、第二款规定的监护人的,由未成年人的父、母的所在单位或未成年人住所地的居民委员会、村民委员会或者民政部门担任监护人"(第 16 条第 4 款)。我国和德国虽都作了关于公职性的监护规定,但却有很大区别。德国担任监护的机构是负责保障青少年利益的专门机构——青少年事务局。由其担任监护人。规定社团作监护人时,条件十分严格,而我国则规定一般企业事业单位、国家行政部门以及群众自治组织——居民委员会、村民委员会均可以作监护人。这些组织很难有专人从事未

〔19〕 此处的指定,实际上是选任(选定)的意思。

〔20〕 此处的指定,实际上是选任(选定)的意思。

成年人的监督保护的具体工作,对未成年人是很不利的。

我国《民法通则》规定"民政部门"也可以"担任监护人",即我国政府行政机关也可以作监护人,这种规定也是不妥的。各级民政部门是国家各级政府的职能机构,应负责监护的管理,是监督监护事务的行政官署,怎么能担任监护人呢?我国修改后的监护制度可规定,孤儿院或福利院为选定监护人。孤儿院、福利院是在民政部门领导下的事业单位,不是直接的政府部门,两者有很大的区别。孤儿院、福利院是专门保护、教养未成年人的场所,可以直接为监护人。此外我国也可以设立青少年保护的专门机构,作为公职监护人在法律中加以规定。关于被监护人父、母所在单位、被监护人住所地居民委员会、村民委员会能否作监护人的问题,还是从严掌握比较妥当。只有在没有监护人的情况下,作为临时措施,前述单位、组织才可作为监护人。

5. 关于监护人的资格

监护人的资格是确定监护人是否胜任监护工作的重要问题。它关系到被监护的未成年人权益能否得到切实保障的问题。因此各国法律均对此作出了规定。特别规定了监护人的消极条款资格即"监护之缺格"。对于监护人资格的规定,由于各国立法主义的不同而有所区别。有的国家取概括主义的规定,如苏联婚姻家庭法典就有关于选择监护人的一般条件如品德、能力、与被监护人关系等的规定。有的国家则取列举主义的方法,对"监护之缺格"情况作出明确规定。归纳起来主要在以下六点情况下,不可为监护人:(1)未成年人不可为监护人。(2)无民事行为能力或限制民事行为能力人不可为监护人。(3)被法院(家庭法院、监护法院等)免职的法定代理人或保护人,不可为监护人。如正在受刑罚处罚(不包括缓刑、管制的)的人,有危害被监护人利益的人等。(4)破产人即无支付能力的人,不可为监护人。(5)对被监护人提起诉讼或曾经提起过诉讼的人及其配偶和直系血亲不可为监护人,即可能对被监护人人身造成危害或损害其利益的人,不可为其监护人。(6)去向不明的人不可为监护人。

我国《民法通则》对这一问题没有作出规定,这是一个很大的欠缺。我国的监护制度中应予以补充。是否起码应规定如下几点:(1)无民事行为能力或限制民事行为能力人,包括未成年人、精神病人等不得为监护人;(2)因为身体上或经济上的原因没有监护能力者不得为监护人;(3)受刑事处罚被拘禁者,或其他被免职的法定代理人等不得为监护人;(4)具有明显不利于被监护人的因素者不得为监护人。

6. 监护人拒绝或辞退监护问题

关于监护人拒绝或辞退监护的问题在外国的立法中一般均作了规定。有两种不同的原则。一是任意原则,即被确定的监护人可以自愿决定是否承担监护责任。如苏联婚姻家庭法典的规定等;二是限制原则,即被确定的监护人无正当理由不得拒绝担任监护人,并列举了拒绝的理由,如《德国民法典》的规定等。但在监护人执行监护期间,如有正当理由辞退监护,各国法律均不绝对禁止。在我国现行法律中均没有相应规定,这是一个缺陷,应作出明确规定。似规定监护人被确定后,无正当理由的不得拒绝或辞退为宜,同时可列举一些具体理由,并作出概括性的规定。其辞退申请应征得法院、其他监护监督官署的同意,在得到同意前应继续履行监护职责[21]。

7. 关于监护人的报酬问题

关于监护人的报酬问题,世界各国主要有三种立法例。第一种,无偿原则即把监护作为一种社会义务,不得索取报酬,或者对有特别贡献,工作出色的监护人给予一定奖励。例如苏联、南斯拉夫等国。还有如德国的社团、青少年事务局等公职监护人绝不可收取报酬。第二种是有偿原则,即把监护作为一种有代价的民事法律行为,给予适当的报酬,如日本、秘鲁、英国等,报酬数额由法院根据被监护人的财产状况规定。第三种是补偿原则,即原则上不给予报酬,但监护当局可应监护人要求,给予一定数量的补偿,如德国、法国等。对此,我国法律也没有作出任何规定。可以考虑借鉴德国的经验,对于公职监护人不给予报酬,而对于自然人的监护人,可适当给予补贴,经费从被监护人的财产中支付。

(二)成年人的监护人

无民事行为能力及限制民事行为能力的成年人的监护人可分为法定监护人、指定监护人和选定或选任监护人。一般以法定监护人为第一顺序,以指定监护人为第二顺序,选定或选任监护人为第三顺序。

1. 法定监护人

很多国家都规定法定监护人为无民事行为能力或限制民事行为能力人的第一顺序监护人。在法定监护人中配偶为第一顺序法定监护人,但配偶与被监护人利益相反时,不得作为其监护人;父母为第二顺序法定监护人;与被监护的成年人共同居住的祖父母、外祖父母为第三顺序法定监护人;一些有家属会议制度的国家还规定家长为第四顺序法定监护人。不一一列举。我国《民法通则》作了如下规定:“无民事行为能力或者限制民事行为的精神病人,由下列人员担任监护人:(一)配偶;(二)父母;(三)成年子女;(四)其他近亲属;(五)关系密切的其他亲属、朋友

---

〔21〕 参见刘素萍、陈明侠:“监护与扶养”,载巫昌祯、杨大文主编:《走向21世纪的中国婚姻家庭》,吉林人民出版社1995年版,第183~184页。

愿意承担监护责任，经精神病人的所在单位或住所地的居民委员会、村民委员会同意的。"（第17条第1款）。以上规定除第（五）项，实际上应属选任监护人之外，均比较适合我国国情，在新法中应继续规定之。

2. 指定监护人

一般国家均未作出尊辈血亲为成年人指定监护人的规定。但也有一些国家和地区规定，可由后死亡的父、母或共同居住的祖父（母）以遗嘱指定成年人的监护。如台湾地区现行"民法"（亲属编）第1111条之五规定："后死之父或母以遗嘱指定之人"为监护人。

3. 选任监护人

在无法定监护人或指定监护人时，有的国家规定由法院（家庭裁判所、民事裁判所、监护法院等）征求被监护人的近亲属意见或亲属会议意见或其他监护监督机构意见选定。如日本、法国等国家，还有我国台湾地区。

我国《民法通则》中关于成年人的监护与未成年人监护规定大致相同，没有作出选任监护人的明确规定。但实际上，《民法通则》第17条第1款之五及第2款就是有关选任监护人的规定。只是我国还有一个特点即规定对成年人也设有"公"职的监护人："没有第1款规定的，由精神病人的所在单位或者住所地的居民委员会、村民委员会或者民政部门担任监护人。"此种规定与法国和苏联的规定有类似之处。《法国民法典》第496条第3款规定，对成年人的监护权得授予法人。《苏联婚姻家庭法典》第127条规定：对需要监护或保护而被安置在相应机构的成年人，无须指定监护人和保护人。对于这些人，由被监护人所在单位的行政部门负责履行监护人和保护人的义务。在这里，法典并未称被监护人所在单位为监护人，只是履行监护义务，并规定，在必要时可指定财产监护人；而我国明确规定被监护人所在单位或其住所地居民委员会、村民委员会，甚至民政部门为监护人。这样规定的不妥之处在未成年人监护人部分已讲述过，故不再重复，应明确规定选任监护人与未成年人选任监护人程序相同。

三、监护监督人

监护监督人是指对监护人的监护活动负有监护监督责任的人。可以是自然人，也可以是法人。关于监护监督人的设立，各国立法例不尽相同。但大部分大陆法系国家均明文规定设立监护监督人。如德、法、日等国均设有监护监督人。《德国民法典》第1792条规定，在监护人之外得设立监护监督人。并规定，如青少年事务局为监护人时，不得被选任为监护监督人，但可以为其他监护人的监护监督人。还规定如财产管理与担任监护相关，应选任监护监督人，但管理为不重要者或由数名监护人共同执行监护者不在此列,而如监护并非应由数名监护人共同执行者,则选任该监护人中的一人为其他监护人的监护监督人。同时,还明确规定了关于设立监护的规定适用于对监护监督人的委派和选任。《日本民法典》将监护监督人分为指定监护监督人和选定监护监督人两种。第 848 ~852 条规定了监护监督人的产生、监护监督人的职务,以及在特殊情况下,监护监督人可履行监护人义务等内容。《日本民法典》第 848 条规定,可以指定监护人者,可以以遗嘱指定监护监督人。第 849 条规定,无依前条规定指定的监护监督人,于认定需要时,家庭法院因被监护人的亲属或监护人的请求,可以选任监护监督人。监护监督人欠缺时亦同。第 850 条规定,配偶、直系血亲及兄弟姐妹不得担任监护监督人。苏联、罗马尼亚等国未设监护监督人。以地方行政机构包括地方政府机构或监护官署或少年儿童管理机构为监护人的监督机关,以苏联婚姻家庭法典规定得最为详细(详见《苏俄婚姻和家庭法典》第 120 条及第 137 条)。

在我国社会实践中,未成年人的,包括其他无民事行为能力和限制民事行为能力人的合法权益保护尚存在一些问题。监护人往往不认真履行监护职责,甚至发生侵害被监护人利益的情况。这与我国没有明确规定设立监护监督人不无关系。这是我国监护制度不完善的地方。监护监督人是一个重要的监护机关,我国监护制度中应予以明确规定。

关于设立监护监督人,主要应规定如下内容:(1)产生。明确规定监护监督人可由最后行使亲权的人的遗嘱指定;如没有遗嘱监护监督人,可以由法院或监护官署依一定条件选任。关于不得担任监护监督人的限制条件可参考日本民法的有关规定,即一般不得为监护人的配偶、直系血亲、其他近亲属或有损害被监护人利益行为的人。(2)职责。规定监护监督人应负责监督监护人履行监护活动的一般监督事务;在监护人欠缺时,请求法院或监护官署指定监护人;代表被监护人对抗监护人所为的与被监护人利益相反的行为等。据此分析,我国民法通则所列的被监护人父、母或本人所在单位,住所地的居民委员会、村民委员会似应是监护监督机构,只能在特殊情况下,临时担负监护的职责。

四、亲属会议

亲属会议是行使任免、更换监护人并行使一定监护监督权的亲属组织。许多早期资本主义国家民法典中都设有亲属会议。如日本明治民法第 944 ~953 条;1900 年实施的德国民法第 1858 ~1881 条等。而苏联、东欧等国家则并未规定亲属会议。亲属会议制度是具有浓重的封建色彩的家族性组织,故现代许多国家都废除了家属会议制度,尚存此制的国家寥寥,如法国、秘鲁等。

我国经历了长期的封建社会,宗法思想尚未完全肃清,而且地域辽阔,情况复杂,特别是在广大农村,设立亲属会议不利于新风尚、新思想、新道德的发展;而在城市和比较发达的农村地区设立亲属会议,也会由于生活方式的变化而流于形式。因此,我国完全不必要建立亲属会议制度。

五、监护官署及监护法院

监护官署(即监护行政机关)及监护法院(即监护司法机关)是代表国家处理监护事宜并对监护行使监督权的国家监护权力机构。在不同国家中对此有不同设置。德、法、日等国的监护权力机构为司法机关。德国专设了监护法院,法国设置了监护法官,日本则由家庭裁判所承担此项事务;瑞士、苏联、罗马尼亚等国的监护权力机构为监护行政机关。瑞士设有监护主管官厅,苏联的监护权力机构则是区(市)、镇或村劳动人民代表苏维埃执行委员会,工作由其国民教育科执行,成年人需要保护的,区别不同情况由卫生科和社会保障科分别执行。

我国民法通则对此没有作出规定。具体监护人、监护监督人和监护行政机关都不明确。虽然确认法院有裁决权,但必须是对指定监护人不服,提起诉讼时才能加以处理。在监护问题上法院的主动作用并未加以明确规定。因此我国应设立专门的监护权力机构。对于其机构应设在何处有两种意见:(1)在法院中设立管理家事、监护、继承事宜的专门机构。如能设立家事庭更好,在时机不成熟时,可在民庭内设立专门机构,将有关监护成立的登记管理、监护的行使,对监护人、监护监督人的选任、撤销监护权利等工作统一管理,并代表国家处理各种监护事宜,行使监护监督权力。(2)主张在民政部门内设立专门机构(即在负责社会事务管理部门内如婚姻登记管理部门下设置专门机构),从事前述工作。

第四节 监护的内容

监护的内容即监护事务和责任。监护事务主要指对得不到亲权照顾的未成年人及需要设监护的成年人的人身和财产上的权利和义务规定;监护责任是指因监护人的故意或过失而致被监护人以损害时,监护人应承担的法律责任。

一、监护事务

(一)对未成年人的身上的和财产上的权利和义务

1. 人身监护

人身监护即对未成年人身上监护的权利和义务。德国、法国、日本、瑞士、苏联及东欧国家对此均作了相应的规定。有的国家规定得比较复杂,有的国家规定的概括一些。基于对于未成年人的监护是亲权的延长的观点,前述国家法律赋予了监护人与亲权大致相同的权利义务,只不过附加一些条件,作了必要的限制。归纳起来,主要有如下几点:

(1)保护未成年人的身体安全,不受侵害,使其健康成长。

(2)交还被监护人的请求权。当被监护人被诱骗、拐卖、绑架、隐藏时,监护人享有请求交还被监护人的权利。

(3)监督教育被监护的未成年人,如送被监护人于惩戒场所等必须经过监护监督人或监护官署的同意和批准。

(4)指定被监护人的住所地。

(5)为被监护人的法定代理人。

2. 财产监护

财产监护即对未成年人财产上管理的权利和义务。主要指财产的管理权和代表权。德、法、日本、瑞士、苏联及东欧等国家均作了相应的规定。德、法、日本等不少国家都规定得比较详细,除规定了财产管理的权限外,还规定了对财产监护行为进行限制的条款。归纳起来,监护人对被监护人的财产监护主要有如下几方面的权利和义务:

(1)对被监护人的财产开具清单。监护人管理被监护人的财产首先应进行财产清点,登记造册,制作财产目录。在设有监护监督人的国家还规定,在清点财产时,监护监督人应在场。有的国家还规定了制作目录的时限。

(2)管理财产。管理财产的范围及于被监护人享有所有权的一切动产和不动产。

(3)使用和处分财产的权利和义务。监护人的财产管理权不包括收益权,而且只得在为被监护人的利益时,才可使用被监护人的财产,处理被监护人的财产时,应经监护监督人或监护官署的同意。

(4)禁止受让财产的义务。监护人不得代理被监护人为赠与,不得为监护人自己或监护监督人使用被监护人的财产,不得代理被监护人与自己为民事行为等。

(5)财产状况报告,包括结束监护时财产清算报告等。

(二)对成年人的监护和保护事务

对成年的无民事行为能力和限制民事行为能力人的监护,也有人身监护和财产监护的权利义务之分。大致与未成年人的监护事务相一致。但是,对成年人的监护有的国家还专设了一些特别的规定。规定对成年人的监护侧重于人身监护上的治疗和养护责任。把对被监护人进行必要的医疗作为法定义务。如《日本民法典》专条规定了监护人对禁治产人的治疗护养义务(第858条)。

二、监护责任

关于监护责任的立法有人身方面的和财产方面的两种。各国立法方式不同,有概括式的;有分财产、人身两方面的;还有规定得更详细一些的;有的国家还规定了连带责任的承担及监护监督人的责任问题。例如,《法国民法典》第450条第2款规定,监护人应谨慎稳妥地管理未成年人的财产,应尽善良管理人的注意,并对其管理失当所生的损害负赔偿的责任。《日本民法典》第873条第2款规定,监护人为自己消费了被监护人的金钱时,自消费时起,应附加利息。如尚有损害,则负赔偿责任。又在第860条规定,监护人有与被监护人利益相反的行为,按照日本民法第826条处理,即为禁治产人(无民事行为能力人或限制民事行为能力人)重新选任其他监护或特别代理人。《德国民法典》第1833条规定,监护人有归责于自己的过失者,监护人就其违反义务而产生的损害,对受监护人负其责任。对监护监督人,亦同。而当数人对此损害应同时负责者,此数人应作为连带债务人负其责任等。其责任形式,根据情况的不同分为民事责任和刑事责任。如《瑞士民法典》就规定了关于对监护人提起刑事诉讼的条款(第455条第2款)。

三、我国现行法律关于监护内容的规定

我国《民法通则》第18条对监护事务、监护责任作了概括式的规定:"监护人应当履行监护职责,保护被监护人的人身、财产及其他合法权益,除为被监护人的利益外,不得处理被监护人的财产。""监护人不履行监护职责或者侵害被监护人的合法利益的,应承担责任;给被监护人造成财产损失的,应当赔偿损失。人民法院可以根据有关人员或者有关单位的申请,撤销监护人的资格。"上述规定内容很好,但过于抽象,缺少可操作性。《民法通则》第18条第1款的概括性规定应当保留,并应分别明确规定监护人在被监护人的人身监护和财产监护上的职责,明确规定监护人在违反乃至侵害被监护人利益时应承担的法律责任。似应具体规定如下几个方面的内容:

(一)人身上的监护职责(事务)

1. 未成年被监护人方面

(1)照顾、养护未成年人的身体,照料其生活,使其安全、健康地成长。

(2)教育未成年人,监督其学习、生活,使其成为德、智、体全面发展的人才。

(3)指定未成年人住所地。

(4)承担被监护人的法定代理人。

(5)享有交还被监护人的请求权。当未成年人被绑架、诱骗、拐卖、隐藏时,监护人有请求交还被监护人的权利。

(6)被监护人品行不良,需要送强制教育机构或特殊教育学校时,需取得监护监督人的同意,或取得监护官署(行政机关)的批准。

2. 成年被监护人方面

(1)承担被监护人的法定代理人。

(2)照顾被监护人的身体健康和人身权的不受侵害。

(3)为被监护人医治疾病,疗养身体。

(二)财产上的监护职责(事务)

1. 未成年被监护人方面。

(1)开具被监护人财产清单。清点被监护人财产,并登记造册,制作财产目录。

(2)管理、使用、处分被监护人的财产,代表被监护人进行民事活动。

(3)监护人不得代理被监护为赠与行为,不得为监护人或监护监督人使用被监护人的财产,不得代理被监护人与自己为民事行为。

(4)负责监护终止前的财产报告、清算及财产返还等。

2. 成年被监护人方面。

与未成年被监护人的财产管理大致相同,无须作出特别规定。一般讲,其财产主要用于被监护人的医疗康复使用。

(三)监护的责任

修改后的监护制度应明确规定:监护人在违反规定侵害被监护人人身、财产权益时,应承担法律责任。

在《民法通则》第18条第3款规定的基础上,再作出以下几项具体规定,使概括性原则与列举式条款相结合,以利于执行:(1)监护人包括监护监督人在违反义务而对被监护人造成人身伤害的,依据有关法律承担法律责任;(2)监护人包括监护监督人给被监护人造成财产损失的,应当依法赔偿;(3)监护人为自己消费并损害被监护人的财产的,应负赔偿责任;(4)给被监护人造成人身、财产损害,构成犯罪的,依法承担刑事责任;(5)监护人与被监护人利益相反时,人民法院可以根据被监护人的亲属或监护监督人的申请,撤销监护人的资格,选任其他人担任监护人或特别代理人。

第五节 监护的终止

监护的终止即成立监护关系的要件消灭。

监护因一定原因而产生,因此,监护也会在一定条件即发生监护的要件消灭的情况下终止。关于终止有绝对终止和相对终止。实际上,相对终止并非终止监护,而只是现有监护人因出现特定原因不能继续履行监护时,发生的监护义务转移。

关于监护的终止,各国立法均作了明确的规定。例如《德国民法典》第1882~1895条规定了监护终止的条件;绝对终止和相对终止的要件(包括青少年事务局、社团监护的解职、公职监护人的解职);监护终止时和以后的法律义务(包括清算财产、提出账目等工作);监护监督人职务的终止等内容,很全面、很系统。日本、法国民法规定了监护人被解任、监护人的辞任;并着重规定了监护终止时,监护人于监护委任终止后的妥善处理义务;规定监护人所应进行的财产清算等事务,清算时监护监督人应参加等内容,不一一列举。

我国《民法通则》中除在第18条第3款中提到失职或给被监护人造成侵害的监护人,经有关人员和有关单位的申请撤销其监护人的资格外,没有任何其他的规定。作为完整的监护制度,监护终止的有关规定是一项不可缺少的内容。应加以补充和完善。在监护一章中设监护终止的专节,列举终止的原因和监护终止后监护人的义务。起码应规定如下内容:

一、监护关系绝对终止的原因

1. 被监护人已经成年而且具有完全民事行为能力。

2. 被监护人死亡或受死亡宣告。如被监护人未死亡而归来,此期间又没有终止监护的其他原因时,监护人应继续履行监护职责。

3. 被监护人被他人收养。

4. 被监护人的父、母不能行使亲权的状况消失,亲权恢复。

5. 丧失民事行为能力或限制民事行为能力的宣告因被监护人恢复了完全的民事行为能力而撤销。

6. 成年被监护人由配偶担任监护人的,因离婚而终止监护。

二、监护关系相对终止的原因

1. 监护人死亡或被宣告死亡。

2. 监护人丧失监护能力。

3. 监护人因正当理由辞退了监护职务。

4. 监护人被法院撤销监护职务。

在监护相对终止后,监护发生转移,应另设监护人,继续履行监护职责。

三、终止监护后监护人的义务

法律应明确规定,终止监护后,监护人(已死亡的由其继承人负责)应在一定期间内对被监护人的财产进行管理计算、清点,有监护监督人的应协助进行;清理监护人代被监护人所为的一切事务,即完成监护终止后一切事务妥善处理的义务。

第十章 扶养法

第一节 概 说

一、扶养的概念

扶养是指一定亲属间相互供养和扶助的法定义务。接受扶养的人为权利人，履行扶养责任的人为义务人。扶养包含权利和义务两个方面。

世界上多数国家将亲属间的经济供养义务统称为扶养，而我国法律则根据扶养权利人和义务人的辈分、年龄等不同情况，将扶养分为抚养（对未成年晚辈而言）、赡养（对老年人尊辈而言）、扶养（对同辈人而言），统称为扶养。我国《婚姻法》对扶养作“抚养”、“赡养”、“扶养”的分别规定。《刑法》、《继承法》主要采用总称，即统称为扶养。

考察扶养概念的含义，主要有如下五个方面的内容：

第一，父母对未成年子女（包括婚生子女、非婚生子女、人工生育子女、养子女、发生扶养关系的继子女）的扶养义务。这是亲权的内容之一，是免除不掉的家庭和社会义务。此外，有的学者认为还应包括对已成年，但无独立生活能力的子女的扶养义务。按我国婚姻法的规定称为抚养，它是无条件的。

第二，子女对父母（包括生父母含实施人工生育子女的父母、养父母、发生扶养关系的继父母）的供养和扶助的义务。对年老父母的扶养，不光是指金钱上的供养，而且包括精神上、身体上的照顾和扶助。按我国《婚姻法》的规定称为赡养。它是有条件的，但却是不可免除的。

第三，夫妻之间的扶养。亦包括经济上的供养和精神上、体力上的扶助。按我国《婚姻法》的规定直接称为扶养。夫妻间的扶养义务是家庭保持义务，必须履行。它是无条件的，不可免除的。

第四，兄弟姐妹之间的扶养。亦包括经济上的供养和精神上、体力上的扶助。

按我国《婚姻法》的规定也称为扶养。它是有条件的。

第五，直系或旁系尊亲属与卑亲属之间，直系姻亲间，如祖孙之间，伯叔姑舅姨与侄儿（女）外甥（女）之间，公婆与儿媳及岳婿之间的扶养。按我国《婚姻法》规定可分别称为抚养或赡养。它是有条件的。

综上，可以看出扶养二字之含义，既有经济上的供养，又有精神上、体力上的扶助之意。它是一定亲属间伦理关系在民事法律上的表现，即一定亲属关系在法律上成立之后的法律效力之一；是保障老幼、病残、困难者的生活，稳定家庭关系，促进社会安定和文明发展、进步之必需。

二、扶养的性质

（一）扶养的私法性质

1. 扶养是在一定范围亲属间成立的一种私法上的法定义务。它与公法上的国家扶助（帮助）及社会扶助（帮助）是相区别的。例如，我国《宪法》第 45 条规定："中华人民共和国公民在年老、疾病或者丧失劳动能力的情况下，有从国家和社会获得物质帮助的权利"。依据此规定，国家设置有灾害救济、贫困救济。另外，社会上各企业设有伤残赔偿及社会保险制度，国家还设立了医疗卫生保险制度等，均为公法上的"扶养"。公法上的"扶养"是作为公民的权利，由国家和社会履行的义务。而扶养则是由每一个家庭和每一个人的亲属间相互承担的经济上的供养和精神上、体力上的扶助。两者性质完全不同。

2. 此种私法上的扶养以一定亲属关系为前提。如非一定范围内的亲属，即使有时也会发生扶养的权利义务，也不是亲属法律上的扶养。例如，依遗赠扶养协议而产生的权利义务，因侵权行为而成立的扶养责任，虽然都是私法上的扶养义务，但不是依扶养关系而产生的供养和扶助义务。

3. 扶养关系基于当事人的一定身份关系而产生。扶养义务必须具备法定条件才能发生；否则虽是一定范围内的亲属，若基于遗嘱、契约而发生扶养者，亦属一般债权债务关系，非属扶养关系。扶养请求权是亲属法上的权利，有一身专属性，在扶养义务履行期间内，只为行使者和享有者的专属权利，不得继承、处分（包括放弃）、扣押或抵消。[1]

（二）生活保持义务和生活扶助义务

世界上很多国家把扶养分为生活保持义务和一般生活扶助义务。例如，《瑞

---

〔1〕参见史尚宽：《亲属法论》，台北荣泰印书馆 1980 年版，第 676 ~ 677 页。

士民法典》〔2〕第159、160、272、276、277条分别规定了父母子女及夫妻间的扶养义务，指明该义务是维持以夫妻、父母子女为核心的家庭共同生活的条件，又称共生义务，所以是无条件的、必须履行的。该法规定，夫决定婚姻住所并应以适当的方式扶养妻及子女，又规定父母应负担子女的扶养费，其中包括教育、职业训练及子女保护措施的费用，父母应通过保护及教育履行其扶养义务……在第328、329条中规定了其他直系血亲及兄弟姐妹间相互扶养的义务，指明仅以"无此帮助生活陷于贫困的"为限，及"兄弟姐妹间，无充分财力时，不负扶养义务"。总之，其他直系血亲及兄弟姐妹间的相互扶养是有条件的，按扶养权利人的需要及义务人的财力给付。《德国民法典》将夫妻间的扶养义务规定为"扶养家庭的义务"，并在第1360条中规定，夫妻双方相互负有以其劳动及其财产适当扶养其家庭的义务。第1360a条规定，适当扶养家庭的范围，应包括一切夫妻关系为必要的扶养、为负担家务开支以满足夫妻的个人需要和有受共同扶养权利的子女的生活需求。这也可谓生活保持义务。同时以亲属编第二章一节的篇幅规定了其他血亲、亲属间的有条件的扶养义务，及非婚生子女及生母的扶养问题。日本法学家中川善之助先生在1928年就著文认为扶养应分为生活保持义务和生活扶助义务。他主张将夫妻间和父母与未成年子女间的扶养称为生活保持义务，其他直系血亲、兄弟姐妹和其他亲属间的扶养称为扶助。他提出夫妻间、父母与未成年子女间，一方扶养对方是为保持自己的生活（家庭生活）所必尽的义务，这种义务是无条件的，要做出自我牺牲的，〔3〕即有所谓"即使是最后的一片肉、一粒米也要分而食之的义务"。〔4〕日本法学家有地亨认为夫妻间和父母与未成年子女间的扶养是必须保持他们之间的同一生活质量，同一生活水平的扶养。〔5〕但是，其他直系血亲间、兄弟姐妹和其他亲属间的扶养，并不是为维持共同生活所必须的，而是一种偶然的、例外的、相对的扶养，因此是在保持与义务人地位相当的生活水准下，给予确实需要扶养的亲属以扶助，使其保持最低生活水平。〔6〕

亲属扶养虽然均是私法上的扶养，但是由于对象的不同，扶养的程度、方式等情况是有所区别的。从法理上和立法中区分开生活保持义务和一般生活扶助义务，对于更好地履行扶养义务是有益的。

---

〔2〕 参见《瑞士民法典》，殷生根译，法律出版社1987年版（后文涉及该法典的，不再另加注）。

〔3〕 参见［日］中川善之助："关于扶养义务的二个原型"，载《家族法律问题的研究》，劲草书屋1969年日文版。

〔4〕 本文转引自［日］加藤美穗子：《家族和法》（日文版），苍文社1991年版，第114页。

〔5〕 参见［日］有地亨：《家族法概论》（日文版），法律文化社1990年版，第194～196页。

〔6〕 参见史尚宽：《亲属法论》，台北荣泰印书馆1980年版，第678页。

(三)老年人的扶养

随着世界老龄问题的突出,关于成年子女对年老双亲的扶养问题,特别是精神上、体力上的扶助,越来越成为世人注目的问题。成年子女对父母的扶养是否是有条件的,是否应使年迈的父母安度晚年,成了世界各国一大社会问题。

目前世界人口老龄化问题日益突出。现在世界上60岁以上人口有6.29亿,占世界人口总数的10%;到2050年世界各地老龄人口将超过19.64亿,占世界总人口的21%;而发展中国家占大多数。[7] 老龄化给社会和公共卫生带来的后果,特别是在发展中国家的后果,值得认真注意。因为在大部分发展中国家,由于贫穷、缺乏社会保障系统,而持续不断的城市化进程和妇女参加劳动大军人数的日益增多,又对种种传统的照顾老人的方式起了削弱作用。因此,发展经济、发展健全社会保障体系及完善家庭扶养制度都是应该引起全社会关注和必须解决的问题。

我国60岁以上的老年人到2002年时已达到1.32亿,占中国总人口的10%以上。我国已进入老龄化国家。2015年我国的老年人数量将超过2亿,约占总人口的14%。2024年我国老年人口增长达高峰,60岁以上人口人数将突破3亿,其中2.6亿在农村。而到2040年时,全国老年人口总数将增至3.74亿,占人口总数的24.48%,即每4个人中就有1个老人。[8] 到那时,老年人口的扶养问题将成为最棘手的社会难题之一。目前我国经济仍不十分发达,社会保障体系还很不健全。在相当长的一段时期内,我国家庭还将担负较重的扶养老人的职责。但是,在实际生活中,不扶养老年人,甚至虐待老年人的现象,在我国城乡,特别是农村时有发生。有的年老夫妇扶养大了六七个子女,为帮助他们成家、娶妻耗尽了一生的心血。到年老不能劳动时,子女却不闻不问,相互推诿,不扶养扶助老人,有的甚至不给老人饭吃,不给衣穿,强占老人住房,虐待、遗弃老人,使得不少老年人不得不走上法庭状告子女。近年来扶养案件一直呈上升趋势。这些问题的解决,离不开教育,要加强公民社会伦理、道德的教育,提高人口素质。但教育不是万能的,还必须辅之以法律手段。健全完善扶养制度就是其中一项十分重要的工作。只有在社会教育和健全法制的共同努力下,才能更好地发扬我国优良的民族传统,树立良好的赡老育幼的良风美俗,促进社会的文明进步。

因此,在讨论直系血亲间的扶养制度时,有不少学者认为,扶养扶助老人是成年子女应无条件履行的应尽义务。父母年老,特别是尽了扶养子女义务的老年人,生活困难或体力不支时,不管老人是否与子女同居,成年子女必须扶养扶助老年

---

〔7〕 据联合国第二届世界老龄大会和中国老龄问题全国委员会提供的资料。

〔8〕 同上注。

人,不能是有条件的,而应是无条件的法定义务。个别对子女有虐待、遗弃行为严重者除外。应使老年人享有不低于成年子女自身生活水平的晚年生活,并且扶养不仅仅是支付生活费,还应包括精神上、体力上的扶助,随着社会的发展进步,当代法律确应对此加以明确规定。无论从伦理角度,还是从权利义务对等原则出发,成年子女扶养老人(包括精神上、体力上的扶助),使其享有不低于自己生活水平的生活,应成为扶养法的基本特征之一。

三、扶养的要件

所谓扶养的要件即指成立一定扶养关系的条件。扶养发生在有扶养必要和有扶养能力的一定亲属间。有扶养必要和有扶养能力就是扶养关系成立的两个要件。很多国家的法律均规定扶养权利一方有受扶养的必要及扶养义务一方有承担扶养义务的能力,是作为一定亲属间扶养发生的两个要件。

对于两个要件中"有受扶养必要"是没有争议的,是扶养发生的前提条件。但对于有扶养能力就有不同看法了;有的学者认为所谓"有扶养能力"必须从扶养的两种情况进行分析。第一,在父母与未成年子女间的扶养,以及成年子女与生活困难或无劳动能力需要帮助的父母间的扶养的情况下,是否须得扶养义务人有相当经济能力才履行扶养义务呢? 否。在前述情况下,无论扶养义务人生活是否宽裕,都应尽其所能乃至降低自己的生活水平,而担负起扶养受扶养权利人的责任。第二,在其他直系血亲和一定亲属间的扶养,则应按照两项要件,即在扶养义务人保持自己家庭生活的前提下尚有能力(余力),而扶养权利人确实需要扶养的情况下,履行扶养义务。这不仅是维护社会基本细胞,保持基本人伦感情的必然,也是法律基本义务的要求。所以,在其他亲属间扶养成立的要件是有受扶养的必要和有扶养的可能即有能力(余力)二项。

综上可以看出,"扶养是发生在以扶养为必要,且以有扶养能力(余力)为要件的一定亲属间"的传统观点尚有值得商榷和补充之处。"有必要和有能力(余力)"的要件,"有必要"是绝对的条件;而"有能力(余力)"不是绝对的要件,而是相对的,应根据对象的不同而有所区别。

四、扶养制度的沿革

从世界范围来看,在古时,宗族统治和大家族时代,家长独占财产,支配家族集团所有成员为其劳作,并保障所有劳力的生活。扶养是一族之长、一家之长的责任。全族成员供养族长和家长。随着父系家长权的强化,后世此种扶养仅成为习俗和道义上的责任,而非法律上的义务。即被扶养是家长的恩惠,不得对家长以诉来主张扶养权。因此当时,为解决因道义上有扶养义务而拒绝扶养、造成生活不能者走向犯罪或坐以待毙,国家开始创设一定范围近亲属负担法律上扶养义务的制度,并对生活不能者国家给予“恩惠”即帮助,或者奖励慈善家、慈善机构给予其救济。但随着社会和私有制的发展,至近代,财富迅速地集中到少数人手里,贫富分化越来越明显,前述措施已不适应生活不能者的需要。基于近代基本人权思想的发展,扶助社会贫困者成为国家的义务,国家开始设立救济制度和社会保障制度。同时,随着经济的发展,家族制的衰败,以夫妻、父母子女为核心的家庭逐渐成为社会的基本细胞,也成为家庭法律规范调整的核心。其他亲属集团则主要为道德和习俗规范的调整对象。因此,在扶养关系上,前者为生活保持的基本义务,必须履行;而后者则为法律所确认的,以道德、习俗为基础的小部分义务。[9]

社会发展至今,世界经济高速发展,人们经济生活水平普遍提高,扶养的性质已从单纯地维持扶养权利人的生命的物质内容,转向更多的精神的、体力的扶助内容。扶养不仅是经济上的供养,而且包含着精神上、体力上的扶助。对老年人的扶养上表现得更为明显。因此,扶养法律制度也随之而发生相应的变化,以使扶养制度更加完善,确实起到稳定家庭和促进社会进步之目的。

五、我国扶养制度的变迁

我国古代宗法制盛行,尊祖敬宗,“敬宗所以收族”,其中便有扶养之意。之后,宗法制逐渐衰败,收族之制不再存在,但尚有祭田或族产,以其中的一部分赡赈族中贫寒孤寡之用。在一家之内,家属不得有私财,一家老小全靠家长扶养。旧律规定有祖父母、父母在,而子孙别籍异财列为十恶中不孝之一(唐律、宋刑统、明清律之名例律十恶条)。例如唐律明文规定,祖父母、父母在,奉养有缺者徒二年,列为十恶之一。子孙有扶养祖父母、父母之片面扶养义务,以维护“孝”的伦理关系,维持子孙与父祖间的一种封建人身依附的关系。唐户令:“诸鳏寡孤独贫穷老疾,不能自存者,令近亲收养,若无近亲,付乡里安恤”(《唐令拾遗》,第256页)。因古时人口流动很少,同村的人大多不是近亲也是远亲,所以其意是在说明亲属特别是近亲属间有相互扶养的义务。[10]随着1930年国民党民法亲属编的颁布,中国婚姻家庭法自古代向近现代的形式上的转化,扶养制度也随之发生了变化,但仍留有较浓重的封建主义的痕迹,如保留有对“家长”和“家属”的扶养义务等条款。

〔9〕 参见史尚宽:《亲属法论》,台北荣泰印书馆1980年版,第679页。
〔10〕 同上注,第679～680页。

六、我国现行扶养制度概况

1949 年新中国成立,1950 年《婚姻法》和 1980 年《婚姻法》规定了家庭成员和近亲属之间尊老爱幼、平等互助的扶养关系。其含义有二:一为提倡孝敬父母和老人,抚育关心年幼者,是在父母子女人格平等基础上的相互尊重;二为家庭成员和近亲属间的平等的相互帮助和扶养。此外,人民法院还颁发了一部分司法解释性文件,补充立法的不足。例如,1958 年 1 月最高人民法院《关于已出嫁女儿赡养父母和媳妇赡养婆婆问题的批复》、1979 年 11 月最高人民法院《关于子女对继母有无赡养义务的请示的批复》、1980 年 5 月最高人民法院《关于非婚生子女抚养问题的批复》、1981 年 9 月最高人民法院《关于对年老、无子女的人能否按照婚姻法第 23 条类推判决有负担能力的兄弟姐妹承担抚养义务的复函》、1985 年 2 月最高人民法院《关于兄妹间扶养问题的批复》、1986 年 3 月最高人民法院《关于继母与生父离婚后仍有权要求已与其形成抚养关系的继子女履行赡养义务的批复》等。

《婚姻法》和司法解释等法律、法规、文件的主要内容有如下几个方面:

1. 父母子女间的扶养义务

(1)养育义务。我国《宪法》第 49 条规定:"父母有抚养教育未成年子女的义务。"2001 年 4 月修改的现行《婚姻法》第 21 条规定:"父母对子女有抚养教育的义务;父母不履行抚养义务时,未成年的或不能独立生活的子女,有要求父母付给抚养费的权利。"主要是指父母要从经济上供养未成年子女,并在日常生活中关怀、照顾子女,保证子女身心的健康成长。同时现行《婚姻法》将不能独立生活的成年子女也作为抚养对象,和未成年人享有相同受抚养的权利。

(2)"赡养"义务。我国《宪法》第 49 条还规定:"成年子女有赡养扶助父母的义务。" 2001 年 4 月修改的现行《婚姻法》第 21 条规定:"子女对父母有赡养扶助的义务。子女不履行赡养义务时,无劳动能力的或生活困难的父母,有要求子女付给赡养费的权利。"根据法律规定,成年子女对父母物质上的供养扶助是有条件的。首先,父母须是无劳动能力或生活困难的;其次,成年子女能独立生活,有扶养扶助能力。对于有劳动能力、生活不困难的父母,子女自愿扶助孝敬父母,法律是提倡的,但不强制。扶养义务的内容包括经济上的供养,生活上、体力上的照料、帮助和精神上的尊敬、慰藉、关怀。实践中,如有两个以上成年子女时,应根据各自条件,协商分担。扶养的方式,可以居住在一起,直接扶养;也可以分居,经常联系、探望并提供日常生活的条件及生活费。扶养是无限期的,直至父母死亡。子女虐待或遗弃父母,可给予训诫或行政处罚;情节严重的,要根据《刑法》第 260、261 条(原《刑法》第 182、183 条)规定,追究其虐待、拒绝扶养的刑事责任。

2. 夫妻间的扶养义务

我国现行《婚姻法》第 20 条规定:“夫妻有互相扶养的义务。一方不履行扶养义务时,需要扶养的一方,有要求对方付给扶养费的权利。”如上规定,可以看出夫妻间扶养有如下特点:

(1)夫妻间的扶养义务是基于夫妻双方婚姻的效力而产生的,其目的在于保障夫妻间共同生活的维持,是婚姻关系的必然要求。一般情况下,是在夫妻共同生活中实现的。

(2)夫妻间的互相扶养既是义务又是权利。夫妻都有扶养对方的义务,也都有接受和要求对方扶养的权利。

(3)夫妻相互扶养的义务具有法律的强制性。其扶养义务不是可有可无的,而是必须履行的。否则需要扶养的一方有权要求对方承担扶养责任。发生纠纷,可经有关部门调解,或直接向人民法院起诉。人民法院可调解解决,也可依判决强制义务人履行义务。义务人拒不履行扶养义务,情节严重构成犯罪的,应负刑事责任。

3. 祖孙(包括外祖孙)间的扶养义务

祖孙包括祖父母与孙子女,外祖父母与外孙子女两种情况,是一种隔代的直系血亲的亲属关系。关于祖孙之间的扶养义务,我国 2001 年 4 月修改的现行《婚姻法》第 28 条作了如下规定:“有负担能力的祖父母、外祖父母,对于父母已经死亡或父母无力抚养的未成年的孙子女、外孙子女,有抚养的义务。有负担能力的孙子女、外孙子女,对于子女已经死亡或子女无力赡养的祖父母、外祖父母,有赡养的义务。”修改后的规定是吸收了最高人民法院 1984 年 8 月 30 日《关于贯彻执行民事政策法律若干问题的意见》对此义务作的扩大解释,即“(1)有负担能力的祖父母、外祖父母,对于父母一方死亡,另一方确无能力抚养或父母均丧失抚养能力的未成年孙子女、外孙子女,有抚养义务。(2)有负担能力的孙子女、外孙子女,对于子女已经死亡或子女确无力赡养的祖父母、外祖父母,有赡养义务。”从上述规定可以看出,祖孙之间扶养义务的特点是“有条件”的。主要表现为三点:(1)有负担能力的祖孙才承担扶养义务;(2)被扶养人确实需要扶养人扶养;(3)被扶养人的父母或子女死亡或者无扶养能力。

不符合上述条件的祖孙之间不产生法定的扶养义务,自愿履行的,加以提倡,但不得附加条件。

4. 兄弟姐妹间的扶养义务

兄弟姐妹包括同胞兄弟姐妹、同父异母或同母异父的兄弟姐妹、养兄弟姐妹和继兄弟姐妹。其中前两种是有血缘关系的,后两种是无血缘关系的。关于兄弟姐妹之间的扶养义务，我国现行《婚姻法》第29条规定：“有负担能力的兄、姊，对于父母已经死亡或父母无力抚养的未成年的弟、妹，有扶养的义务。由兄、姊扶养长大的有负担能力的弟、妹，对于缺乏劳动能力又缺乏生活来源的兄、姊有扶养的义务”。此条是根据最高人民法院1984年8月30日《关于贯彻执行民事政策法律若干问题的意见》中，对此项义务作的补充解释，即“由兄、姊扶养长大的有负担能力的弟、妹，对于丧失劳动能力、孤独无依的兄、姊，有扶养的义务”做的修改。

以上规定说明兄弟姐妹之间的扶养义务的特点是“有条件”的，主要有以下两点：

(1)兄、姊对弟、妹的扶养义务产生的条件是：弟、妹确实需要扶养而又无他人扶养；兄、姊有负担能力，父母已经死亡或无力扶养。

(2)弟、妹对兄、姊的扶养义务产生的条件是：兄、姊丧失劳动能力、孤独无依确实需要扶养；弟、妹有负担能力，兄、姊曾扶养过弟、妹的。

法律对兄弟姊妹间扶养义务的规定一般是从婚生同胞兄弟姊妹间关系来确定的。其他类型兄弟姊妹间的扶养义务，只要符合上述条件的，均应产生扶养的权利义务。

5. 公婆儿媳、岳婿间的扶养义务

根据我国法律规定，公婆儿媳、岳婿间的扶养义务是依双方是否形成事实上的扶养关系来确定的。此种事实上的扶养关系听凭当事人的自愿，否则不得强制扶养。

公婆与儿媳之间。儿媳对公婆尽了主要扶养义务，形成事实上的扶养关系的，相互间需遵守家庭成员间不得虐待和歧视或遗弃的法律规定。根据《继承法》第12条、《妇女权益保障法》第32条规定，丧偶儿媳因此可以作为第一顺序继承人。

岳婿之间。如果根据《婚姻法》第8条规定，夫妻双方约定男方为女方家庭成员的，岳婿共同居住，应遵循家庭成员间不得虐待、歧视或遗弃的规定。非同居的通常无权利义务。女婿对岳父母尽了主要扶养义务，形成事实上的扶养关系的，根据《继承法》第12条规定，丧偶女婿可作为第一顺序继承人。

在我国古代法中，儿媳是公婆家庭的宗亲之一，在公婆家长权下，相互间有法定的扶养义务。1930年国民党民法亲属篇规定儿媳与公婆同住的，为家长与家属间的关系，相互有法定的扶养义务；非共同居住的，则无相互间的扶养义务。关于岳婿间，古代法中以是否“入赘”来确定有否扶养义务。“入赘”女婿改姓的可“继承宗族”，无论妻子是否死亡，都可以继承岳父母的财产，都须赡养岳父母。非“入赘”女婿与岳父母间无权利义务。1930年国民党民法亲属编规定岳婿间也根据是否共同居住来确定扶养义务的有无。同居者有扶养义务，非同居者无扶养义务。

1930年国民党民法亲属篇关于公婆与儿媳间、岳婿间扶养义务的规定,除去其仍存在封建的家长、家属关系的立法理由外,其立法内容中公婆与儿媳或岳婿共同居住的负有扶养义务的规定是可以参考的。这符合我国国情,又符合法理解释,也为不少国家法律所确认。

综上,我国关于扶养规定的实质内容还是比较先进的。它充分体现了保障老、幼和当事人的合法权益的精神,体现了中华民族尊老爱幼、亲属间相互帮助的良好风尚。但是,从立法的技巧和体系完整角度分析,还有不少缺陷。关于扶养的一些基本制度没有规定或极不明确。现行《婚姻法》关于扶养的规定,主要有以下不足之处:

(1)扶养义务以近亲属间不同的身份关系,分别用抚养、扶养、赡养来规定不同的扶养义务,既在内容上有重复,又烦琐、复杂,很不明确。

(2)扶养关系发生的要件依不同亲属关系规定不同要件,过于复杂不易执行。例如,祖父母、外祖父母对孙子女、外孙子女的"抚养"义务和孙子女、外孙子女对祖父母、外祖父母的"赡养"义务,以及兄弟姐妹间的扶养义务发生的要件就规定得过于烦琐。

(3)关于亲属间的"扶养",《婚姻法》具体化为"抚养"、"赡养"、"扶养",但是《刑法》和《继承法》中主要采用"扶养"的提法。总称和具体的"扶养"用语往往容易发生混乱,而且翻译时也容易产生歧义。

因此,我们应该借鉴国外立法中的成功经验,在今后修改婚姻家庭法时单独设立扶养一章,使扶养问题的法律规定系统化、具体化,增强其科学性和可行性,以达到养老育幼、稳定家庭,促进人类文明、进步之目的。

第二节　扶养的范围

一、扶养范围的含义

扶养范围,是指负有扶养义务的一定亲属的远近界限。由于各国国情、习俗、文化背景不同,法律确定的亲属间的扶养范围也各不相同。夫妻间的扶养和父母对未成年子女的扶养,在当今世界绝大多数国家均规定为首要的扶养范围。其他直系血亲的范围、直系姻亲和旁系血亲间的扶养义务,各国便各有不同规定了。德、法两国民法皆以配偶及其直系血亲为限,英国立法亦大体相同,如《德国民法典》第1360条、第1360a条、第1361条等规定了夫妻间及对子女的扶养义务,第1601条规定了直系亲属间的扶养义务;瑞士等国家民法扩展到兄弟姐妹,《苏俄婚姻和家庭法典》亦大致如此;日本明治民法还规定扶养范围包括对户主的扶养,修改后删去了亲属会议,取消了对户主的扶养义务,但将亲属扶养范围扩大至三亲等以内的亲属。日本民法第877条第2款规定:“有特别情事时,家庭法院可于前款规定(即直系血亲及兄弟姐妹之间负有扶养义务)情形之外,使三亲等内的亲属之间亦负扶养义务。”我国台湾地区对沿用的1930年国民党民法亲属篇作了修改,现规定夫妻间、直系血亲相互间、夫妻一方与他方父母同居者相互间、兄弟姊妹相互间、家长家属间互负扶养义务。

具体来讲扶养范围包括如下几个方面:

1. 夫妻

夫妻是家庭的基本成员,夫妻关系是家庭关系的基础和核心。[11]夫妻间的扶养义务是基于婚姻的法律效力而产生的。夫妻间的扶养是保持家庭共同生活的最基本的要求。因而有夫妻间扶养义务是生活保持义务之说(见本章第一节)。所谓夫妻间的扶养义务就是指夫妻双方在生活上互相供养、扶助的责任。这种责任是无条件的。各国法律对此均作了规定。只不过在早期资本主义国家民法典中一般多规定扶养义务主要由夫承担,妻仅负补充义务。例如,1896年德国旧民法典第1360条规定:“夫应依照其社会地位、财产及收益能力扶养其妻”。“如夫不能扶养自己者,妻应依照其财产及权益能力给予夫以与夫社会地位相当的扶养”。这与当时男女不平等、妇女经济地位低下是分不开的。随着社会的发展,许多国家法律进行了修改。例如,1977年《德国民法典》将第1360条改为“婚姻双方相互之间负有义务,以其劳务或财产为家庭提供适当的生活费”[12]。1981年《瑞士民法典》第159条规定:“结婚后,配偶双方负婚姻共同生活的义务”。

2. 父母与子女

父母对未成年的未婚子女的扶养是无条件的。对成年或已婚子女的扶养以其不能独立生活为限。子女对父母的扶养则限制子女为成年人,且有扶养的能力者。一般国家均为如上规定。如上规定适用于父母对非婚生子女的扶养;适用于养父母子女间的扶养;至于继父母继子女间的扶养义务,只有少数国家如苏联、罗马尼亚等国作了规定。

3. 祖父母、外祖父母与孙子女、外孙子女

各国法律关于祖孙之间的扶养关系,一般均作了规定,没有男、女,父系亲、母系亲的区别,相互间均负有扶养的义务。例如德国、日本、瑞士、苏联、罗马尼亚等

---

〔11〕 参见杨大文主编:《婚姻法学》,法律出版社1989年版,第178页。

〔12〕 参见《德国民法典》,郑冲、贾红梅译,法律出版社1999年版。

国均有规定。

4. 公婆与儿媳、岳父母与女婿

世界上有许多国家未对公婆与儿媳、岳父母与女婿这种直系姻亲关系作出相互间扶养义务的规定。少数国家如法国等作出了明确的规定:“女婿和儿媳,在同样的情况下,对岳父母和公婆要负扶养义务”(《法国民法典》第206条),而且此种义务是相互的。这里所谓“同样的情况”指的是“有受扶养的必要”,但这种扶养义务以姻亲关系存在为前提。

5. 兄弟姊妹等

世界上许多国家如瑞士、苏联、古巴、保加利亚、南斯拉夫、日本等国均规定了兄弟姐妹之间有扶养义务关系。兄弟姐妹是最近的旁系血亲,不管是全血缘的还是半血缘的,均有相互扶养的义务。但各国规定在细节上还有所区别。一般均以二亲等的旁系血亲即兄弟姐妹间有扶养义务为限。但《日本民法典》规定,在特别情况下,家庭法院可以确定三亲等的旁系血亲间有扶养义务,即伯、叔、姑与侄子女,舅、姨与外甥子女间可以发生扶养义务。

6. 实际教养人与被教养人

此种关系不是法律规定的行为,是一种事实行为。这是苏联婚姻和家庭法典中规定的一种特殊的扶养关系,是为了鼓励社会上的相互帮助的行为,在法律上给予了确认。如《苏俄婚姻和家庭法典》第85条和第86条的规定。此义务区别于社会的公养,也区别于作为监护人而教养儿童的人的教养义务,它是在第二次世界大战后,社会上大量孤儿存在的特殊情况下的对策。〔13〕

二、关于我国扶养范围的几种看法

我国现行《婚姻法》规定的扶养范围在上节已叙述,为夫妻间,直系血亲间主要是父母子女间、祖父母、外祖父母与孙子女、外孙子女间,兄弟姐妹间,公婆儿媳及岳婿间的扶养(当事人自愿)。

在我国,有学者针对目前直系姻亲间扶养现状即听凭当事人自愿的情况,提出是否将直系姻亲也纳入扶养范围之内的建议。其理由:(1)中国人口众多,国家经济尚不够发达,社会保障体系还不够完善,家庭的扶养范围还不宜过窄。(2)中国现在三代同居的家庭虽然大大减少,但仍占1/3左右。直系姻亲生活在一起,相互间的扶养义务应是责无旁贷的。(3)中国历来有尊老爱幼的良风美俗。随着经济

---

〔13〕 参见刘素萍、陈明侠:“监护与扶养”,载巫昌祯、杨大文主编:《走向21世纪的中国婚姻与家庭》,吉林人民出版社1995年版,第189~190页。

的发展,人民生活的富裕,人口死亡率大大下降,寿命延长,人口老龄化问题越来越突出。对老年人的扶养,特别是体力上的扶助、精神上的慰藉问题日益突出。因此,发扬中华民族的优良传统习俗,将直系姻亲也规定在扶养范围之内,对建立良好的家庭关系,促进社会安定,发展是有进步意义的。

在修改《婚姻法》的过程中,还有学者提出我国旁系近亲属扶养范围还可扩至叔、伯、姑、舅、姨及侄子女、外甥子女。即扩展为有负担能力的兄姐或伯、叔、姑、舅、姨对于父母已经死亡的,或父母没有扶养能力的未成年的弟妹或者侄子女、外甥子女有扶养的义务;反之,由兄姐或者伯、叔、姑、舅、姨抚养成人的、有负担能力的弟妹或侄子女、外甥子女,对于缺乏劳动能力又没有生活来源的兄姐或者伯、叔、姑、舅、姨有扶养义务。其理由是:(1)如前述增加直系姻亲间扶养义务时所述由中国国情所决定,国家社会保障程度不高,家庭、亲属间的扶养还是社会扶养的主要形式。范围稍广泛一些更有利于扶养义务的执行,更有助于养老育幼目的的实现。(2)在国外立法例上也有先例。日本民法就规定三亲等内的旁系亲属间有扶养的义务。(3)符合我国历来近亲属间关系密切,相互扶助的优良文化传统。

但是,不少学者主张扶养范围还是规定以配偶、父母子女及其直系血亲间、直系姻亲间和兄弟姐妹之间负有扶养义务为宜,不宜扩大到旁系血亲三亲等间,其理由是:(1)在我国历史上,三亲等间的扶养义务主要是依道德规范调整的,并无明文法律规定。(2)我国推行计划生育,子女均较少,而且我国将进入老龄社会,老年人越来越多,如从法律上把扶养范围扩至旁系血亲三亲等间,势必加重后辈的负担,不利于社会的发展。(3)我国面临着老龄社会的到来,应发展社会经济、社会保障,使广大老年人安度晚年。如果只靠家庭来扶养,不仅不符合社会发展的规律,而且势必会造成诸多的纠纷而影响社会的安定。

第三节 扶养的顺序

扶养义务人或扶养权利人如若只有一人时,并不发生扶养的顺序问题。所谓扶养的顺序是指扶养义务人或扶养权利人有数人时,确定履行扶养义务,或者享受扶养权利人的先后顺位。当今世界上关于扶养顺序的规定,各国很不一致。这也是由各国国情、习俗及文化所决定的。

一、扶养义务人的顺序

关于扶养义务人顺序的规定,在立法上主要有三种情况:

(1)采取概括主义方式。只作原则规定,如日本民法规定扶养义务人顺序由当事人自行协议,协议不成或不能协议时由家庭法院确定(《日本民法典》第878条)。日本如此规定一方面是由于家庭情况的多样化,势必导致扶养义务人及扶养权利人的多种复杂情况,由当事人自行达成一致的协议,要比法律规定统一的方法灵活,便于执行;另一方面,如发生重要的、必须迫切解决的问题,法院也可以临时作出必要的处理。法律确认了法院的决定权限。[14]

(2)采取列举主义方式。对扶养义务人的顺序加以具体、明确的规定。如德国民法典明确规定扶养义务人分别是卑亲属先于尊亲属承担扶养义务;在卑亲属之间和尊亲属之间,近亲先于远亲承担扶养义务;同亲等的亲属有数人时,按其收入和财产状况分担义务。还规定了替代义务和配偶在先负担义务原则等。[15] 因此,德国民法规定的扶养义务人顺序可列为如下顺序:①配偶;②直系卑亲属;③直系尊亲属;④近亲先于远亲承担义务;⑤同亲等的扶养义务人有数人时,依收入和财产状况分担义务。我国台湾地区现行“民法”亲属编规定扶养义务人有数人时,其扶养顺序为:①直系血亲卑亲属;②直系血亲尊亲属;③家长;④兄弟姊妹;⑤家属;⑥子妇、女婿;⑦夫妻之父母。同系直系尊亲属或直系卑亲属以亲等近者为先。负扶养义务有数人,而其亲等相同时,应各依其经济能力分担义务。[16]

(3)法律无明文规定。法国、苏联等国家对此没有明确规定。在扶养义务人有数人时,其扶养义务的履行,主要依据财力及具体情况,当事人自行协商承担,或由法院决定。

二、抚养权利人的顺序

在扶养顺序上有些国家只规定了扶养义务人的顺序,没有规定扶养权利人的顺序。大多数国家作了双顺序的规定。在双顺序的国家中,关于扶养权利人的顺序规定主要有两种:

(1)采用概括主义方式。对扶养权利人顺序只作原则规定。如《日本民法典》第878条规定,受扶养权利人为数人,义务人经济能力不足以扶养其全体时,关于应受扶养者的顺序,应采用由当事人协议的办法解决,协议不成或不能协议时,由家庭法院确定。

---

〔14〕 参见[日]加藤美穗子:《家族法》,苍文社1988年日文版,第115~116页。

〔15〕 参见《德意志联邦共和国民法典》,上海社科院法学所译,法律出版社1984年版。根据1969年8月19日《关于非婚生子女的法律地位的法律》修改过的民法第1606条。参见《德国民法典》,郑冲、贾红梅译,法律出版社1999年版(以下同)。

〔16〕 参见刘清景等主编:《最新详明六法全书》,大伟书局1988年版,民法第1115条。

(2)采用列举主义方式。明确规定扶养权利人的顺序。如《德国民法典》规定，贫困者有数人，而扶养义务者无力扶养其全体时，未成年的未婚子女先于其他子女，子女先于其他卑亲属，卑亲属先于尊亲属，尊亲属中近亲先于远亲。配偶与未成年的未婚子女相同，配偶先于其他的子女和其他亲属。如离婚或撤销婚姻时，有受扶养权利的配偶先于成年的或已结婚的子女以及负扶养的人的其他亲属。德国的扶养权利人的顺序可列为：①配偶与未成年的未婚子女；②未成年的未婚子女先于其他子女；③子女先于其他直系卑亲属；④直系卑亲属先于直系尊亲属。我国台湾地区"民法"亲属编规定与日本旧民法规定相似。当扶养权利人有数人而负扶养义务人的经济能力不足扶养其全体时，其受扶养者的顺序为：①直系血亲尊亲属；②直系血亲卑亲属；③家属；④兄弟姐妹；⑤家长；⑥夫妻之父母；⑦子妇、女婿。而同系直系尊亲属或直系卑亲属，以亲等近者为先；同亲等权利人有数人时，依需要酌为扶养。[17]

从上述列举中可以看到，台湾地区"民法"关于扶养顺序问题的规定仍然带有浓重的宗族和家族制的阴影，在社会和经济发生了重大变化的今天，特别是在社会福利和社会救济制度大大改善的今天，这些数十年前的规定，很难再适应今天的情况。

三、关于扶养顺序的立法设想

关于扶养顺序的问题，在我国现行《婚姻法》和相关法律中都没有明确规定。可以理解为由当事人协议决定顺序，协议不成或不能协议时，由法院确定。我国婚姻家庭法应将扶养单独列一章。无论从中国国情、立法技巧，还是从执法的需要出发，扶养的顺序均应加以明确规定，并规定法院在决定扶养顺序中的作用，即采取列举主义和概括主义相结合的方式决定扶养的顺序。关于扶养的顺序可从三方面加以规定：

(一)扶养义务人的顺序

在扶养义务人有数人时，应按下列顺序决定履行扶养义务人：

(1)直系血亲卑亲属；

(2)直系血亲尊亲属；

(3)兄弟姐妹；

(4)子妇、女婿(以在一起共同生活为限)；

(5)夫妻之父母(以在一起共同生活为限)；

(6)如扩大扶养范围至三亲等旁系血亲的话，还包括侄子女、外甥子女；伯、叔、姑、舅、姨。

---

〔17〕 参见刘清景等主编：《最新详明六法全书》，大伟书局 1988 年版，民法第 1116 条。

当同一顺序扶养义务人有数人时,应由扶养义务人协商解决履行扶养义务人。协商不成或不能协商的,由法院根据数人经济情况,决定共同承担扶养义务或部分人承担扶养义务。

(二)扶养权利人的顺序

在扶养权利人有数人而扶养义务人经济能力不足扶养其全体时,应按以下顺序决定受扶养者:

(1)直系血亲卑亲属;

(2)直系血亲尊亲属;

(3)兄弟姐妹;

(4)夫妻之父母(以在一起共同生活为限);

(5)子妇、女婿(以在一起共同生活为限);

(6)如扩大扶养范围的话,还包括伯、叔、姑、舅、姨;侄子女、外甥子女。

当同一顺序扶养权利人有数人而扶养义务人经济能力不足以扶养其全体时,应首先扶养经济最困难、最需要扶助的人。

(三)夫妻间及父母对未成年子女的扶养义务

需要说明的是,前述顺序为不包括夫妻间及父母对未成年子女的扶养义务在内的近亲属间的扶养顺序。夫妻间和父母对未成年子女的扶养是生活保持义务,是无条件的法定义务,必须履行。因此应明文规定,夫妻间及父母对未成年子女的扶养义务为优先义务,即配偶及未成年子女为优先受扶养的权利人。

第四节 扶养的程度、方式和变更[18]

一、扶养的程度

所谓扶养的程度即应给予扶养权利人扶养的水平、标准。应按扶养权利人的需要和扶养义务人的经济能力,两个要件相对均衡来决定。考察各国及我国现行立法规定,扶养的程度主要按扶养权利人的需要和扶养义务人的经济能力及身份决定。所谓需要,是以正当且必要的需求为限。如果扶养权利人提出过高的要求,即使扶养义务人是很富有的,也是不合理、不合法的。但正当的扶养需要,则不以衣、食费用为限,还应包括全部生活需要的费用。

---

〔18〕 以下参见刘素萍、陈明侠:“监护与扶养”,载巫昌祯、杨大文主编:《走向21世纪的中国婚姻与家庭》,吉林人民出版社1995年版,第192~194页。

（一）几种不同的扶养标准

在世界上，一般来讲，大约有如下几种不同的扶养标准：

1. 扶养包括供给全部生活的必需费用，包括学会某项职业所必需的培训费用，以及需要受教育者的教育费用，医疗、护理费用等，如《德国民法典》第 1610 条第 2 款（1979 年修改）的规定。

2. 无具体内容的概括性的规定。如《德国民法典》第 1610 条第 1 款规定，应给予的扶养标准，按贫困者的生活地位确定之，即适当的扶养；《瑞士民法典》第 329 条规定，以扶养权利人的生活需要及义务人的财产给付；《法国民法典》第 208 条规定，扶养义务应斟酌扶养供求人的需要与扶养人的资力适当履行。[19]

3. 依协议确定扶养的程度，必要时由法院最后裁决。如现行《日本民法典》第 879 条规定，关于扶养的程度，依当事人协议，协议不成或不能协议时，由家庭法院考虑扶养权利人的需要、扶养义务人的资力及其他有关情事予以确定。

（二）我国关于扶养程度的规定

我国《婚姻法》对扶养程度没有作出具体明确的规定，这就造成了扶养执行中的困难。借鉴外国的经验，我国关于扶养的程度问题以采用概括和列举相结合的规定比较恰当。

1. 明确规定夫妻及父母子女之间的扶养程度：（1）明确规定扶养包括供给被扶养人全部生活必需的费用，包括起码的生活费、受教育者的教育费及职业培训费，疾病患者的医疗护理费用等，还应包括必需的精神和体力上的扶助。比如子女有能力上大学的，尽管已超过成年年龄，父母也应继续对其扶养，提供生活费，负担教育费。（2）具体的供养费用及扶助程度，在夫妻同居时，夫妻双方的扶养义务在共同生活中履行。其他情况下，由扶养义务人和扶养权利人协商决定（对未成年子女包括非婚生子女必须尽其全部所能）；协议不成或不能协议时，由人民法院考虑扶养权利人的需要和扶养义务人的资力及其他有关事宜决定。

2. 其他直系血亲间，旁系血亲兄弟姐妹等，直系姻亲间的扶养程度，依扶养权利人需要和扶养义务人的能力，经协商决定；协议不成或不能协议的，扶养权利人可要求人民法院考虑权利人的需求和义务人的资力及其他有关情事决定。

二、扶养的方式

当前世界各国关于扶养的方式主要有两种情况：（1）共同生活扶养，即被扶养人同扶养义务人同住一起，进行直接扶养；（2）定期支付扶养金，或以实物进行扶

---

〔19〕 参见《法国民法典》，罗结珍译，中国法制出版社 1999 年版。

养,也包括定期的体力上的扶助,精神上的探望、慰藉。

在父母子女和夫妻关系中一般以共同生活进行扶养为主;在其他亲属间,一般以提供扶养金和一定的扶助进行扶养为主。用何种方式进行扶养,一般均由当事人自行协商;达不成协议时,才由法院确定。有少数国家还规定,有特别理由时,扶养义务人得请求以其他方法进行扶养,如《德国民法典》第1612条第1款的规定(经1957年和1979年修改),但并未提出其他方式的具体内容。修改后的日本民法废除了明治民法的法定主义,规定为当事人协议或家庭法院审判(《日本民法典》第879条)。法国则规定,如扶养义务人证明其无力支付扶养费时,法院在了解原因后,得判令其接纳扶养请求人在其住所扶养(《法国民法典》第210条),反之如父母在住所接纳应扶养教育的子女时,可免除其支付扶养费(《法国民法典》第211条)。我国台湾地区"民法"关于扶养方法的规定,除规定由当事人协议之外,给亲属会议以很大权利,可由其决定。

我国现行《婚姻法》对于扶养方式没有作出专门规定,只规定对不履行扶养义务的义务人,权利人有要求其履行义务的权利。同时在最高人民法院的司法解释和批复中,也作过一些相应的规定。实践中经常发生一些扶养纠纷难以解决。扶养方式应作为一个问题,在立法中专门作出规定。可以参照一些国家的做法,规定扶养有两种形式:(1)将受扶养权利人接回家,以共同生活方式进行扶养;(2)定期给付扶养费、探视、扶助进行扶养,并以协议形式载明定期的期限、扶养费的多少及给付的方法。若协议不成或不能协议的,由法院根据当事人双方情况作出决定,并应明确规定扶养费的追索办法。无论是共同生活还是交付扶养费,如不履行扶养义务,法院可根据当事人双方的情况作出调解或判决,责令义务人履行扶养义务。

三、扶养的变更

(一)扶养变更的规定

扶养的变更是指扶养义务人、扶养权利人的顺序,以及扶养程度和方法的变更,即扶养当事人的一方或双方在经济和生活状况发生变化时,当事人双方所具有的请求变更原扶养协议或判决的权利。提出变更要求,必须以原有扶养情况发生新的变化为条件,否则不得提出。变更请求的内容包括增加、减少或免除原扶养协议之扶养费的要求等。关于扶养的变更,各国法律均有规定。例如《法国民法典》规定,如扶养义务人与扶养权利人情况变更,致一方无力再行负担,或他方需要减少一部分或完全不需要扶养时,得请求免除扶养义务或减少其数额(第209条);如扶养义务人证明其无力支付扶养费时,如前述法院可判令其接纳扶养权利人在其住所扶养(第210条)。修改后的《日本民法典》规定,就应履行扶养者或受扶养者的顺序、扶养的程度或扶养的方法达成协议或判决后，情事发生变更时，家庭法院可以变更或撤销该协议或判决（第880条）。《德国民法典》还规定，当事人应根据德政府颁布的调整法令所规定的提高或降低扶养金的百分比，自行调整扶养费或请求有关部门调整扶养费（第1612a条）。其他如古巴家庭法、苏联婚姻和家庭法典等均作出了相应规定。

关于扶养的变更，我国现行《婚姻法》没作出具体规定，但在第20条、第21条夫妻间、父母子女间扶养义务条款中规定了扶养权利人有向扶养义务人要求付给抚（赡、扶）养费的权利的笼统规定。立法中应明确规定：扶养当事人一方或双方在经济和生活状况发生变化时，当事人双方均享有请求变更原扶养顺序、扶养协议或判决的权利。原为双方协议的，仍可以协议方式变更；协议不成或无法协议的，可起诉至法院审判决定。至于经济和生活状况发生变化的具体解释，可由法律实施细则加以具体规定，其变更依据，可列举如下几点：（1）社会经济变化，生活必需品费用提高，原定扶养费数额明显不足；（2）被扶养人重病，医疗费用增加，临时需增加扶养费；（3）扶养方式因特殊情况需要改变；（4）扶养义务人因重大理由无法继续承担扶养义务，因而发生的免除或减轻其扶养负担；（5）其他重大事由，需要变更扶养顺序、程度和方法时。

（二）扶养义务的消灭

所谓扶养义务的消灭是指在一定法定原因或一定事实的情况下，终止当事人间扶养义务的行为。根据各国法律规定，扶养义务消灭的原因，一般有如下三方面：

1. 当事人死亡。不管是扶养权利人还是扶养义务人，一方死亡，扶养即告终止。

2. 当事人身份解除。扶养义务是依一定身份关系而产生的，当此种关系消灭时，扶养义务关系也随之解除。如夫妻离婚，姻亲关系消灭，从而扶养义务关系随之消灭。在法国、瑞士、保加利亚等许多国家的法律中均有规定。

3. 扶养要件消灭。扶养权利方的需要改变，不再需要扶养，或者扶养义务方扶养能力完全丧失，或者子女已成年独立生活，扶养关系随之解除。关于子女成年一说，各国规定不一，有的国家规定须达到子女已能养活自己，即能独立生活为止；有的国家则作了年龄的限制规定，一般国家子女成年年龄规定在18～21岁之间，但也有个别国家成年年龄规定在14岁。

扶养要件消灭的原因与当事人死亡、当事人身份解除的两项原因相比，是一种相对的原因。因为引起扶养关系变化的情况，在一定条件下又可能重新出现，于是也可能重新发生或恢复扶养义务关系。在一些国家专门有所规定。有的国家如日本、古巴、秘鲁等国法律还规定了受扶养的权利人不得转让和处分此权利,就是说扶养具有民法上的一身专属的性质。

对于扶养的变更、消灭和期限等问题,在我国现行《婚姻法》中有反映,如关于对非婚生子女的扶养教育费的问题作出了扶养义务人需支付抚育费至子女有独立生活能力时为止(《婚姻法》第25条)。但总的来说,我国《婚姻法》在这方面的规定仍很不完善,大部分纠纷靠司法解释处理。目前有些司法解释实际上已超出司法解释的范围,超越了其应有的权限。所以有关扶养制度应尽快完善,对扶养义务的消灭问题做出明确的规定。规定当扶养权利人或义务人死亡时,或当事人身份解除时,扶养义务消灭;当扶养要件(扶养的必要性和可能性)消灭时,扶养关系随之解除。但是扶养义务可以根据扶养要件的再发生而重新恢复,并规定受扶养的权利不得转让和处分。

第十一章 救助措施与法律责任

任何法律都是以国家的强制力保障其实施的，亲属法也不例外。当然，在强制的方式上，不同的法律是有各种区别的。为了维护以婚姻家庭制度为核心的亲属制度，对那些侵害婚姻家庭主体和其他近亲属合法权益的违法、犯罪行为，应当采取有效的法律对策，从而使受害人得到必要的救助，使违法、犯罪者承担相应的法律责任。长期以来，违反亲属法行为及其对策等问题没有得到应有的重视，其原因是多方面的。在婚姻、家庭、亲属领域中重伦理、轻法律的历史传统，对此也有颇大的影响。当然，关于违反亲属法行为的对策，是寓于不同的相关法律之中的；但亲属法中也应作必要的规定与其相衔接、相协调，以利于法律的适用，这对保护公民在婚姻、家庭、亲属领域的权益具有很重要的意义。

1980 年《婚姻法》仅在第 34 条中规定："违反本法者，得分别情况，依法予以行政处分或法律制裁。"这一规定表明了对违法行为应予追究的原则态度，但是过于笼统、空泛，在适用时是很难操作的。《收养法》虽以专章规定法律责任，其实仅有一条。2001 年修正后的《婚姻法》增设了"救助措施与法律责任"一章，共七条，初步形成了违反亲属法行为的制裁机制。其规定具有强烈的针对性，但覆盖面仍是有限的。为此，《婚姻法》在第 49 条中特别指出："其他法律对有关婚姻家庭的违法行为和法律责任另有规定的，依照其规定。"

第一节 救 助 措 施

从广义上来说，救助措施和法律责任同属法律上的救济措施，这里所说的救助措施是狭义的，专指特定单位（部门）对违反亲属法行为的受害人提供救援和帮助。按照《婚姻法》的规定，负有救助责任的主体是受害人所在地的居民委员会、村民委员会、所在单位和公安机关。为了立法上的方便，《婚姻法》中有的条文是将狭义的救助措施和某些兼具救助措施性质的法律责任置于同条加以规定的。

一、对家庭暴力或虐待行为受害人的救助措施

(一)劝阻、调解

《婚姻法》第43条第1款规定:“实施家庭暴力或虐待家庭成员,受害人有权提出请求,居民委员会、村民委员会以及所在单位应当予以劝阻、调解。”

家庭暴力和虐待行为是对家庭成员人身权利的侵害,这些违法行为具有不同的情节和后果;对那些情节比较轻微、后果尚不严重,不足以追究法律责任的违法行为来说,依法予以劝阻、调解往往是相当有效的。按照本款的规定,在发生家庭暴力或虐待行为时,负有劝阻、调解之责的,是居民委员会、村居委员会、受害人和加害人的所在单位等基层组织。

居民委员会、村民委员会是我国基层的群众性自治组织,担负着调解民间纠纷、协助维持社会治安等重要职责,对本辖区内的家庭中发生的暴力和虐待行为,应当予以劝阻、调解。受害人和加害人的所在单位也要互相配合,做好劝阻、调解工作。家庭暴力和虐待家庭成员不同于其他领域发生的违法行为,具有自身的种种特点。受害人和加害人同居一家共同生活,双方之间有着密切的人身关系和财产关系。受害人基于种种考虑,往往不愿声张,不欲他人知晓,更愿意在家庭之内得到妥善处理。因此,在通常情形下,居民委员会、村民委员会以及所在单位的劝阻、调解,应以受害人提出请求为前提,一般不要主动干预。

这里所说的劝阻,是指上述基层组织和所在单位对实施家庭暴力或虐待行为的一方,要通过规劝以阻止其加害行为,在工作中要动之以情,晓之以理,导之以德,约之以法,使其认识并改正错误,停止对受害人的侵害。

这里所说的调解,是指上述基层组织和所在单位要针对家庭暴力或虐待行为发生的原因等问题,引导并帮助加害人和受害人化解矛盾,消除纠纷,以防止此类违法行为的继续发生,调解中要多做促成双方和好的工作,但也要坚持原则,分清是非、责任。

(二)依法制止

《婚姻法》第43条第2款规定:“对正在实施的家庭暴力,受害人有权提出请求,居民委员会、村民委员会应当予以劝阻;公安机关应当予以制止。”

对家庭暴力应依当事人的请求予以劝阻,这在前文中已作说明。对于正在实施的家庭暴力,更应加强劝阻的力度,保护受害人的人身安全。考虑到暴力行为的发生地,本款将此种情形下的劝阻责任交由居民委员会、村民委员会承担,未提及当事人的所在单位。

劝阻并不是万能的,对于正在实施的家庭暴力,仅有劝阻措施是不够的。按照本款的规定,公安机关对正在实施的家庭暴力应当依法制止施暴者的违法行为。

制止的方式因不同的情况而异,必要时可以采取为法律所允许的强制措施,如收缴施暴者行凶的工具、将施暴者强制带离现场等。

(三)行政处罚

《婚姻法》第43条第3款规定:“实施家庭暴力或虐待家庭成员,受害人提出请求的,公安机关应当依照治安管理处罚的法律规定予以行政处罚。”

对那些尚不足以追究刑事责任的家庭暴力和虐待行为,可依受害人的请求对行为人予以适当的行政处罚。按照《中华人民共和国治安管理处罚条例》第22条的规定,殴打他人,造成轻微伤害的;虐待家庭成员,受虐待人要求处理的;应处以十五日以下的拘留,二百元以下罚款或者警告。

予以行政处罚,既是对实施家庭暴力和虐待行为者的制裁,也是对受害人的法律救助。但它不同于劝阻、调解、依法制止等救助措施,已属于追究法律责任的规定,即按行政程序追究违法者的法律责任。

二、对遗弃行为受害人的救助措施

(一)劝阻、调解

按照我国《婚姻法》的规定,遗弃是指家庭成员中具有扶养、抚养、赡养义务的一方,对需要受扶养、抚养、赡养的另一方,不履行其法定义务的违法行为。遗弃行为的受害人多为经济上不具有独立生活能力的成员,他(她)们有权提出请求,以满足其依法应享的权益。

《婚姻法》第44条第1款规定:“对遗弃家庭成员,受害人有权提出请求,居民委员会、村民委员会以及所在单位应当予以劝阻、调解。”

在现实生活中,扶养、抚养、赡养义务的履行方式主要有二,一是权利人和义务人共同生活,义务人对权利人在事实上尽生活供养之责;二是义务人向权利人给付一定的费用(扶养费、抚养费、赡养费)。如果义务人既不尽生活供养之责又不给付上述费用,应认定为遗弃行为(在处理具体问题时,应注意一般的遗弃行为和遗弃罪的区别)。

在权利人即遗弃行为的受害人需要救助,提出请求时,所在地的居民委员会、村民委员会以及当事人的所在单位应当依法采取必要的措施。首先要对有遗弃行为的义务人予以劝阻,使其认识错误,改正错误,依法履行扶养、抚养或赡养义务。同时还要做好调解工作,通过调解对如何履行上述义务等问题作出具体安排;如促成义务人和权利人达成有关扶养、抚养、赡养费用的数额和给付期限的协议等。总之,劝阻和调解的目的,是使义务人停止遗弃行为,使权利人的生活得到切实的保障。

(二)依诉讼程序追索扶养费、抚养费、赡养费

《婚姻法》第44条第2款规定:“对遗弃家庭成员,受害人提出请求的,人民法院应当依法作出支付扶养费、抚养费、赡养费的判决。”

依诉讼程序追索扶养费、抚养费、赡养费,是对遗弃行为受害人有效的、不可缺少的民事法上的救济手段。法律有关扶养、抚养、赡养的规定均为强行性规范,义务人不履行义务的,应依法强制其履行义务。但是,有关费用的数额,给付的期限和方法等,是可以通过调解,由当事人协议的;协议不成则依法判决。为了满足遗弃行为受害人在生活上的迫切需要,人民法院还可以依其申请裁定先予执行(即先行给付,参见《民事诉讼法》第97条)。

按照我国《民法通则》第106条第1款的规定,公民、法人违反合同或者不履行其他义务的,应当承担民事责任。不履行扶养、抚养、赡养义务的,当然也应依法承担民事责任。依诉讼程序追索扶养费、抚养费、赡养费,在性质上不同于一段的劝阻和调解。

第二节　法律责任

法律责任的体系,是由行政责任、民事责任和刑事责任构成的,在追究违法者的法律责任时各有其适用的范围、对于违反亲属法(婚姻家庭法)的行为,应当根据具体情况追究其相应的法律责任。本节的内容,以《婚姻法》第五章的规定为限,前节在有关救助措施的说明中已涉及的某些法律责任问题,本节不再重复。

一、离婚时的过错赔偿责任

离婚有各种复杂的原因,有些是因一方的过错导致离婚的。修正后的1980年《婚姻法》增设了离婚时的过错赔偿制度,因一方的法定过错导致离婚的,无过错的另一方有赔偿请求权。这是当代民法特别是亲属法中的公平原则、保护弱者的原则在离婚问题上的必然要求。

《婚姻法》第46条规定:“有下列情形之一,导致离婚的,无过错方有权请求损害赔偿:(一)重婚的;(二)有配偶者与他人同居的;(三)实施家庭暴力的;(四)虐待、遗弃家庭成员的。”

以上四项情形,包括五种违法行为,是离婚时无过错方损害赔偿请求权的发生根据。对于这种损害赔偿的构成要件,可作如下的分析:

第一,一方有特定的违法行为,即重婚,有配偶者与他人同居,实施家庭暴力,

虐待、遗弃。

夫妻双方均有《婚姻法》第 46 条规定的过错情形，一方或者双方提出离婚损害赔偿请求的，人民法院不予支持。[1]

第二，离婚是由一方上述违法行为导致的，两者之间具有必然的因果联系。虽有上述违法行为但并未导致离婚，或者虽然离婚但并非上述违法行为导致的，均不适用本条的规定。

第三，有上述违法行为的一方为赔偿义务人，无过错的另一方为赔偿请求权人。在离婚诉讼中，赔偿请求人可能是原告，也可能是被告。对本条所说的“无过错”不应作绝对化的、过于苛求的解释。另一方在婚姻关系存续期间，也可能有这样或那样的过错，只要不是导致离婚的主要原因，仍可认其为无过错方。

第四，无过错方因离婚而蒙受损害，包括物质上的损害和精神上的损害。在确定损害结果和赔偿范围时，应当注意离婚过错赔偿的特殊性。按照本条的规定，因上述违法行为导致离婚，这一事实本身便是损害结果，无过错方据此即可行使赔偿请求权。物质上、精神上的损害程度，则是确定赔偿范围的具体依据。

至于依法享有赔偿请求权的无过错方是否行使其权利，由本人自行决定。赔偿的具体办法，可由双方当事人协议；协议不成时，由人民法院判决。

最高人民法院对《婚姻法》第 46 条规定的适用问题，有以下各项司法解释。(1)本条规定的损害赔偿，包括物质损害赔偿和精神损害赔偿。涉及精神损害赔偿的，适用最高人民法院《关于确定民事侵权精神损害赔偿责任若干问题的解释》的有关规定。(2)承担本条规定的损害赔偿责任的主体，为离婚诉讼当事人中无过错方的配偶。人民法院判决不准离婚的案件，对于当事人基于本条提出的损害赔偿请求，不予支持。在婚姻关系存续期间，当事人不起诉离婚而单独依据本条规定提起损害赔偿请求的，人民法院不予受理。(3)在适用本条时，在程序上应当区分以下不同情况：无过错方作为原告的离婚诉讼案件，按照本条的规定提起损害赔偿请求的，必须在离婚诉讼的同时提出。无过错方作为被告的离婚诉讼案件，如果被告不同意离婚也不基于本条规定提起损害赔偿请求的，可在离婚后一年内就此单独提起诉讼；一审时被告未基于本条规定提出损害赔偿请求，二审期间提出的，人民法院应当进行调解，调解不成的，被告可在离婚后一年内另行起诉。[2]

---

〔1〕 最高人民法院《婚姻法》司法解释(三)。

〔2〕 最高人民法院《婚姻法》司法解释(一)。

二、离婚时妨害夫妻共同财产分割的责任

离婚时应当依法分割夫妻共同财产,对一方采用各种非法手段侵害另一方财产权益的,《婚姻法》第 47 条有以下规定。

1. 对有非法侵占行为的一方少分或不分

第 47 条第 1 款规定:"离婚时,一方隐藏、转移、变卖、毁损夫妻共同财产,或伪造债务企图侵占另一方财产的,分割夫妻共同财产时,对隐藏、转移、变卖、毁损夫妻共同财产或伪造债务的一方,可以少分或不分。"

本款所列举的一方的违法行为均以侵占另一方的财产为目的,妨害夫妻共同财产的依法分割。法条中的规定可谓针锋相对,对违法者少分或不分,使其无法得逞,自食其果,从而有效地保护了另一方的财产权益。

1980 年《婚姻法》修正前,最高人民法院曾在有关司法解释中指出,处理这方面的具体问题,"应把隐藏、转移、变卖、毁损的财产作为隐藏、转移、变卖、毁损的一方分得的财产份额,对另一方应得的份额应以其他夫妻共同财产折抵,不足折抵的,差额部分由隐藏、转移、变卖、毁损财产的一方折价补偿对方"。〔3〕

2. 在发现新事实后再次分割

第 47 条第 1 款还规定:"离婚后,另一方发现有上述行为的,可以向人民法院提起诉讼,请求再次分割夫妻共同财产。"离婚时对夫妻共同财产的分割,只能以当时已经查明的财产状况为事实根据。这方面的情况比较复杂。出于种种原因,如被侵占财产的另一方对侵占行为并不知情,或者虽有所闻,但当时无法举证等。某些侵占行为暂时得逞的情形也是不可能完全避免的。离婚后发现侵占行为可请求再次分割,是一种极为有效的补救措施。

关于请求再次分割夫妻共同财产的诉讼时效,法条中未作明示。最高人民法院在有关司法解释中指出:"当事人依据《婚姻法》第 47 条的规定向人民法院提起诉讼,请求再次分割夫妻共同财产的诉讼时效为两年,从当事人发现之次日起计算。"〔4〕

3. 追究妨害民事诉讼的法律责任

第 47 条第 2 款规定:"人民法院对前款(指本条第 1 款)规定的妨害民事诉讼行为,依照民事诉讼法的规定予以制裁。"

离婚时妨害夫妻共同财产的依法分割,既是实体法上的违法行为,侵害了共有人的财产权益,又是程序法上的违法行为,妨害了离婚诉讼的进行。制裁此类违法

---

〔3〕 最高人民法院《关于人民法院审理离婚案件处理财产分割问题的若干具体意见》。

〔4〕 最高人民法院《婚姻法》司法解释(一)。

行为,适用《民事诉讼法》第102条的有关规定。

三、婚姻家庭案件的执行

婚姻家庭案件的执行是同违反亲属法的民事责任密切相关的,故《婚姻法》在"救助措施和法律责任"章中一并加以规定。

《婚姻法》第48条规定:"对拒不执行有关扶养费、抚养费、赡养费、财产分割、遗产继承、探望子女等判决或裁定的,由人民法院依法强制执行。有关个人和单位应负协助执行的责任。"

与修正前的《婚姻法》第35条相对照,本条补充的内容有二,一是将有关探望权的判决或裁定列入执行事项;二是协助执行的责任主体不仅包括有关单位,也包括有关个人。最高人民法院在有关司法解释中指出,《婚姻法》第48条关于对拒不执行有关探望子女的判决或裁定的,由人民法院依法强制执行的规定,是指对拒不履行协助另一方行使探望权的有关个人和单位采取拘留、罚款等强制措施,不能对子女的人身、探望行为进行强制执行。[5] 需要附带说明的是,法条中仅提及判决、裁定,在理解和适用时,还应包括已发生法律效力的调解书。《民事诉讼法》第215条规定:"人民法院制作的调解书的执行,适用本编(指该法第三编:执行程序)的规定。"

四、妨害婚姻家庭罪的刑事责任

追究犯罪者的刑事责任,是制裁违反亲属法(婚姻家庭法)行为的最为严厉的法律手段。刑法在维护婚姻家庭制度,保护婚姻家庭主体的权益等方面起着其他法律不可替代的作用。应当指出,追究妨害婚姻家庭罪的刑事责任本不属亲属法的内容,但我国《婚姻法》并不拘泥于法律部门的分工,通过第45条的规定,指明了某些严重的违反亲属法的行为在刑法上的后果;与其他国家的亲属立法相比较,这是很有特色的。

《婚姻法》第45条规定:"对重婚的,对实施家庭暴力或虐待、遗弃家庭成员构成犯罪的,依法追究刑事责任。受害人可以依照刑事诉讼法的有关规定,向人民法院自诉;公安机关应当依法侦查,人民检察院应当依法提起公诉。"这是一种与其他法律相衔接、相协调的规范,处理具体问题时应适用我国《刑法》和《刑事诉讼法》的规定。

我国《刑法》第258条规定:有配偶而重婚的,或者明知他人有配偶而与之结

---

〔5〕 最高人民法院《婚姻法》司法解释(一)。

婚的,处二年以下的有期徒刑或者拘役。有配偶者虽未与他人登记结婚,但确与他人以夫妻名义同居生活的,亦适用此规定。

我国《刑法》第260条规定:虐待家庭成员,情节恶劣的,处二年以下有期徒刑、拘役或者管制;告诉的才处理。犯虐待罪,致使被害人重伤、死亡的,处二年以上七年以下有期徒刑;不受告诉才处理的限制。

我国《刑法》第261条规定:对于年老、年幼、患病或者其他没有独立生活能力的人,负有扶养义务而拒绝扶养,情节恶劣的,处五年以下有期徒刑、拘役或者管制。对《刑法》中所说的扶养应作广义的解释,其内容包括《婚姻法》中所说的扶养、抚养和赡养。

《婚姻法》中有实施家庭暴力构成犯罪依法追究刑事责任的规定,但现行《刑法》中至今尚未为家庭暴力专设独立的罪名。根据具体情况,除适用有关虐待罪的规定外,还可依其情节、后果适用《刑法》中的相关规定。

有关妨害婚姻家庭的犯罪,《婚姻法》第45条并未全部列举;此外,还有暴力干涉婚姻自由罪(这种暴力可能来自家庭内部,也可能来自家庭外部),破坏军婚罪,拐骗儿童罪(拐骗不满14周岁的未成年人脱离家庭或者监护人)等。对这些犯罪行为均应依法追究刑事责任。

第十二章　附　　论

第一节　涉外亲属关系

一、涉外亲属关系的法律适用

（一）涉外亲属关系法律适用的一般原则

调整涉外亲属关系，在适用法律时需要解决不同国家的亲属法的冲突问题。我国现行《婚姻法》对此并未规定。1983 年 8 月 26 日民政部颁行的《中国公民同外国人办理婚姻登记的几项规定》和 1992 年 4 月 1 日施行的《中华人民共和国收养法》（于 1998 年 11 月 4 日修正），仅对在我国境内发生的涉外结婚、离婚、收养问题作了若干规定，并未全面地解决涉外亲属关系的法律适用问题。1987 年 1 月 1 日施行的《中华人民共和国民法通则》设有"涉外民事法律关系的法律适用"一章，其中既有关于法律适用的一般原则的规定，又有关于准据法的具体规定，是我们处理涉外亲属关系的法律依据。

《民法通则》第 142 条指出，涉外民事关系的法律适用，依照该法第 8 章的规定确定。中华人民共和国缔结或参加的国际条约同中华人民共和国的法律有不同规定的，适用国际条约的规定，但中华人民共和国声明保留的除外。中华人民共和国法律和中华人民共和国缔结或者参加的国际条约没有规定的，可以适用国际惯例。第 150 条还指出，依照该法第 8 章规定适用外国法律或者国际惯例的，不得违背中华人民共和国的社会公共利益。这些规定是涉外民事关系法律适用的一般原则，涉外亲属关系当然也不例外。

（二）涉外亲属关系的准据法

1. 涉外结婚和离婚

我国《民法通则》第 147 条规定："中华人民共和国公民和外国人结婚适用婚姻缔结地法律，离婚适用受理案件的法院所在地法律。"

按此规定,我国法律对涉外结婚以行为地法为准据 法。不论是婚姻成立的实质要件还是婚姻成立的形式要件,均适用婚姻成立地国家(地区)的法律。中国公民同外国人在我国境内结婚的,适用中国法。中国公民同外国人在我国境外结婚的,在何国(何地区)办理结婚登记或履行其他法定的结婚方式,便适用何国(何地区)的法律。

我国法律对涉外离婚以法院地法为准据法。中国公民同外国人离婚的诉讼,由我国法院受理的,适用中国法。在实体上适用我国《婚姻法》和相关规定,在程序上适用我国《民事诉讼法》的有关规定。中国公民同外国人的离婚诉讼,由我国以外的国家(地区)的法院受理的,适用相应的国家(地区)的法律。

当代各国关于结婚和离婚的准据法有不同的立法例。关于结婚的准据法,有婚姻缔结地法、当事人住所地法、当事人本国法等。有些国家的立法和国际条约,在婚姻成立的形式要件上采取混合制度,以婚姻缔结地法为主,辅之以当事人本国法。例如,1902 年《海牙婚姻公约》第 5 条规定,依婚姻举行地法成立的婚姻,就其方式,不论何国应认为有效,但以宗教仪式为必要方式的国家,对其本国公民在外国不遵守本国法此项规定而成立的婚姻,不得认为有效。关于离婚的准据法,有些国家适用法院地法,如美国、原苏联、丹麦、挪威等。有些国家则将法院地法和当事人本国法结合起来适用,如法国、瑞士等。1902 年《海牙离婚和别居公约》第 1 条规定,夫妻非依其本国法和法院地法均允许离婚时,不得为离婚之请求。还有一些国家适用夫妻共同住所地法或一方住所地法;按照关于地域管辖的规定,住所地法和法院地法往往是一致的。

2. 涉外扶养

我国《民法通则》第 148 条规定:“扶养适用与被扶养人有最密切联系的国家的法律。”

本规定中的“扶养”一词,与《婚姻法》中所说的“扶养”具有不同的含义。这里是在广义上使用的,包括《婚姻法》中所说的扶养、抚养和赡养。

扶养关系存在于法定的亲属之间。扶养人履行扶养义务,是为了满足被扶养人的实际需要。适用与被扶养人有最密切联系的国家(地区)的法律,有利于保护被扶养人的合法权益。至于何谓“有最密切联系的国家”,应根据具体情况而定。一般说来,被扶养人与其本国、住所地所在国或惯常居所地所在国的联系都很密切。

当代各国关于扶养的准据法有不同的立法例。如扶养权利人(被扶养人)惯常居所地法,扶养权利人或扶养义务人(扶养人)的本国法,受理扶养案件的法院地法等。有些国家将夫妻间的扶养和其他法定亲属间的扶养加以区别,适用不同的准据法。有的则以亲属关系成立地法为扶养的准据法。其理由为,扶养关系是基于亲属关系而发生的。1973 年海牙国际私法会议通过的《扶养义务法律适用公约》规定:扶养适用扶养权利人的惯常居所地法。惯常居所地变更时,适用变更后的惯常居所地法。权利人依惯常居所地法得不到扶养时,依权利人和义务人双方共同的本国法;依共同的本国法也得不到扶养或没有共同的本国法时,依受理扶养纠纷的机构的内国法。

3. 涉外法定继承

我国《民法通则》第 149 条规定:"遗产的法定继承,动产适用被继承人死亡时住所地法律,不动产适用不动产所在地法律。"

法定继承以亲属关系为其发生基础,从一定意义上来说,有关法定继承的规范具有亲属财产法的性质。由于涉外法定继承的法律适用问题在与本书处于同一出版系列的《继承法》中已有详细的论述,此处从略。

需要说明的是,在涉外亲属关系的法律适用问题上,我国现行法还存在若干立法上的空白,有待于进一步完善。应当根据我国涉外亲属关系的具体情况,借鉴某些可以为我国所采用的外国立法例和国际惯例,在立法上补充若干涉外亲属关系法律适用的具体规则。

为此,我们特提出以下建议:诉讼外的协议离婚,适用受理协议离婚申请的机构所在地法律。婚生子女的否认和非婚生子女的认领和准正,适用子女出生地法律。亲权,适用未成年子女的本国法律。收养,适用被收养人的本国法律。监护,适用被监护人的本国法律。夫妻财产制,适用婚姻住所地法律。许多问题,还需要进一步研究。目前,对那些现行法中尚无规定的涉外亲属关系的法律适用问题,可按我国有关部门的规定和国际惯例处理。

二、我国内地的涉外亲属法律问题

(一)涉外结婚问题

按照涉外结婚适用婚姻缔结地法的规定,中国公民同外国人在我国内地结婚的,应适用我国的法律,遵守我国《婚姻法》和相关规定。基于涉外婚姻的特点和复杂性,我国民政部于 1983 年 8 月 26 日颁行了《中国公民同外国人办理婚姻登记的几项规定》,对涉外结婚登记提出了若干具体要求。2003 年 10 月 1 日起施行的《婚姻登记条例》,又对过去的规定作了重要的修改。

1. 结婚主体的限制

下列中国公民不得同外国人结婚:(1)现役军人、外交人员、公安人员、机要人员和其他掌握重大机密的人员(在解释上,上述人员还包括国家安全工作人员);

(2)正在接受劳动教养和服刑的人。禁止上述人员同外国人结婚,各有其不同的出发点。这些人员或从事特殊职业,或身处特殊环境,禁止他们同外国人结婚是出于维护国家利益的需要。

2. 外国人须持的证件、证明

中国公民同外国人在中国内地登记结婚的,外国人一方应当出具下列证件和证明材料:①本人的有效护照或者其他有效的国际旅行证件;②所在国公证机构或者有权机关出具的、经中华人民共和国驻该国使(领)馆认证或者该国驻华使(领)馆认证的本人无配偶的证明,或者所在国驻华使(领)馆出具的本人无配偶的证明。

3. 结婚登记的机关

办理涉外结婚登记的机关,是省、自治区、直辖市人民政府民政部门或者由其确定的机关。要求结婚的当事人须共同到内地居民常住户口所在地的婚姻登记机关提出申请;经审查后,对符合我国法律规定的,应准予登记。

(二)涉外离婚问题

中国公民同外国人在中国内地离婚,可经由登记程序或者诉讼程序办理。在2003年的《婚姻登记条例》施行以前,是只能经由诉讼程序办理的。

按照《婚姻登记条例》的规定:办理离婚登记时,外国人一方应当出具下列证件和证明材料:①本人的结婚证;②双方当事人共同签署的离婚协议书;③本人的有效护照或者其他有效国际旅行证件。

按照我国的现行规定,涉外离婚诉讼应向有管辖权的中级人民法院提出;当事人必须有一方在中国境内,并在中国有户籍,或者有居所并连续居住满1年以上。如果被告在国外定居,符合上述要求的原告可向其户籍所在地或居所地的中级人民法院起诉离婚。如果原告在国外定居,可向符合上述要求的被告户籍所在地或居所地的中级人民法院起诉离婚。夫妻双方现均系外籍华人,或一方是华侨,另一方是外籍华人的,要求离婚应由居住国有关机关办理。如当事人原在中国境内或中国驻外使、领馆办理结婚登记,居住国有关机关出于某种原因不受理离婚请求时,原在中国境内登记结婚的,可回国向登记地的中级人民法院提出离婚请求;原在中国驻外使、领馆登记结婚的,可回国向出国前最后户籍所在地或居所地的中级人民法院提出离婚请求。

(三)涉外收养问题

我国《收养法》第21条第1款、第2款规定:外国人依照本法可以在中华人民共和国收养子女。外国人在中华人民共和国收养子女,应当经其所在国主管机关依照该国法律审查同意。收养人应当提供由其所在国有权机构出具的有关收养人的年龄、婚姻、职业、财产、健康、有无受过刑事处罚等状况的证明材料,该证明材料应当经其所在国外交机关或者外交机关授权的机构认证,并经中华人民共和国驻该国使、领馆认证。该收养人应当与送养人订立书面协议,亲自向省级人民政府民政部门登记。

1. 涉外收养协议

鉴于收养人为外国人,协议的内容不仅要符合我国法律的要求,还应考虑外国人本国法律的规定,以免协议被该国法律认为无效。内容应当具体详明,以免日后发生争议。

2. 涉外收养登记

外国人在我国收养子女时应当提供的证明材料,《收养法》第 21 条已有原则规定。涉外收养的申请、审查、登记等具体事项,详见民政部《关于外国人在中华人民共和国收养子女登记办法》(1999 年 5 月 25 日)。收养人夫妻一方为外国人,在华收养子女也应依照该办法办理登记。因收养人所在国法律的规定与中国法律的规定不一致而产生的问题,可由两国政府有关部门协商处理。

办理涉外收养登记的机关,是被收养人户籍所在地的省级人民政府的民政部门。

3. 涉外收养公证

按照《收养法》第 21 条第 3 款的规定,涉外收养公证是应收养关系当事人各方或者一方的要求而办理的。当事人应当到国务院司法行政部门认定的具有办理涉外公证资格的公证机构办理。涉外收养公证应以涉外收养登记为依据。

经过公证机构的审查、核实,收养行为合法、有效的,应为其办理公证。

我们认为,关于涉外收养问题,现行的规定是不够全面的。仅有外国人在中国境内收养中国公民为子女的规定,而无中国公民在我国境内或外国收养外国人为子女的规定。对此,应当采取必要的立法措施,使之更加完善。

第二节 区际亲属关系

一、关于区际亲属关系法律适用问题的探讨

(一)一国两制四法域和亲属领域的区际法律冲突

我国在建设有中国特色社会主义理论的指引下,一国两制的伟大构想正在变成现实。香港、澳门已经回归祖国,海峡两岸的统一更是历史的必然。在这样宏大的背景下,有关区际亲属关系法律适用问题的研究是我国亲属法学的当务之急,对

完善我国的亲属立法,也具有很重要的现实意义。

亲属法是国家的最重要的民事基本法之一,在一国两制四法域的格局下,《中华人民共和国婚姻法》和其他有关法律是我国社会主义亲属制度的法律形式。香港和澳门特别行政区各有其不同于内地的亲属制度;在亲属法领域享有立法权、独立的司法权和终审权。将来的台湾特别行政区,在立法上和司法上也是高度自治的。因此,亲属法领域的区际法律冲突是不可避免的。在亲属关系的主体具有区际因素,或法律事实方面具有区际因素等情形下,必须妥善地解决区际亲属关系的法律适用问题。

(二)制定区际亲属关系法律适用规则的基本思路

面对亲属法领域的区际法律冲突,根本的对策是制定若干必要的法律适用规则。国际私法中有关的冲突规范虽可借鉴,但不可搬用,因为区际亲属关系中并无涉外因素,需要解决的是一国之内的区际法律问题。关于制定区际法律适用规则的途径,我们认为可以从以下方案中加以选择。

方案之一:在各法域立法机关充分交换意见的基础上,各自在有关法律中制定区际亲属关系法律适用规则。这些规则的内容应当是相互协调、互不抵触的。为了顺利地实现这个方案,似可先由各法域的法学团体、有关部门共同研讨,在力求符合法理和实际情况的条件下提出若干条款,供各法域的立法机关参考。

方案之二:在各法域之间签订有关区际亲属关系法律适用的协定。这种协定可以是多边的,也可以是双边的。内地(大陆)与其他法域签订协定时,似可以广东省、福建省为代表,其他省、自治区、直辖市在履行一定法律程序后可加入上述协定。

方案之三:在条件成熟的时候,也可以根据各法域的立法机关的共同要求,在国家一级制定统一的区际亲属关系法律适用规则。我们认为,只要各法域的立法机关都有此愿望,并经过充分的协商,制定这样的规则并不违背我国《宪法》和特别行政区基本法的有关规定。

有的学者认为,采用上述方案都需要一定的时间和条件,在尚无区际亲属关系法律适用规则的情况下,也可考虑采用重叠适用的规则。例如,内地居民同香港居民结婚,既要符合《中华人民共和国婚姻法》的规定,又要符合香港《婚姻条例》的规定。这可能过于苛求,但是,作为一种暂时的、过渡性的对策,也是有其可取之处的。

关于区际亲属关系法律适用规则的具体内容,我们认为,由于在主体上不存在涉外因素,当事人都是中国公民,故应特别重视地的因素。有关亲属关系发生、变更和终止等方面的问题,似以适用法律事实发生地法律为宜。有关亲属关系主体间的权利义务等问题,似以适用权利人住所地或惯常居所地法律为宜。这方面的一些具体问题,还需要进一步研究。

二、我国内地的区际亲属法律问题

关于在我国内地发生的区际亲属法律问题,如结婚、离婚、收养等,自应适用《中华人民共和国婚姻法》和相关法律的规定。但是,鉴于其中的区际因素,在程序上,对证件、证明的要求等问题上,比对有关当事人均为国内公民的要求更为严格,这对保护身处不同法域的当事人的权益是十分必要的。本题以区际婚姻为例,对有关涉港、澳、台的结婚和离婚问题的一些程序性规定略作绍介。为了方便起见,涉侨婚姻问题也置于题中一并说明。本书为目的和篇幅所限,对其他区际亲属法律问题的程序性规定不再一一详述。

(一)涉侨、涉港澳台的结婚登记

关于华侨、港澳台居民同内地公民要求在内地结婚,我国民政部曾于 1983 年 3 月 10 日颁行了《华侨同国内公民、港澳同胞同内地公民办理婚姻登记的几项规定》。有关部门对涉台婚姻也作过某些具体规定。2003 年《婚姻登记条例》施行后,涉侨、涉港澳台的结婚登记应当按照该条例的统一规定办理。

1. 华侨、港澳台居民须持的证件、证明

华侨同内地居民在中国内地登记结婚的,华侨一方应当出具下列证件和证明材料:①本人的有效护照;②居住国公证机构或者有权机关出具的、经中华人民共和国驻该国使(领)馆认证的本人无配偶以及与对方当事人没有直系血亲或三代以内旁系血亲关系的证明,或者中华人民共和国驻该国使(领)馆出具的上述证明。

香港居民、澳门居民、台湾居民同内地居民在中国内地登记结婚的,港、澳、台居民一方应当出具下列证件和证明材料:①本人的有效通行证、身份证;②经居住地公证机构公证的本人无配偶以及与对方当事人没有直系血亲或三代以内旁系血亲关系的声明。

2. 结婚登记的机关

办理涉侨、涉港澳台的结婚登记的机关,是省、自治区、直辖市人民政府民政部门或者由其确定的机关。要求结婚的当事人须共同到内地居民常住户口所在地的婚姻登记机关提出申请;经审查后,对符合法律规定的,应准予登记。

(二)涉侨、涉港澳台的离婚登记和离婚诉讼

华侨、港澳台居民同内地公民在内地离婚,按下列规定办理:

男女双方自愿离婚,并对子女抚养和财产等问题已作妥善处理的,可共同到内

地一方常住户口所在地的婚姻登记机关办理离婚登记。按照《婚姻登记条例》的规定,办理涉侨、涉港澳台离婚登记的机关,与结婚登记的机关相同。华侨、港澳台居民办理离婚登记须出具下列证件和证明:①本人的结婚证;②双方当事人共同签署的离婚协议书;③港澳台居民的有关通行证、身份证,华侨的有效护照或者其他有效的国际旅行证件。男女一方要求离婚或一方不能到婚姻登记机关申请离婚的,可由有关部门进行调解或直接向内地一方住所地或经常居住地的人民法院提出离婚诉讼。

从台湾回大陆定居的中国公民,要求与在台湾的配偶离婚,可向回大陆定居后的住所地或经常居住地人民法院提出离婚诉讼。

(三)涉侨、涉港澳台的收养问题

关于涉侨、涉港、澳、台的收养问题,包括收养登记的管辖、需要出具的证件和证明等,《中国公民收养子女登记办法》第 14 条指出,应按民政部的有关规定执行,此处从略。

第三节　民族自治地方关于亲属法的变通规定

一、制定变通规定的原则和程序

作为我国亲属基本法的《中华人民共和国婚姻法》第 50 条指出:"民族自治地方的人民代表大会有权结合当地民族婚姻家庭的具体情况,制定变通规定。"《中华人民共和国收养法》第 32 条也有类似的规定。这些授权性的规定是十分必要的,是党和国家的民族政策在亲属立法上的具体表现。

我国是一个统一的多民族的国家,除汉族外还有 50 多个民族。许多民族的亲属制度、婚姻家庭制度,都具有自身的种种特点,这是基于生产和生活方式、传统文化、宗教信仰和风俗习惯等方面的原因,在历史上长期形成的。全国性的亲属立法授权民族自治地方制定某些变通规定,有利于这些法律在民族自治地方的贯彻执行,有利于加强民族团结和本地区的法制建设。

制定变通规定时应当遵循的原则有二。一是以全国性的亲属立法(《婚姻法》、《收养法》等)的原则为依据。全国性的亲属立法中的原则规定反映了我国社会主义亲属制度的本质和特征,对各民族自治地方的亲属关系是同样适用的。民族自治地方所作的有关规定,只是对全国性亲属立法中一些具体规定的变通。二是结合当地民族亲属关系的具体情况。在制定有关规定时,应将原则性和灵活性结合起来。在亲属生活领域里，应当保持和发扬那些健康有益的，植根于民族优秀文化的传统习俗，这可以使各民族的亲属制度既具有共同的社会主义本质，又具有显著的本民族的特色。对于那些需要破除的落后习俗，应由各民族自治地方的立法机关采取妥善的步骤和方法，逐步地进行改革。

变通规定应由民族自治地方的人民代表大会制定。《婚姻法》第50条规定："自治州、自治县制定的变通规定，报省、自治区、直辖市人民代表大会常务委员会批准后生效。自治区制定的变通规定，报全国人民代表大会常务委员会批准后生效。"《收养法》第32条的规定在程序上与此略有不同。

二、变通规定的主要内容

1980年《婚姻法》颁行以来，我国各民族自治地方在亲属法制建设方面取得了长足的进展。许多自治区、自治州和自治县都相继颁行了这方面的变通规定，一般以下列几个问题为其主要内容。

（一）关于法定婚龄

鉴于民族自治地方的生产、生活环境和婚姻习俗，许多民族自治地方的变通规定都将《婚姻法》中的法定婚龄降低了两岁，以男20周岁、女18周岁为最低的结婚年龄。新疆维吾尔自治区、西藏自治区、宁夏回族自治区、内蒙古自治区等都是如此规定的。

（二）关于婚姻家庭习俗的改革

许多变通规定都有尊重民族传统、宗教信仰和改革不符合《婚姻法》原则的落后习俗的内容。西藏自治区规定："对于各少数民族传统的婚嫁仪式，在不妨碍婚姻自由原则的前提下应予尊重。""废除一夫多妻、一妻多夫的封建婚姻；对执行本条例（指《西藏自治区施行中华人民共和国婚姻法的变通条例》）之前形成的上述婚姻关系，凡不主动提出解除婚姻关系者，应予维持。"宁夏回族自治区规定："信奉伊斯兰教的男女结婚，自愿举行宗教仪式的，只能在领取结婚证后进行。"这些民族自治地方均规定禁止宗教干涉婚姻家庭；结婚、离婚必须依法办理。新疆维吾尔自治区还特别规定："禁止用口头或文字通知对方的方法离婚。"

（三）关于计划生育

计划生育是我国的基本国策。总的说来，少数民族也要实行计划生育，但在政策上可以适当放宽。所以，有些民族自治地方根据本地区、本民族的具体情况，在生育节制上作了适当变通的规定。但是，也有一些民族自治地方的规定是同全国性的生育政策完全一致的。凉山彝族自治州规定："实行计划生育，鼓励晚婚晚育。"海北藏族自治州规定："大力提倡晚婚晚育，必须实行计划生育。"

(四)关于民族通婚

某些民族自治地方对此作了明确、肯定的规定。例如,宁夏回族自治区规定:“回族同其他民族的男女自愿结婚,任何人不得干涉。”黄南藏族自治州规定:“不同民族的男女通婚受法律保护,不允许以任何借口干涉和阻挠。”另一些民族自治地方对此未作规定,但是,这些地方的民族通婚问题,也是按照《婚姻法》的精神、国家的民族政策和宗教政策,结合具体情况妥善处理的。

(五)关于子女的民族从属

不同民族的男女结婚,必须正确地处理子女归属于父方民族还是母方民族的问题。一些民族自治地方规定,在这种情况下,子女的民族从属由父母双方商定。宁夏回族自治区的规定进一步指出,子女未成年时由父母商定,成年后由子女自定。

此外,一些民族自治地方的规定还涉及保障寡妇的婚姻自由、禁止结婚的亲属关系、对非婚生子女的保护等内容。一些地方在贯彻执行《婚姻法》的有关规定时,还根据当地的实际情况作了有针对性的补充规定,如禁止家支、部落干涉婚姻自由,禁止顶替、转房的婚姻关系等。

关于变通规定的适用范围,各民族自治地方的具体规定不尽相同,大致可以分为以下几种情形。有的规定只适用于本地区的少数民族,不适用于汉族,如新疆、西藏、宁夏、内蒙古自治区等。有的规定只适用本地区少数民族中的一般群众,不适用于少数民族中的干部、职工,如河南蒙古族自治县、化隆回族自治县等。有的规定只适用于本地区农村、牧区的少数民族居民,不适用于城镇中的少数民族居民,如海西蒙古族藏族哈萨克族自治州等。有的规定既适用于本地区的少数民族,也适用于同少数民族结婚的汉族,其适用范围比前几种情形更为广泛,如甘孜、阿坝藏族自治州和凉山彝族自治州等。

有关各民族亲属制度的研究,是我国亲属法学的重要课题之一。此处为本书的目的和篇幅所限,只能对民族自治地方适用亲属法的变通规定作一些概括的、例示性的说明。

主要参考书目

恩格斯:“家庭·私有制和国家起源”,载《马克思恩格斯全集》(第21卷)。

马　起:《中国革命与婚姻家庭》,辽宁人民出版社1959年版。

杨大文主编:《婚姻法教程》,法律出版社1982年版。

李志敏主编:《比较家庭法》,北京大学出版社1988年版。

杨大文主编:《婚姻法学》,中国人民大学出版社1989年版。

巫昌祯、杨大文主编:《走向21世纪的中国婚姻家庭》,吉林人民出版社1995年版。

杨怀英主编:《中国婚姻法论》,重庆出版社1989年版。

王战平主编:《中国婚姻法教程》,人民法院出版社1992年版。

佟柔主编:《中国民法学·民法总则》,中国人民公安大学出版社1990年版。

王利明等:《民法新论》,中国政法大学出版社1988年版。

瞿同祖:《中国法律与社会》,中华书局1981年版。

陶　毅、明　欣:《中国婚姻家庭制度史》,东方出版社1994年版。

李双元等:《涉外婚姻继承法》,中国政法大学出版社1989年版。

李志敏:《中国古代民法》,法律出版社1988年版。

沈宗灵:《比较法总论》,北京大学出版社1987年版。

陈盛清主编:《外国法制史》,北京大学出版社1982年版。

徐建国:《德国民法总论》,经济科学出版社1983年版。

邓曾甲:《日本民法概论》,法律出版社1995年版。

杨立新:《民法判解研究与适用》,1994年版。

杨立新:《人身权法论》,中国检察出版社1996年版。

巫昌祯、王德意、杨大文主编:《当代中国婚姻家庭问题》,人民出版社1990年版。

周清主编:《当代中国婚姻家庭与人口发展》,法律出版社1992年版。

史尚宽:《亲属法论》,荣泰印书馆 1980 年版。

陈棋炎:“亲属 · 继承基本问题”,载《台湾大学法学丛书》(四),三民书局 1980 年版。

戴炎辉:《中国法制史》,三民书局 1986 年版。

戴东雄、刘得宽:“民法亲属与继承”,载《法律学实例研究丛书》(6),五南图书出版公司 1983 年版。

戴东雄主编:“民法 · 亲属 · 继承论文选辑”,载《法学论文选辑》第 4 集,五南图书出版公司 1984 年版。

[美]W. 古德:《家庭》,魏章玲译,社会科学文献出版社 1986 年版。

[奥]迈克尔 · 米特罗尔、雷因哈德 · 西德尔:《欧洲家庭史》,赵世玲译,华夏出版社 1987 年版。

[德]K. 茨威格特、H. 克茨:《比较法总论》,潘汉典、高鸿钧等译,贵州人民出版社 1992 年版。

[日]利谷信义等:《离婚法社会学》,陈明侠、许继华译,北京大学出版社 1991 年版。

[美]威廉 · 杰 · 欧 · 康奈 · 大卫 · 艾 · 琼斯:《美国婚姻与婚姻法》,顾培东、杨遂全译,重庆出版社 1986 年版。

[美]彼得 · 哈伊:《美国法律概论》,沈宗灵译,北京大学出版社 1983 年版。

[意]桑德罗 · 斯奇巴尼编:“家庭”,载《民法大全选译Ⅱ》,费安玲译,中国政法大学出版社 1995 年版。

[日]我妻荣:“亲族法”,载《法律学全集》23,有斐阁 1974 年版。

[日]有地亨:《家庭法概论》,法律文化社 1990 年版。

[日]有地亨:《现代家族诸问题》,弘文堂 1990 年版。

马原主编:《新婚姻法条文释义》,人民法院出版社 2002 年版。

马原主编:《新婚法及司法解释适用指南》,人民法院出版社 2002 年版。

胡康生主编:《中华人民共和国婚姻法释义》,法律出版社 2001 年版。

法律、法规、资料

《中华人民共和国婚姻法》,1980 年 9 月 10 公布,1981 年 1 月 1 日施行,2001 年 4 月 28 日修正。

《中华人民共和国民法通则》,1986 年 4 月 12 日公布,1987 年 1 月 1 日施行。

《中华人民共和国收养法》,1991 年 12 月 29 日公布,1992 年 4 月 1 日施行,1998 年 11 月 4 日修正。

《中华人民共和国继承法》1985 年 4 月 10 日公布,1985 年 10 月 1 日施行。

《中华人民共和国妇女权益保障法》,1992 年 4 月 3 日公布,1992 年 10 月 1 日施行。

《婚姻登记条例》,1994 年 1 月 12 日国务院批准,2003 年 8 月 18 日民政部发布执行。

最高人民法院《关于适用〈中华人民共和国婚姻法〉若干问题的解释(一)》

最高人民法院《关于适用〈中华人民共和国婚姻法〉若干问题的解释(二)》

最高人民法院《关于适用〈中华人民共和国婚姻法〉若干问题的解释(三)》

《德意志联邦共和国民法典》,上海社科院法学所译,法律出版社 1984 年版。

《法国民法典》,马育民译,北京大学出版社 1982 年版。

《法国民法典》,李浩培等译,商务印书馆 1979 年版。

《瑞士民法典》,殷生根译,法律出版社 1987 年版。

《日本民法典》,曹为、王书江译,法律出版社 1986 年版。

刘清景等编:《最新详明六法全书》,大伟书局 1988 年修正版。

刘素萍主编:《婚姻法学参考资料》,中国人民大学出版社 1989 年版。

张贤钰主编:《外国婚姻家庭法资料选编》,复旦大学出版社 1991 年版。

中国政法大学民法教研室编印:《外国婚姻家庭资料选编》上、下册。

王怀安等主编:《中华人民共和国法律全书》,吉林人民出版社 1989 年版。

王怀安筹主编:《中华人民共和国法律全书》,吉林人民出版社 1990 年增补本。

唐德华审定:《中华人民共和国法律规范性解释集成》,吉林人民出版社 1990 年版。

唐德华审定:《中华人民共和国法律规范性解释集成》,吉林人民出版社 1991 年增补本。

最高人民法院民事审判第一庭:《婚姻法司法解释及相关法律规范》,人民法院出版社 2002 年版。

《牛津法律大辞典》,光明日报出版社 1988 年版。

图　表

一　五代以内直系血亲及旁系血亲图

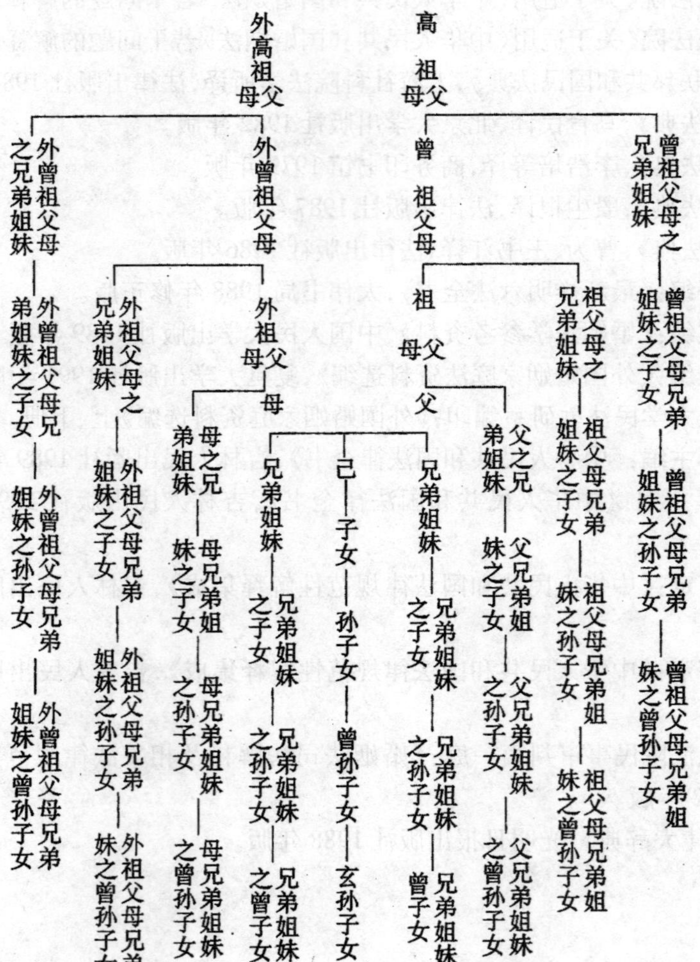

二 亲等计算法示意图

一 罗马法计算法图

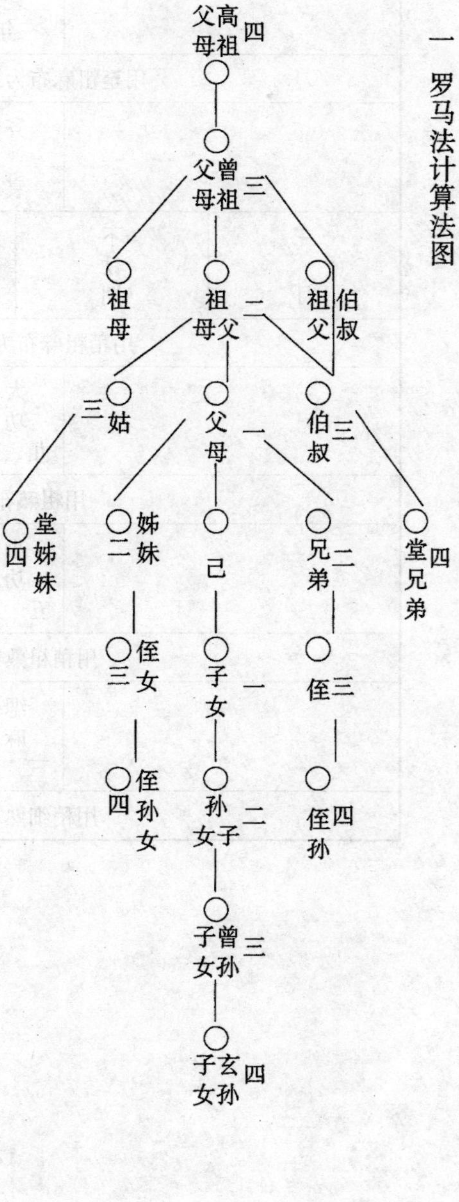

二 寺院法计算法图

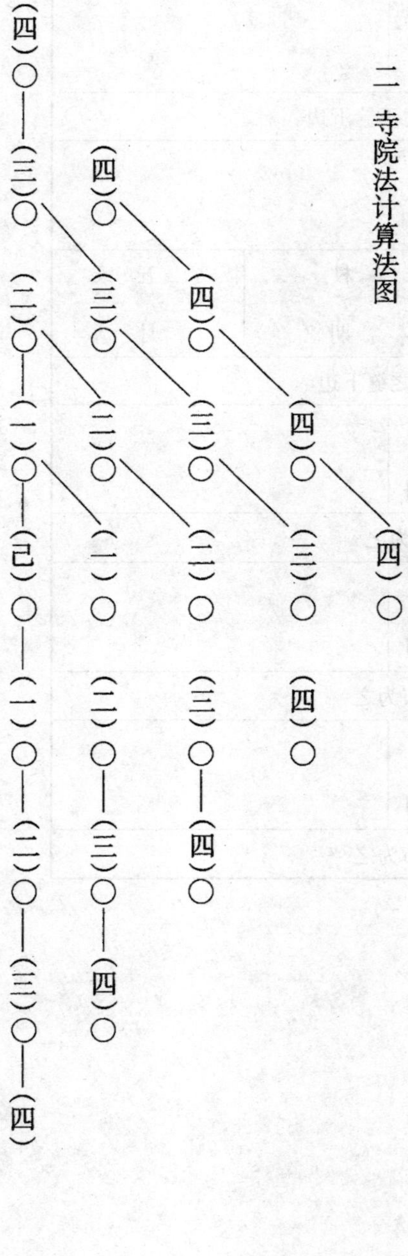

三　丧服总图

<table>
<tr><td colspan="4">斩衰三年</td></tr>
<tr><td colspan="4">用至粗麻布为之不缝下边</td></tr>
<tr><td colspan="4">齐衰</td></tr>
<tr><td>三月</td><td>不杖期</td><td>杖期</td><td>五月</td></tr>
<tr><td colspan="4">用稍粗麻布为之缝下边</td></tr>
<tr><td colspan="4">大功九月</td></tr>
<tr><td colspan="4">用粗熟布为之</td></tr>
<tr><td colspan="4">小功五月</td></tr>
<tr><td colspan="4">用稍粗熟布为之</td></tr>
<tr><td colspan="4">缌麻三月</td></tr>
<tr><td colspan="4">用稍细熟布为之</td></tr>
</table>

四 本宗九族五服正服图

凡嫡孙，父卒，为祖父母，承重服斩衰三年，若为曾高祖父承重，服亦同。

凡男为人后者为本生亲属孝服皆降等，本生父母亦降服不杖期。父母报同。

				高祖父母 齐衰三月				
			曾祖姑 在室缌麻 出嫁无服	曾祖父母 齐衰五月	曾伯叔祖父母 缌麻			
		族祖姑 在室缌麻 出嫁无服	祖姑 在室小功 出嫁缌麻	祖父母 齐衰不杖期	伯叔祖父母 小功	族伯叔祖父母 缌麻		
	族姑 在室小功 出嫁无服	堂姑 在室小功 出嫁缌麻	姑 在室期年 出嫁大功	父母 斩衰三年	伯叔父母 期年	堂伯叔父母 小功	族伯叔父母 缌麻	
族姊妹 在室缌麻 出嫁无服	再从姊妹 在室小功 出嫁缌麻	堂姊妹 在室期年 出嫁小功	姊妹 在室期年 出嫁大功	己身	兄弟 期年 兄弟妻 小功	堂兄弟 大功 堂兄弟妻 缌麻	再从兄弟 小功 再从兄弟妻 无服	族兄弟 缌麻 族兄弟妻 无服
	再从侄女 在室缌麻 出嫁无服	堂侄女 在室小功 出嫁缌麻	侄女 在室期年 出嫁大功	长子期年 长子妇期年 众子期年 众子女大功	侄 期年 侄妇 大功	堂侄 小功 堂侄妇 缌麻	再从侄 缌麻 再从侄妇 无服	
		堂侄孙女 在室缌麻 出嫁无服	侄孙女 在室小功 出嫁缌麻	嫡孙期年 嫡孙妇期年 众孙期年 众孙女大功	侄孙 小功 侄孙妇 缌麻	堂侄孙 缌麻 堂侄孙妇 无服		
			曾侄孙女 在室缌麻 出嫁无服	曾孙 缌麻 曾孙妇 无服	曾侄孙 缌麻 曾侄孙妇 无服			
				元孙 缌麻 元孙妇 无服				

凡姑、姊妹、女及孙女，在室或已嫁被出而归，服并与男子同，出嫁而无夫与子者，为兄弟姊妹及侄，皆不杖期。

凡同五世祖族属在缌麻绝服之外，皆为祖免亲。遇丧葬，则素服，尺布缠头。

图书在版编目(CIP)数据

亲属法/杨大文等主编. —5 版. —北京:法律出版社,2012.4(2019.1 重印)

普通高等教育国家级规划教材系列 普通高等教育十一五国家级规划教材

ISBN 978-7-5118-3414-0

Ⅰ.①亲… Ⅱ.①杨… Ⅲ.①亲属法—中国—高等学校—教材 Ⅳ.①D923.9

中国版本图书馆 CIP 数据核字(2012)第 067226 号

亲属法(第五版)
QINSHUFA(DI-WU BAN)

杨大文等 主编

责任编辑 陈 慧
装帧设计 乔智炜

编辑统筹 法律教育出版分社

出版 法律出版社
总发行 中国法律图书有限公司
经销 新华书店
印刷 三河市兴达印务有限公司
责任印制 沙 磊

开本 720 毫米×960 毫米 1/16
印张 21.75
字数 387 千
版本 2012 年 5 月第 5 版
印次 2019 年 1 月第 7 次印刷

法律出版社/北京市丰台区莲花池西里 7 号(100073)
网址/www.lawpress.com.cn
投稿邮箱/info@lawpress.com.cn
举报维权邮箱/jbwq@lawpress.com.cn

销售热线/010-83938336
咨询电话/010-63939796

中国法律图书有限公司/北京市丰台区莲花池西里 7 号(100073)
全国各地中法图分、子公司销售电话:
统一销售客服/400-660-6393
第一法律书店/010-83938334/8335
西安分公司/029-85330678
重庆分公司/023-67453036
上海分公司/021-62071639/1636
深圳分公司/0755-83072995

书号:ISBN 978-7-5118-3414-0
定价:38.00 元

(如有缺页或倒装,中国法律图书有限公司负责退换)